高等职业教育电子商务专业系列教材

电子商务物流

第2版

主　编　顾　明

副主编　何　雁　李　涛

参　编　胡　媛　刘伟伟　马晓菁

机械工业出版社

本书是在分析电子商务物流岗位群典型工作任务的基础上，采用职业应用项目化教材的编写体例，校企合作双元开发，内容新颖、逻辑清晰、体系完整，教学资源丰富。本书共 8 个项目，包括走进电子商务物流、商品出货与包装、快递运输与派送、逆向物流和货运物流、仓储与库存控制、供应链管理、电子商务物流管理、电子商务物流新业态。

本书可作为高职院校电子商务、市场营销、国际贸易以及其他相关专业的教材，也可作为相关从业人员的参考用书。

本书配有微课视频，可扫描书中二维码观看。本书还配有电子课件等教学资源，教师可登录机械工业出版社教育服务网（www.cmpedu.com）注册后免费下载，或联系编辑（010-88379194）咨询。

图书在版编目（CIP）数据

电子商务物流 / 顾明主编 . —2 版 . —北京：机械工业出版社，2022.2（2025.6 重印）
高等职业教育电子商务专业系列教材
ISBN 978-7-111-69885-2

Ⅰ . ①电… Ⅱ . ①顾… Ⅲ . ①电子商务—物流管理—高等职业教育—教材 Ⅳ . ① F713.365.1

中国版本图书馆 CIP 数据核字（2021）第 260159 号

机械工业出版社（北京市百万庄大街 22 号 邮政编码 100037）
策划编辑：李绍坤 责任编辑：李绍坤 张星瑶
责任校对：张亚楠 封面设计：鞠 杨
责任印制：常天培

河北虎彩印刷有限公司印刷

2025 年 6 月第 2 版第 7 次印刷
184mm×260mm·18 印张·421 千字
标准书号：ISBN 978-7-111-69885-2
定价：59.00 元

电话服务 网络服务
客服电话：010-88361066 机 工 官 网：www.cmpbook.com
010-88379833 机 工 官 博：weibo.com/cmp1952
010-68326294 金 书 网：www.golden-book.com
封底无防伪标均为盗版 机工教育服务网：www.cmpedu.com

前　言

电子商务物流属于物流的一个分支，是随着电子商务的发展而兴起的一种新的物流业态，是电子商务与现代物流相互融合的产物。电子商务物流服务于电子商务业务的开展，是电子商务销售的重要组成部分，已经成为电子商务企业的核心竞争力。

在电子商务快速发展的推动下，我国物流特别是快递物流获得了爆发式的增长，快递总量从 2008 年的 15.1 亿件上升至 2020 年的 830 亿件，占全球快递总量的 50% 以上，其中，电商件占比超过 75%。随着新零售、跨境电商、农村电商、智慧物流、绿色物流、冷链物流等的快速发展，电子商务物流市场规模不断扩大，新技术的应用不断加快，新的物流服务业态不断出现，行业格局也在不断演变。在此背景下，结合最新教学标准、1+X 相关职业技能等级标准的要求，我们对本书进行修订。

本书在修订过程中基本保留了第 1 版的项目结构和编写体例。将第 1 版项目 4、项目 6 的内容整合为一个项目，新增一个项目专门介绍近年来发展较快的跨境电子商务物流、冷链电子商务物流，重新编写了项目 3 的内容，进一步重新整理了部分任务的完成步骤，更新、补充了一些案例，融入"大国工匠"、我国先进科学技术案例介绍等思政元素，增强学生的民族自豪感和社会责任感。还完善了部分实训设计，应本书第 1 版读者的反馈意见，修订时新增了练习思考内容。

本书在内容处理上主要有以下几点说明：1）教学方法以采用项目教学法和案例教学法为主，注重每项工作任务的能力训练；2）教学时数建议为 68 学时；3）教学评价要坚持结果评价和过程评价相结合，定量评价和定性评价相结合，教师评价和学生自评、互评相结合，突出阶段评价、目标评价、理论与实践一体化评价。

本书共 8 个项目，包括走进电子商务物流、商品出货与包装、快递运输与派送、逆向物流和货运物流、仓储与库存控制、供应链管理、电子商务物流管理、电子商务物流新业态。本书由顾明主编，并负责整体策划和统稿；何雁、李涛担任副主编。修订分工如下：顾明修订项目 1，李涛修订项目 2，刘伟伟修订项目 3，何雁修订项目 4、8，项目 5、7 由马晓菁、顾明共同修订，胡媛修订项目 6。

在本书的修订过程中，上海商派网络科技有限公司总裁助理鲍志林先生给予大力支持，同时，我们参考了一些专家、学者的研究成果及大量的网络资源，在此一并表示深深的谢意。借此机会，再次感谢广大读者多年来对本书的支持和厚爱，也希望广大读者给予一如既往的关心和帮助，并对本书的不当之处批评指正。

编　者

二维码索引

目　　录

项目 1

走进电子商务物流

电子商务已经改变了人们的生活习惯，随着电子商务的持续发展，人们对电子商务物流的需求越来越大。电子商务的发展为物流行业创造了巨大的市场，同时，物流行业的发展和水平的提升进一步促进了电子商务的健康发展。2020 年"双 11"天猫物流订单量达到 23.21 亿件，使得各大快递公司感到"压力山大"。物流行业如何满足电子商务的需求，是每一个电商人不得不认真思考的问题。

学习提示

学习目标

知识目标

理解电子商务的概念、模式，了解电子商务发展的现状和趋势，掌握物流概念、分类、功能，理解电子商务物流的含义，掌握电子商务物流模式，熟悉条码技术、射频识别技术、卫星导航系统、地理信息系统。

能力目标

能够理清电子商务物流作业流程，识别电子商务物流过程中运用的主要技术手段。

素质目标

养成不断学习的习惯，培养客户至上的服务理念。

本项目重点

- 物流作业流程、现代物流技术。

本项目难点

- 射频识别技术、卫星导航系统、地理信息系统。

任务1 认知电子商务及其商业模式

任务要点

◆ **关 键 词**：电子商务、B2B、B2C、C2C
◆ **理论要点**：电子商务概念、电子商务模式
◆ **实践要点**：了解电子商务的现状和发展趋势

扫码看视频

任务情境

小强是一名高职学生，网络购物消费已经成为生活习惯。他发现在网络上购物消费的同学、亲朋好友越来越多，而且网络消费占个人总消费的比例越来越高。小强觉得电子商务前景较好，将来从事与电子商务相关的工作应该是不错的选择。特别是2020年，在抗击疫情的过程中，电子商务展示出强劲的活力，这更坚定了小强从事电子商务相关工作的信心。

任务分析

对于小强来说，要想从事电子商务相关工作，首先应该对电子商务有一定的基本认识。理解电子商务的概念和组成要素，对B2B、B2C、C2C等电子商务模式有正确的认识，更重要的是掌握电子商务的现状和发展趋势。

任务实施

步骤一 理解电子商务的概念

1. 电子商务的概念

电子商务（E-commerce）是指通过互联网进行的销售商品、提供服务等经营活动。例如，通过互联网，企业可以销售笔记本计算机，为客户提供软件下载服务，进行个人计算机远程修复，进行远程医疗服务等。

2. 网上购物流程

1）客户在某电子商务网站订购了三件商品，该网站的服务器把客户的订单（一本书、一个游戏软件和一台数字照相机）发送到网站的配送中心。

2）在配送中心，客户的订单被传送到离客户最近、有客户所需商品的配送仓库。计算机会告诉送货员应该去什么地方取货。

3）客户的所有商品都被放入一个大货筐中，货筐中堆放着许多顾客订购的商品。机器

扫描每件商品上的条码，同时配送中心的几百名工人也将监督这一工作。

4）工人核对商品条码与订单号，以确认哪些商品归哪些客户。客户所订购的三件商品最后被放在分拣传送带上，然后被装入一个纸箱。工人在纸箱上贴上一个新条码，用来表明客户所购买的商品。

5）工人将商品装箱、贴胶带、称重、贴标签，最后箱子被装入一辆卡车，离开仓库。工人选择相应的送货方式，将商品送到客户手中。

3．电子商务的基本组成要素

电子商务的基本组成要素包括 Internet、用户、认证中心、物流配送（配送中心）、银行、商家等。

（1）Internet

Internet 是电子商务的基础，是商务、业务信息传送的载体。

（2）用户

电子商务用户可以分为个人用户和企业用户。个人用户使用计算机、智能手机等接入 Internet。企业用户通过企业内联网、外部网和企业管理信息系统对人、财、物、供、销、存进行科学管理。企业用户可以利用 Internet 网页站点发布产品供求信息、接受订单等。

（3）认证中心

认证中心（Certificate Authority，CA）是一个权威机构，负责发放和管理数字证书，使网上交易的各方能互相确认身份。数字证书是一个包含证书持有人个人信息、公开密钥、证书序号、有效期、发证单位的电子签名等内容的数字文件。

（4）物流配送（配送中心）

配送中心接受商家的送货要求，组织运送无法从网上直接传输的商品，跟踪运送途中商品的流动，将商品送到消费者手中。

（5）银行

银行可以在 Internet 上实现传统的业务，为用户提供 24h 实时服务；与信用卡公司合作，发放电子钱包，提供网上支付手段，为电子商务交易中的用户和商家服务。

从以上内容可以看出，物流配送是电子商务的基本组成要素之一，电子商务活动中大多数商品和服务需要经过物流配送才能到达客户，所以物流的发展可以进一步促进电子商务的健康发展。

小链接 1-1

电子商务与物流的关系

1）物流是电子商务实现的基础。对于实体商品的网络交易，商品只有通过现代化的物流系统以最快的速度到达消费者手中，才标志着电子商务活动的最终实现。因此，现代物流是电子商务实现的基础，它提高了电子商务的效益和效率，扩大了电子商务的市场范围。

2）电子商务是物流发展的拉动力。电子商务的发展增加了物流的客户数量，拓展了物流服务范围，促进了物流技术发展。

步骤二 掌握电子商务的模式

电子商务模式是指在网络环境中基于一定技术基础的商务运作方式和赢利模式。电子商务模式可以从多个角度建立不同的分类框架，最简单的分类是 B2B、B2C、C2C 和 O2O 模式。

1. B2B

B2B（Business to Business，企业对企业的电子商务模式）是企业与企业之间的电子商务。B2B 方式是电子商务应用最多和最受企业重视的形式，企业可以使用 Internet 或其他网络对每笔交易寻找最佳合作伙伴，完成从定购到结算的全部交易行为。其代表是阿里巴巴、慧聪网等。

B2B 电子商务是指以企业为主体，在企业之间进行的电子商务活动。B2B 电子商务是电子商务的主流，也是企业应对激烈的市场竞争、改善竞争条件、建立竞争优势的主要方法。开展电子商务，将使企业拥有一个商机无限的发展空间，这也是企业谋生存、求发展的必由之路，它可以使企业在竞争中处于更加有利的地位。B2B 电子商务将会为企业带来更低的价格、更高的生产率和更低的劳动成本以及更多的商业机会。

B2B 主要是针对企业内部以及企业（B）与上下游协作厂商（B）之间的资讯整合，并在互联网上进行的企业与企业间交易。借助由企业内部网（Intranet）建构资讯流通的基础及外部网络（Extranet）结合产业的上中下游厂商，达到供应链（SCM）的整合。因此，透过 B2B 的商业模式，不仅可以简化企业内部资讯流通的成本，更可以使企业与企业之间的交易流程更快速、减少成本的耗损。

2. B2C

B2C（Business to Customer，企业对个人的电子商务模式）是企业与消费者之间的电子商务。这是消费者利用 Internet 直接参与经济活动的形式，类似于商业电子化的零售商务。随着 Internet 的出现，网上销售迅速地发展起来。其代表是天猫商城、京东商城、苏宁易购、携程网等。

B2C 就是企业通过网络销售产品或服务给个人消费者。企业厂商直接将产品或服务推上网络，并提供充足资讯与便利的接口吸引消费者选购，这也是目前最常见的作业方式，例如网络购物、证券公司网络下单作业、一般网站的资料查询作业等，都是属于企业直接接触顾客的作业方式。

3. C2C

C2C（Consumer to Consumer，个人与个人之间的电子商务模式）是消费者与消费者之间的电子商务。C2C 商务平台就是通过为买卖双方提供一个在线交易平台，使卖方可以主动提供商品上网拍卖，而买方可以自行选择商品进行竞价。其代表是淘宝网、易趣网等。

C2C 是指消费者与消费者之间的互动交易行为，这种交易方式是多变的。例如，消费者可以同在某一竞标网站或拍卖网站中，共同在线上出价由价高者得标。或者消费者自行在微信或 BBS 上张贴布告以出售二手货品，甚至是新品，诸如此类因消费者间的互动而完成的交易就是 C2C 的交易。

4. O2O

O2O（Online to Offline，线上线下一体化）是线上与线下相结合的电子商务。O2O 方式是利用互联网使线下商品或服务与线上相结合，线上生成订单，线下完成商品或服务的交付，让消费者在享受线上优惠价格的同时，又可享受线下贴心的服务。我国较早转型 O2O 并成熟运营的企业代表为家具网购市场领先的美乐乐，其 O2O 模式具体表现为线上家具网与线下体验馆的双平台运营。

步骤三 了解我国电子商务发展现状

我国电子商务政策法规环境不断优化，市场规模全球领先，市场主体创新发展能力不断提升，与传统产业融合发展程度不断加深，跨境电商、农村电商、生活服务电商等对稳定外贸、促进消费、振兴乡村、扩大就业的作用不断增强。作为当前数字经济中表现最活跃、发展势头最好的新业态新动能之一，电子商务正逐步成为居民消费的主要渠道和经济增长的关键动力。

扫码看视频

1. 电子商务规模不断扩大

国家统计局电子商务交易平台调查显示，2019 年全国电子商务交易额达 34.81 万亿元，比 2018 年增长 6.7%，如图 1-1 所示。按交易主体分，对单位交易额为 20.46 万亿元，比 2018 年增长 1.5%；对个人交易额为 13.30 万亿元，增长 15.5%。对个人交易中，商品类交易额和服务类交易额的增速分别为 17.1% 和 12.8%。按交易对象分，商品类交易额为 25.50 万亿元，比 2018 年增长 5.3%；服务类交易额为 8.26 万亿元，增长 11.0%；合约类电子商务交易额为 1.05 万亿元，比 2018 年增长 10.1%。

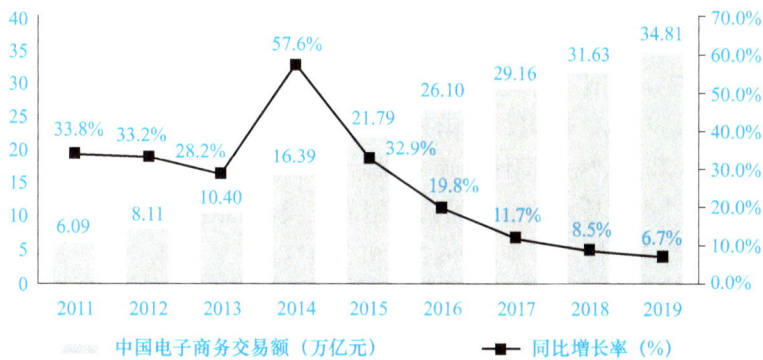

图 1-1　2011 ～ 2019 年中国电子商务交易额

2. 全国网上零售额超过 10 万亿元

国家统计局数据显示，2019 年全国网上零售额达 10.62 万亿元，比 2018 年增长 16.5%。其中，实物商品网上零售为 8.52 万亿元，增长 19.5%，占社会消费品零售总额的比重为 20.7%，对社会消费品零售总额增长的贡献率达 45.6%。

从市场主体看，根据商务大数据监测，重点网络零售平台（含服务类平台）店铺数量为 1946.9 万家，同比增长 3.4%。其中，实物商品店铺数 900.7 万家，占比为 46.2%。

从商品品类看，根据商务大数据监测，服装鞋帽针纺织品、日用品、家用电器和音响器材网络零售额排名前三，分别占实物商品网络零售额的 24.5%、15.3% 和 12.4%。中西药品、化妆品、烟酒、家具等实现较快增长，增速均超过 30%。

从地区情况看，东、中、西和东北地区网络零售额占全国比重分别为 84.3%、8.8%、5.6% 和 1.3%，同比增速分别为 18.5%、23.0%、15.2% 和 20.0%。

从省市情况看，零售额占比排名前十的省市为广东、浙江、上海、北京、江苏、福建、山东、四川、安徽、天津，十省市零售额合计占全国比重为86.3%。

3．农村电子商务步入新一轮创新增长空间

根据商务大数据监测，2019年全国农村网络零售额达1.7万亿元，同比增长19.1%，高于全国网上零售额增速2.6个百分点。其中，农村实物商品网络零售额1.3万亿元，占全国农村网络零售额的78.0%，同比增长21.2%。全国贫困县网络零售额达1489.9亿元，同比增长18.5%。

根据商务大数据监测，全国农产品网络零售额达3 975亿元，同比增长27.0%。休闲食品、茶叶和滋补食品销售额排名前三，占比分别为24.9%、12.0%和11.8%；水果、肉禽蛋、奶类和茶叶四品类同比增速超过30.0%。

东、中、西和东北地区农产品网络零售额占全国农村网络零售额比重分别为62.6%、19.2%、13.6%和4.6%，同比增速分别为29.6%、23.3%、24.0%和21.3%。

4．跨境电商继续保持蓬勃发展态势

海关总署数据显示，2019年通过海关跨境电子商务管理平台零售进出口商品总额达1 862.1亿元，同比增长38.3%；比2015年增长4倍，年均增速50.8%。其中，进口918.1亿元，同比增长16.8%；出口944亿元，同比增长68.2%。

商务大数据对重点跨境零售进口平台检测显示，从进口地区来看，自亚洲进口的跨境电商零售额占比最高，达到36%，同比增长23.1%；其次为欧洲、北美洲和大洋洲，分别达20.8%、16.9%和14.7%，同比分别增长26.6%、33.2%和21.1%。

从进口来源地看，日本、美国、韩国为我国跨境电商网络零售进口主要来源国，占比分别达20.8%、16.0%和10.7%，同比增速分别为12.3%、29.8%和55.1%。

从进口品类来看，化妆品、粮油食品和日用品三类商品进口额占比达72.9%；化妆品和通信器材进口额同比增速较快，分别为46.2%和33.1%。

5．快递业继续保持快速增长

国家邮政局统计数据显示，2019年全国快递服务企业业务量累计完成635.2亿件，同比增长25.3%，如图1-2所示。快递业继续保持快速增长，有力支撑了我国电子商务发展。

图1-2　2011～2019年全国快递服务企业业务量

触类旁通

农村电商"最后一公里"仍存在薄弱环节

我国快递物流市场发展至今，农村快递已实现了迅猛增长，并逐渐成为行业新增长点。在电子商务进农村综合示范带动下，很多以前快递没有覆盖的农村地区，陆续出现了快递网点。数据显示，2014～2019年全国快递乡镇覆盖率从50%提高到96.6%，2019年的前4个月，农村快递业务量同比增速超过30%，比城市高7个百分点以上。尽管农村快递不断推进，但农村电商"最后一公里"仍存在薄弱环节，从总体上来看，我国农村物流体系发展仍处于初级阶段。

在农村地区，仍有74.9%的村没有农村电商配送站点，农村居民收发快递不方便、快递费用偏高，无法满足"家门口收发货"的基本要求。"最后一公里"配送难题阻碍了工业品下行和农产品上行。与城市快递比较，农村快递网点过于分散，一些交通不便利的偏远地区尚处于严重缺乏甚至空白的状态。很多农村地区快递存在"长运距＋低需求密度"的特点，加上交通条件较差、运输难度较大，物流寄递服务成本高等原因，农村快递资费较贵、二次加价问题仍较突出。

快递末端违规收费违反邮政业法律法规和快递服务标准，损害用户合法利益，增加用户负担。2019年4月以来，国家邮政局在全国范围统一安排开展快递末端服务违规收费整改工作，向全系统全行业下发《快递末端服务违规收费清理整顿工作方案》，通过疏堵结合的方式，违规收费现象得到一定程度遏制。国家邮政局要求各寄递企业要按照市场规律依法依规开展经营活动，建立健全科学有效的内控机制，理顺总部与基层网点的关系，打造利益共同体，不断健全快递末端服务网络，实现资源共享、成本共担，要采取多种手段遏制以罚代管，减轻末端运行压力。倡导邮政快递合作、交通快递合作和快递同业合作，鼓励快递末端服务采取以降本增效为主的集约发展方式，合力完善邮政快递末端基础设施建设，提升公共服务均等化水平，因地制宜推动快递服务"下乡进村"。

在电商进农村综合示范中，一些地方通过第四方物流、共享、众包等模式，初步解决了"最后一公里"的问题。如湖南桃江县由邮政牵头13家快递，基本实现了到村的次日达。桃江县自2015年获批全国第二批电子商务进农村综合示范县以来，以优化资源整合为宗旨，以仓储物流配送中心和电商包裹仓配处理中心为基础，以农村电子商务公共服务站点为依托，以提升运输投递能力为手段，以推进仓储配送智能化共同配送为目标，已建立县、乡、村三级物流配送体系，物流服务站点全覆盖，乡村全通达，网络全延伸。

案例 1-1

一部手机"撬动"的直播经济异军突起

2020年，进入各大电商首页，"直播"已成为固定板块，就连日常搜索商品，也穿插进了"正在直播"的店铺。从消费类直播、生活类直播到教育类直播，一部手机"撬动"的直播经济异军突起，一跃成为5G时代众多行业加载"新商业模式"的网络接口。这种新的形式将生产者、经营者、消费者、视频观众、网络达人、直播平台连接起来，给每个主体都带来了新的体验。在抖音、淘宝、京东、B站等互联网平台上，主播们以真实的场景、真切的态度向观看直播的消费者介绍产品特点，分享生活感悟，更有一些地方的县乡干部开启了直播带货，在塑造本地特产品牌的同时，也推动了当地文化、生态等旅游产业发展。

"大家好，话不多说，我们先来抽一波奖。""买它！""抢完了？我们马上补货"……当听到来自直播间标志性的叫卖声，来自北京的莎莎忍不住又往购物车里添置了几款折扣商品。直播在防疫期间飞入寻常百姓家，迎来新的发展热潮。

根据CNNIC发布的数据显示，截至2020年3月，我国网络直播用户规模已经达到5.6亿人，较2018年年底增长1.63亿，占网民总数的62%。据艾媒咨询核算，2019年我国直播电商行业的总规模已达4338亿元，作为最为火热的新兴商业模式之一，直播已经倒逼各行业将业务拓展至线上。

直播经济作为一种视觉经济业态，实现了真人场景的实时互动。直播通过视觉化的内容生产，以多种多样的现实场景为基础，传递了商品信息、用户体验，当主播"面对面"地展示产品性能特点、参与实时反馈，也给社会大众以全新的观感，直播因此成为一种让人沉浸其中、流连忘返的生活方式、社交方式、情感体验方式和文化共鸣方式。同时，直播平台的流量加持和技术创新，更是为消费者带来了不同于传统网购的快乐体验。

直播经济是群英荟萃的"线上集会"，有效拓展了社会生产和经营的半径。从田间地头的农民到写字楼里的企业高管，直播带来了个人职业发展的转变，创造了"线上集会"式的直播生态。短视频和直播平台将线下经济中商场、房产、车企、家居、艺术、教育、旅游、农业等多个行业领域搬到了线上，架起了产品与消费者的桥梁，为中小企业、个体商家破解疫情下的生产经营困境找到了新出路，极大地提升了产品销量，并且为产品升级开阔了思路。

直播经济带动了社会创新，重塑了企业生产模式。直播经济顺应了当下"六稳""六保"的方针政策，实现了自主就业、分时就业的社会创新。从直播培训到运营引导，从技术更新到产业升级，直播经济依托互联网平台的技术供给和传播模式，带来了全社会范围内的生产模式大转变。

调研发现，四川已出台全国首个省级直播行业发展计划，计划在2022年实现直播带货销售额100亿元；安徽发布《关于促进线上经济发展的意见》，提出大力发展直播带货，鼓励开展社交电商、社群电商等智能营销新业态；广州出台《广州市直播电商发展行动方案（2020—2022年）》，提出在三年内构建一批直播电商产业聚集区，孵化1000个网红品牌，培训10000名带货人……各地加速布局直播产业，积极出台推动电子商务升级发展的政策文件。

各级政府的政策鼓励和积极参与是直播经济迅速崛起的重要支撑力量，不仅如此，新冠肺炎疫情的短期刺激，大大加速了线下经济向互联网线上的转移。同时，移动终端的普及是数字经济崛起的重要驱动力，而互联网直播平台的崛起，也为直播经济的发展开辟了渠道，拓宽了视野。

请思考：直播经济为何受到越来越多人的青睐？

任务 2　认知电子商务物流

任务要点

- ◆ **关 键 词**：物流、电子商务物流、作业流程、物流模式
- ◆ **理论要点**：物流的概念、分类、功能，电子商务物流的含义
- ◆ **实践要点**：掌握电子商务物流的作业流程，选择电子商务物流模式

任务情境

与个人消费有关的电子商务物流主要是由快递完成的。随着电子商务的发展，快递包裹数量增长迅速，与此同时，快递员的收入也是节节攀升，快递员月入万元不是什么新鲜事，早在 2014 年参与江苏卫视益智答题类节目《一站到底》的快递哥就自曝月收入 3 万元。在目前就业形势严峻的环境下，快递从业人员的较高收入吸引了越来越多的年轻人加入快递行业。

任务分析

电子商务物流是属于一般意义上的物流的一个组成部分。认知电子商务物流，首先要熟悉一般意义上的物流的概念、分类、功能等基本知识，在此基础上，正确理解电子商务物流的含义，掌握电子商务物流的一般作业过程：订购（采购）、运输、储存、装卸搬运、流通加工、包装和配送等，同时对电子商务物流模式有一定的认识。

任务实施

步骤一　熟悉物流的基本知识

1. 物流的概念

根据国家标准《物流术语》（GB/T 18354—2021），物流（Logistics）是物品从供应地向接收地的实体流动过程。在物流过程中，从实际需要出发，将运输、储存、装卸、搬运、包装、流通加工、配送、信息处理等物流基本功能实施有机结合。苏宁物流中心的仓库高位货架，如图 1-3 所示。

例如，粮食物流是指粮食从生产、收购、储存、运输、加工到销售整个过程中的实体运动以及在流通环节的一切增值活动。液态奶物流过程包括牛奶生产基地取奶、原奶储存、运输、液态奶加工、包装、流通加工、卸车、配送中心入库、配送、交货等环节。家电物流过程包括家电零件、材料采购、集中加工、制造与装配、包装、搬运、装车、运输、配送中

心入库、配送、交货等环节。

图 1-3　苏宁物流中心的仓库高位货架

随着市场竞争的加剧和企业运营理念的变化，人们对物流的认识不断深入。1998 年，美国物流管理协会对物流的定义是："物流是供应链（指生产及流通过程中将产品或服务提供给最终用户所形成的网链结构）流程的一部分，是为满足客户需求而对货物、服务及相关信息从原产地到消费地的高效率、高效益的正向和反向流动及储存进行的计划、实施与控制过程。"

2. 物流的分类

物流的分类方法很多，从空间来分，可以分为国际物流、区域物流、国内物流和地区物流；从性质来分，可以分为社会物流、行业物流和企业物流；从物流在社会再生产中的作用来分，可以分为宏观物流和微观物流；从物流过程来分，可以分为供应物流、生产物流、销售物流、回收物流和废弃物物流。

按物流过程分类主要是对企业物流进行分类，企业物流是以购进生产所需的原材料、设备为起点，经过劳动加工，形成新的产品，然后供应给社会需要部门的全过程。

1）供应物流。提供原材料、零部件或其他物品时所发生的物流活动，包括原材料等一切生产资料的采购、进货、运输、仓储、库存管理和用料管理。例如，烟草烘烤、采购、入库、储存。

2）生产物流。企业生产过程中原材料、在制品、半成品、产成品等的物流活动，包括生产计划与控制、厂内运输（搬运）、在制品仓储与管理等活动。例如，原料烟丝的准备、搬运，烟的在制品储存、搬运。

3）销售物流。企业出售商品过程中所发生的物流活动，包括产成品的库存管理、仓储发货运输、订货处理与客户服务等活动。例如，成品烟的包装、搬运、储存、装车、发货、运输、卸车、交货。

4）废弃物物流。将经济活动中失去原有使用价值的物品，根据实际需要进行搜集、分类、加工、包装、搬运、储存等，并分送到专门处理场所的物流活动。

3. 企业物流

我国国家标准《物流术语》对企业物流（Enterprise Logistics）的定义是：生产和流通企业围绕其经营活动所发生的物流。下面讲述生产企业的物流及典型的流通企业——商业企业的物流。

在商品社会中，只要有商品和服务的交易，就会有物流存在。因此，物流活动涉及的领域和范围是很广的，包括社会的方方面面、各个行业和各种企业。虽然物流在各个不同领域的功能和作用均是完成商品从生产者或商品的据点向消费者的转移，但是，不同的行业、不同类型的企业所进行的物流活动的运作方法和重点也是不同的。

（1）生产企业物流

生产企业物流是与企业生产经营管理有关的物流活动，这是物流活动的一个具体的、微观的典型领域。生产企业物流围绕企业商品生产而展开，包括从原材料和零部件的采购、生产直到所生产的商品销售出厂以及售后服务的一切物流活动。

通过对生产企业物流的进一步研究又可以将其细分为采购物流、生产物流、销售物流、退货物流和废弃物物流等物流活动。

1）采购物流。为满足企业生产所需将在供应商处采购的原材料、零部件从供应商处运回厂内。采购物流还包括从销售点回收或采购产品包装用的容器，以及可以重复使用的材料的回收物流。

2）生产物流。将所采购的原材料和零部件等放入仓库并加以妥善保管，在生产需要时及时出库送到生产现场；将工厂生产的商品运到物流中心、厂内或其他工厂的仓库入库；物流中心或工厂的仓库对商品进行必要的运输包装和流通加工等。

3）销售物流。将生产的商品从工厂、物流中心或外单位的仓库送到批发商、零售商或消费者手中的运输或配送，包括将生产的商品送到外单位仓库的运输或配送。

4）退货物流。对已采购但验收不合格的原材料和零部件的退货，以及与已售出商品的退货有关的运输、验收和保管等物流活动。

5）废弃物物流。工厂生产过程中有关的废弃包装容器和材料、生产过程中产生的其他废弃物的运输、验收、保管和出库，以及企业对在生产过程中排放的无用物包括有害物质进行运输、装卸、处理等的物流活动。

（2）商业企业物流

生产企业所进行的主要是商品的生产，虽然生产企业的物流包含了销售物流的内容，而且在市场经济中生产企业也对本企业生产的商品进行销售，但是社会商品的流通主要还是由商业企业来完成的。商业企业的物流活动围绕企业所经营的商品的进、销、调、存、退进行，包括从采购所经营的商品、通过营销策划出售商品满足消费者的需求到商品的售后服务等的一切物流活动。

商业企业的物流活动具体包括采购物流、企业内部物流、销售物流和商品退货物流。

1）采购物流。采购物流将本企业所经营的商品以及销售商品所需的其他物品从生产厂家或其他商品据点运回企业，企业采购的商品有时由商品的生产厂商或配送中心负责运输。当商品运到时，企业的有关人员需要对所采购的商品进行验收，合格的商品入库，不合格的则需要组织退货。

2）企业内部物流。商业企业的内部物流包括商品出库运输到商店的销售现场上柜或各分店及连锁店进行销售，以及从本店向其他商业企业的调拨运输。另外，企业的内部物流还包括对库存的商品进行合理的保管，以及对采购的商品进行必要的拆包、分档和再包装等加工。

3）销售物流。商业企业的销售物流活动包括通过零售、批发等将商品发送到消费者或购货单位的运输和配送。

4）商品退货物流。商业企业的退货物流包括在商品采购的进货验收时发现商品不合格，以及在商品销售后客户发现所购商品有质量问题所引发的退货。

4. 物流的功能

物流的功能是指物流系统所具有的能力，将这些能力有效地组合便能合理地实现物流系统的总目标。物流系统的基本功能包括运输、包装、装卸、储存、流通加工、配送等。

（1）运输功能

运输功能是物流的主要功能之一。运输（Transportation）是用设备和工具将物品从一个地点向另一地点运送的物流活动。其中包括集货、分配、搬运、中转、装入、卸下、分散等一系列操作。它是"第三利润源"的主要源泉。运输的形式主要有铁路运输、公路运输、水上运输、航空运输和管道运输等。物流的运输功能是为客户选择满足需要的运输方式，然后具体组织网络内部的运输作业，在规定的时间内将客户的商品运抵目的地。

（2）包装功能

包装功能包括产品的出厂包装、生产过程中制成品和半制成品的包装及在物流过程中换装、分装盒再包装等活动。物流包装作业的目的不是要改变商品的销售包装，而是在于通过对销售包装进行组合、拼配和加固，形成适合物流和配送的组合包装单元。对于包装活动的管理应根据物流方式和销售要求来确定。

（3）装卸功能

装卸功能是为了加快商品在物流过程中的流通速度而必须具备的功能，包括与运输、储存、包装、流通加工等物流活动进行衔接的活动，以及在储存等活动中为进行检验、维护和保养所进行的装卸和搬运活动。装卸（Loading and Unloading）功能是指在指定地点以人力或机械将货品装入运输设备或从运输设备卸下。它是一种以垂直方向移动为主的物流作业。

（4）储存功能

储存功能是物流的基本功能之一。储存（Storing）是指保护、管理、储藏物品，具有时间调整和价格调整的功能。它的重要设施是仓库，是在商品入库信息的基础上进行在库管理。储存加工功能包括堆放、保管、保养、维护等活动。专业物流中心需要配备高效率的分拣、传送、储存和挑拣设备。

（5）流通加工功能

流通加工功能是在从生产地到使用地的过程中，对根据需要施加于物品的包装、分割、计量、分拣、刷标志、系标签、组装等简单作业的总称。

（6）配送功能

配送功能是以配货、送货、发货等形式最终完成社会物流，并最终实现资源配置的活动。配送作为一种现代流通方式，在电子商务物流中的作用非常突出。

步骤二　掌握电子商务物流的作业流程

1. 电子商务物流的含义

电子商务物流是电子商务环境下的现代物流，是指电子化、网络化后的信息流、商流、资金流下的物资或服务的配送活动，包括无形商品的网络传送和有形商品的物理传送。它包括一系列机械化、自动化工具的应用，利用准确及时的物流信息对物流过程进行监控，使得电子商务中物流的速度加快、准确率提高，从而有效减少库存，缩短生产周期，提高工作效率，使电子商务的发展突破瓶颈，踏上坦途。

2. 电子商务下的物流作业流程

电子商务下的物流作业流程与传统的物流作业流程在本质上没有区别，所不同的是电子商务物流流程的运作是基于网络信息技术而展开的。

（1）电子商务物流的一般过程

电子商务物流的一般过程包括了基本的物流活动，一般都包括订购（采购）、运输、储存、装卸搬运、流通加工、包装和配送等基本环节。特别是这些基本环节都是建立在物流信息管理系统之上的。电子商务物流的一般过程，如图1-4所示。

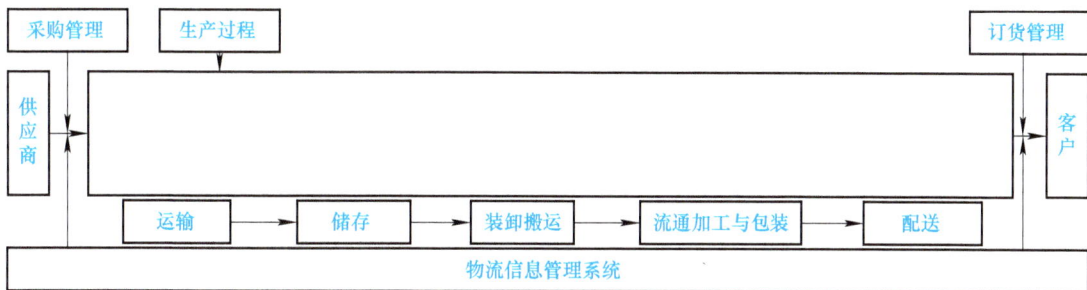

图1-4　电子商务物流的一般过程

（2）电子商务物流作业流程

电子商务物流作业流程是信息技术在传统物流领域中的应用。电子商务物流的基本业务流程会因电子商务企业性质的不同而有所差异。例如，制造型企业的业务过程可能起始于客户订单，中间可能包括与生产准备和生产过程相关的物流环节，同时包括从产品入库直至产品送达客户的全部物流过程；而销售型企业的物流过程就不包括生产过程物流的提供，但其商品组织与供应物流和销售物流的功能则极为完善；对于单纯的物流企业而言，由于它充当着为电子商务企业提供第三方物流服务的角色，它的功能和业务过程更接近传统意义上的物流或配送中心。虽然各种类型的电子商务企业的物流组织过程有所差异，但电子商务的物流作业流程同普通商务一样，目的都是要将用户所订货物送到用户手中。电子商务物流的基本作业流程，如图1-5所示。

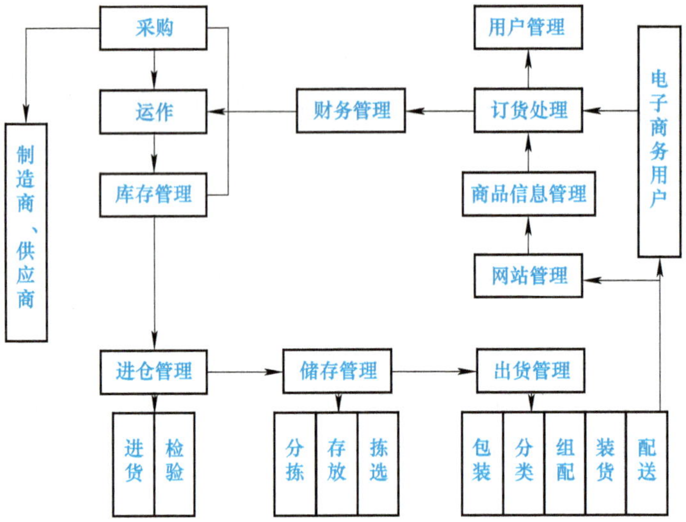

图 1-5　电子商务物流的基本作业流程

步骤三　理解电子商务物流模式

1．电子商务物流模式

物流模式是指企业为得到所需要的物流功能而进行物流体系的组建所选择的模式。电子商务物流模式主要有 3 种：自营物流模式、第三方物流模式和战略联盟模式。

（1）自营物流模式

物流服务是企业核心竞争力所在，从我国企业的具体情况来看，不少企业在全国范围内经营多年，都已建立起自己的分销渠道，有的企业自身拥有良好的物流网络与相当现代化的物流技术和管理经验。随着网络经济的发展，这些企业在经营电子商务时可通过不断整合自身资源、吸收外界资源、搞好自身物流网络建设，形成适合自己的物流配送体系。

海尔集团成立的电子商务有限公司，投资一亿多元人民币，依靠雄厚的财力和以前形成的营销网络，建立了一套相对完善的配送体系，在完成对海尔服务的同时还能为其他企业提供配送服务。

（2）第三方物流

近几年，电子商务的高速发展带动了快递物流行业的快速成长，相关数据显示，90%以上的电商在产品配送上都选择与第三方物流公司合作。第三方物流是独立于供（第一方）需（第二方）双方，为客户提供专项或全面的物流系统设计以及系统运营的物流服务模式。第三方物流的主要作用有以下几点：

1）提高企业竞争力。企业能够实现资源优化配置，将有限的人力、技术等资源集中于核心业务，进行重点研究，努力开发出新产品参与市场竞争。

2）减少库存。企业原料的库存时间不能无限拉长，尤其是高价值的部件要及时送往装配点以保证最小库存量。第三方物流提供者借助精心策划的物流计划和适时运送手段，可最大限度地调配库存，改善企业的现金流。

3）降低成本，提高效率。第三方物流不仅可以提供更专业的服务，还可以实现规模经济所带来的低成本和高效率。

（3）战略联盟模式

战略联盟模式是电子商务企业与第三方物流企业，由业务伙伴关系向战略伙伴关系转换的模式。电子商务企业要想取得稳定、快速的发展，必须把同第三方配送企业的关系，从目前普遍存在的业务关系转变成战略伙伴关系，建立起适合自己的供应链渠道，并通过供应链上各方的共同努力，增强供应链的竞争能力。

2．影响企业物流模式选择的因素

企业在进行物流决策时，应根据自己的需要和资源条件，综合考虑以下主要因素，慎重选择物流模式，以提高企业的市场竞争力。

（1）企业对物流控制力的要求

市场竞争越激烈的行业，企业越要强化对供应和分销渠道的控制，此时企业应该自营物流。一般来说，最终产品制造商对渠道或供应链过程的控制力比较强，往往选择自营物流，即作为龙头企业来组织全过程物流活动，制定物流服务标准。

（2）企业产品自身的物流特点

对于大宗工业品原料的回运或鲜活产品的分销，则应利用相对固定的专业物流服务供应商和短渠道物流；对全球市场的分销，宜采用地区性的专业第三方物流企业提供支援；对产品线单一的企业，则应在龙头企业统一一下自营物流；对于技术性较强的物流服务，例如，口岸物流服务，企业应采用委托代理的方式；对非标准设备的制造商来说，企业自营物流虽有利可图，但还是应该交给专业第三方物流企业去做。

（3）企业的规模和实力

一般来说，大中型企业由于实力较雄厚，通常有能力建立自己的物流系统，制定合适的物流需求计划，保证物流服务的质量。另外，还可以利用过剩的物流网络资源拓展外部业务。而中小企业则受人员、资金和管理资源的限制，物流管理效率难以提高，此时，企业为把资源用于主要的核心业务上，就应该把物流管理交给第三方专业物流公司。

（4）物流系统总成本

在选择是自营还是物流外包时，必须弄清两种模式物流系统总成本的情况。因为成本之间存在着二律背反现象，例如，减少仓库数量时，可降低仓储费用，但会带来运输距离和次数的增加而导致运输费用增加；另外，如果运输费用的增加部分超过了仓储费用的减少部分，总的物流成本反而增大。所以，在选择和设计物流系统时，要对物流系统的总成本加以论证，最后选择成本最小的物流系统。

（5）外包物流的客户服务能力

在选择物流模式时，考虑物流成本虽然很重要，但外包物流为本企业及企业客户提供服务的能力是选择物流服务所应重点考虑的。如果企业选定为自营物流后，在选择具体的自营物流方式上，主要还要看企业是否将物流业务作为企业利润增长点，以及该选择是否符合企业总战略。

触类旁通

<h3 align="center">我国智慧物流产业的发展趋势</h3>

随着大数据、云计算、人工智能、区块链等新技术加快推广应用，建设高效化的物流体系已成为当今物流行业发展的基本要求。智慧物流体系是我国物流产业发展和转型的必由之路，以现代信息技术为标志的智慧物流正步入快速发展阶段。

1）智慧物流融合互联网技术，推动行业持续升级。智慧物流是现代综合型物流系统，主要以互联网技术为依托，其发展不断呈现出网络化、自动化的趋势，从数字化向程控化演进并持续推动行业的升级，电子商务物流、同城快递、同城配送等相关技术也会实现飞速发展。

2）基于物联网技术的智慧物流操作系统开始落地应用，并推动全面的创新与升级。人工智能技术将沿着物联网的网络延伸到物流服务全链路，推动全链路的智能规划、数字路由、智能调度、智能分仓、智能调拨、智能控制等方面技术创新。

3）大数据促进物流供应链优化。当前，我国正加快进入数字经济时代，大数据已逐渐成为引导各行各业发生根本性变革的核心关键。电商大数据将提高物流配送效率，所有订单信息实时送达企业配送仓库；智能仓储可在最短时间内根据买家地址检索存放商品的最近仓储中心位置，实施就近出库；快递部门根据订单数量装车，由无人驾驶飞机或汽车自动运输到指定位置，节约成本，提高效率。在未来，通过大数据分析形成物流流通数据后，以往货物由品牌商仓库发出的模式将更改为部分商品或货物从厂家直发，货物不动数据动，做到路径最优，提升运营效率。

4）物流自动化将迎来跨越式发展。新零售时代"线上线下一盘货，服务产品一体化"将长期、全面地影响物流业发展。未来依托共享IT平台，每一个人、每一辆车、每一间闲置的仓储库房，都有可能成为物流的共享环节，物流资源将像云计算一样按需付费，碎片化的运力、仓储资源都有可能参与到社会化物流环节中。柔性自动化系统和作业模式将在应用中不断成熟，形成相关的技术标准，推动仓储自动化系统大规模复制时代的到来。

5）信息化、智能化、集约化和小批量定制是未来物流的发展趋势。智慧物流以客户需求为中心，灵活实施物资调动，满足下游需求。互联网拓展了营销渠道，通过互联网及时反馈消费者需求信息，信息将快速到达生产企业指令中心，而智慧物流可促进资源配置的优化与高效运作，实施订单化管理，减少企业库存，降低上游经营风险。

6）依托"互联网+"兴起的智慧物流云仓系统将蓬勃发展。智慧物流云仓系统是伴随电子商务而产生的有别于传统仓储方式的智能化仓储模式，其最大的优势在于智能自动化装备和信息化软件集成应用。依托智能制造兴起的云仓，将成为电子商务发展的中坚力量。

案例1-2

<h3 align="center">物流2019"双11"大考开启</h3>

2019年的"双11"网购狂欢，各大电商又一次刷新了纪录。天猫以全天2684亿元的交易额持续领跑，京东"11·11"累计下单金额超过2044亿元，拼多多虽未公布具体交易数据，但百亿补贴足以见其不俗战力。

网购下单仅完成消费的第一步，后续订单转化成包裹，并通过物流完成履约环节，才是"剁手"完整版操作。千亿元级别的交易金额，在短短几天内，转化为数以亿计的包裹进入快递通道，"双 11"物流"春运"由此开启。

据 11 月 11 日菜鸟发布的消息，天猫"双 11"物流订单量高达 12.92 亿个。此前，国家邮政局发布预测，11 至 18 日期间，快递行业处理的邮政快件业务量将达到 28 亿件。为了应对"双 11"的即时性高峰需求，各家快递公司不得不临时增加 40 万人，以提升末端投递能力。

事实上，传统快递公司由于调度的计划性属性较强和运作链路复杂等因素，不擅长面对波峰波谷的需求，数字化能力不足也导致无法构建弹性网络。但是，受制于主要业务来源于电商平台，以及同行之间的激烈竞争，各种因素的裹挟之下，快递公司放弃追求成本和效率的平衡，无一例外加入"双 11"年度大考。

在这场招兵买马的人力争夺战中，快递公司招聘提前"蓄力"仍难招人，而按需提供服务的众包运力，成为快递行业解决运力紧缺的首选，他们只在"双 11"之后物流高峰时期上岗配送，也被业内称为"双 11 钟点工"。

随着移动互联网和共享经济的发展，加之外卖 O2O 市场的催化作用，众包模式的即时物流平台迎来迅速发展契机。由此，末端物流的社会化在外卖和新零售场景得以迅速验证，同时具备了向物流上游延伸的能力。

早在 2016 年的"双 11"，众包模式的即时物流平台开始尝试与快递业务结合，帮助快递公司解决派件人力不足的问题。如点我达与菜鸟网络的协同，达达与京东物流的合作等。众包运力的价值不言而喻，成本优势对追求规模经济的快递行业尤为重要。

与此同时，众包模式带来"降本"的行业价值外，从业人员的社会共享属性也让"双 11 钟点工"的身份背景十分多样，各个行业的工作者在"双 11"期间汇聚加入配送大军。

据即时物流平台——点我达发布的"双 11 钟点工"数据显示，本次"双 11"快递业务新增人员中，70% 为外卖、商超、生鲜等新零售业务的运力复用，即配送小哥在"双 11"期间进行服务场景的切换。其实，外卖小哥送快递在即时物流领域已经是常态，更有顺丰的快递小哥进行外卖配送。

除了外卖小哥，剩下的"双 11 钟点工"，则主要来自于个体户、建筑技术行业蓝领、保安、企业白领、家庭主妇、大学生等群体。其中，个体户钟点工无疑是"双 11"参与度最高的群体，他们经营着淘宝商店或实体小店，所以既是"双 11"的消费者，又是商家和物流方。

此外，数据显示，电商上 65% 的网购产品由女性购买，淘宝上近一半甚至超过一半的男装是女性购买，60% 以上的油盐酱醋是女性购买，孩子的生活和学习用品 70% 以上都是女性购买。女性消费者已经成为网购的主力军，推动电商的发展。

不可否认，智能物流使得"双 11"物流时效不断提升，体验越来越好。但是面对数十亿的包裹洪流，备受消费者和舆论关注的服务质量依然让快递压力巨大。参加"双 11"配送的钟点工配送员中，60% 的配送员日配送订单量可达到 200 单以上，每一个包裹的妥投，都必须要争分夺秒。

"双 11 钟点工"并非易事，却有着对绝大多数参与者来说都不愿放弃的吸引力。据报告数据显示，80% 以上的配送员表示成为"双 11 钟点工"的原因是补贴家用，52% 的"双

11钟点工"预计今年配送收入达到5000元以上。不菲的收入和生活的压力，让每一个人都必须在配送比赛中疯狂奔跑。

请思考： 你从这个案例中得到哪些启示？

任务3　熟悉现代物流技术

任务要点

- ◆ **关　键　词：** 条码技术、射频识别技术、卫星导航系统、地理信息系统
- ◆ **理论要点：** 现代物流技术的相关知识
- ◆ **实践要点：** 识别电子商务物流过程中运用的主要技术手段

任务情境

目前，现代物流技术已经广泛存在于人们的生活中，在商场，每件商品都有各自的条码，收银台能快速计算出应收款总额，同时，商场每时每刻都可以知道存货数量，再也不用停业盘点。汽车通过收费站再也不用停车交费，系统在车辆运动的过程中已经将信息传递到了信息中心，直接从银行系统扣除通行费。小强希望通过学习这门课能够更加全面地认识现代物流技术。

任务分析

一般认为，物流技术包括两个方面，即物流硬技术和物流软技术。本任务介绍现代物流硬技术，包括条码技术、射频识别技术、卫星导航系统、地理信息系统。

任务实施

步骤一　熟悉条码技术

根据电子商务物流的功能以及特点，在电子商务物流中使用的信息技术主要有条码技术、射频识别技术、传感技术、地理信息系统、全球卫星定位系统、网络技术、EDI、数据库技术、POS系统等。电子商务物流信息系统往往以多种技术为基础，实现对物流信息的智能化识别、定位、跟踪、传递、监控和管理。

条码（Bar Code）是将宽度不等的多个黑条和空白，按照一定的编码规则排列，用以表达一组信息的图形标识符。常见的条码是由反射率相差很大的黑条（简称条）和白条（简称空）排成的平行线图案。条码可以标出物品的生产国、制造厂家、商品名称、生产日期、图书分类号、邮件起止地点、类别、日期等许多信息。例如，商品条码中的前缀码69代表中国，

471 代表中国台湾，489 代表中国香港。

1. 条码的识别原理

要将按照一定规则编译出来的条码转换成有意义的信息，需要经历扫描和译码两个过程。物体的颜色是由其反射光的类型决定的，白色物体能反射各种波长的可见光，黑色物体则吸收各种波长的可见光，所以当条码扫描器光源发出的光在条码上反射后，反射光照射到条码扫描器内部的光电转换器上，光电转换器根据强弱不同的反射光信号，转换成相应的电信号。根据原理的差异，扫描仪可以分为光笔、CCD、激光、影像扫描仪 4 种。电信号输出到条码扫描仪的放大电路增强信号之后，再送到整形电路将模拟信号转换成数字信号。白条、黑条的宽度不同，相应的电信号持续时间长短也不同。然后译码器通过测量脉冲数字电信号 0、1 的数目来判别条和空的数目，通过测量 0、1 信号持续的时间来判别条和空的宽度。此时所得到的数据仍然是杂乱无章的，要知道条码所包含的信息，则需要根据对应的编码规则（例如，EAN-8 码），将条形符号换成相应的数字、字符信息。最后，由计算机系统进行数据处理与管理，物品的详细信息便被识别了。

2. 条码的扫描

扫描条码需要条码扫描仪，如图 1-6 所示。扫描仪利用自身光源照射条码，再利用光电转换器接受反射的光线，将反射光线的明暗转换成数字信号，扫描中的条码，如图 1-7 所示。不论是采取何种规则印制的条码，都由静区、起始字符、数据字符和终止字符组成。有些条码在数据字符和终止字符之间还有校验字符。

图 1-6 条码扫描仪

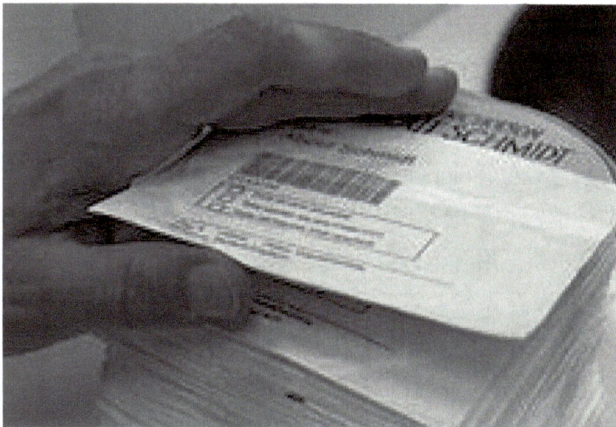

图 1-7 扫描中的条码

主要条码扫描仪介绍如下。

1）光笔，最原始的扫描方式，需要手动移动光笔，并且还要与条码接触。

2）CCD，以 CCD 作为光电转换器、LED 作为发光光源的扫描仪。在一定范围内，可以实现自动扫描。并且可以阅读各种材料、不平表面上的条码，成本也较为低廉。但与激光式扫描仪相比，扫描距离较短。

3）激光，以激光作为发光源的扫描仪。

4）影像扫描仪，以光源拍照利用自带硬解码板解码，通常影像扫描可以同时扫描一维及二维条码，例如，Honeywell 引擎。

3. 条码的优点

条码是迄今为止最经济、实用的一种自动识别技术。条码技术具有以下几个方面的优点。

1）输入速度快。与键盘输入相比，条码输入的速度是键盘输入的5倍，并且能实现"即时数据输入"。

2）可靠性高。键盘输入数据出错率为三百分之一，利用光学字符识别技术出错率为万分之一，而采用条码技术误码率低于百万分之一。

3）采集信息量大。利用传统的一维条码一次可采集几十位字符的信息，一维条码图，如图1-8所示。二维条码可以携带数千个字符的信息，并有一定的自动纠错能力，二维条码，如图1-9所示。

图 1-8　一维条码图　　　　　　　　　　　　　　图 1-9　二维条码

4）灵活实用。条码标识既可以作为一种识别手段单独使用，也可以和有关识别设备组成一个系统实现自动化识别，还可以和其他控制设备连接起来实现自动化管理。

5）设备简单、成本低。条码符号、标签的制作容易，对印刷设备和材料无特殊要求。扫描识读设备结构简单，操作简便，几乎不需要进行专门的训练。与其他信息录入和自动识别技术相比，条码系统的构建、使用和升级所需的费用比较低。

4. 条码技术在物流中的应用

1）POS（Point Of Sales，销售信息系统）。在商品上贴上条码就能快速、准确地利用计算机进行销售和配送管理。其过程为：对销售商品进行结算时，通过扫描仪读取信息并将信息输入计算机，然后输入收款机，收款后开出收据，同时通过计算机处理，掌握进、销、存的数据。

2）库存系统。在库存物资上应用条码技术，尤其是规格包装、集装、托盘货物上，入库时自动扫描并输入计算机，由计算机处理后形成库存的信息，并输出入库区位、货架、货位的指令，出库程序则和POS系统条码应用一样。

3）分货拣选系统。在配送和仓库出货时，采用分货、拣选方式，需要快速处理大量的货物，利用条码技术便可自动进行分货拣选，并实现有关的管理。其过程如下：一个配送中心接到若干个配送订货要求，将若干订货信息汇总，每一品种汇总成批后，按批发出所在条码的拣货标签，拣货人员到库中将标签贴于每件商品上并取出用自动分拣机分货，分货机始端的扫描仪对处于运动状态分货机上的货物进行扫描，一方面确认所拣出货物是否正确，另一方面识读条码上的用户标记，指令商品在确定的分支分流，到达各用户的配送货位，完成分货拣选作业。

步骤二　熟悉射频识别技术

RFID（Radio Frequency Identification，射频识别）是一种无线通信技术，可以通过无

线电信号识别特定目标并读写相关数据，而无须识别系统与特定目标之间建立机械或者光学接触。

无线电的信号是通过调成无线电频率的电磁场，把数据从附着在物品上的标签上传送出去，以自动辨识与追踪该物品。某些标签在识别时从识别器发出的电磁场中就可以得到能量，并不需要电池；也有的标签本身拥有电源，并可以主动发出无线电波（调成无线电频率的电磁场）。标签包含了电子存储的信息，数米之内都可以识别。与条码不同的是，射频标签不需要处在识别器视线之内，也可以嵌入被追踪物体之内，如图 1-10 所示。

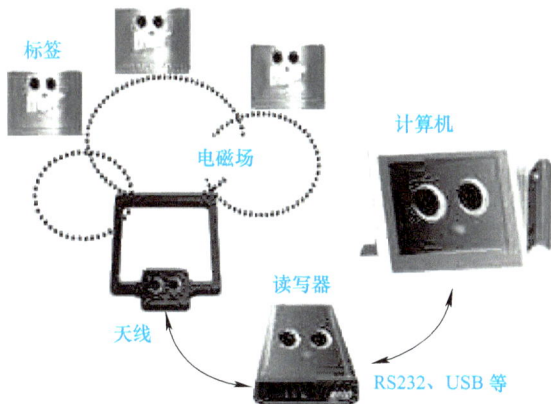

图 1-10　射频识别技术

许多行业都运用了射频识别技术。将标签附着在一辆正在生产中的汽车，可以追踪此车在生产线上的进度。仓库可以追踪商品的所在位置。射频识别的身份识别卡可以使员工得以进入锁住的建筑部分，汽车上的射频应答器也可以用来征收收费路段与停车场的费用。

1. 射频识别系统的组成

自 2004 年起，全球范围内掀起了一场无线射频识别技术（RFID）的热潮，包括沃尔玛、宝洁、波音公司在内的商业巨头无不积极推动 RFID 在制造、物流、零售、交通等领域的应用。RFID 技术及其应用正处于迅速上升的时期，被业界公认为是 21 世纪最具潜力的技术之一，它的发展和应用推广将是自动识别行业的一场技术革命。RFID 在交通物流行业的应用更是为通信技术提供了一个崭新的舞台，其将成为未来电信业有潜力的利润增长点之一。射频识别系统在具体的应用过程中，根据不同的应用目的和应用环境，其组成会有所不同，但从射频识别系统的工作原理来看，其一般由信号发射机、信号接收机、发射接收天线等部分组成。

（1）信号发射机

在射频识别系统中，信号发射机为了达到不同的应用目的，会以不同的形式存在，典型的形式是标签。它由耦合元件及芯片组成，每个标签具有唯一的电子编码，附着在物体上标识目标对象。电子标签按工作方式分为无源（不带电池供电）和有源两种。无源电子标签工作的能量是由读写器发出的射频脉冲提供的。电子标签按读写方式可以分为只读标签与可读可写标签。只读标签的信息可以在标签制造过程中由制造商写入，也可以在标签开始使用时由使用者根据特定的应用目的写入。只读标签是一次写入，多次读出。可读可写标签可以实现对原有数据的擦除以及数据的重新写入。条码技术中标准码制的号码或者混合编码都可以存储在标签中。

（2）信号接收机

在射频识别系统中，信号接收机由于完成功能的不同，读写器的复杂程度是明显不同的。读写器是读取或写入电子标签信息的设备，可设计为手持式或固定式两种。

（3）发射接收天线

发射接收天线是标签与读写器之间传输数据的发射、接收装置。发射接收天线在标签和读写器间传递射频信号。在实际应用中，除了系统功率，发射接收天线的形状和相对位置也会影响数据的发射和接收，所以需要专业人员对系统的发射接收天线进行设计、安装。

2. 射频识别系统的特点

射频卡的几个主要模块被集成到一块芯片中，完成与读写器的通信。芯片上有内存的部分用来储存识别号码或其他数据，内存容量从几位到几十千位不等。芯片外围仅需要连接天线。卡的封装有不同的形式，如常见的信用卡形式及小圆片形式等。和条码、磁卡、IC卡等早期的识别技术相比，射频卡具有非接触、工作距离长、能适应恶劣环境、可识别运动目标等优点，因此其在进行识别工作时无须人工干预、适于实现自动化且不易损坏、可识别高速运动的物体并可同时识别多个目标，操作快捷方便。射频卡可在油脂、灰尘污染等环境中使用，短距离的射频卡可以在这样的环境中替代条码，长距离的射频卡多用于交通领域，其识别距离可达到几十米。

3. 射频识别系统的分类

根据RFID系统的功能不同，可以粗略地把RFID系统分成四种类型：EAS系统、便携式数据采集系统、物流控制系统、定位系统。

（1）EAS系统

EAS（Electronic Article Surveillance，电子商品防窃/盗）是一种设置在需要控制物品出入地方的RFID技术。这种技术的典型应用场合是商店、图书馆、数据中心等地方，当未被授权的人从这些地方非法取走物品时，EAS系统会发出警告。典型的EAS系统一般由三部分组成：①附着在商品上的电子标签，电子传感器；②电子标签灭活装置，以便授权商品能正常出入；③监视器，在出口造成一定区域的监视空间。EAS系统的工作原理是：在监视区，发射器以一定的频率向接收器发射信号（发射器与接收器一般安装在零售店、图书馆的出入口，形成一定的监视空间）；当具有特殊特征的标签进入该区域时，会对发射器发出的信号产生干扰，这种干扰信号也会被接收器接收，再经过微处理器的分析判断，就会控制警报器的鸣响。根据发射器所发出的信号不同，以及标签对信号干扰的原理不同，EAS可以分成多种类型。

（2）便携式数据采集系统

便携式数据采集系统是使用带有RFID读写器的手持式数据采集器采集RFID标签上的数据。这种系统具有比较大的灵活性，适用于不宜安装固定式RFID系统的应用环境。手持式读写器（数据输入终端）可以在读取数据的同时，通过无线电波数据传输方式（RFDC）实时地向主计算机系统传输数据，也可以暂时将数据存储在读写器中，再一批一批地向主计算机系统传输数据。

（3）物流控制系统

在物流控制系统中，固定布置的 RFID 读写器分散布置在既定的区域，并且读写器直接与数据管理信息系统相连，信号发射机是移动的，一般安装在移动的物体或人上面。当物体或人经过读写器时，读写器会自动扫描标签上的信息并把数据信息输入数据管理信息系统存储、分析、处理，达到控制物流的目的。

（4）定位系统

定位系统用于自动化加工系统中的定位，以及对车辆、轮船等进行运行定位支持。读写器放置在移动的车辆、轮船上或自动化流水线中移动的物料、半成品、成品上，信号发射机嵌入操作环境的地表下面。信号发射机上存储有位置识别信息，读写器一般通过无线的方式或有线的方式连接到主信息管理系统。

步骤三　熟悉卫星导航系统和地理信息系统

1. 卫星导航系统

全球卫星导航系统国际委员会公布的全球 4 大卫星导航系统供应商包括美国的全球定位系统、俄罗斯的格洛纳斯卫星导航系统、欧盟的伽利略卫星导航系统和我国的北斗卫星导航系统。

（1）北斗卫星导航系统（BDS）

北斗卫星导航系统（BeiDou Navigation Satellite System，BDS）是我国着眼于国家安全和经济社会发展需要，自主建设、独立运行的卫星导航系统。2020 年 7 月 31 日北斗三号全球卫星导航系统正式开通，全球已有 120 余个国家和地区使用北斗系统。

北斗卫星导航系统由空间段、地面段和用户段三部分组成，具备导航定位和通信数据传输两大功能，可提供定位导航授时、全球短报文通信、区域短报文通信、国际搜救、星基增强、地基增强、精密单点定位共 7 类服务。全球范围定位精度优于 10 米、测速精度优于 0.2 米／秒、授时精度优于 20 纳秒、服务可用性优于 99%，亚太地区性能更优。

随着北斗卫星导航系统建设和服务能力的发展，相关产品已广泛应用于交通运输、海洋渔业、水文监测、气象预报、测绘地理信息、森林防火、通信时统、电力调度、救灾减灾、应急搜救等领域，逐步渗透到人类社会生产和人们生活的方方面面，为全球经济和社会发展注入新的活力。

在交通运输方面，北斗卫星导航系统广泛应用于重点运输过程监控、公路基础设施安全监控、港口高精度实时定位调度监控等领域。截至 2019 年 12 月，国内超过 650 万辆营运车辆、4 万辆邮政和快递车辆、36 个中心城市约 8 万辆公交车、3 200 余座内河导航设施、2 900 余座海上导航设施已应用北斗卫星导航系统。

在电子商务领域，国内多家电子商务企业的物流货车及配送员，应用北斗车载终端和手环，实现了车、人、货信息的实时调度。

（2）全球定位系统（GPS）

全球定位系统（Global Positioning System，GPS）是美国从 20 世纪 70 年代开始研制，历时 20 年，耗资 200 亿美元，于 1994 年全面建成，具有在海陆空进行全方位实时三维导航与定位能力的新一代卫星导航与定位系统。

全球定位系统可以用于车辆监管、车辆导航、货物跟踪管理，在物流过程中的具体应用如下。

1）实时监控功能。全球定位系统可在任意时刻通过发出指令查询运输工具所在的地理位置并在电子地图上直观地显示出来。

2）双向通信功能。利用全球定位系统的通信功能，人们可使用 GSM 的话音功能与驾驶员进行通话或使用安装在运输工具上的移动设备的汉字液晶显示终端进行汉字消息的收发与对话。

3）动态调度功能。调度人员能在任意时刻通过调度中心发出文字调度指令，并得到确认信息。以此可进行运输工具待命计划管理，操作人员通过在途信息的反馈，可在运输工具未返回车队前即做好待命计划，提前下达运输任务，减少等待时间，加快运输工具的周转速度。

4）数据存储、分析功能。全球定位系统可实现路线规划及路线优化，事先规划车辆的运行路线、运行区域，判断车辆何时应到达扫描地方等，并将该信息记录在数据库中，以备以后查询、分析、使用。

全球定位系统还可进行可靠性分析，通过汇报运输工具的运行状态，使人们了解运输工具是否需要较大的修理，以便预先做好修理计划。全球定位系统可计算运输工具的平均每天差错时间，动态衡量该型号车辆的性能价格比。

2. 地理信息系统（GIS）

（1）GIS 的概念

地理信息系统（Geographic Information System，GIS）处理、管理的对象是多种地理空间实体数据及其关系，包括空间定位数据、图形数据、遥感图像数据、属性数据等，其用于分析和处理在一定地理区域内分布的各种现象和过程，以解决复杂的规划、决策和管理问题。

通过上述分析和定义可给出 GIS 的基本概念：

1）GIS 的物理外壳是计算机化的技术系统，它由若干个相互关联的子系统构成，如数据采集子系统、数据管理子系统、数据处理和分析子系统、图像处理子系统、数据产品输出子系统等。这些子系统性能的优劣及其结构的不同直接影响着 GIS 的硬件平台、功能、效率、数据处理的方式和产品输出的类型。

2）GIS 的操作对象是空间数据和属性数据，即点、线、面、体这类有三维要素的地理实体。空间数据最根本的特点是每一个数据都按统一的地理坐标进行编码，实现对其定位、定性和定量的描述，这是 GIS 区别于其他类型信息系统的根本标识，也是其技术难点所在。

3）GIS 的技术优势在于它的数据综合、模拟与分析评价能力，可以得到用常规方法或普通信息系统难以得到的重要信息，实现地理空间过程演化的模拟和预测。

4）GIS 与测绘学和地理学有着密切的关系。大地测量、工程测量、矿山测量、地籍测量、航空摄影测量和遥感技术，为 GIS 中的空间实体提供不同比例尺和精度的定位数；电子速测仪、GPS 全球定位技术、解析或数字摄影测量工作站、遥感图像处理系统等现代测绘技术的使用，使人们可以直接、快速和自动地获取空间目标的数字信息产品，为 GIS 提供丰富和实时的信息源，并促使 GIS 向更高层次发展。地理学是 GIS 的理论依托。

（2）GIS 的组成

地理信息系统由硬件、软件、数据、人员和方法 5 部分组成。

1）硬件。硬件主要包括计算机设备，网络设备，存储设备，数据输入、显示和输出的外围设备等。

2）软件。软件主要包括操作系统软件、数据库管理软件、系统开发软件、GIS 软件等。

3）数据。数据是 GIS 的重要内容，也是 GIS 系统的灵魂和生命。

4）人员。人员是 GIS 系统的能动部分。人员的技术水平和组织管理能力是决定系统建设成败的重要因素。

5）方法。方法是指系统需要采用何种技术路线、何种解决方案来实现系统目标。各个部分齐心协力、分工协作是 GIS 系统成功建设的重要保证。

（3）GIS 的基本功能

1）输入。数据的采集与编辑主要用于获取数据，保证 GIS 数据库中的数据在内容与空间上的完整性。

2）数据转换与处理。其目的是保证数据入库时在内容上的完整性和在逻辑上的一致性。其方法主要有数据编辑与处理、错误修正；数据格式转化，包括矢量、栅格转化，不同数据格式的转化；数据比例转化，包括平移、旋转、比例转换、纠正等；投影变换，主要是投影方式变换；数据概化，主要是平滑、特征集结；数据重构，主要是几何形态变换（拼接、截取、压缩、结构）；地理编码，主要根据拓扑结构进行编码。

3）数据管理。对于小型 GIS 项目，把地理信息存储成简单的文件就足够了。但是，当数据量很大而且数据用户很多时，最好使用一个数据库管理系统来帮助 GIS 存储、组织和管理数据。

4）查询分析。GIS 提供简单的鼠标单击查询功能和复杂的分析工具，为管理者提供及时的、直观的信息。

5）可视化。对于许多类型的地理操作，其最终结果能以地图或图形来显示。

（4）GIS 技术在物流系统中的应用

GIS 在物流系统中的应用主要集中于物流分析，主要是利用强大的地理数据功能来完善物流分析技术。一个完整的 GIS 物流分析软件通常集成了车辆路线模型、最短路径模型、网络物流模型、分配集合模型和设施定位模型等。车辆路线模型用于解决在一个起始点、多个终点的货物运输中，如何降低物流作业的费用并保证服务质量的问题，包括决定使用多少辆车，每辆车的路线等。最短路径模型用于寻求最有效的货物分配路径，也就是物流网点布局委托。例如，需要将货物从 N 个仓库运往 M 个商店，而它们的需求量固定，因此需要研究由哪个仓库提货送往哪个商店的运输成本最小。

分配集合模型可以根据各个要素的相似点把同一层上的所有或部分要素分为几个组，用以确定服务范围和销售市场范围。例如，某一公司要设立 X 个分销点，要求这些分销点要覆盖某一地区，而且要使每个分销点的顾客数目大致相等。

设施定位模型用于确定一个或多个设施的位置。在物流系统中，仓库和运输线共同组成了物流网络，仓库位于网络的节点上，节点决定着路线。根据供求的实际需要并结合经济效益等原则，在既定区域内设立多少个仓库、每个仓库的位置、每个仓库的规模以及仓库之间的物流关系等，均能运用此模型得以解决。我国应用于物流分析和物流研究中的 GIS 迄今为止还处于发展阶段。

触类旁通

物流硬技术和物流软技术

一般认为，物流技术包括两个方面，即物流硬技术和物流软技术。

物流硬技术是指物流设施、装备和技术手段。传统的物流硬技术主要是指材料（集装、包装材料等）、机械（运输机械、装卸机械、包装机械等）、设施（仓库、车站、码头、机场等）。典型的现代物流技术手段和装备（或者叫现代物流技术）包括计算机、互联网、信息数据库技术、条码技术、语音技术，同时还有电子数据交换（Electronic Data Interchange，EDI）、射频识别（Radio Frequency Identification，RFID）、全球卫星定位系统（Global Positioning System，GPS）、地理信息系统（Geographical Information System，GIS）、自动数据采集（Automated Data Collection，ADC）、电子订货系统（Electronic Ordering System，EOS）、增值网（Value Added Network，VAN）、电子货币转账（Electronic Found Transfer，EFI）、自动存取系统（Automated Storage and Retrieval System，AS/RS）、手持终端（Handy Terminal，HT）、集成电路卡（Integrated Circuit Card，简称 IC 卡）等。

物流软技术（或者叫物流技术应用方案）是指为组织实现高效率的物流所需要的计划、分析、评价等方面的技术和管理方法。典型的物流软技术应用方案包括运输或配送中的路线规划技术、库存控制技术、物流过程中的可视化技术，以及供应商管理库存技术（Vendor Managed Inventory，VMI）、连续补货计划（Continuous Replenishment Program，CRP）、供应链管理（Supply Chain Management，SCM）、客户关系管理（Customer Relationship Management，CRM）、仓库管理系统（Warehouse Management System，WMS）、快速反应（Quick Response，QR）、及时制（Just In Time，JIT）、ABC 库存分析法、作业成本分析法（Activity Based Costing，ABC）、直接产品盈利性分析（Direct Product Profitability，DPP）、配送资源计划（Distribution Resource Planning，DRP）、物流流程重组（Logistics Process Reengineering，LPR）、直接转拨（Cross Docking）技术等。

案例 1-3

沃尔玛的信息化物流系统

沃尔玛百货有限公司是世界第一大零售连锁集团。目前，沃尔玛在全球十个国家开设了超过 5 400 家商场，员工总数 160 多万人，分布在美国、墨西哥、波多黎各、加拿大、阿根廷、巴西、中国、韩国、德国和英国 10 个国家。每周光临沃尔玛的顾客近一亿四千万人次。

2010 年沃尔玛全球的销售额达到 4 082 亿美元，连续多年荣登《财富》杂志世界 500 强企业和"最受尊敬企业"排行榜。沃尔玛巨大的商品销售数量必然要有一个同样巨大和高效的商品配送系统与之相适应。

早在 20 世纪 60 年代中期，公司创办人山姆·沃尔顿只拥有几家商店的时候，他就已经清醒地认识到，管理人员必须能够随时随地获得他所需要的数据。例如，某种商品在沃尔玛的商店里的数量是多少？它上一周的销售量是多少？它前一天的销售量是多少？它去年的销售量是多少？商店订购了多少这种商品？什么时候可以到货？在管理信息系统应用之前，这样的工作必须通过大量的人工计算与处理才能得到。因此，实时控制处于任何地点的商店的想法只是一个梦想而已。要在现有的基础上扩大经营规模，只有密切追踪信息处理技术的进步。

在信息技术的支持下，沃尔玛能够以最低的成本、最优质的服务、最快速的管理反应进行全球运作。1974年，沃尔玛开始在其分销中心和各家商店运用计算机进行库存控制。1983年，沃尔玛的整个连锁商店系统都用上条码扫描系统。

1984年，沃尔玛投入4亿美元巨资，与美国休斯公司合作发射了一颗商业卫星，在此基础上，又投入数亿美元建立了目前的计算机及卫星交互式通信系统。凭借这套系统，沃尔玛内部、分销中心和零售店之间可以快捷地进行对话。沃尔玛直接从工厂进货，实行统一订货，统一分配，尽量减少中间流通环节，从而大大降低了成本，各分店的订货单都先汇总到总部，然后由总部统一订货，从而享受最低的批发价。这一切的优势都来自于沃尔玛积极地应用最新的技术成果。通过采用最新的信息技术，员工可以更有效地做好工作，更好地做出决策以提高生产率和降低成本。在沃尔玛的管理信息系统中最重要的一环就是它的配送管理。沃尔玛在全球5400多家门市店通过全球网络可以在1h内对每种商品的库存、上架、销售量全部盘点一遍，并通知货车司机最新的路况信息，调整车辆送货的最佳线路。

20世纪80年代末，沃尔玛开始利用电子交换系统EDI与供应商建立了自动订货系统，该系统又称为无纸贸易系统。自动订货系统通过网络系统，向供应商提供商业文件、发出采购指令、获取收据和装运清单等，同时也让供应商及时准确地把握其产品的销售情况。沃尔玛还利用更先进的快速反应系统代替采购指令，真正实现了自动订货。该系统利用条码扫描和卫星通信，与供应商每日交换商品销售、运输和订货信息。凭借先进的电子信息手段，沃尔玛做到了商店的销售与配送保持同步，配送中心与供应商运转一致，提高了工作效率，降低了成本，使得沃尔玛超市所售货物在价格上占有绝对优势，成为消费者在购物时的重要选择对象，所以在沃尔玛的门市店，不会发生缺货情况。科学技术为沃尔玛称雄世界提供了强大的后勤保证。

20世纪90年代沃尔玛提出了新的零售业配送理论：集中管理的配送中心向各商店提供货源，而不是直接将货品运送到商店。其独特的配送体系，大大降低了成本，加速了存货周转，形成了沃尔玛的核心竞争力。

沃尔玛每销售一件商品，都会即时通过与收款机相连的计算机记录下来，每天都能清楚地知道实际销售情况。沃尔玛各分店、供应商、配送中心之间建立的卫星通信网络系统使沃尔玛的配送系统完美无缺。这套系统的应用，使配送中心、供应商及每一分店的每一销售点都能形成在线作业。在短短数小时内便可完成"填妥订单——各分店订单汇总——送出订单"的整个流程，大大提高了营业的高效性和准确性。

沃尔玛在全球拥有40多个配销中心、多个特别产品配销中心，它们分布在美国、阿根廷、巴西、加拿大、中国、法国、墨西哥、波多黎各等国家。沃尔玛公司总部与全球各家分店和各个供应商通过共同的计算机系统进行联系。它们有相同的补货系统、相同的EDI条码系统、相同的库存管理系统、相同的会员管理系统、相同的收银系统。这样的系统能从一家商店了解全世界的商店的资料。

（1）计算机系统给沃尔玛采购员的资料

它包括保存两年的销售历史，计算机一一记录了所有商品具体到每一个规格、每一种颜色的销售数据，包括最近各周的销量、存货量。这样的信息支持能够使采购员知道什么品种的商品该增加、什么品种的商品该淘汰；畅销的商品每次购进多少才能满足顾客的需求，又不会导致商品积压。

（2）计算机系统给商店员工的资料

它包括单品的当前库存、已订货数量、由配销中心送货过程中的数量、最近各周的销售数量、建议订货数量以及 Telxon 终端所能提供的信息。Telxon 终端是一个无线扫描枪，它的大小如一本 32 开本的书，商场员工在使用它扫描商品的条码时，能够显示价格、架存数量、库存数量、在途数量及最近各周销售数量等。扫描枪的应用，使商场人员丢下了厚厚的补货手册，对实施单品管理提供了可靠的数据，而且高效、准确。

（3）计算机系统给供应商的资料

它与提供给采购员的数据相同，这样翔实的数据使生产商能细致地了解哪些规格、哪种颜色的商品畅销，然后按需组织生产。

随着市场竞争的不断深化和加剧，企业建立竞争优势的关键已由节约原材料的"第一利润源泉"、提高劳动生产率的"第二利润源泉"，转向建立高效的物流系统的"第三利润源泉"。早在 20 世纪 80 年代，西方发达国家，如美国、法国和德国等就提出了物流一体化的现代理论，应用和指导其物流发展取得了明显的效果，使它们的生产商、供应商和销售商均获得了显著的经济效益。

零售业尤其是跨国经营的零售集团和大型连锁企业，现代化管理水平的提高主要依赖高科技的运用。信息的收集和传播、销售数据管理、商品分类管理、库存和商品盘点、供应链的管理，都要靠高科技电子技术才能高效率地完成。大型零售商、跨国零售集团如何形成以最终需求为导向，以现代化交通和高科技信息网络为桥梁，以合理分布的配送中心为枢纽的完备和现代化的物流配送系统，沃尔玛为我们上了生动的一课。

请思考： 沃尔玛采用了哪些先进的信息技术？这些技术分别起到了什么作用？

项目小结

电子商务的发展为物流创造了巨大的市场，同时，物流行业的发展和水平的提升，可以进一步促进电子商务的健康发展。电子商务是指通过互联网进行的销售商品、提供服务等经营活动。电子商务的基本组成要素包括 Internet、用户、认证中心、物流配送（配送中心）、银行、商家等。电子商务模式主要包括 B2B、B2C、C2C 和 O2O 模式。当前，我国电子商务发展正在进入密集创新和快速扩张的新阶段，日益成为拉动我国消费需求、促进传统产业升级、发展现代服务业的重要引擎。

物流是物品从供应地向接收地的实体流动过程。电子商务物流是电子商务环境下的现代物流，是指电子化、网络化后的信息流、商流、资金流下的物资或服务的配送活动，包括无形商品的网络传送和有形商品的物理传送。电子商务物流的一般过程包括订购（采购）、运输、储存、装卸搬运、流通加工、包装和配送等基本环节。电子商务物流模式主要有三种：自营物流模式、第三方物流模式、战略联盟模式。

根据电子商务物流的功能以及特点，在电子商务物流中使用的信息技术主要有条码技术、射频识别技术、传感技术、卫星导航系统、地理信息系统、网络技术、EDI、数据库技术、POS 系统等。

练习思考

一、单项选择题

1. 电子商务的基本组成要素包括 Internet、用户、认证中心、（　　）、银行等。

    A. 消费者　　　　　B. 物流配送　　　　C. 供应商　　　　D. 网站

2. 线上营销和线上购买带动线下经营和线下消费，让互联网成为线下交易的平台，这种电子商务模式是（　　）。

    A. B2C　　　　　　B. C2C　　　　　　C. B2B　　　　　D. O2O

3. 电子商务物流的一般过程包括了基本的物流活动，即包括采购、运输、储存、装卸搬运、流通加工、（　　）和配送等基本环节。

    A. 仓储　　　　　　B. 分拣　　　　　　C. 包装　　　　　D. 回收

4. （　　）是我国自主建设、独立运行的全球卫星导航系统。

    A. 北斗卫星导航系统　　　　　　　　　B. 伽利略卫星导航系统

    C. 全球定位系统　　　　　　　　　　　D. 格洛纳斯卫星导航系统

二、多项选择题

1. 物流的分类方法很多，从物流过程来分，可以分为（　　）。

    A. 供应物流　　　　B. 生产物流　　　　C. 销售物流　　　D. 废弃物物流

2. 电子商务物流模式主要有（　　）。

    A. 自营物流模式　　　　　　　　　　　B. 菜鸟模式

    C. 第三方物流模式　　　　　　　　　　D. 战略联盟模式

3. 北斗卫星导航系统由空间段、地面段和用户段三部分组成，具备（　　）两大功能。

    A. 报文通信　　　B. 通信数据传输　　C. 地基增强　　　D. 导航定位

4. 国家邮政局统计数据显示，2019 年全国快递服务企业业务量累计完成（　　）亿件，同比增长（　　）。

    A. 635.2　　　　　B. 63.52　　　　　C. 25.3%　　　　D. 5.3%

三、思考题

1. 电子商务与物流是怎样的关系？

2. 企业选择物流模式主要考虑哪些因素？

3. 现代物流主要用到哪些技术？

📖✋ **实战强化**

实训一　交流网购过程中的物流体验

一、实训目的

通过本次实训，感受身边的电子商务物流。

二、实训组织

1）组织大家在课堂上交流网络购物过程中的物流体验，交流内容包括遇到过哪些物流公司，这些物流公司提供的服务速度和质量等。

2）教师点评、总结。

三、实训要求

根据同学们的介绍，结合自身情况，每人提交800～1000字的物流体验总结报告。

实训二　体会物流过程的小游戏——物流大亨

一、实训目的

通过游戏的形式，体会物流过程。

二、实训组织

物流大亨是风靡全球的网络小游戏，游戏首页，如图1-11所示。通过鼠标控制物品的流向，要控制很多货物，有的运往码头，有的运往机场，将货物运送到正确的地方。送货地点正确，得分；送货地点错误，不得分。游戏过程，如图1-12所示。

图1-11　游戏首页

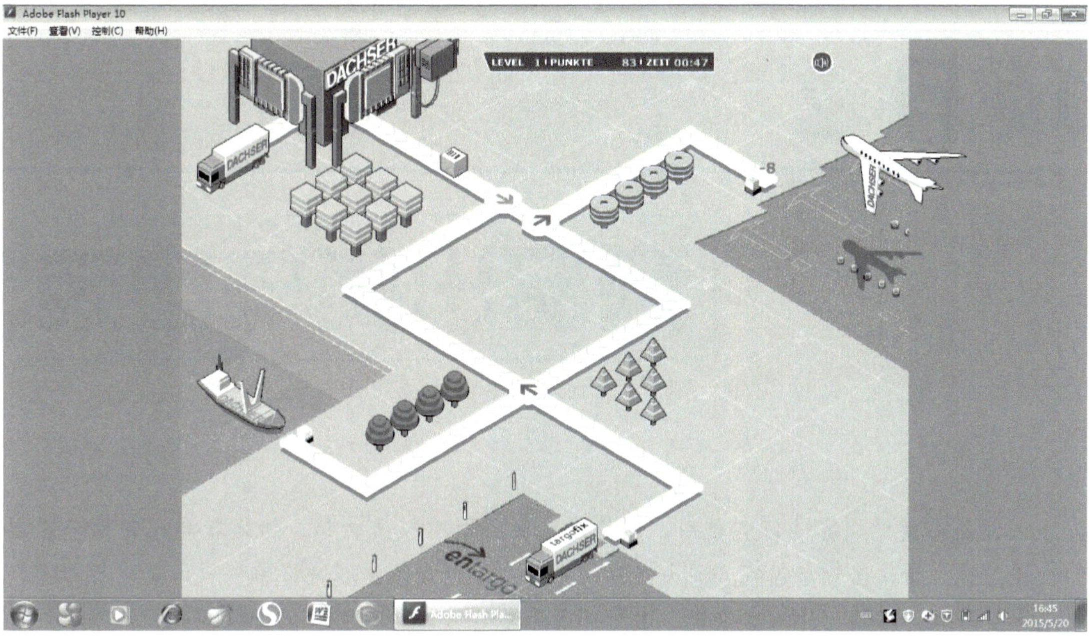

图 1-12　游戏过程

可以免费在线体验游戏；也可在百度上搜索"物流大亨"，单击游戏页面的"下载"按钮，出现单机版物流大亨小游戏版本下载页面，然后完成单机版物流大亨小游戏的下载和安装。

三、实训要求

把自己满意的一次通关记录截图发给老师。

项目 2

商品出货与包装

一件商品接受顾客的订购之后，即将发生商品所有权的转移，随之就会出现两个重要的流通过程：商品出货与包装。商品出货的主要内容包含依据客户订单资料印制出货单据，制定出货排程，印制出货批次报表、出货商品上所要的地址标签和出货检核表。由排程人员决定出货方式、选用集货工具、调派集货作业人员，并决定所运送车辆的大小与数量。由仓库管理人员或出货管理人员决定出货区域的规划布置及出货商品的摆放方式。

学习提示

学习目标

知识目标

了解电子商务模式下商品出货的过程；掌握电子商务模式下商品出货的具体操作；了解商品知识与属性定位，掌握电子商务下不同商品种类的一些包装技巧。

能力目标

能够熟悉商品出货的具体操作，能够掌握不同商品种类的包装技巧。

素质目标

养成不断学习的习惯，培养开拓创新的精神。

本项目重点

- 电子商务模式下商品出货的过程；电子商务模式下不同商品种类的包装技巧。

本项目难点

- 了解商品知识与属性定位。

任务1 商品出货

任务要点

◆ **关 键 词**：出货、订单、客户档案
◆ **理论要点**：商品出货的过程、商品知识与属性定位
◆ **实践要点**：商品出货的具体操作

任务情境

仓库为保证企业仓储货物完好无损，确保生产经营活动正常进行，需对各类货物的活动状况进行分类记录，以明确的图表方式表达仓储货物在数量、品质方面的状况，以及目前所在的地理位置、部门、订单归属和仓储分散程度等情况。那么，货物出货时需要怎样的流程呢？

仓库的出货流程：

1）因工作需要或结算等特殊原因需向仓库借出商品时，必须由经手人提交借货申请表，明确归还或结算时间后，并经业务部经理签字认可后方可借出。

2）仓库管理员接到借货申请后，清点核实所借商品的品名、数量、规格、单价、金额等相关内容，并与借货人签字认可货物正确且完好，方可借出。仓库管理员必须根据借货申请表在账面上进行备注。

3）借出的货品必须在约定时间内归还或结算。

4）借出的货品不得跨月结算或归还。

5）货物归还时，仓库管理员必须根据借货申请表对所借出商品进行清点和核查，若与借货明细相符且商品无损坏方能入库销账；若发生商品短少或损坏，则由借货方按照相关规定进行赔偿。

任务分析

订货是整个电子商务物流开展的依据。从接到客户订单开始到着手准备拣货之间的作业阶段，称为订单处理。它是电子商务物流顺利实施业务活动的第一步，也是核心业务。通常包括订单资料确认、存货查询、单据处理等内容。出货作业是指将拣取好的物品进行分类、作好出货检查、适当进行包装、做好标示、根据车辆趟次分类或厂商分类等指示将物品运至出货准备区，最后装车配送的过程。

任务实施

步骤一 接受订货

接单作业是订单处理的第一步。随着流通环境的变化和现代科技的发展，现在客户更趋于高频度的订货，且要求快速配送。因此，接受客户订货的方式也渐渐由传统的人工下单、接单，演变为计算机间直接送收订货资料的电子订货方式。电子订货，即采用电子传运方式取代传统人工书写、输入、传送的订货方式，它将订货资料由书面资料转为电子资料，通过通信网络进行传送。

步骤二 订单处理

订单处理分人工和计算机两种形式。人工处理具有较大弹性，但只适合少量的订单处理。计算机处理则速度快、效率高、成本低，适合大量的订单处理，因此目前主要采取后一种形式。订单处理的基本内容及步骤如图2-1所示。

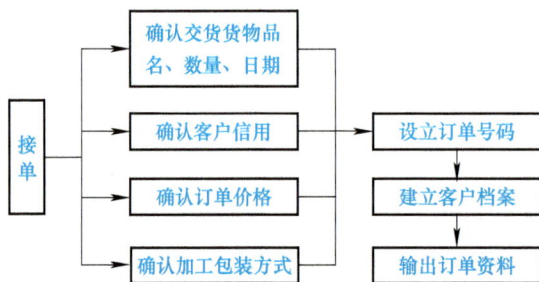

图 2-1 订单处理的基本内容及步骤

小链接 2-1

商品出货"三不三核五检查"

商品出货要求做到"三不三核五检查"。"三不"，即未接单据不翻账，未经审单不备货，未经复核不出库；"三核"，即在发货时，要核实凭证、核对账卡、核对实物；"五检查"，即对单据和实物要进行品名检查、规格检查、包装检查、件数检查、重量检查。具体地说，商品出库要求严格执行各项规章制度，提高服务质量，使用户满意。它包括对品种规格要求，积极与货主联系，为用户提货创造各种方便条件，杜绝差错事故。

步骤三 订单的确认

接单之后，必须对相关事项进行确认。主要包括以下几方面：

1) 货物的确认。即检查品名、数量、送货日期等是否有遗漏、笔误或不符合公司要求的情形。尤其当送货时间有问题或出货时间已延迟时，更需要与客户再次确认订单内容或更正运送时间。

2) 客户信用的确认。不论订单是由何种方式传至公司，配送系统都要核查客户的财务状况，以确定其是否有能力支付该订单的账款。通常的做法是检查客户的应收账款是否已超过其信用额度。

3）订单形态确认。订单形态确认分为一般交易订单、间接交易订单、现销式交易订单和合约式交易订单等。

① 一般交易订单。

交易形态：一般的交易订单在接单后，按正常的作业程序拣货、出货、发送、收款的订单。

处理方式：接单后，将资料输入订单处理系统，按正常的订单处理程序处理，资料处理完后进行拣货、出货、发送、收款等作业。

②间接交易订单。

交易形态：客户向配送中心订货，直接由供应商配送给客户的交易订单。

处理方式：接单后，将客户的出货资料传给供应商由其代配。此方式需注意的是客户的送货单是自行制作或委托供应商制作的，应对出货资料加以核对确认。

③现销式交易订单。

交易形态：与客户当场交易、直接给货的交易订单。

处理方式：订单资料输入后，因货物此时已交给客户，故订单资料不再参与拣货、出货、发送等作业，只需记录交易资料即可。

④合约式交易订单。

交易形态：与客户签订配送契约的交易，例如，签订某期间内定时配送某数量的商品。

处理方式：在约定的送货日，将配送资料输入系统处理以便出货配送；或一开始便输入合约内容的订货资料并设定各批次送货时间，以便在约定日期系统自动产生所需的订单资料。

4）订单价格确认。对于不同的客户（批发商、零售商）、不同的订购批量，可能对应不同的售价，因而输入价格时系统应加以检核。若输入的价格不符（输入错误或业务员降价接受订单等），系统应加以锁定，以便主管审核。

5）加工包装方式确认。客户订购的商品是否有特殊的包装、分装或贴标等要求，或是有关赠品的包装等资料，系统都需要加以专门的确认记录。

步骤四　设立订单号码

每一份订单都要有单独的订单号码，此号码一般是由控制单位或成本单位来指定，它除了便于计算成本外，还有利于制造、配送等一切相关的工作。所有工作的说明及进度报告都应附有此号码。

步骤五　建立客户档案

将客户状况详细记录，不但有益于此次交易的顺利进行，且有益于以后合作机会的增加。

客户档案，顾名思义就是有关客户情况的档案资料，是反映客户本身及与客户关系有关的商业流程的所有信息的总和。包括客户的基本情况、市场潜力、经营发展方向、财务信用能力、产品竞争力等有关客户的方方面面。

建立客户档案的目标是为了缩短销售周期，降低销售成本，有效规避市场风险，寻求扩展业务所需的新市场和新渠道，并且通过提高客户价值、满意度、赢利能力以及客户的忠诚度来改善企业的经营有效性。那么如何建立客户档案呢？

1. 收集客户档案资料

建立客户档案就是专门收集客户与公司联系的所有信息资料，以及客户本身的内外部环境信息资料。它主要有以下4个方面：

1）有关客户最基本的原始资料，包括客户的名称、地址、电话以及他们的个人性格、兴趣、爱好、家庭、学历、年龄、能力、经历背景等，这些资料是客户管理的起点和基础，需要通过销售人员对客户的访问来收集并整理归档。

2）关于客户特征方面的资料，主要包括所处地区的文化、习俗、发展潜力等。其中对外向型客户，还要特别关注和收集客户市场区域的政府政策动态及信息。

3）关于客户周边竞争对手的资料，例如，对其他竞争者的关注程度等。对竞争者的关系都要有各方面的比较。

4）关于交易现状的资料，主要包括客户的销售活动现状、存在的问题、未来的发展潜力、财务状况、信用状况等。

2. 客户档案的分类整理

客户信息是不断变化的，客户档案资料需要不断地补充、增加，所以客户档案的整理必须具有管理的动态性。根据营销的运作程序，可以把客户档案资料进行分类、编号定位并活页装卷。

第一部分，客户基础资料，例如，客户背景资料，包括销售人员对客户的走访、调查的情况报告。

第二部分，客户购买产品的信誉，财务记录及付款方式等情况。

第三部分，与客户的交易状况，例如，客户产品进出货的情况登记表，实际进货、出货情况报告，每次购买产品的登记表，具体产品的型号、颜色、款式等。

第四部分，客户退赔、折价情况。例如，客户历次退赔折价情况登记表，退赔折价原因、责任鉴定表等。

以上每一大类客户资料都必须填写完整的目录并编号，以备查询和资料定位。客户档案每年分年度清理，按类装订成固定卷保存。

3. 建档工作注意事项

1）档案信息必须全面详细。客户档案所反应的客户信息，是公司对该客户确定一对一的具体销售政策的重要依据。因此，档案的建立，除了客户名称、地址、联系人、电话等这些最基本的信息之外，还应包括它的经营特色、行业地位和影响力、分销能力、资金实力、商业信誉、与本公司的合作意向等这些更为深层次的因素。

2）档案内容必须真实。这就要求业务人员的调查工作必须深入实际，那些为了应付检查而闭门造车胡编乱造客户档案的做法是最要不得的。

3）对已建立的档案要进行动态管理。

步骤六　订单资料处理输出

订单资料经上述处理后，即可开始印制出货单据，开展后续的物流作业。

资料处理输出后的出货检查，最简单的作法即以人工进行，也就是以人工的方式将货品点数并逐一核对出货单，再查验出货的品质水准及状态情况。就状态及品质检验而言，纯人工方式逐项或抽样检查的确有其必要性，但对于货品号码及数量核对来说，纯人工方式效率较低，也较难将问题找出，即使是采取多次的检查作业，也可能是耗费了许多时间，错误却依然存在。因此，以效率及效用来考量，如今在数量及号码检查的方式上也有许多突破，包括：

（1）商品条码检查法

此方法最大原则即是要导入条码，让条码跟着货品流动。当进行出货检查时，只将拣出货品的条码用扫描机读出，计算机则会自动将资料与出货单比对，来检查是否有数量或号码上的差异。

（2）声音输入检查法

声音输入检查法是一项新的技术，由作业员读出货品的名称（或代号）及数量，之后计算机接收声音作自动辨识，转成资料再与出货单进行比对。此方式的优点在于作业员只需读取资料，四肢仍可做其他工作，自由度较高。但需要注意的是，此法要求声音的发音要准，且每次发音字数有限，否则计算机辨识困难，可能产生错误。

（3）重量计算检查法

此法是先利用自动加算出货单上的货品总重量，而后将拣出的货品以计重器秤出总重，再将两者互相比对的检查方式。若能利用装有重量检核系统的拣货台车拣货，则在拣取过程中就能利用此法来做检查，拣货员每拣取一样货品，台车上的计重器便会自动显示其重量作查对，如此可完全省去后面的检查工作，在效率及正确性上将更佳。

触类旁通

1. 分货的含义

拣货作业完毕后，再将物品按用户或者配送路线进行分类，即为分货。

2. 分货的方式

分货方式一般有以下3种。

（1）人工目视处理

全由人工依照订单或传票判断来进行分货，也就是不通过任何计算机或自动化的辅助设备，拣取作业后依订单信息将各客户的订购货品放入已贴好各客户标签的货篮中。

（2）自动分类机

近年来，物流正被快速、正确地要求，为适应多品种少量订货的市场趋势，自动分类机兴起且正被广泛使用。自动分类机是利用计算机及辨识系统来达到分类的目的，因而具有迅速且正确不费力的效果，尤其在拣取数量或分类数量众多时，效率更高。

自动分类机的构成机件包括以下六项装置。

1）搬送输送机：皮带输送机、滚筒输送机、整列输送机、垂直输送机。

2）移载装置：移载装置也叫作导入口、进入站，其装置把搬送来的物品适时取出，并移载至自动分类机上。

3）分类装置：分类装置是自动分类机的主体，根据装置将货品分出方式的不同可分为推出式、浮起送出式、倾斜滑下式、皮带送出式分类装置。

4）排出装置：排出装置是为了尽早将各物品脱离自动分类机，避免下一物品碰撞的装置。

5）输入装置：在使用自动分类机前，将分类对象信息输入控制系统的装置。

6）控制装置：根据分类对象信息对分类机上的货品作分类控制的装置，其控制方式有磁气记忆式、脉冲发信式。

（3）旋转架分类

为节省成本，也有使用旋转架分类的方式，将旋转架的每一格位当成客户的出货篮，分类时只要在计算机输入各客户的代号，旋转架就会自动将其货篮转至作业员面前，让其将批量拣取的物品放入进行分类。

案例 2-1

物流技术在医药业供应链平台的巨大作用

重庆医药（集团）股份有限公司是一家立足医药商业、医药研发协同发展的大型国有企业，前身是成立于1950年的中国医药公司西南区公司，是中央和重庆两级药品医疗器械定点储备单位，企业规模、市场覆盖居西部领先。公司构建中国药品、冷链、医疗三大商业领域专业"医药＋互联网"平台，通过互联网、物联网、人工智能、大数据应用及移动终端等信息技术支撑，开展多种辅助医疗、医药电商服务。公司拥有国内领先的现代医药物流配送中心，利用院内智能物流技术手段，与大型综合医院开展合作，实现库房前移，与中小型医院及区域医疗中心优势互补，构建中央库房，实现集中配送。其物流模式如图2-2所示。

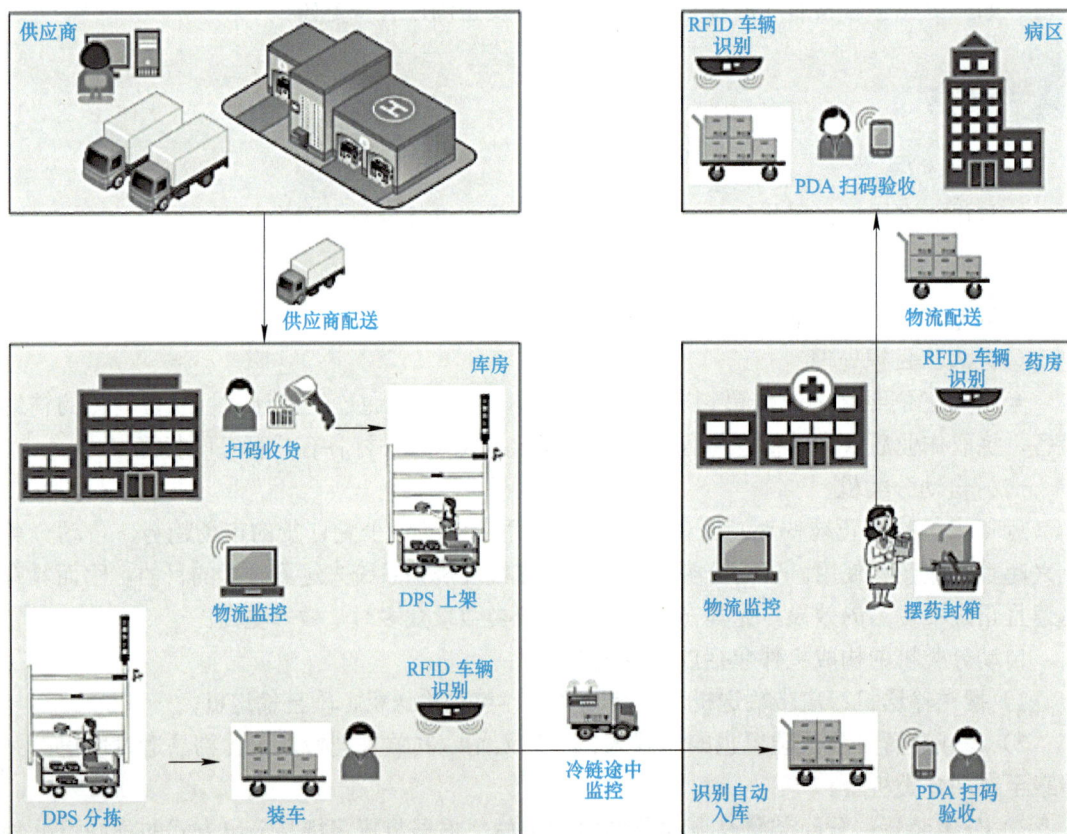

图 2-2　重庆医药（集团）股份有限公司物流模式

案例概述

医药供应链物联网平台运用互联网思维，通过信息系统、物联网智能设备等，把原本由线下处理的相关业务迁移到互联网平台，有效地衔接药品耗材厂商、配送商、政府监管机构、各级医疗机构以及患者，实现全程信息化留痕，在提高流转效率，降低各环节成本的情况下，极大地保障了患者的用药安全，真正践行了互联网＋医药的理念。

通过医药供应链物联网平台，供应商、重庆医药集团、医院、政府之间流程贯通、数据同源、高度协同，实现了医院药品自动采购，供应商自动响应的新型医药流通模式。在很大程度上推动了重庆医药行业供应链体系建设，具有行业领先性，成为样板项目。

医药供应链物联网平台通过引入电子标签、无线手持终端等智能物流设备，自动发药机、自动包药机、传送带等药房自动化传输设备，连同院内物流流程的梳理、延伸服务平台搭建等，实现了上下游物流和信息流的对接，逐步实现医院"零库存"管理，有效提升了西部医药供应链的标准化、智能化水平。

在此体系下，药品向上可追踪到供应商、生产厂家批次号以及运输储存各环节，向下可追溯到医院内部药品流转直至患者手中的过程，实现了真正意义上的药品全过程追溯。进一步完善了重庆医药集团建立的药品追溯管理体系，更大限度地实现各环节来源可溯、流向可追、问题可查，形成了行业药品全程追溯精细化管理的典范。

关键技术

1）SPD 系统（Supply、Processing、Distribution，供应、管理、配送）主要用于医疗机构药品耗材的精细化管理并实时对接外部平台，打破医院原有信息孤岛的现状，通过信息化实现效率的极大提升。该系统主要设置在实体医院，在医院内部设立各种跟踪机、自动分包机等设备。根据医院个性化需求，运用质量安全追踪技术，利用电子标签（DPS）、立体货架、无线手持终端、RFID 物联网技术等实施智能化改造，实现信息流与物流的统一，使药品耗材信息从生产，到流通，再到医院，一直到患者各个环节的信息化留痕。

2）新增了 PDA、带 RFID 高频芯片的智能周转箱、带移动网络的智能冷藏箱、升降叉车、拣选小车等智能设备，对入库、拣货、在途等多个物流节点进行提升。

3）通过协同平台生成或传递供应商的物流条码，应用条码识别技术、RFID 物流技术等，通过扫描条码、读取 RFID 信息实现直接自动出货。

应用效果

目前合作医院已超过 30 家，药品采购基本做到实时响应，门诊排队时间缩短至原来的1/4；降低供应链平台管理成本，供应链末端医院的成本节约 100 万元/年。

请思考： 请举例说明物流技术在医药业、运输业、餐饮业等行业中是如何提升商品出货效率和降低管理成本的？

任务2 备 货

任务要点

- **关 键 词**：备货、储存
- **理论要点**：备货的含义和作用
- **实践要点**：备货流程

任务情境

备货是配送的基本环节。处理完客户的订单后，接下来配送企业就要组织货源。配送的优势之一，就是可以集中不同用户的需求进行一定规模的备货。即通过集中采购，扩大进货批量，从而降低商品交易价格，同时，分摊进货运输装卸成本，减少备货费用，取得集中备货的规模优势。因此，做好备货管理工作也是企业提高服务水平，提高经济效益的有效保障。

任务分析

备货是指准备货物的系列活动，它是配送的基础环节。严格来说，备货应当包括两项具体活动：筹集货物和存储货物。在不同的经济体制下，筹集货物（或称组织货源）是由不同的行为主体去完成的。若生产企业直接进行配送，筹集货物的工作自然是由企业自己去组织的；而在专业化流通体制下，组织货源和筹集货物的工作则会出现两种情况：

①由提供配送服务的配送企业直接承担。一般是通过向生产企业订货来完成此项工作。

②选择商流、物流分开的模式进行配送。订货等筹集货物的工作通常是由货主自己去做，配送组织只负责进货和集货等工作，货物所有权属于货主（配送服务的需求者）。

任务实施

步骤一 了解备货的含义及作用

备货是配送的基础工作，是配送中心根据客户的需要，为配送业务的顺利实施而从事的组织商品货源和进行商品储存的一系列活动。备货可以使配送中心的配送活动得以顺利开展；备货可以使社会库存结构合理，降低社会总成本；备货可以使配送中心节约库存空间，降低配送成本，增加经济效益。

步骤二 筹集货物

筹集货物又称为组织货源或采购货物，是配送中心开展后续配送业务活动的龙头。筹集货物包括以下步骤。

1）制订货源需求计划。根据客户的配送需求，制定货源需求计划，包括货物的品种、数量、规格、进货时间等。

2）选择供应商。对供应商的资格、供应商的能力等进行评价，选择合适的供应商。

3）发出采购订单。供应商确定后，向供应商发出采购订单，签订购货合同。

4）商品入库验收。对供应商运送的货物进行验收，以确保购进产品的数量和质量。

5）评价货源组织工作。对整个货源组织工作进行评价，不断进行改进，同时与满足企业要求的供应商建立长期的联系。

影响筹集货物的因素很多，包括配送中心的类型、规模，能够接受的进货成本，购进产品的种类、产地、数量及具体备货人员的能力等。备货人员要不断适应经济发展的需要，不断更新自己的理念，调整备货方式，为企业寻找到合适的供应商，组织好货源。

在不同的经济体制下，筹集货物（或者说组织货源）是由不同的行为主体去完成的。若生产企业直接进行配送，那么，筹集货物的工作则会出现 2 种情况：①由提供配送服务的配送企业直接承担，一般是通过向生产企业订货或购货完成此项工作；②选择商流、物流分开的模式进行配送，订货、购货等筹集货物的工作通常是由货主（如生产企业）自己去做，配送组织只负责进货和集货（集中货物）等工作，货物所有权属于货主（接受配送服务的需求者）。然而，不管具体做法怎样不同，就总体活动而言，筹集货物都是由订货（或购货）、进货、集货及相关的验货、结算等一系列活动组成的。

步骤三 储存货物

储存货物是配送中心组织完货源之后完成进货活动的延续，在配送中心，适量的库存可以保证客户的需求，使配送工作得以顺利进行。

小链接 2-2

什么是配送中心？

配送中心是接受并处理末端用户的订货信息，对上游运来的多品种货物进行分拣，根据用户订货要求进行拣选、加工、组配等作业，并进行送货的设施和机构。是从供应者手中接受多种大量的货物，进行倒装、分类、保管、流通加工和情报处理等作业，然后按照众多需要者的订货要求备齐货物，以令人满意的服务水平进行配送的设施。

配送中心在以下几个方面发挥较好的作用：

1）减少交易次数和流通环节。

2）产生规模效益。

3）减少客户库存，提高库存保证程度。

4）与多家厂商建立业务合作关系，能有效而迅速地反馈信息，控制商品质量。

5）配送中心是现代电子商务活动中开展配送活动的物质技术基础。

配送中心的货物储存有两种表现形态。一是暂时储存，即按照分配货作业的要求，在拣选场地储存少量的货物；二是储备形态，即按照一定时期配送活动的要求和货源到货周期有计划地储备商品。储备形态是使配送持续运作的资源保证，其储备是否合理，直接影响到配送的整体效果，通常要注意以下4个方面。

（1）合理的储存数量

合理的储存数量是指在一定的条件下，根据企业具体经营情况、为了保证配送业务正常进行所制定的合理的储存标准。确定合理的储存数量要考虑客户的需求量、配送中心的条件、配送周期、配送过程的需要及配送企业的管理水平等因素。

储存数量由经常储存和保险储存两部分构成，经常储存是指配送中心为了满足日常配送需要的商品储存；保险储存是为了防止因商品需求变动而造成影响，避免商品脱销，保证连续不间断地配送而建立的储存。两种储存量的确定，要在考虑各种影响因素的基础上运用科学的方法计算得出。

（2）合理的储存结构

储存结构是指不同品种、规格的商品之间储存数量的比例关系。由于配送中心需要配送的商品品种多、数量大，特别是大型的综合配送中心，商品种类更是千差万别，客户对不同商品的需求量是不同的，并且各种需求在不断地变化。因此，配送中心在确定合理储存数量的同时，还要特别注意不同的商品储存数量之间的合理结构。

（3）合理的储存时间

储存商品的目的是为了满足客户订货需要，因此，配送中心在确定商品合理的储存时间时，要注意该种商品的生产周期和商品的物理、化学及生物性能，使商品既不能脱销断档，又能最大限度地减少商品的损耗，确保商品的质量。

（4）合理的储存空间

商品储存的合理空间就是在仓库内合理地摆放商品。商品的摆放要有利于商品的配送，拥有较大库存的配送中心一般规模较大，经营品种较多，有条件的配送中心可以建立高架自动立体仓库，按不同类别、不同配送客户的需要设置多个出货点，在合理布置商品存放货架时，还要注意为机械设备的作业留有足够的通道，还要保证仓库的安全空间。

储存货物是购货、进货活动的延续。在配送活动中，货物储存有两种表现形态：一种是暂存形态；另一种是储备（包括保险储备和周转储备）形态。暂存形态的储存是按照分拣、配货工序要求，在理货场地储存少量货物。这种形态的货物储存是为了适应"日配""即时配送"需要而设置的，其数量多少对下一个环节的工作方便与否会产生很大的影响，但不会影响储存活动的总体效益。储备形态的货物是按照一定时期配送活动要求和根据货源的到货情况（到货周期）有计划地确定的，它是配送持续运作的资源保证。如上所述，用于支持配送的货物储备有两种具体形态：周转储备和保险储备。然而不管是哪一种形态的储备，相对来说，数量都比较多。因此，货物储备合理与否，会直接影响配送的整体效益。

以上所讲的备货是决定配送成败与否、规模大小的最基础的环节。同时，它也是决定配送效益高低的关键环节。如果备货不及时或不合理，成本高，就会大大降低配送的整体效益。

触类旁通

备货作业的方式

1. 与 MRP 系统相结合的备贷方式

MRP（Material Requirement Planning，物料需求计划）系统是一种以物料需求计划为核心的生产管理系统。在为生产企业实施原材料、零部件配送时，配送中心可以针对其多品种、少批量的特点。利用资源共享的优势，将客户、配送中心及供应商三位一体，运用 MRP 系统进行备货。在 MRP 系统中，针对物料需求在品种、数量和交货期等方面要求的细化所带来的管理复杂性而开发了计算机信息管理系统，配送中心可以利用这一系统，将客户的需求计划、供应商的供货信息和自己的配送计划集成起来，实行同步性一次生成采购计划。如果需求有变化，则只要将相关数据输入计算机管理系统，经过系统运算，即可重新编排采购计划。以下是运用 MRP 系统进行备货的主要步骤。

（1）商品查询

通过商品快速分类查询，对每一商品，按需用的额度规定优先原则。

（2）编制计划

编制周密的计划，既可以按需采购，又可以保证足够的采购提前期和采购预算，防止因突发性采购而增加额外的采购费用。

（3）控制采购权限，规范采购管理

在系统中设置每一个采购员的采购范围和支付权限，规定超过限额的审批层次和权限内容。

（4）控制库存量

对每一种商品规定最大储存量和最长储存期限，超过最大值时，系统将发出提示信号。

（5）建立供应商文件认证

建立供应商文件认证目标，以保证购进商品的质量。对没有建立相关文件的供应商，系统将拒绝向其采购。

（6）跟踪采购订单

通过提供多种查询途径（例如，采购单号、供应商号），跟踪采购订单以及采购合同的执行情况。

（7）控制付款程序

付款前，系统将自动进行一系列对比。例如，商品性能、合格数量、交货日期与采购单是否一致，报价单与发票金额是否一致，各项相符后才能执行支付程序。

运用 MRP 系统进行备货，可以使配送中心简化采购计划和调配，形成批量采购，简化运输管理，减少库存，降低配送成本，提高整体配送效率。

2. 以 JIT 方式为主的备货方式

JIT（Just In Time，准时制）的理念是"在恰当的时候，把恰当的商品以恰当的质量、恰当的数量送到恰当的地点"。体现在生产上就是准时进货、准时生产、准时销售；体现在配送中就是准时进货、准时配货、准时送货。恰时恰量的准时进货是 JIT 方式的关键，如果进货太多太早，则会增加企业库存，提高库存成本，降低企业效益；而进货太迟太少，又会影响生产和配送进程，同样也会影响企业效益。利用JIT方式进行备货，一方面可以保证各种商品订货量的准确性及相应的产品质量；另一方面可以使企业得到准确和及时的批量运输。以下是实施JIT方式备货的主要步骤。

（1）实施看板管理

所谓"看板"就是一种用来传递信息或指令的卡片，应用于配送过程的各个环节，是控制各环节之间的生产数量、时间、进程的一种凭证。看板管理是看板作为生产指令、取货指令、运输指令，用以控制生产量和调节生产计划的一种管理方法。它是在生产过程中，由下道工序（要货单位）根据看板卡片规定的品种、数量和时间，到上道工序（供货单位）领取原材料或物品，确保各生产环节准时、合理、协调地进行生产的一种控制方法。

看板管理的特点是，把传统工序中由前工序向后工序送货制，改为后工序向前工序取货制，去掉了各环节中不必要的商品储存，达到了准时化生产的要求，减少了资金占用，提高了生产效益。

（2）获取信息，进行订货

配送中心的订货人员通过JIT独特的看板信号系统获得需求信息后，再利用供应链关系的信息共享系统与供应商及时交换采购商品的供应信息，及时确定采购量，进行网上采购。

（3）确定需求数量

备货人员利用与供应商建立的一种即时采购和即时供应的利益伙伴关系，保证所需数量的正确性。

（4）确定进货时间

根据客户不同的要货时间，备货人员规定供应商将货物运抵配送中心的具体时间。

配送中心的备货方式中还包括定量、定期、经济订购批量等传统的方式。这些方式虽然是根据配送所需而采购，但是采购的终点是静止的库存。其采购费用的降低是以库存费用的增加为代价的，采购的订货量也与库存水平密切相关，配送中心在利用这些方式时，可与库存理论中的订购发生内容相结合。

案例 2-2

仓库的备货、发货流程这样设计合理吗？

某食品制造企业，生产产品为罐装调味品。目前该企业有意对仓库的流程进行整改，目的是为了提高仓库的工作效率。针对集团要求，该仓库主管完成了一份仓库的备货和发货新流程，其中备货是此次规划的重点。

仓库存放产品主要品种10～15个。订单平均每天30～40张，月底冲货的几天可以达到60～100张，由于有一定的起定量要求，大单和小单的比例为7:3左右，这里指的小单通常是2t以下订单。仓库内有柴油叉车3部。供应商为节约成本一般使用大车（8～10m的车）配送多单货物，所以一般情况下仓库也就安排两台车同时装车。

【规划要求】提高发货速度，减少发货错误。

【备货流程】

1）仓库部文员根据客户服务部或提货司机的发货通知单，在ERP系统查找此单拷贝，按照发货通知单的发货品种和数量，生成并打印出发（送）货单和发货点数单，指定备货区。

2）文员或值班主任把发货通知单、发（送）货单、发货点数单和备货卡给仓管员兼叉车司机开始备货。

3）仓管员兼叉车司机要认真核对"发货通知单"、"发（送）货单"和"发货点数单"，三单都一致后，才能开始备货，如有疑问或不一致情况，要向值班主任反映，直至问题解决后才能备货。

4）仓管员兼叉车司机根据发货点数单填写发货产品整板数和尾数，将一式两份发货点数单的一份给搬运工挑拣尾数，另一份仓管员兼叉车司机装货时点数并记录。

5）仓管员兼叉车司机备货时要按先进先出的原则，按点数单的发货卡位发完一个卡位再发下一个卡位的产品，将产品叉到指定备货区。

6）仓管员兼叉车司机在备货卡上记录产品名称、生产日期、批次和数量。

7）备货完毕后，仓管员在备货卡上签名交文员复核。

【发货流程】

1）仓管员兼叉车司机在装车前应核对发货通知单、发货点数单、备货卡和备货区的备货是否一致，同时要求装货司机核对数量，核对无误后通知门卫让装货的车辆进入指定装卸区。

2）仓管员兼叉车司机负责检查装货车辆的卫生情况。例如，卫生要求不符合则要求司机打扫干净才能装货。

3）搬运工根据发货通知单备注栏的客户编码，调好印章盖在发货通知单上，仓管员兼叉车司机核对无误后开始装货。

4）仓管员兼叉车司机装货上车时只能是一板，搬运工可用手动叉车拉到车内堆码，不能用一板货推另一板货进车内，每叉出一板产品要在发货点数单记录整板数和尾数。

5）仓管员兼叉车司机装车完毕后，在发（送）货单和发货点数单上签名，装货司机核对无误后签名，并要在发（送）货单上加盖"已提货"章。

6）开具"放行出闸纸"，同送货单一起交给送货司机（如属自提者，送货单第三联交提货人，其他三联交客户服务部）。

7）将发货通知单与对应发货单、发货点数单和备货卡附在一起，并根据车辆卫生情况和装车时间填写"当日仓库对装货车辆整洁、卫生、安全考评及装车时间跟踪表"。

8）仓管员兼叉车司机清理装车现场的卡板，放到指定的卡板堆放区，如有产品破损，应放到指定破损产品堆放区，并在"仓库破损产品登记表"做好记录。

9）晚班仓管员兼叉车司机在发完所有货后，有剩余产品放回相应发货卡位，并将发货卡位的产品摆放整齐。

10）晚班仓管员兼叉车司机发货工作完成后，应即时盘点发货卡位的产品数量与产品卡是否一致，若不一致应报告值班主任，并查找原因。

11）值班主任打印当天产品发货总数给仓管员兼叉车司机核对，确认发货数量无误后填写日报表，计算当天的搬运费，填写搬运费用凭证，检查当天破损产品是否在"仓库破损产品登记表"上做好记录。

12）下班前将所有发货单据、日报表和搬运凭证上交主任办公室归档。

【相关记录】

（1）发货通知单

（2）发（送）货单

（3）发货点数单

（4）备货卡

（5）放行出闸纸

（6）当日仓库对装货车辆整洁、卫生、安全考评及装车时间跟踪表

（7）仓库破损产品登记表

（8）搬运费用凭证

请思考（可分组选择1～2题完成）：

①是否所有订单都在备货区发送？是否可以通过库区规划较小备货区面积或取消备货区？

②叉车司机兼仓管全程跟订单跑的做法是否合适？是否能体现效率？

③发货的正确性如何保证？

④频繁使用叉车对于一个食品仓库是否合适？如果不合适，如何降低使用频率？

⑤仓库单据是否偏多？是否加大了核对的难度和工作量？是否可以合并或减少？

⑥是否有更好的备货方式来提高发货速度或保证发货的质量？

任务3 配货管理

任务要点

◆ **关 键 词**：配货、管理、计划

◆ **理论要点**：配货的概念和任务

◆ **实践要点**：配货计划的编制

任务情境

随着电子商务的发展，网络购物越来越流行，但消费者基本不可能到商品现场取货，而是在网上下单，商家收到订单后即组织工作人员根据订单配货，因此产生了配货这个职业。

随着网络购物的发展，网络工作分工也越来越细，配货已经成为一种独立的工作，并且有大量的需求。配货需要做的工作，有时候可以说成进货，因为网店是不一定要实物的，可以卖了再马上配货，只要有本市内的货源就可以了，一般配货工作就是负责每天到批发市场或者工厂、仓库进行拿货。

任务分析

通过生产企业实际设置不同的零部件的供应需求、零部件的配货模拟活动，引出配货

的概念及配货中心常用的配货方式。

任务实施

步骤一　了解配货管理概念

电子商务物流为了顺利、有序、方便地向众多客户发送商品,对组织进来的各种货物进行整理,并依据订单要求进行组织的过程即为配货。

步骤二　编制配货计划

配货工作的基本任务是保证配送业务中所需的商品品种、规格、数量在指定的时间内组配齐全并装载完毕。

配送中心存放的商品数量大、品种杂、规格多,每日发送商品的次数和装配配送车辆的趟次比较多。若没有高度的计划管理,则极易出现各种疏漏,影响后续业务的正常进行。因此,配送中心编制配货计划,保证客户需求能在最短的时间内以最合理的方式完好无损地配齐、经济合理地配载,是使配送业务顺利实施的前提条件。

1)配货计划编制的依据。根据订单确定客户的送达地、接货人、接货方式,客户订货的品种、规格、数量及送货时间等;根据配送商品的性能、状态和运输要求,决定运输工具及装卸搬运的方法;根据分日、分时的运力配置情况,决定是否临时增减配送业务;充分考虑配送中心到送达地之间的道路水平和交通条件;调查各配送地点的商品品种、规格、数量是否适应配送任务的完成。

2)编制配货计划的步骤。其步骤分为进行市场调查、确定配货顺序、确定配货作业指标和进行指标控制。

步骤三　熟悉配货管理方式

配货是很复杂、工作量很大的配送业务,选择合理的配货方式,高效地完成配货工作,在某种程度上决定着配送中心的服务质量和经济效益。配送中心常用的配货方式有以下几种。

1)拣选式配货。拣选式配货是由负责理货的工厂或理货机械,巡回于货物的各个储存点,按理货单指令,取出所需求货物,巡回一遍,则为一个客户将货配齐。配齐后的货物立即配装。拣选式配货可采取单一拣选和摘果式拣选。拣选式配货特点表现在拣选式工艺采取按单拣选,一单一拣,这和目前仓库出货方式是很类似的。由于采用按单拣选,所以这种配货工艺准确程度较高,不容易发生货差等错误。这种工艺还有机动灵活的特点,表现在:由于一单一拣,各用户的拣选互相没有牵制,可以根据用户要求调整配货先后次序;对紧急需求可以采取集中力量快速拣选方式,有利于配送中心开展即时配送,增强对用户的保险能力;拣选完一个货单,货物便配齐,因此,货物可以不再落地暂存而直接放到配送车辆上,有利于简化工序,提高效率;其灵活性还表现在对机械化没有严格要求,无论配送中心设备数量有多少、水平高低,都可以采取这种工艺;用户数量不受工艺的限制,可以在很大范围波动。

2)分货式配货。分货式配货又称播种式配货,是由负责理货的工人或理货机械每次集中取出货物,然后巡回于客户的指定货位之间,到达一个货位将客户所需的数量分出,每巡回一次，将若干客户所需的货物分放完毕。如此反复进行，最后，将各客户所需货物全部配齐，一轮的配货任务即告完成。

分货式配货特点：分货式工艺采取集中取出共同需要的货物，再按货物货位分放。这就需要在收到若干个客户配送请求后，在可以形成共同的批量之后，对客户共同需求做出统计，同时要安排好各客户的分货货位，才开始陆续集中取出，进行反复的分货操作。所以，这种工艺难度较高，计划性较强，也容易发生分货的错误。

这种工艺计划性较强，若干用户的需求集中后才开始分货，直至最后一种共同需要的货物分放完毕，各客户需求的配货工作才同时完成。之后，可同时开始对各客户的配送送达工作，这也有利于考虑车辆的合理调配、合理使用和规划配送路线。和拣选式工艺相比，可综合考虑，统筹安排，利用规模效益，这是分货式工艺的重要特点。

3）直起式配货。直起式配货是拣选式配货的一种特殊形式。当客户所需商品种类很少，且商品数量又很大时，送货车辆可以直接开抵储存场所装车，随时送货。这种方式将配货和送货合为一体，减少了工序，增加了效率，特别适于大宗生产资料配送。

触类旁通

配货管理的基本要求有以下3点。

（1）准确程度

这是对配送中心的基本要求，但现实是需要配货的品种、规格复杂且变化很大，这就需要采取适当的管理方法。例如，选择有效的分货和拣选方式配货，来提高配货的准确程度。

（2）配货的速度

随着准时物流概念的产生以及配送企业间竞争的加剧，配送的速度显得日益重要，已成为影响配送中心发展的关键因素。解决这个问题，主要是选择合适的设备、工艺以及运输路线。

（3）配送的成本

配送中心产生的原因之一就在于它能有效节约经营成本，因此在保证配货速度、准确程度的同时更要考虑配货成本，选择适当的配货方式，在此消彼长的均衡过程中实现物流工作效益的最大化。

案例2-3

随着消费者对于网上购物的热衷，网上涌现了很多电子商务网站，特别是以淘宝网为代表，其中有很多依托于淘宝网的大型卖家，生意做得很火爆，订单已经达到日出几千单的规模，但是对于如何建立高效的订单处理系统，谁也没有现成的经验。

对于配货这个环节，最基本的有两种方法：摘果法和播种法。在这两种方式上，又可以衍生出很多种不同的方式，但是对于多数淘宝卖家来说最常见的是下面4种：摘果法、播种＋摘果法、播种＋播种法和播种摘果一次完成。

（1）摘果法案例：某女装商家

摘果法：是指让拣货搬运员巡回于储存场所，按某客户的订单挑选出每一种商品，巡回完毕也完成了一次配货作业。将配齐的商品放置到发货场所指定的货位。然后，再进行下一个要货单位的配货。

该商家仓库面积在 500～600m²，偏正方形，横式货架排向，货架与货架距离 80cm（仅容一个人进出），平均每单商品数为 2～3 件，各单商品重复度一般，每单商品集中度较低（即商品分布在仓库的多个仓位），商品小，重量轻，包装为袋子。该商家可采用的是摘果法配货，拣货人员一次拿 30 多张发货单进行配货，配完一单后继续配下一单，需要注意的一个细节是，每次配完一笔订单后，他们是将配好的订单单据和商品放在其配货完成的最后一个货架。

点评： 该商家选择这个配货方式，有一个因素是他们的货好拿，配货的人员不需要手推车或拣货篮子，拣货过程中左手拿单据，左手小臂上放该订单已拣好的商品，右手取待拣的商品。因为不用推车，他们可以很轻便地在货架之间移动，整体速度快于要推车配货的情况。

（2）播种＋摘果法案例：某数码商家

播种法：是指将每批订单上的同类商品各自累加起来，从储存仓位上取出，集中搬运到理货场所，然后将每一客户所需的商品数量取出，分放到不同客户的暂存货位处，直到配货完毕。

该商家仓库面积在 2 000m² 左右，货区面积 1 600m² 左右。货区偏正方形，竖式货架排向，货架与货架之间距离 100cm，货架之间走超市小推车。平均每单商品在 4～5 件（配件较多），各单商品重复度一般，每单商品集中度一般，商品小，重量一般，包装多为盒子。

该商家配货时，可将一批次的订单中的所有商品打印在一张配货汇总单上进行集中拣货，因为其商品多是小件，所以用超市购物车较适合（平板推车放东西多了容易掉）。拣货完成后，统一到分拣区进行分拣。分拣的方法是首先将购物车中的商品先小心倾倒到一块台面（台面位置与购物车车筐的前段位置齐平，上面铺了泡沫垫做缓冲，防止商品倾倒时碰坏），拿出某个订单的发货单，从地面的货堆中一件件取出该发货单上所包含的商品放到小篮子，取完了所有商品后，将此篮子连带发货单、快递单一起移交给复核人员做出库校验，然后再拣下一个订单。

点评： 该商家的拣货方式其实用播种摘果一次完成也可以提高效率，但因操作习惯和仓位布置问题，短时间不好调整，目前用播种＋摘果法能基本满足发货效率。该商家因为仓库面积较大，所以不适合摘果法。对于没有采用播种＋播种法的原因在下一个案例中说明。

（3）播种＋播种法案例：某母婴用品及服饰商家

该商家的仓库分楼上楼下两层，楼上是母婴服饰，楼下是母婴奶瓶等用品，他们的订单较大比例是一些货品需要在楼上配，一些货品需要在楼下配，这样就使得摘果法、播种摘果一次完成方法都不适合。他们最终使用的是播种＋播种法。也就是先汇总，再分拣。但同样是分拣，他们的分拣方式和上面那个案例中的商家不一样，也就是他们不是通过摘果来完成二次分拣的，而是通过播种来完成二次分拣的。

为什么他们会选择不同于上一家那样的分拣方式？主要原因是他们的产品不好识别，当分拣人员拿着一个订单的时候，他要从一堆货中很快地挑出属于该笔订单的衣服很困难（衣服多数折成方块，薄膜封装，外形差异本身就小，颜色相同的话更难识别区分），所以他们选择的是播种的分拣法，即手里拿到车上的一件东西，来判断该货品是属于哪个订单的——

这正是上面那个商家放弃这种播种＋播种方式的主要原因，他们等不及40单一次性配完后再去复核校验。

当然在没有系统支持的情况下这一工作其实也很费时，因为拣货人员拿到一件货品的时候，他需要一张张看发货单才能知道手里这件东西该放到哪个订单篮子。当然，系统对此方式的支持可以是这样的，当分拣员从推车拿出一件货品时，扫描，系统会自动分辨并显示它属于哪几个篮子，每个篮子各放多少件，这样播种分拣的效率也就能有所提高了。

无论是播种＋摘果，还是播种＋播种，主要适用于那些仓库面积特大，有明显分区，各分区有不同拣货人员分区作业，简而言之就是一个订单上面的商品需要两个人或多个人去配合完成拣货操作的。

（4）播种摘果一次完成案例：某化妆品商家

该商家仓库面积200m² 左右，横式货架，货架间距1m，每笔订单平均商品数量为3～4件，订单商品重复度较高，集中在一些畅销化妆品上。商品包装和商品本身怕摔的特征决定了其不能仿效第一个案例中的那个卖家那样不推车子就可以拣货，仓库面积不大也使得播种方式对他们意义不大。所以他们最后采用的是播种摘果一次完成。

小车上下两层共划分为16个区，每个区用油漆在车板上标记，每个区放一个篮子。篮子中放上编号对应的订单单据序号（比如一批次拣货16个订单，这16个订单各自的货品清单和快递单上会有从1～16这样的序号，那么序号为1的单据对应着放在推车面板上标记1号的那个篮子中，以此类推）。

那么当其拣货时，每一个货架对于这16个订单仅需要经过一次，而且可以直接在拣货的时候完成分拣。这种方法避免了前面播种＋摘果、播种＋播种方法的集中二次分拣操作，同时包含了播种法所具有的一次拣货优点，平均每次可拣货16单或者更多。

当然，具体选择以上何种拣货方式，商家应综合考虑仓库、订单、商品的特征予以活学活用。

请思考：这几种淘宝上比较常用的配货方式各有何优缺点，分别在哪些条件下适用？在哪些条件下不适用？

任务4 商品包装

任务要点

- **关 键 词**：商品包装、服饰、食品、书画报
- **理论要点**：商品包装的分类、功能
- **实践要点**：主要商品包装方法

任务情境

我国电子商务物流领域的第一个行业标准《电子商务物流服务规范》规定：

电子商务物流服务组织应采用合适的包装材料对货物进行封装，并张贴编码，鼓励采用与供应链上下游企业衔接一致，并符合相关国家标准的编码。鼓励在封装时采用环保、可循环使用的材料，采用与标准托盘等设备匹配的包装尺寸模数。封装时应防止：变形、破裂；伤害顾客、配送服务人员或其他人；污染或损毁其他货物。封装完成后，应在外包装粘贴货物的配送单或运单，并根据商品特性应粘贴明显的识别标识。易损货物、危化品等特殊商品的封装，应按相关要求在外包装上粘贴标识。

《电子商务物流服务规范》2016 年 9 月 1 日起全国正式实施。

任务分析

商品包装是消费者对产品的视觉体验，是产品个性的直接和主要传递者，是企业形象定位的直接表现。好的包装设计是企业创造利润的重要手段之一。策略定位准确、符合消费者心理的产品包装设计，能帮助企业在众多竞争品牌中脱颖而出，并使公司赢得了"可靠"的声誉。

任务实施

步骤一 商品知识与属性定位

1. 包装的分类

包装可分为商业（销售）包装、内装及外装三种：

1）商业（销售）包装。商业（销售）包装是直接接触商品并随商品进入零售网点和消费者或用户直接见面的包装。

2）内装：指货物包装的内层，即考虑水、湿气、光热、冲击等对物品的影响，而使用适当的材料或容器对物品加以包装。

3）外装：指货物包装的外层，即将物品装入箱、袋、木桶、罐等容器，或在无容器的状态下，将货物加以捆绑、施加记号及打包符号等。

内装和外装又可统称为运输（工业）包装，对于运输货物的包装，通常不求装潢美观，只求坚固耐用，以免货物经长距离辗转运输而遭受损失。

2. 包装的功能

包装的功能是发展包装的重要因素，其主要功能有 4 个方面。

1）提供货品保护作用。

扫码看视频

2）便于搬运、储存及使用方便。包装必须能增进使用上的方便。例如，易开罐的开启法便是包装的一大革新。此外，便于搬运及储存也是包装设计时应考虑的主要因素。

3）刺激顾客的购买欲。保护良好及使用方便的包装若不能刺激消费者的购买欲，它还是毫无价值的。所以包装不仅要能帮助厂商销售商品，最好也能激起消费者重复购买的欲望。

4）易于辨认。就商业包装而言，外观应该富有吸引力且容易辨认；就工业包装而言，容易辨认也是营运的主要条件。另外，产品易于辨认也可达到更高的搬运效率及作业正确性。

3. 包装的社会性

包装与人类的日常生活有密切的关系，所以我们对包装所产生的下列社会问题应加以重视。

1）包装过大及包装过剩的问题→要求包装的适当化。

2）包装宣传的可靠性问题→确立包装的可靠性。

3）包装废弃物的处理问题→环保的实践。

4）包装资源的问题→包装回收的再利用。

5）包装安全性的问题→提升顾客服务品质。

步骤二 服饰类与鞋帽箱包类的商品包装

以淘宝为例，箱包、鞋帽一类的商品，卖家通常使用三层瓦楞纸箱包装。另外，不怕压的帆布、尼龙、软皮制品和复合材料，也可以选择用布袋包装。鞋子自带的纸盒因为不是三层瓦楞纸的，太过单薄起不到保护作用，快递公司一般不会同意直接收寄，所以需要用一个厚实的箱子包裹。

有经验的店主认为，还是选用纸箱包装好一些，一是方便，二是节约发货时间，三是体现店铺的形象和服务质量。节约发货时间是最重要的一条。开店之初，交易量不大，结实又干净整齐的纸箱，怎么看也比自己缝的布袋美观，还给人一种安全感。有品牌意识的卖家，还会专门定做印有自己店铺 LOGO（徽标、商标）的纸箱，体现服务的同时还宣传了自己的店铺。

这类物品的包装方法如下：

1）准备好商品以及打包所需要的纸箱、气泡膜、封箱胶带等。

2）取出包里自带的防尘袋，把卷好的气泡膜放进去，避免在运输途中被挤压变形。

3）用防尘袋把包包装好。

4）放入纸箱并保持平整。

5）上面放进折好的气泡膜做填充物。

6）用封箱胶带封好箱口，贴上快递单。

步骤三 影音类与书画报类商品包装技巧

CD（Compact Disk，激光唱盘）之类的物品，虽说没有以前那么流行了，但仍受一部分人青睐，所以碟片光盘也有着不错的销路。光碟类的货物主要是怕踩踏、碰撞和挤压，所以保护工作应该做足。发货数量不多的话可以把纸箱拆开，按碟片的外轮廓重新包装。另外要说明的是，保护碟片的同时，它的塑料盒子也应该保护好。因为塑料的光盘盒子也是易碎品，哪怕碟片完好，盒子坏了也会影响到买家的心情，网购的乐趣就要打折扣了，所以一定要在纸箱里面加填充物，保护好塑料壳。家里废弃的牛奶箱、水果箱等也可以废物利用，但是最好不要把有商标的一面朝外，不然顾客收到一个四四方方的"核桃牛奶""红富士"不知会做何感想。

光碟类物品的包装方法如下：

1）准备好商品。

2）准备好打包的纸箱、气泡膜、封箱胶带等。

3）用气泡膜把碟片包好。

4）把纸箱按对角线对折成我们需要的形状。

5）放进用气泡膜包好的碟片。

6）翻出部分纸板来保护碟片的边角。

7）最后用封箱胶带缠好，要多缠几圈，防止包装散开。

卖书的利润十分微薄，要是发货费用还控制不好，忙了很久也赚不到多少钱。这一类商品该如何包装和发货才能既经济又实惠呢？经验丰富的卖家的建议是，用牛皮信封和牛皮纸就很不错，因为纸张的厚度足以保护书籍不受损坏。

报纸、杂志可以借鉴书籍的包装方法，用大的信封或者牛皮纸包装都可以。

这类物品的包装方法如下：

1）准备好书、牛皮纸、封箱胶带、双面胶、剪刀、绳子等。

2）用塑料袋把书装起来，以防书在运输途中弄脏、受潮。

3）再包上一层报纸。

4）再用牛皮纸包上一层。

5）封口处用双面胶粘好。

6）用包装绳捆成十字。

7）把包好的书装进牛皮纸信封，再用包装绳打成十字。

步骤四　食品类与化妆品类的区别包装法

食品的包装没有太多讲究，做到干净和抗挤压就行。某些食物的保质期很短，如巧克力、干果、牛肉干之类的非真空包装食品，而且考虑到买家"一吃为快"的迫切心情，大多是通过快递发货的。买家的注意力多半被美味吸引，很少会在意包装是否体面。所以，一些废弃的纸箱就派上用场了，完全可以用它们来做包装，生意好时还可以和一些超市、便利店联系，请他们把不用的纸箱留给自己。纸箱最好内外面互换改装，这样可以给顾客留下一个整洁的印象。

发送这类货物要注意两点，一是包装要干净，不管是装食物的袋子，还是用的纸箱，都要足够干净，如果放在一个脏的纸箱里，不仅影响食欲，买家收到货后肯定会质疑食物的卫生安全问题，有了这层阴影，下次肯定不会再光顾了；二是分量一定要足，千万不能缺斤少两，最好在货物中附一个清单明细，里面应注明食品品名和定购量。清单一式两份，顾客一份自己留一份。

这类物品的包装方法：

1）准备好要包装的商品。

2）准备好打包用的纸箱、报纸、封箱胶带等。

3）把食品用塑料袋包好。

4）放进纸箱。

5）货物与纸箱之间的空隙用报纸团塞好。

6）用封箱胶带封好纸箱口。

7）把填好的快递详情单贴在纸箱上。

化妆品类货物一直是物流公司查得最严的商品之一，因为化妆品大部分为霜状、乳状和液体，因此它是物流运输途中液体泄漏事故的"高发群体"。为什么化妆品多为玻璃瓶包装呢？因为玻璃的稳定性比塑料好，化妆品不易变质。所以为了保护好易碎的玻璃瓶包装，除了包裹结实，确保不易破碎外，防止渗漏也是最需要注意的。

应注意防震。选择的纸箱要比商品外包装大一点，以便有足够的余地放置填充物，最好是用五层瓦楞纸箱。例如，化妆水、精华液、乳霜等外包装易拆开的液体，先检查一下瓶口是否旋紧盖严，最好用棉花、胶带等把瓶口再密封一下，防止液体泄漏。商品放入纸箱后，四周要用报纸团、硬泡沫等填充物塞紧，用力摇晃几下，听不到声音就表示货物固定牢固了。这样的包装就大大增强了包裹的抗震性。

这类商品打包时还有一个小妙招。家里的洗发水、柔顺剂用完后的空塑料瓶都不要扔，剪去底部后，把包好的化妆品放进去，多余的空间用填充物塞好，最后用胶带封好底部再放进纸箱邮寄，这样商品就更安全了。不过，使用这个妙招有一个前提，那就是家里的空塑料瓶要足够多，不然可跟不上与日俱增的销量了。

经验丰富的化妆品卖家认为化妆品的发货有两个重点。首先，是安全包装，这可是丝毫不能马虎的，因为这关系到商品的安全；其次，是去寄件时，一定要记得一慢，二看，三通过，检查检查再检查。

这类物品的包装方法：

1）准备好要寄出的商品。

2）准备好打包需要的纸箱、气泡膜、封箱胶带等。

3）把化妆品用气泡膜包好。

4）把包好的商品放进纸箱。

5）放进报纸团做填充物。

6）用封箱胶带封好纸箱封口，整个打包过程就算完成了。

7）把填好的快递单贴在封好的纸箱上。

注意：发快递的包裹，封口不要封住，因为在去寄件时需要检查。

步骤五　玻璃器皿类的特殊商品包装技巧

易碎物品在包装时要比其他物品更加小心。例如，玻璃器皿、工艺品、灯具等都属于易碎物品，包装时，玻璃和玻璃之间应该用厚的报纸隔好，物品和纸箱之间一定要用硬泡沫做隔离，不留一点空隙，以防振动和碰撞。包装这类货物，厚纸箱必不可少，白色硬泡沫更是"常规装备"。

在填包裹单时，"内装何物"一栏一定要写清楚，这样既能让收到货的买家一目了然，又可以避免一些不必要的麻烦。"备注"一栏里，可以写"小心轻放"等文字。当然，最关键的还是自己要包装好，不然的话，运输时再小心也有可能会损坏。

这类物品的包装方法：

1）准备好需要包装的商品和纸箱、封箱胶带、气泡膜、报纸条等。

2）把玻璃制品用气泡膜裹好，放入垫了一层报纸的纸箱。

3）上面放上报纸条防止货物晃动碰撞，填充物要填满货物与纸箱之间的空隙。

触类旁通

扫码看视频

在淘宝上商户在进行商品（产品）包装设计时，通常从商品的保护性功能、便利性功能和销售性功能 3 个方面进行考虑。尤其是对销售性功能方面较为重视。总认为"包装是无声的推销员"，坚信"广告负责把顾客吸引到商店里，包装负责把顾客兜里的钱掏出来"。因此，对包装设计中的图形、色彩、文字以及三元素的构成形式方面特别下工夫。包装表面的装饰设计似乎成为设计的中心，如个性化设计、情感化设计、系列化设计、展示（POP）设计、吸引眼球设计等，成为设计师的追求和诉求目标。总希望自己的设计（商品）能在众多商品中"跳"出来，吸引顾客眼球，促成购买行为。然而这一套方法和理论对于网上购物不太适用。因为网上购物不同于网下购物，最大的特点是直接对商品本身的选择，而不是通过商品的包装进行选择。例如，人们在商店购买相机、微波炉、洗衣机、电冰箱及空调等商品时，都是直接面对商品本身进行选择，而不考虑商品的包装是什么样的。人们关心的是商品本身而不是通过包装上的信息了解商品。包装的作用只是保护好商品并安全运到家就好了。这和在网上购物有许多相似之处。网购商品的包装无须像网下商品那样的包装设计，甚至无须按照传统的图片、色彩、文字那样装饰元素的设计。此时购买者只是希望所购买的商品按时保质地送到自己的手中。并且在打开包装取出商品的瞬间，就把包装物当垃圾处理了。

那么，是不是网购商品就不需要包装设计了呢？不是的。不仅需要包装，更需要具有针对性的包装设计，即网购商品（主要指物理性质产品，不包括虚拟产品）包装设计。由于在网购商品的过程中，消费者接触不到商品，也接触不到商品的包装。因此，网购商品包装设计的诉求主要集中体现在保护性功能和便利性功能这两点，而不在销售性功能上。网购商品应该有一个专供包装设计，就像有些烟酒专供包装一样（例如，茅台酒军需特供、白皮中华特供等），与普通商品（网下商品）包装区分开。这样不需要考虑商品包装销售功能方面的因素，只考虑商品出厂时的保护和如何适应网上购买后运送中的保护及回收处理等问题。目前网购商品包装五花八门，存在的问题也很多，还没有专门适合网购商品包装的设计。随着网购消费的逐渐流行，势必要考虑网购商品包装形态的设计，以满足日益扩大的网购商品交易和流通。针对目前网购商品包装现状，就网购商品的包装设计提出以下 4 点思路：

1）网购商品的专供定位。既然网购商品已经是 21 世纪消费行为中的一种形式，而且所占份额越来越大，那么从生产厂家出产产品进行包装的时刻，就要考虑部分产品是专供网购的。即网购商品从产品出厂时的包装就与传统商品（网下）包装分道扬镳。这样有了网购商品的专供定位，商品的包装设计目的与方向就会很明确，也避免了不必要的包装费用的支出。

2）功能至上的原则。顾客网购商品是直接接触商品图片和商品的有关说明，不需接触包装或从包装上了解商品，因此包装促销性功能中的美化功能、展示功能、吸引功能等毫无作用。此时，商品包装设计原则就是功能至上。这里功能主要是指安全保护性功能设计，是针对促销、美化、展示等装饰性设计而言的。网购商品包装设计一切围绕商品的安全性，包括出厂、运输、装卸、储存、分发、二次包装、快递送货等环节中的安全性。顾客在网购商品的时候是接触不到包装的，只有快递送货上门的瞬间才看到商品的包装。至于好看、美观、华丽的包装在顾客这一方面就没有任何意义了。

3）商品与顾客信息识别。目前的网购包装大都是塑料袋、牛皮瓦楞纸盒、塑料泡沫盒和胶带纸等。有的包装就像"伤病员"一样，被胶带纸一层一层包裹着，形态就像从垃圾里捡来似的。再有，盒上面的商品信息和顾客信息由于手写和复印，模糊不清。加之差不多大小、形状及相同材料，近似色泽的包装袋、包装盒，连快递员都很难识别。顾客除购买记忆外，也只有打开包装时才知道里面是什么。如何通过包装盒（袋）上的颜色、形状、标记和清晰的信息栏目设计与实施，来更好地对商品和顾客信息进行识别，是一个需要考虑与设计的课题。

4）包装物的循环使用与回收。不仅是顾客意识到包装安全的重要性，就连商家也是努力这样做的。特别是对易碎商品，商家把商品里三层外三层裹得严严实实。当顾客从快递手中接到包装物时，总是刀子、剪子一起上，层层"剥皮"。当取出商品时，废弃的包装物堆成一大堆，毫无再次利用的价值，简直就是一堆垃圾。因此，在考虑安全性的同时，还要思考包装物结构安全的合理性、循环再用率及废物的回收等问题。而这些方面的问题，不仅是商家要考虑，承担运输的快递公司也要考虑。特别是包装物的循环使用方面，只有快递公司针对不同商品进行不同的可循环使用的外包装设计与应用，网购商品的包装才有可能更合理、更规范、更有效。

网购时代来得太快，一切还没有来得及思考和准备。可是快速发展的网上购物带来的商品包装的问题，需要大家面对与思考，并拿出适应这一购物变化的解决方案。

案例 2-4

商品包装作为商品设计的延续，已经成为商品营销的一个基础元素。富有创意的经典包装，已经成为企业提升品牌价值最简单、最有效的方法。以下简单推出3个经典创意包装营销案例，一起探寻包装的魅力所在。

（1）经典案例之一：易拉罐——包装容器之王

20世纪30年代，易拉罐在美国成功研发并生产。这种由马口铁材料制成的三片罐——由罐身、顶盖和底罐三片马口铁材料组成，当时主要用于啤酒的包装。目前常用的由铝制材料制作而成的二片罐——只有罐身片材和罐盖片的深冲拉罐诞生于20世纪60年代初。

易拉罐技术的发展，使其被广泛运用于各类商品包装当中，啤酒、饮料、罐头目前大多以易拉罐进行包装。据悉，全世界每年大约生产的铝制易拉罐已经超过2 000亿个。目前，易拉罐已经成为市场上应用范围最广、消费者接触使用最多、最频繁的包装容器，是名副其实的包装容器之王。易拉罐消费量的快速增长，使得制造易拉罐的铝材消费量也有大幅增长，目前制作易拉罐的铝材已经占到世界各类铝材总用量的15%。

随着易拉罐使用量的增加，世界各国为了节省资源和减少包装成本，纷纷研发更轻、更薄的新型易拉罐。铝制易拉罐也从最开始的每1 000罐25kg，缩减到20世纪70年代中期的20kg。现在每1 000罐的重量只有15kg，比20世纪60年代平均重量减轻了大约40%。

除了推出更轻、更薄的铝制易拉罐以外，目前各国对易拉罐的回收利用率也不断增高。早在20世纪80年代美国铝制易拉罐的回收利用率就已经超过50%，在2 000年达到

62.1%。日本的回收利用率更高，目前已超过 83%。

（2）经典案例之二：香奈尔 5 号香水——香水瓶成为艺术品

1921 年 5 月，当香水创作师恩尼斯·鲍将他发明的多款香水呈现在香奈尔夫人面前让她选择时，香奈尔夫人毫不犹豫地选出了第五款，即现在誉满全球的香奈尔 5 号香水。然而，除了那独特的香味以外，真正让香奈尔 5 号香水成为"香水贵族中的贵族"，却是那个看起来不像香水瓶，反而像药瓶的创意包装。

服装设计师出身的香奈尔夫人，在设计香奈尔 5 号香水瓶型上别出心裁。"我的美学观点跟别人不同：别人唯恐不足地往上加，而我一项项地减除。"这一设计理念，让香奈尔 5 号香水瓶简单的包装设计在众多繁复华美的香水瓶中脱颖而出，成为最怪异、最另类，也是最为成功的一款造型。香奈尔 5 号以其宝石切割般形态的瓶盖、透明水晶的方形瓶身造型、简单明了的线条，成为一股新的美学观念，并迅速俘获了消费者。从此，香奈尔 5 号香水在全世界畅销 80 多年，至今仍然长盛不衰。

1959 年，香奈尔 5 号香水瓶以其所表现出来的独有的现代美荣获"当代杰出艺术品"称号，跻身于纽约现代艺术博物馆的展品行列。香奈尔 5 号香水瓶成为名副其实的艺术品。对此，中国工业设计协会副秘书长宋慰祖表示，香水作为一种奢侈品，最能体现其价值和品位的就是包装。"香水的包装本身不但是艺术品，也是其最大的价值所在。包装的成本甚至可以占到整件商品价值的 80%。香奈尔 5 号的成功，依靠的就是它独特的、颠覆性的创意包装。"

（3）经典案例之三：红星青花瓷珍品二锅头——创意包装改变品牌形象

作为一家有着 50 多年历史的酿酒企业，北京红星股份有限公司（以下简称"红星公司"）生产的红星二锅头历来是北京市民的餐桌酒，一直受到老百姓的喜爱。然而，由于在产品包装上一直是一副"老面孔"，使得红星二锅头始终走在白酒低端市场，无法获取更高的经济效益。

随着红星青花瓷珍品二锅头的推出，红星二锅头第一次走进了中国的高端白酒市场。红星青花瓷珍品二锅头在产品包装上融入中国古代文化的精华元素。酒瓶采用仿清乾隆青花瓷官窑贡品瓶型，酒盒图案以中华龙为主体，配以紫红木托，整体颜色构成以红、白、蓝为主，具有典型中华文化特色。该包装在中国第二届外观设计专利大赛颁奖典礼上荣获银奖。国家知识产权局副局长邢胜才在看了此款包装以后表示，"这款产品很有创意，将中国的传统文化与白酒文化结合在一起，很成功"。

对此，红星公司市场部有关负责人告诉记者，红星青花瓷珍品二锅头酒是红星公司 50 多年发展史上具有里程碑意义的一款重要产品。"它的推出，使得红星二锅头单一的低端形象得到了彻底的颠覆。不但创造了优异的经济效益，还提高了公司形象、产品形象和品牌形象。"记者了解到，红星青花瓷珍品二锅头在市场上的销售价格高达 200 多元，而普通的红星二锅头酒仅为五六元。

据该负责人介绍，除了红星青花瓷珍品二锅头以外，红星公司还推出了红星金樽、金牌红星、百年红星等多款带有中国传统文化元素包装的高档白酒。

请思考：我们在生活和学习中，身边还有哪些比较好的、有创意的包装方式呢？请罗列 2～4 种好的、有创意的包装方式。

项目小结

商品从出货，到备货，再到配货，要求做到"三不三核五检查"。"三不"，即未接单据不翻账，未经审单不备货，未经复核不出库；"三核"，即在发货时，要核实凭证、核对账卡、核对实物；"五检查"，即对单据和实物要进行品名检查、规格检查、包装检查、件数检查、重量检查。具体地说，商品出库要求严格执行各项规章制度，提高服务质量，使用户满意。它包括对品种规格要求，积极与货主联系，为用户提货创造各种方便条件，杜绝差错事故。

此外，商品包装作为一个品牌的外在表现，所产生的差异以及由此而表现出的"品牌特征"，使其成为吸引消费者的主导因素。包装所承载的物质利益与精神利益就是消费者购买的东西，包装要充分表现出品牌的内涵。假如内涵没有或者是不突出，消费者听到、看到包装没有产生联想，就使品牌成为无源之水。

练习思考

一、单项选择题

1. （   ）是电子商务物流顺利实施业务活动的第一步，也是核心业务。

   A．订单处理　　　　B．存货查询　　　　C．单据处理　　　　D．出货检查

2. 物料需求计划的英文缩写是（   ）。

   A．ERP　　　　　　B．JIT　　　　　　C．MRP　　　　　　D．EDI

3. （   ）是指拣货员巡回于储存场所，按某客户的订单挑选出每一种商品，巡回完毕即完成一次配货作业。

   A．播种法　　　　　B．摘果法　　　　　C．播种＋摘果法　　D．播种＋播种法

4. （   ）类商品的包装物应使用硬泡沫箱。

   A．玻璃器皿　　　　B．服装　　　　　　C．鞋帽　　　　　　D．图书

二、多项选择题

1. 企业接受客户订单后，必须对货物数量及日期、（   ）进行确认。

   A．客户信用　　　　B．订单形态　　　　C．订单价格　　　　D．加工包装

2. 备货是指准备货物的系列活动，包括（   ）。

   A．筹集货物　　　　B．入库验收　　　　C．储存货物　　　　D．货物出库

3. 配送中心常用的配货方式有（   ）。

   A．拣选式配货　　　B．分货式配货　　　C．集货式配货　　　D．直起式配货

4. 商品出货要求做到"三不三核五检查"，其中"三核"是指在发货时要（   ）。

   A．核对价格　　　　B．核实凭证　　　　C．核对账卡　　　　D．核对实物

三、思考题

1. 商品出货主要有哪些步骤？

2. 主要商品包装方法有哪些？

实战强化

实训一　课堂讨论：商品出货过程模拟

一、实训目的

了解电子商务模式下商品出货的过程。

二、实训组织

通过虚拟网络购物，模拟体验第三方物流公司的商品出货过程。

三、实训要求

将参加实训的学生分组，运用所学知识及网络工具在教师指导下进行模拟，撰写实训报告，写出商品出货过程、小组分工和个人体会。

实训二　挑选商品进行包装训练

一、实训目的

通过实训，掌握电子商务下不同商品种类的一些包装技巧。

二、实训组织

选定生活中常见的 10 样物品（商品），学生分组后随机抽取并练习。

三、实训步骤及要求

步骤 1：确定商品类型。
步骤 2：提出包装想法。
步骤 3：确定包装方法。
步骤 4：实施包装。
步骤 5：完成多组后检查。
步骤 6：最终提交教师，并撰写实训报告。

项目 3

快递运输与派送

电子商务在这些年发展的势头势不可挡，越来越多的客户选择在线供应商，同时，快递行业的发展也出现了井喷的势头，迎来了这个行业的春天。如何利用快递公司各自的竞争优势，有效地选择一个合适的快递，是电子商务面临的新课题。

学习提示

学习目标

知识目标

了解快递发展的背景；掌握快递分拨中心的操作；掌握快递收件、派件的操作流程；掌握快递运输管理的要点等。

能力目标

能够正确填写快递物流单据，能够模拟快递分拨中心的快递分拨业务。

素质目标

培养与人沟通的能力，增强有关业务操作能力并培养开拓创新的精神。

本项目重点

- 快递分拨中心管理的内涵；快递运输方式的比较；快递收件、派件业务流程的管理。

本项目难点

- 准确填写快递物流单据；实施快递收派管理的障碍。

任务 1　选择快递公司

任务要点

◆　**关 键 词**：快递、快递公司、影响因素
◆　**理论要点**：快递的概念、快递业的发展现状
◆　**实践要点**：理解快递公司之间的比较并做出正确的选择

任务情境

　　小强了解了电子商务的基本知识，又在网络上看到了众多淘宝商家成功的案例，于是小强在网上开了一家属于自己的店铺，主要面向年轻女性销售箱包。经过一番前期准备，店铺即将上线开始营业，但对于快递公司的选择却让他为难。目前，市场上有众多快递公司，如何从这些快递公司中选择合适的 2～3 家呢？

任务分析

　　小强要想从众多快递公司中选择合适的 2～3 家，首先应该对快递有一定的基本认识，然后要了解我国主要的快递公司有哪些，通过对主要快递公司的比较，选择适合自己的快递公司。

任务实施

步骤一　认知快递

1. 快递的概念

　　根据 YZ/T 0128—2007《中华人民共和国邮政行业标准 — 快递服务》（以下简称《快递服务》）的定义，快递是指快速收寄、运输、投递单独封装的、有名址的快件或其他不需储存的物品，按承诺时限递送到收件人或指定地点并获得签收的寄递服务。

2. 快递的种类

　　快递根据不同的分类依据，可以划分为不同的类型。

　　（1）按照运输方式分类

　　航空快运：是指航空快递企业通过航空运输，收取发件人的包裹和快件并按照承诺的时间将其送交指定地点或者收件人，并将运送过程的全部情况包括即时信息提供给有关人员查询的门对门速递服务。

　　公路快运：利用机动车包括汽车、货车和摩托车及非机动车（如人力三轮车）等公路交通运输工具完成快递运输服务。

铁路快运：中国铁路小件货物特快专递运输，简称"中铁快运"，国内网络已遍及包括香港在内的120多个大、中城市，形成连锁服务网络。

（2）按照递送区域范围分类

同城快递：就是在同一个城市内发快递，不能上门自取货物的情况下，请快递公司代劳。这里的同城概念的服务范围以中心局所辖各市县为范围，在此范围内的邮件称为同城快递邮件，超出一县、一市、一地区的概念。

国内快递：是指在一个国家内部，完成对服务对象的运送服务，收发货人包括整个运送过程都在一个国家边境内。

国际快递：是指在两个或两个以上国家（或地区）之间进行的快递、物流业务。

（3）按照服务时限分类

标准服务快件：同城不超过24h，异地不超过72h。

承诺服务时限快件：当日达、次晨达、次日达、隔日达。

特殊要求时限快件：在服务时限承诺标准之外的客户的个性化寄递服务。

（4）按照赔偿责任分类

保价快件：寄递快件时客户除交纳运费外，还按照声明价值的费率交纳保价费，当快件寄送途中发生意外时，向快递公司索赔。

保险快件：客户除交纳运费外，还按照快递企业指定的保险公司承诺的保险费率交纳保险费的快件。快件发生意外时，可向保险公司索赔。

普通快件：是指交纳快件运费而不对快件实际价值进行保价并交纳保价费的快件。《中华人民共和国邮政法》及其实施细则规定：对没有保价的普通类包裹邮件按照实际损失价值进行赔偿，最高额度不超过本次邮寄费的5倍。

3. 了解我国快递业的发展现状

我国快递业从1979年6月中国对外贸易运输公司（中国第一个经营快递服务的企业）到现在的EMS、中铁快运等国有快递企业加大发展力度，顺丰、申通、圆通等民营快递快速扩张，国际快递企业向国内快递市场扩张。我国快递业多元化格局逐步形成，快递业蓬勃发展。2010～2018年中国快递行业增长情况如图3-1所示。

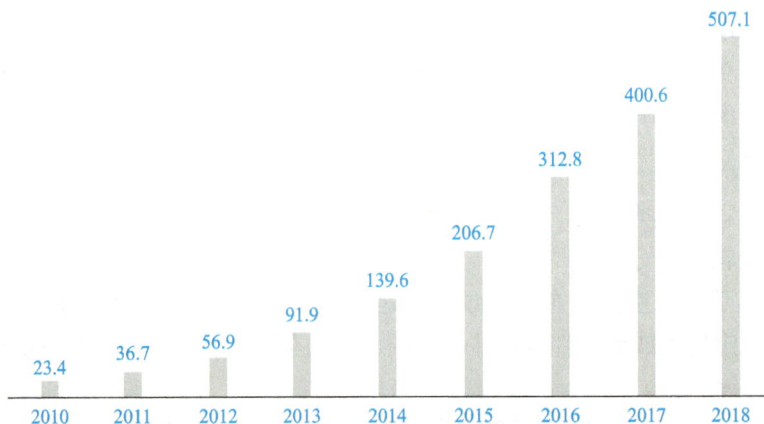

图 3-1　2010～2018 年中国快递行业增长情况

2018 年，全国快递服务企业业务量累计完成 507.1 亿件，同比增长 26.6%；业务收入累计完成 6 038.4 亿元，同比增长 21.8%。其中，12 月份，全国快递服务企业业务量完成 54.2 亿件，同比增长 29%；业务收入完成 609.6 亿元，同比增长 17.3%。2010 年～2018 年，我国快递业务量年均复合增长率达 46.9%，是同期国内生产总值增速的 6 倍以上，增速居现代服务业前列，是我国新经济的代表行业。我国快递业务量超过美、日、欧发达经济体之和，占全球快递包裹市场份额的一半以上。我国快递业务量规模连续 5 年稳居世界第一。

小链接 3-1

现代快递的起源

1907 年 8 月，美国联合包裹运送服务公司（UPS）创始人吉姆，在华盛顿州西雅图市创建了美国信使公司，设立服务网点，接听客户电话，指派专人上门收件，把快件按照发件人的要求和时限送到收件人手中。这是现代"国内快递"的开端。

1969 年 3 月，美国大学生达尔希利用探望朋友的机会，乘坐飞机为一艘德国商船从旧金山将一份文件取回夏威夷。完成任务后，1969 年 10 月，达尔希联合赫尔布罗断和林恩在美国旧金山成立了 DHL 航空快件公司，公司名称由三人名字的首字母缩合而成，主要经营国际业务，"国际快递"由此诞生。

步骤二　了解我国主要快递公司

1. 中国邮政速递物流公司 *EMS* 全国客服电话 11183

中国邮政速递物流股份有限公司是经国务院批准，由中国邮政集团于 2010 年 6 月联合各省邮政公司共同发起设立的国有股份制公司，是我国经营历史最悠久、规模最大、网络覆盖范围最广、业务品种最丰富的快递物流综合服务提供商。其主要经营国内速递、国际速递、合同物流等业务，国内、国际速递服务涵盖卓越、标准和经济不同时限水平和代收货款等增值服务，合同物流涵盖仓储、运输等供应链全过程。拥有享誉全球的特快专递品牌"EMS"和国内知名的物流品牌"CNPL"。

2. 申通快递有限公司 STO 申通快递 express 全国客服电话 95543

申通快递品牌初创于 1993 年，公司立足于传统快递业务，全面进入电子商务物流领域，以专业的服务和严格的质量管理来推动中国物流和快递行业的发展，成为对国民经济和人们生活最具影响力的民营快递企业之一。

申通快递基本覆盖到全国地市级以上城市和发达地区地市县级以上城市，尤其是在江浙沪地区，基本实现了派送无盲区。2014 年 2 月申通开始内测海淘转运业务。2015 年 9 月 16 日申通、天天快递宣布重大战略重组。2016 年 12 月 30 日，申通快递在深交所（深圳证券交易所）上市。2018 年 6 月 29 日，申通快递与新宁物流签署《战略合作协议》，双方将共同在智能化仓储、车联网技术、大数据应用、物流配送服务及大客户共享等方面开展合作，力求实现双方的相互促进，共同发展。

3. 顺丰速运（集团）有限公司 SF EXPRESS 全国客服电话 95338

顺丰速运（集团）有限公司（以下简称顺丰）于 1993 年成立，是一家主要经营国内、国际快递及相关业务的服务性企业。

顺丰始终专注于服务质量的提升，不断满足市场的需求，建立服务客户的全国性网络，同时，也积极拓展国际件服务，目前已开通新加坡、韩国、马来西亚、日本及美国业务。

顺丰还是一家具有网络规模优势的智能物流运营商。经过多年的潜心经营和前瞻性的战略布局，顺丰已形成拥有"天网＋地网＋信息网"三网合一、可覆盖国内外的综合物流服务网络，其直营网络是国内同行中网络控制力强、稳定性高，也是独特稀缺的综合性物流网络体系。

4．圆通速递有限公司 全国客服电话 95554

圆通速递有限公司（以下简称圆通）成立于2000年5月，圆通始终秉承"客户要求，圆通使命"的服务宗旨和"诚信服务，开拓创新"的经营理念，持续推进品牌建设、人才建设、信息建设、文化建设和网络建设，为广大客户提供了优质的快递服务。

5．中通快递股份有限公司 全国客服电话 95311

中通快递股份有限公司于2002年5月8日在上海成立，是一家集快递、物流及其他业务于一体的大型集团公司，现已成为国内业务规模较大、第一方阵中发展较快的快递企业。2016年10月27日，中通快递成功在美国纽约证券交易所上市，创当年美国证券市场最大IPO，也是继阿里巴巴2014年赴美上市以来最大规模的中国企业赴美IPO。

6．上海韵达快递 全国客服电话 95546

韵达快递是集快递、物流、电子商务配送和仓储服务为一体的全国网络型品牌快递企业，创立于1999年8月，总部位于上海，服务范围覆盖国内31个省（自治区、直辖市）及港澳台。2013年以来，韵达快递相继与日本、韩国、美国、德国、澳大利亚等国家开展国际快件业务合作，为海外消费者提供快递服务。2017年1月18日，韵达控股股份有限公司在深圳证券交易所挂牌上市。

步骤三 我国主要快递公司的比较

1．EMS

EMS快递拥有首屈一指的航空和陆路运输网络。依托中国邮政航空公司，建立了以南京为集散中心的全夜航航空集散网，现有专用速递揽收、投递车辆20 000余部。覆盖最广的网络体系为EMS快递实现国内300多个城市间次晨达、次日递提供了有力的支撑。EMS快递还具备领先的信息处理能力。建立了以国内300多个城市为核心的信息处理平台，与万国邮政联盟（UPU）查询系统链接，可实现EMS邮件的全球跟踪查询。

资费⊖：首重12元/kg，续重2元/kg。

赔付：保价邮件发生丢失、完全损毁的，按保价金额进行赔偿；部分损毁或短少的，按声明价值比例赔偿。未保价邮件发生丢失、损毁或短少的，按实际损失价值赔偿，最高赔偿金额不超过所付邮费的3倍。

优点：范围广，网络强大，限时速递，速度快。

2．申通快递

公司分别在全国各省会城市（除台湾省）以及其他大中城市建立了多个分公司，主要

⊖ 资费数据更新至2021年，下同。

承接非信函、样品、大小物件的速递业务。申通快递主要经营市内件和省际件。

资费：首重 10 元 /kg，续重 2 元 /kg。

赔付：赔付金额小于等于 1 000 元。

优点：网点广，价格适中。

3. 顺丰速运

顺丰速运网络全部采用自建、自营的方式。有国内同城件、国内省内件、省外件、香港件、即日件、次晨达、次日件。还可提供寄方支付、到方支付、第三方支付等多种结算方式。

资费：首重 12 元 /kg，续重 2 元 /kg。

赔付：最高赔付为运费的 6 倍。

优点：服务好，速度快，安全，有独立的免费包装袋，员工素质高，让人放心。

4. 圆通快递

圆通速递的服务涵盖报关、报检、海运、空运、进出口货物的运输服务；中转、国际国内的多式联运；分拨、仓储及特种运输等一系列的专业物流服务。圆通快递提供国内件、国际件、限时服务。

资费：首重 8 元 /kg，续重 4 元 /kg。

赔付：①丢失赔付。无保价，赔付金额，小于等于 1 500 元；有保价，保价率是 1%，赔付金额，小于等于 10 000 元。②破损赔付。无保价，赔付金额，3 ～ 5 倍赔运费；有保价，保价率是 1%，赔付金额，小于等于 10 000 元。

优点：价格便宜，速度在 3 ～ 4 天内。

5. 中通快递

截至 2019 年 3 月 31 日，中通快递全网服务网点 30 100 个，转运中心 86 个，直接网络合作伙伴 4 500 家，干线路超过 2 100 条，网络通达 98% 以上的区县，乡镇覆盖率超过 89%。

资费：首重 10 元 /kg，续重 2 元 /kg。

赔付：丢失赔付。无保价，赔付金额，小于等于 1 000 元；有保价，保价率为 1%，赔付金额，小于等于 10 000 元。②破损赔付。无保价，赔付金额，小于等于 300 元；有保价，保价率为 1%，赔付金额，小于等于 10 000 元。

优点：价格适中，速度快。

6. 韵达快递

韵达的业务范围包括：标准国内快递服务、项目客户快递综合服务、代收货款服务、签单返回服务、微信平台通知查询服务、一站式物流供应链解决方案等。韵达快递在全国建设了 70 余个分拨中心，在各分拨中心安装了能够全天候、全方位进行快件安全监控的视频监控系统，实时监控快件操作、分拨和转运情况，确保快件分拨转运安全和时效。

资费：首重 10 元 /kg，续重 4 元 /kg。

赔付：未保价物品遗失，按照物品实际价格予以赔偿，但最高不超过所收运费的 3 倍；物品保价金额最高不超过 2 万元。如果保价物品遗失，按保价金额进行赔偿，最高不超过 2 万元；部分损毁或者内件短少的，按照保价额与全部价值的比例对物品的实际损失予以赔偿。

优点：价格适中，速度一般3～4天。

步骤四　选择快递公司应考虑的因素

在店主和客户之间，快递公司充当了一座桥梁的作用。好的物流配送服务，对卖家（网店店主）而言，不仅会节省更多的物流成本、加快资金的流动，还会因为良好的服务，带来更多回头客户；对买家（客户）而言，让他们能及时、准确、完好地获得商品，对店主就会更加信任。

反之，不好的、不负责任的物流配送服务，可能会让店主和客户之间产生信任危机、出现纠纷，快递公司就成了店主和客户之间的矛盾导火索，轻则重新发货，重则直接影响到店主的信誉，被客户投诉。

影响快递公司选择的因素主要有价格、速度、覆盖网点等。

1. 价格

通过比较，不同的快递重量，快递公司所产生的资费大不相同，也能很明显地看出来哪家快递公司最实惠、最昂贵。例如，如果是发送1kg及以内的快递，顺丰最贵，达到12元；圆通快递的总体资费水平最低，在江、浙、沪、皖等地尤其明显。

2. 速度

快递速度的快慢不仅对商品服务质量有影响，而且也直接影响到网店的生意和资金回收效率等方面。这里的速度包括快递公司业务员上门服务（取件）的速度、物品送达客户手中的速度等多方面。

3. 覆盖网点

在网上做生意，网店店主要选择网点覆盖面广的快递公司，快递公司覆盖的网点就是自己的商品覆盖的网点。

小链接 3-2

UPS 简介

UPS（United Parcel Service，联合包裹速递服务公司）是世界上最大的快递承运商与包裹递送公司，同时也是专业的运输、物流、资本与电子商务服务的领导性的提供者。UPS现已成长为一家年营业额达到数百亿美元的全球性的公司，致力于支持全球商业发展。其商标是世界上最知名、最值得景仰的商标之一。UPS每天都在世界上200多个国家和地域管理着物流、资金流与信息流。

自1999年成为公开上市公司以来，UPS主要通过收购40余家公司，其中包括货车运输和航空货运、零售发运和商业服务、海关报关以及金融和国际贸易服务的行业领军者，显著扩大了其业务范围。因此，UPS与其众多客户所建立的关系已不断加深，远远不止基本的运输服务。

2016年在包裹运营方面，UPS营业收入达510亿美元，全球递送量49亿件包裹和文件，全球日均递送量1910万件包裹和文件，日均美国空运业务量270万件包裹和文件，日均国际业务量280万件包裹和文件，服务地区达220余个国家和地区。

触类旁通

1897 年，意大利经济学家帕累托偶然注意到英国人的财富和收益模式，他的研究成果就是后来著名的 80/20 法则。

80/20 法则告诉人们一个道理，即在投入与产出、努力与收获、原因和结果之间，普遍存在着不平衡关系。

80/20 法则在快递中的运用：

1）80% 的公司因免费派送或低价派送而低价销售，只有 20% 的公司获利。

2）80% 的公司的竞争手段是降价，20% 的公司的竞争手段是提高服务质量。

3）80% 的快递公司定位在低端市场，20% 的公司定位在中高端市场。

4）优秀的快递公司 20% 靠个人才能的发挥，80% 靠管理团队的有机配合。

案例 3-1

顺丰客户服务案例 —— 周黑鸭

为了给客户最优质的服务体验，周黑鸭联手顺丰冷运，开展冷运到家业务的推广，2016 年双十一期间，顺丰承接了周黑鸭全部订单，7 天内完成 60 万单配送，带给客户最新鲜健康的购物体验。

为满足消费者口感，顺丰以大量的实验数据为依据，新推出的包装箱不仅保障了产品的新鲜度，同时也降低了周黑鸭的包装成本。为提高时效，顺丰安排专人驻场以及专车转运，直接在仓库完成贴单、扫描和分拣流程，并直接运往机场，保证在 24 ～ 36h 内完成配送。

经过一个月的测试推广，消费者反应良好，满意度大幅提升，有效推动周黑鸭在电子商务业务上的长足发展。

基于对于"顾客第一"的核心价值观的认可，顺丰将与周黑鸭加深物流供应链方面的深度合作，助力周黑鸭扩展市场，实现周黑鸭与顺丰品牌双赢。

请思考： 结合案例，简述顺丰速运发展的成功之处？

任务 2　快件收寄管理

任务要点

◆ **关　键　词：** 快件收寄、快递包装、快递单

◆ **理论要点：** 快件收寄的概念、快递单的内容

◆ **实践要点：** 模拟填写一份正确并完整的快递单

任务情境

某先生：您好，我有一批货物需要运往某地，请问你们可以上门取件吗？

收派员：先生，您好！我们网点可以提供上门取件服务，请您提供一下取货地点和取货时间？

某先生：好的，地址是……，时间是……。

收派员：好的，地址我已经记清楚了，我们会在您指定的时间去取货。

某先生：好的，谢谢！

假如你是该快递网点的收派员，应如何完成此次收寄业务？

任务分析

能否顺利安全地运转收寄是整个快递过程的第一步，所以必须要掌握快递的收寄要求。对于收派员来说，在收寄之前要做好准备工作，在收寄过程中要查验货物，按照要求进行包装，填制运单，收取运费，最后将货物运回入库。

任务实施

步骤一　认知快递收寄

1. 快件收寄的概念

快件收寄是快递流程的首要环节，是指快递企业在获得订单后，由快递业务员上门服务，完成从客户处收取快件和收寄信息的过程。其任务主要包括：验视快件、指导客户填写运单和包装快件、计费称重、交件交单等工作。

2. 收寄形式

快件收寄的形式主要有上门收寄、网点收寄、大客户收件。

（1）上门收寄

上门收寄是指快递服务人员到客户家里或办公地点收取快件，并询问、验视、封装、填写单据和收取费用的过程。

（2）网点收寄

网点收寄是指客户到快递公司的营业场所寄发快件，由快递服务人员进行询问、验视、封装、填写单据和收取费用的过程。

（3）大客户收件

大客户是指与本公司签订合作协议且每天发件数量达到了一定标准的客户。大客户快递业务量较多，合作次数较多，具有较固定的特点，要求服务及时、周到全面，通常由快递企业为其制订特定的服务方式。

3．快件收寄的基本要求

（1）收寄时间

快递服务组织应在承诺的时限内提供收寄服务。

（2）人员着装

快递人员应统一着装，并佩戴工号牌或胸卡，以增强归属感和凝聚力。工装应具有组织标示，熨烫整齐，不得污损。

（3）询问与验视

根据 2018 年 5 月 1 日起施行的《快递暂行条例》规定：经营快递业务的企业收寄快件，应当依照《中华人民共和国邮政法》的规定验视内件，并做出验视标识。寄件人拒绝验视的，经营快递业务的企业不得收寄。

快递人员应询问和验视内件的性质和种类：若是法律、法规规定的禁寄物品，应拒收并向寄件人说明原因；若是限寄物品，应告知寄件人处理方法及附加费用；向寄件人建议贵重物品宜购买保价或保险服务；寄件人应将交递快件的性质和种类告知快递服务人员。

（4）封装

不管是快递服务人员封装还是寄件人自行封装，快递封装的用品都应符合 2018 年 9 月 1 日起实施的新版《快递封装用品》的要求，体现减量化、绿色化、可循环的要求。封装时应防止快件出现以下情况：变形、破裂；伤害顾客、快递服务人员或其他人；污染或损毁其他快件等。

（5）重量与规格

根据《快递服务》规定：快件的单件重量不宜超过 50kg；快件的单件包装规格任何一边的长度不宜超过 150cm，长、宽、高三边长度之和不宜超过 300cm。

（6）费用与单据

快递服务人员应告知寄件人服务费用，并指导寄件人按照相关要求填写快递运单。

寄件人支付费用时，快递服务人员应将与服务费同等金额的发票交给寄件人。

步骤二　准备收件

检查交通工具和通信工具是否正常，保证其性能良好。

带齐取件所需的物品和工具。包括：运单、包装袋、胶带、卷尺、手提秤、小刀、圆珠笔、大头笔、收据（发票一般不准带）、内部服务手册等。

步骤三　查验货物

快件收寄揽收时必须当场验视内件，负责验视的人员应主动告知寄件人需收寄验视，征求寄件人意见。对拒绝验视内件的，一律不予收寄。在征得客户同意后，当面打开货物包装，用工具打开包装时，注意不要划得过深过猛，以免损坏内件货物。

验视的主要内容有：

1）用户填写的快递运单上的信息是否完整、清楚。

2）用户填写的物品名称、类别、数量是否与交寄的实物相符。

3）用户交寄的物品及使用的封装材料、填充材料是否属于禁止寄递的物品。

4）用户交寄的限制寄递物品是否超出规定的范围。

5）用户是否按照法律、行政法规的规定出示身份证件或者其他书面凭证。

6）快件的封装是否满足寄递安全需要。

7）其他需要验视的内容。

步骤四　包装货物

1. 快递包装材料

常用的快递包装材料主要包括文件封、包装箱、包装袋、快件箱，辅助材料主要有气泡膜、气柱袋、发泡塑料、胶带、编织袋等。

新版《快递封装用品》中明确提出"快递包装袋宜采用生物降解塑料"，倡导快递封装用品二次使用。针对不同的快递封装用品，应分别印有可回收标志、重复使用标志或塑料产品标志，便于回收处理。

2. 快递包装规范

快件损坏的一个重要方面就是包装不规范，如"一条边封口"及"十字封口"的纸箱在实际使用中经常发生箱被掏、箱内货物被盗的现象。因此，在快件收寄时，应对货物进行妥善包装。根据货物类型不同，采用的包装规范和标准也不同，具体见项目二。

小链接 3-3

快递过度包装浪费严重，谭平川代表：推行绿色统一可循环包装

2019年全国两会期间，全国人大代表、重庆机场集团有限公司党委书记、董事长谭平川向十三届全国人大二次会议提交了《关于加快推行绿色、统一、可循环快递包装的建议》。

谭平川认为，实施包装减量，加快推行绿色、统一、可循环包装已势在必行。目前存在的问题则是：一是快递包装缺乏统一的强制性标准；二是过度包装浪费大量资源，产生大量垃圾，造成严重环境污染；三是缺乏专业回收系统，包装回收困难，循环利用率低。

为此，谭平川建议，一是出台关于包装回收再利用的行政法规，完善相关法律体系；二是制定快递行业绿色包装强制性标准，加大政策扶持力度；三是建立社会化、专业化快递包装物回收体系。循环包装推广使用是一项系统工程，关键在于建立社会化、专业化快递循环包装回收体系，需要政府、企业、消费者共同参与。

步骤五　填制运单

1. 认识运单

运单是快件的身份证明，顺丰快递样单如图3-2所示。快递服务人员应指导寄件人按照相关要求填写快递运单。快递运单为服务格式合同，快递运单的格式条款应符合法律规定，体现公平、公正的原则，快递运单的文字表述应真实、简洁、易懂。

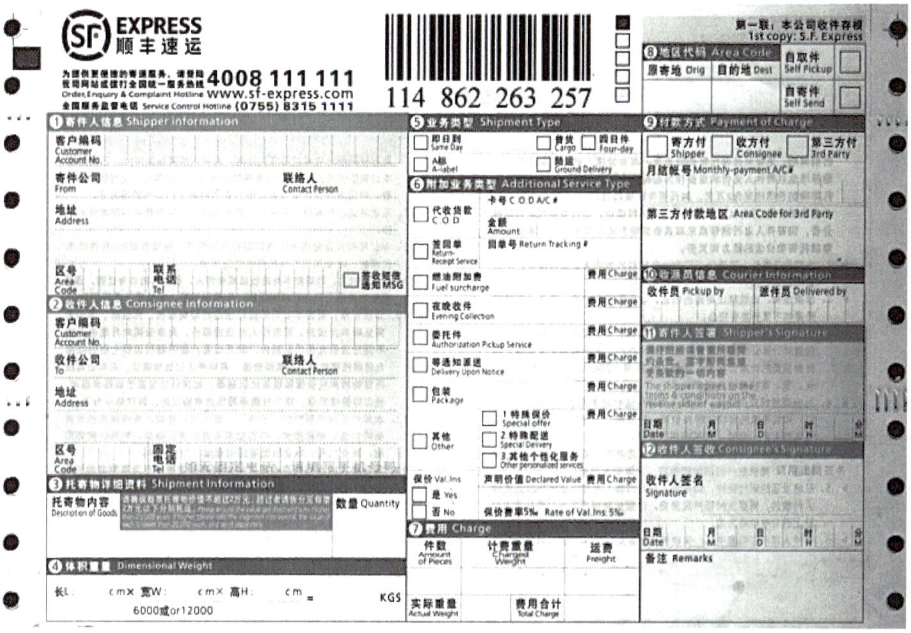
SF EXPRESS 顺丰速运
4008 111 111
www.sf-express.com
(0755) 8315 1111
114 862 263 257
第一联：本公司收件存根
1st copy: S.F. Express
① 寄件人信息 Shipper Information
客户编码 Customer Account No.
寄件公司 From
联络人 Contact Person
地址 Address
区号 Area Code
联系电话 Tel
签收短信通知 MSG
② 收件人信息 Consignee Information
客户编码 Customer Account No.
收件公司 To
联络人 Contact Person
地址 Address
区号 Area Code
固定电话 Tel
③ 托寄物详细资料 Shipment Information
托寄物内容 Description of Goods
数量 Quantity
④ 体积重量 Dimensional Weight
长L: cm× 宽W: cm× 高H: cm = KGS
6000或or12000
⑤ 业务类型 Shipment Type
即日到 Same Day
货货 Cargo
四日件 Four-day
A标 A-label
陆运 Ground Delivery
⑥ 附加业务类型 Additional Service Type
代收货款 C.O.D
卡号 C.O.D A/C #
金额 Amount
签回单 Return-Receipt Service
回单号 Return Tracking #
燃油附加费 Fuel surcharge
夜晚收件 Evening Collection
委托件 Authorization Pickup Service
等通知派送 Delivery Upon Notice
包装 Package
其他 Other
1 特殊保价 Special offer
2 特殊配送 Special Delivery
3 其他个性化服务 Other personalized services
费用 Charge
保价 Val.Ins
是 Yes
否 No
声明价值 Declared Value
保价费率5‰ Rate of Val.Ins 5‰
⑦ 费用 Charge
件数 Amount of Pieces
计费重量 Charged Weight
运费 Freight
实际重量 Actual Weight
费用合计 Total Charge
⑧ 地区代码 Area Code
原寄地 Orig
目的地 Dest
自取件 Self Pickup
自寄件 Self Send
⑨ 付款方式 Payment of Charge
寄方付 Shipper
收方付 Consignee
第三方付 3rd Party
月结帐号 Monthly-payment A/C#
第三方付款地区 Area Code for 3rd Party
⑩ 收派员信息 Courier Information
收件员 Pickup by
派件员 Delivered by
⑪ 寄件人签署 Shipper's Signature
日期 Date 月 M 日 D 时 H 分 M
⑫ 收件人签收 Consignee's Signature
收件人签名 Signature
日期 Date 月 M 日 D 时 H 分 M
备注 Remarks

图 3-2　顺丰快递样单

2. 快递运单的种类

（1）传统纸质运单

传统纸质运单（见图 3-2）一般为四联单，分别为客户联、取件联、派件联、收件客户联，每一联都有其各自的用途。

（2）快递电子运单

快递电子运单（见图 3-3）的应用是行业技术进步的重要标志，是产业融合、市场发展的重要产物。为规范快递电子运单的生产和使用，国家邮政局发布的《快递电子运单》邮政行业标准（YZ/T 0148—2015），自 2016 年 3 月 1 日起施行。

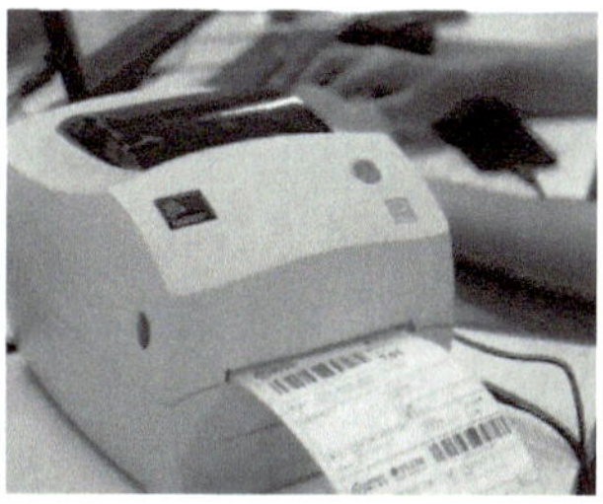

图 3-3　快递电子运单

通过信息系统对接、运单号自动捆绑、高速打印输出快件信息，使快递电子运单具有单式现制、打印速度快、成本低、处理效率高等特点，能更好地满足商家批量交寄快件的需要，也越来越得到快递企业的青睐。

《快递电子运单》标准规定，电子运单分为两联电子运单和三联电子运单两类。电子运单每联均由三层组成，第一层为热敏打印纸，用于信息打印；第二层为铜版纸或格拉辛纸等材料，用于粘贴；第三层为格拉辛离型纸，用于隔离。标准特别提出，电子运单所使用的纸张和阻隔胶、背胶，其有害物质限量值应符合国家环保的相关规定。

3. 快递运单的填写规范

（1）快递运单填写的要求

1）快递运单使用蓝、黑色笔书写或打印，禁止使用铅笔或红色笔书写。书写、打印的运单信息要保证最后一联的字迹清晰。

2）书写要求字迹工整。

3）运单内容填写规范、完整。

4）运单填写件数，对一票多件的快件运单应注明总件数和本件的流水序号。

5）运单上不得写有"秘密""机密""绝密"以及部队番号、代号和暗语等。

（2）填写要领

1）寄件方。

名称：公司写全称，个人写全名。

地址：×省×市×区×镇×村，或×省×市×区×路×门牌号码。

电话：区位号+本机号码，准确无误、数字清晰。

联络人：写全名（寄件人与联系人，可以是同一人，也可以是两个人）。一旦发生拒付拒收、无人签收，或收件方地址不详、搬迁等情况，可用来及时联络寄件方。

2）寄件时间。

×月×日×时（24h制）×分（按时钟正确填写），必须由客户自己填写。

3）寄件方签名。

由寄件人亲笔签名。

4）收件方。

名称：公司写全称（最好详细到具体部门），个人写全名。

地址：×省×市×区×镇×村，或×省×市×区×路×门牌号码。

电话：区位号+本机号码，准确无误、数字清晰。

联系人：写全名。

如果寄件方无法提供收件方的详细地址、电话和联系人，则应向客户说明，可能会延误派送或无法派送。快件一旦退回，要收取双程运费。

5）收件时间。

×月×日×时（24h制）×分（按时钟正确填写），必须由客户自己填写。

6）收件方签收。

应由收件人亲笔签名。如果无人签收，则须加盖收件方公司公章（原则上盖章人应签字）。

7）收派员签名。

签字并填写员工工号。出现问题时，可查找责任人，也用来考核收派员的工作绩效。

8）托寄物内容和数量。

托寄物须与实际内容相符，只能用中文填写，数量须与实际托寄物数量相符。

9）托寄物详细资料。

件数栏：须与单独包装数相符（便于在快件运输中，准确判断件数是否缺少）。

备注栏：填写客户的特殊要求，例如，急件、易碎件、自取件等。

10）自取件。

寄件人声明：此件不用派送，由收件人自取；收派员在自取件栏打钩。超范围的自取件应在备注栏内写上：此件自取。

11）付款方式。

在付款方（寄方或收方）栏内打钩。如果是寄付客户（非临时寄件），还要在月结栏内打钩，并写上月结账号。

12）体积加收。

体积加收栏，只针对轻抛物，非轻抛物不必填写。不规则轻抛物，按各边的最长尺寸计算。不规则物品，按立方体计算，即长宽高的最大尺寸相乘，包括圆锥体、圆柱体。

13）重量与价格。

按轻抛物计费的，在重量栏填写实际重量，在体积加收栏填写计费重量。按实重计费的，填写计费重量（即重量取舍后，按价格表收取运费的重量）。价格栏填写按计费重量计算出的运费金额。

小链接 3-4

快递运单的粘贴

1．运单粘贴位置

根据快件表面美观、大方的要求，以及从左到右的操作和阅读习惯，运单应粘贴在快件外包装上面的适当位置，运单与快件边缘留出 5cm 的空白。应把表面的四个角落位置留出来，以便标识、随带单证的粘贴。

2．运单粘贴方法

快递企业根据自身运单的特性采取不同的粘贴方式，运单袋封装是其中最常见的方式。

3．运单粘贴注意事项

1）应尽量避开骑缝线，箱子挤压时，骑缝线易裂开，所以运单易破损或脱落。

2）运单应粘贴在快件最大的平整表面，避免粘贴出现皱褶等。

3）使用胶纸时，不得使用有颜色或带文字的透明胶纸覆盖运单内容，胶纸不得覆盖条码、派件员姓名、收件人签署栏以及派件日期栏的内容。

4）运单粘贴须保持平整，运单不能有皱褶、折叠、破损。

5）运单要与内件一致，避免运单错贴在其他快件上。

步骤六 收取运费

快递企业常用的运费计算方法有 2 种，一是按照首重续重原则计算，二是直接按照单价计算。

方法一：首重续重原则

运费 = 首重价格 + 续重 × 续重价格

方法二：单价计算

运费 = 单位价格 × 计算重量

注意：1）常规件只对重量进行计量。

2）轻泡件（体积重量大于实际重量）要取体积重量作为计费重量。

国际航空运输协会规定的轻泡件重量计算公式为：

体积重量（kg）= 长（cm）× 宽（cm）× 高（cm）/6 000（kg/cm³）

陆路运输的轻泡件重量计算公式：

体积重量（kg）= 长（cm）× 宽（cm）× 高（cm）/12 000（kg/cm³）

3）不规则物品在体积测量时取最长、最宽、最高边计算。

4）对于尾数的处理，要严格按照重量标准报价，逢尾进一，如 6.1kg 和 6.6kg 都按照 7kg 计算。

5）客户付款时要仔细清点，提供发票，并向客户致谢。

步骤七　快件交接

1. 快件取回

快递人员在验视、包装、填写运单等一系列操作后，应按照规定时间将货物取回公司，并与公司相关人员做好交接入库，对货物和运单进行复核，确保快件和运单的完好、相符。

2. 快件信息录入

快递人员收取快件后，应将快件的运单信息录入企业信息系统，如单号、寄件人、收件人、重量、日期等。快件信息录入的目的主要是便于客户查询、便于快件配载计划的制订、便于快件企业各网点进行财务收款。

在快件信息录入时，要保证快件信息的真实性、完整性、及时性。

触类旁通

禁寄物品的处理办法

《禁止寄递物品管理规定》第十一条，寄递企业完成收寄后发现禁寄物品或者疑似禁寄物品的，应当停止发运，立即报告事发地邮政管理部门，并按下列规定处理：

（一）发现各类枪支（含仿制品、主要零部件）、弹药、管制器具等物品的，应当立即报告公安机关；

（二）发现各类毒品、易制毒化学品的，应当立即报告公安机关；

（三）发现各类爆炸品、易燃易爆等危险物品的，应当立即疏散人员、隔离现场，同时报告公安机关；

（四）发现各类放射性、毒害性、腐蚀性、感染性等危险物品的，应当立即疏散人员、隔离现场，同时视情况报告公安、环境保护、卫生防疫、安全生产监督管理等部门；

（五）发现各类危害国家安全和社会稳定的非法出版物、印刷品、音像制品等宣传品的，应当及时报告国家安全、公安、新闻出版等部门；

（六）发现各类伪造或者变造的货币、证件、印章以及假冒侵权等物品的，应当及时报告公安、工商行政管理等部门；

（七）发现各类禁止寄递的珍贵、濒危野生动物及其制品的，应当及时报告公安、野生动物行政主管等部门；

（八）发现各类禁止进出境物品的，应当及时报告海关、国家安全、出入境检验检疫等部门；

（九）发现使用非机要渠道寄递涉及国家秘密的文件、资料及其他物品的，应当及时报告国家安全机关；

（十）发现各类间谍专用器材或者疑似间谍专用器材的，应当及时报告国家安全机关；

（十一）发现其他禁寄物品或者疑似禁寄物品的，应当依法报告相关政府部门处理。

案例 3-2

毒 快 递

2013 年 11 月 28 日，东营的刘先生收到网购鞋子时，发现盒上有黏稠液体，后出现呕吐腹痛症状，29 日抢救无效死亡。医院称其死于有毒化学液体氟乙酸甲酯中毒。经查系圆通快递装卸快件时发生化学品泄漏，前后共致 1 人死亡、8 人中毒。

2014 年 3 月，申通快递瞒报危化品，触发飞机上的货舱烟雾报警；2014 年 11 月 30 日，成都某公司将 50 公斤禁运品快递寄往重庆途中出现泄露，致两名装卸人员出现呕吐症状。

2019 年 4 月，青岛市公安局禁毒支队掌握一条线索，一藏有大宗毒品的邮包从云南发往崂山区一快递点。为核实该线索，嫌疑邮包抵青后，禁毒支队立即组织专人对包裹进行了 X 光检查，在邮包内的音箱内壁中发现可疑白色晶体 15 块。

请思考：快递员在收件过程中应该注意哪些方面？

任务 3　分 拨 管 理

任务要点

◆　**关 键 词：**快递分拨中心、分拨批次设计、分拣
◆　**理论要点：**快递分拨中心的定义，快递网点与分拨中心业务类型
◆　**实践要点：**掌握提高快递分拨中心的运营效率

任务情境

"快递爆仓"是这些年多次被提起的一个名词，所谓的"爆仓"是指快递公司突然间收到太多快件，来不及分拣，甚至没办法再收件，大量快件滞留在始发站或者中转站，到达目的地的时间相对比较长。每年 11 月 11 日，因天猫商城、淘宝等几大电商的大规模促销而变成了购物狂欢节，消费者大量提交订单，购物狂欢节过后便是物流高峰，直到"双十一"之后的几日，不少物流仓库仍然货物积存，快递变慢递，消费者投诉量激增。

任务分析

怎样把已经入库的快递商品安全快速地送到客户的手上，是现代快递行业进一步高速发展遇到的一个不可绕开的课题。快递的分拨中心在快递中转过程中的作用将越来越重要，分拨中心工作的速度直接影响物品从寄出到收件的时间。

任务实施

步骤一 认知快递分拨中心

扫码看视频

1. 分拨中心的定义及分类

分拨中心是专门从事分拨活动的经济组织，它是集加工、理货、送货等多种职能于一体的物流据点。

分拨中心是快递网络的最基础节点，主要负责地区（城市）内某一小区域的快件收派，一般分为三类：

1）自营网点。自营网点是企业自行投资建设的网点，主要负责某一片区快件的取派、暂存、基础信息录入和收派人员的管理。

2）代收网点。代收网点是在指定区域内以该企业名义受理快件业务的网点，一般是快递企业与酒店、宾馆、超市等组织合作的网点，代收点的业务范围包括：提供受理咨询、代收快件、代收运费、品牌推广和维护。

3）代理网点。所谓代理网点，是指具备独立法人资格的快递公司或具备快件取、派能力的个人，以契约的形式取得大型快递企业某一片区的代理资格，负责该片区的快件收派工作所设立的网点。

2. 网点与分拨中心建立条件

1）区域范围。要求网点的辐射区域达到一定标准，例如辐射半径在3km以上、5km以内等。

2）快件量要求。快件量要求是指每天可收派快件的业务量达到一定标准或有一定的市场潜力。

3）成本要求。建点时要分析成本收益情况，对于收益不稳定的区域一般不予建点。

3. 网点选址标准

1）配套设施。各种配套设施要健全，例如网络系统、电话线、消防配套、电力、水、冷暖气等方面能达到公司正常使用的需求。

2）合法性。房东要有合法的房产证，企事业单位要有出租房屋的证明。

3）治安状况。治安条件要好，以保证快件暂存的安全性和快件经营不受打扰。

4）交通便利。在选址前要对该区的交通情况进行全面了解，例如，出入主干道应比较方便，以免在运输中时常发生交通堵塞，不利于快递的正常流转。另外需考虑交通管制因素，例如单行道较多的地方不宜考虑。

5）地理位置。网点选址是否恰当直接影响作业能力，因此，最好选择在业务量高的密度区附近。

6）场地要求。场地要求包括是否有足够的操作空间、是否有适合标准化操作的场地、停车位情况等。

小链接 3-5

中国区域划分

1）华东地区（包括山东、江苏、安徽、浙江、福建、上海）；

2）华南地区（包括广东、广西、海南）；

3）华中地区（包括湖北、湖南、河南、江西）；

4）华北地区（包括北京、天津、河北、山西、内蒙古）；

5）西北地区（包括宁夏、新疆、青海、陕西、甘肃）；

6）西南地区（包括四川、云南、贵州、西藏、重庆）；

7）东北地区（包括辽宁、吉林、黑龙江）；

8）港澳台（包括香港、澳门、台湾）。

步骤二 掌握快递分拨中心作用及功能

分拨中心是快递网络中的重要节点，起着对本区域（地区）业务组织管理及与其他区域（地区）业务联结的重要作用。在分拨中心能实现多项快件作业，包括分拨、分拣、查验、集装等。根据其主要功能，分拨中心又分为转运中心、操作中心、分拣中心等。

1. 分拨中心的作用

（1）区域（地区）内的组织管理

分拨中心的管理职能包括对下属区域协调、管理，指挥、组织各项快件作业，并对快件作业情况进行监控。

（2）衔接作用

分拨中心是实现区域与区域之间网络互相联通的节点，可实现不同运输和不同层次网络的衔接。不同运输工具的衔接，主要由小批量快件运输通过分拨中心集中为大批量快件运输；不同运输方式的衔接，主要由陆运运输通过分拨中心简单加工操作后转换为航空运输等。

（3）区域营运资源的开发和管理

营运资源包括各类航空线路、航空公司、各类运输承运商、运输工具以及各类物流服务商等。分拨中心负责对这些资源进行开发、选择以及管理和考核等工作，实现对区域内营运资源的优化配置，以提高整体营运水平，降低营运成本。

（4）集中作业

分拨中心同时是一个对快件进行集中操作的场所，主要通过将下属区域的快件集中到分拨中心，实现集中式的、规模化的整体作业以及实现机械化、自动化作业，以提高作业的效率，降低作业成本。

（5）信息作用

分拨中心的信息管理包括区域内外各类快件信息的汇总、分类、处理、传输、交换；分拨中心通过信息处理、传输、交换，使各快递网络节点能联结成有机的整体，实现了统一的信息平台管理。

（6）结算作用

一些分拨中心还是快递网络的基本结算单位，承担着区域与总公司的结算工作以及区域内部的结算工作。

2. 分拨中心的基本功能

分拨中心要在快递网络中发挥其应有作用，本身需具备一些基本功能，包括：

（1）快件集散功能

快件集散功能即快件的基本运输功能，包括将快件从各分散的片区、网点运输到分拨中心以及将分拨到该区域的快件及时运送到各片区、网点进行派送。

（2）分拨功能

分拨功能即将通过不同运输方式以及不同运输工具运输的快件在分拨中心集中后，根据发运目的地进行分类，并安排中转运输的过程。

（3）操作功能

操作功能包括对快件的再包装、加贴标签、标识、集装处理等快件理货工作。

（4）查验功能

查验功能是对快件的品质、规格进行检查。查验功能是国际快件通关作业和航空运输前端作业的重要环节。

（5）分拣功能

分拣功能即对发运到本区域的快件按照片区、网点、派送线路、派送人员等进行分类。

（6）装卸搬运功能

分拨中心必须具备装卸、搬运功能。分拨中心应配备专业化的装载、卸载、运送、码放等装卸、搬运器械，以提高装卸、搬运作业效率，减少作业对快件造成的损毁。

（7）暂存功能

因快件是按批次或按客户需求派送或中转的，快件在分拨中心时往往需要等待作业、运输，这就需要分拨中心规划一个暂存快件的场地。

小链接 3-6

5S 管理

SEIRI（整理）、SEITON（整顿）、SEISO（清扫）、SEIKETSU（清洁）、SHITSUKE（修养）这 5 个词日语中罗马拼音的第一个字母都"S"，所以简称为"5S"。

"5S"活动起源于日本，"整理"是指区分必需品和非必需品，现场不放置非必需品；"整顿"是指能在 30s 内找到要找的东西，将寻找必需品的时间减少为零；"清扫"是指将岗位保持在无垃圾、无灰尘、干净整洁的状态，清扫的对象包括地板、天花板、墙壁、工具架、机器、工具、测量用具等；"清洁"是指将整理、整顿进行到底，并且制度化，管理公开化、透明化；"修养"是指对于已经规定的事，大家都要认真遵守执行。

通过"整理"，可使作业现场无杂物，行道通畅，增大作业空间，提高工作效率，而且会减少碰撞，保障作业安全，提高作业质量；通过"整顿"，可以提高工作效率，将寻找时间减少为零，可以马上发现异常情况（如丢失、损坏等）；通过"清扫"，可使取出的物品完好可用（将经过整理、整顿后的必需品恢复到立等可取的状态）；通过"清洁"，可起到维持和改善的作用；通过"修养"，可形成良好的习惯。

现代管理引入安全（Safety）和速度/节约（Speed/Saving）的概念，成为新的"7S"。

步骤三 快件交接管理

1．到站快件信息接收

信息提前预知，从而合理调配人员，配备装卸工具，确定作业时间进度，制订作业计划，实现有组织、有计划、有准备的作业，提高作业效率。

2．快件验收

验收环节是对作业与上一站点、操作环节与运输环节进行责任划分的主要环节，对于发现的异常情况应按规定详细记录、拍照留存、及时反馈。

3．交接单据管理

交接单据是交接双方划分责任、确认交接结果的凭证，主要包括交接单和快件清单。交接单上应详细注明实际交接的票数、件数以及异常情况。交接完毕后，交接单据应装订整齐，按规定在指定位置存放，并定期整理存档。

4．快件出入库管理

快件的出入库管理不同于仓储企业的出入库管理。对快件进行出入库操作的目的主要在于：

1）通过出入库操作，在信息系统中标注快件当前的状况、位置，体现快件流与信息流一致。

2）通过出入库操作，可以通过网络发布快件运行轨迹，实现快件实时查询、跟踪、监控。出入库记录是界定本环节与其他环节责任的重要依据。

步骤四 快件搬运装卸管理

快件搬运装卸作业贯穿于快件作业的全过程，从快件到站接收、入库、查验、分拣、集装直至发运都伴随着装卸搬运作业的发生。其出现的频率大于任何一个作业环节，所耗费的时间和劳动力也比其他环节高出很多。搬运装卸合理化管理的原则主要有以下几种：

1．减少装卸搬运环节，降低装卸搬运作业次数

虽然装卸搬运是快件作业过程中不可避免的作业，但是其本身有可能使快件玷污、破损，从而影响物品价值。

2．移动距离（时间）最小化原则

搬运距离的长短、搬运作业量大小和作业效率是联系在一起的。在装卸平台、作业区、暂存区的位置以及搬运装卸线路等规划上，应该充分考虑快件移动距离的长短，以快件移动距离最小化为设计原则。

3．单元化原则

单元化原则是指将快件集中成一个单位进行装卸搬运的原则。单元化是实现装卸合理化的重要手段。在快件作业中广泛使用托盘、塑料框、笼车等单元化集装用具。

4．机械化原则

机械化原则是指在装卸托运作业中用机械作业替代人工作业的原则。作业的机械化是实现活力化和效率化的重要途径，通过机械化可以改善快件作业环境，将人从繁重的体力劳动中解放出来。

5. 标准化原则

标准化有利于节省装卸作业的时间,提高作业效率。在装卸搬运中,应对装卸搬运的工艺、作业、装备、设施及货物单元等制订统一标准,使装卸搬运标准化。

步骤五 快件分拣管理

分拣作业是快件操作的核心环节。所谓分拣,是根据快件的发运线路或目的地,尽可能迅速、准确地将快件进行分类拣取,并摆放在指定位置的作业过程。分拣作业在快件作业环节中不仅工作量大、难度高,而且要求作业时间短、准确度高。因此,加强对分拣作业的管理非常重要。

1. 分拣的要求

1)快递企业的快件处理场所实行封闭式作业,禁止从业人员私拆、隐匿、毁弃、窃取快件,确保快件安全。

2)快递企业在分拣前,应当对分拣场地和分拣设备进行检查,确保分拣场地整洁,无灰尘、无油污、不潮湿;分拣设施设备工作正常。

3)快递企业由人工进行快件分拣传送时,如需进行较远距离搬运,应当将快件装入货物搬运设备(如手推车)进行搬运,不得对快件进行猛拉、拖拽、抛扔等破坏性动作。

4)分拣时,应当按收件地址、快件种类、服务时限要求等进行分拣,对于当日进入分拣场所的快件,应在当日分拣完毕。5kg以下的快件,放入分拣用托盘,确保小件不落地,并应当建立总包进行中转;5kg以上的快件,码放到指定的位置,码放遵循大不压小、重不压轻、易碎件单独摆放的原则。快件分拣脱手时离摆放快件的接触面之间的距离不应超过30cm,易碎件不应超过10cm。

5)5kg以下的快件,宜建立总包进行装车,总包应牢固加封;5kg以上的快件可单独装车,码放遵循大不压小、重不压轻、易碎件单独摆放的原则。

2. 影响分拣作业质量的主要因素

影响分拣作业质量的因素有分拣难度、分拣信息、作业方式以及分拣人员等。

(1)分拣难度

分拣作业的难度取决于分拣作业的需要,包括需分拣区域数量、分拣区域确认方式和分拣作业集成度。

分拣区域越多,分拣人员要记的分区界定方法的内容就越多,或自动分拣设备要设计的分区界定办法、参数以及分拣端口就越多,分拣的难度也就越大。

分拣区域的确定方式一般有邮政编码、电话区号、分拣代码、地址等几种,总体归纳为数字方式和文字方式。数字方式较文字方式容易。数字方式中编码位数越少则越容易。文字方式中地理范围越大则越容易,地理位置越小则越难,如要细化到某一条街道或某小区。

分拣作业集成度是指分拣过程中作业人员要同时进行的其他操作。在很多快递企业,分拣作业并不仅仅是简单的分类拣取,往往是在分类的同时还要进行搬运、摆放、检查快件运单数据的准确性、完整性,检查快件品质,确定派件地址的类型等。集成度越高,分拣难度就越大，所需分拣的时间就越多。

（2）分拣信息

分拣信息包括信息系统中的快件记录和运单上的资料这两方面的快件信息。快件信息的准确度、完整度、清晰度以及填写的规范性是影响分拣作业质量的主要因素。如果快件信息填写完整、准确、规范、清晰，分拣人员就能够快速、准确地确定分拣区域，迅速完成分拣。

扫码看视频

（3）作业方式

分拣的作业方式主要有三种：手工方式分拣、半自动机械分拣、自动分拣。

手工方式分拣。手工方式分拣是指在分拣过程中用手工完成对分拣区域的确认、快件的拣取等动作。手工分拣方式效率低、速度慢、差错率高、连续作业能力差，但是对场地、工具的要求低、投入资金少、分拣成本低，是中小快递企业主要采用的分拣方法。

半自动机械分拣。半自动机械分拣是将待分拣快件通过输送装置进行传送，并在一定程度上识别分拣区域或生成分拣代码，由作业人员根据机械指示或人工判断，在接件口将输送到位的快件进行拣取。这是一种人机结合的分拣方式，是对手工方式的一种改进。其主要特点是使用机械对快件进行自动输送，减轻分拣人员劳动强度，改善分拣作业环境，实现连续不断的分拣，提高分拣效率。

自动分拣。自动分拣是通过计算机自动识别待分拣快件的分拣区域，并由自动分拣设备将快件输送到该区域的分拣道口。这种分拣方式的特点是能连续、大量、准确地分拣，分拣误差率极低，分拣过程基本实现无人化，大幅度提高劳动效率。

（4）分拣人员

不管采用哪种分拣方式，人在分拣作业中都是最主要的因素。在手工作业方式中，分拣员对按分拣区域及界定方法的熟练度决定了分拣的速度和准确度，分拣员的态度和积极性决定了分拣过程快件的破损率和差错率；在半自动分拣方式中，人机的配合度决定了分拣的最终效率；在自动分拣方式中，只有作业人员规范、正确地使用、配合自动分拣设备，并对分拣异常和无法自动分拣的快件进行及时处理，才能发挥自动分拣的最大效率。

小链接 3-7

可视化管理

1．规章制度与作业标准的公开化

凡是与现场作业人员密切相关的规章制度、作业标准等，都需要公布于众；与作业人员直接相关的，应分别展示在岗位上，并应始终保持完整、正确和洁净。

2．操作任务与完成情况的图表化

计划指标要定期层层分解，落实到具体的班组和个人，并列表张贴在墙上，实际完成情况也要使用进度表定期公布。

3．与布置管理相结合，实现视觉显示信息的标准化

在布置管理中，为了消除快件的混放和误置，必须有完善而准确的信息显示，包括标志线、标志牌和标志色。

4．现场作业控制手段的形象直观化与使用的方便化

为了有效进行现场作业控制，使每个操作环节都严格按照作业标准进行，要采用与现场工作相适应的、简便实用的信息传导信号。

5．质量和成本控制实行目视管理

在各质量管理控制点，需要采用质量控制图，可以清楚地显示质量波动情况，以便及时发现异常并处理。

6．快件的码放和运送的数量标准化

快件码放和运送实行标准化，可以充分发挥可视管理的长处。各类工位器具，包括箱、盒、盘、小车等，均应按规定的标准数量盛装。

触类旁通

分拣装备的选型

1．装备的先进合理性

在当前高新技术不断发展的条件下，设备先进性是选用时必须考虑的因素之一，只有先进的分拣设备，才能很好地完成现代配送任务。

2．符合货物特性

分拣货物的物理、化学性质及其外部形状、质量、包装等特性千差万别，必须根据这些基本特性来选用分拣设备，如浮出式分拣机只能分拣包装质量较高的纸箱等。

3．适应分拣方式和分拣量需求

在选择分拣设备时，首先要根据分拣方式选用不同类型的分拣设备。其次，要考虑分拣货物批量大小，若批量较大，应配备分拣能力高的大型分拣设备，并可选用多台设备；若批量较小，则宜采用分拣能力较低的中小型分拣设备。

4．经济适用性

选用的分拣设备应具有操作和维修方便、安全可靠、能耗小、噪声小、成本低、能保证人身健康及货物安全，并具有投资少、运转费用低等优点。

5．整体匹配性

选用的分拣设备应与系统其他设备相匹配，并构成一个合理的物流程序，使系统获得最佳经济效果。

6．兼顾上机率和装备技术经济性

追求高的上机率，必将要求上机分拣的货物的尺寸、形体等参数尽量放宽，这将导致设备的复杂化、技术难度及制造成本增加、可靠性降低。反之，上机率过低，必将影响设备的使用效果，增加手工操作的工作量，既降低了设备的性能价格比，也使分拣作业的效益降低。

案例 3-3

暴　力　分　拣

2019年3月13日下午，西安市民拍摄了一段韵达快递暴力分拣的视频，视频显示道沿

上的快递被分成了好几堆，几名快递员手脚并用，对与地上大小不同的包裹连踢带扔。

据悉，事发在西安市太安街南侧的道沿之上，短短两分十七秒，共有六十二件包裹飞到了不同的区域。当记者前去快递网点了解情况时，该网点的一名女负责人却表示："暴力分拣，不足为奇"。随后这名女子的行为更让人惊呆，情绪突然非常激动，紧抓记者不放，并扬言不删除之前采访内容就不得离开，甚至在房门外多次撕扯记者、抢夺摄像机。最终记者左手拇指被咬伤，手中的摄像机也被严重损坏。

请思考：

①快递分拣在快递整个流程中的重要意义是什么？

②如何做到快递分拣中的准确到位？

任务 4　快递运输

任务要点

- **关　键　词**：运输方式、在途管理、快件运输优化
- **理论要点**：快递运输方式的优、缺点，快递管理业务的内容
- **实践要点**：掌握快件运输优化的具体内容

任务情境

顺丰国际机场（含园区）是湖北省打造国际货运大通道的重要举措，项目总投资610亿元，预计到2025年、2045年，年货运吞吐量分别达到245万 t、765.2万 t。顺丰快递为什么要投巨资发展航空运输呢？快递公司应如何组织有效的货物运输？

任务分析

快递运输是整个快递过程中非常重要的一部分，是影响快递服务质量的重要方面。快递公司在组织货物运输时，首先应考虑采用何种方式进行运输，控制好快件装运、快件发运、在途以及交付等各环节，综合考虑运输距离、环节、工具等优化整个运输过程。

任务实施

步骤一　快递运输的概念

快递运输是指利用各种交通工具将快件从发件地快速地运送到收件地。

快递运输贯穿了整个快递服务过程，具有全程性、网络性、联合性的特点，是实现快递服务快速、安全、及时送达的基本保障。

步骤二　认知快递网络

将快件从不同地点安全、快捷、准时地送达收件人，必须依托庞大的、高效的快递网络。快递网络是通过对各类快递基础设施、各类营运资源进行高度的优化整合、合理的规划设计、严格的组织控制，以信息网络为支撑，以快速、安全运送为目的的快件节点间网络化运作所形成的综合服务体系。

快递网络由快递节点、线路、时点等部分组成。

1. 快递节点

快递节点是指在快递服务过程中主要承担快件的收寄、派送、包装、信息处理等快递作业的场所。快递节点有两类：一类是指为了实现快件快速位移、确保各种运输方式高效衔接的功能性设施，如转运中心等；另一类是指实现快件基本服务功能的设施，如营业厅、站点、代收点等。

2. 快递线路

快递线路是指节点的连接线，包括交通线路（如公路、铁路、航空）和通信线路，主要承担快件流转过程的运输和信息传递功能。

3. 快递时点

快递网络不仅要解决快件的空间位移，更重要的是实现快件在预定时间点到达预定位置。快递服务各种活动都有具体的、严格的时点要求，快递网络是时间上高度协调衔接的系统，时点则是快递网络不可或缺的一部分。

快递网络是快递企业的核心资源。快递网络的质量和效率决定了快递服务水平，决定了快递企业在行业中的竞争力。因此，要合理地设计、规划、组织快递网络，提高快递网络的效率，实现快递运营成本最低化、利润最大化。

步骤三　快递运输方式

快递运输方式主要有公路运输、铁路运输、航空运输等。三种运输方式的优缺点见表 3-1。

表 3-1　三种运输方式的优缺点

运输方式	优　点	缺　点
公路运输	机动灵活，货物损耗少，速度快，可以实现门到门；投资少，修建公路的材料和技术比较容易解决	运输能力小；能耗高，是火车的 10.6～15.1 倍；运输成本高，是火车运输的 11.1～17.5 倍；劳动生产率低，无法运送大件物资
铁路运输	运行速度快，时速一般在 100km/h；运输量较大，一般能运送 3 000～5 000t 货物；准确性和连续性强，不易受天气影响；运输成本低，仅为汽车的 1/11～1/17；运行平稳，安全可靠	投资高，建路工程艰巨复杂，单线铁路每 km 造价为 100 万元～300 万元，复线造价为 400 万元～500 万元；建设周期长，一条干线建设需要 5～10 年
航空运输	具有较高的运送速度；破损率低，安全性好；经济性良好，使用年限长；包装要求低；库存水平低	受气候条件的限制；需要航空港设施，可达性差；设施成本高，维护费用高；运力小，能耗高；运输技术要求高，人力成本高

综合考虑，公路运输比较适宜在内陆地区运输短途货物，可以与铁路、航空联运，为铁路、航空港集疏运货物；可以深入山区及偏远农村进行货物运输；可以在远离铁路的区域从事干

线运输。

铁路适于在内陆地区运送长距离、大批量、时间性强、可靠性要求高的一般货物和特种货物；从投资效果看，在运量比较大的地区之间建设铁路比较合理。

航空运输主要适用于高附加值、低质量、小体积的物品运输，急需品以及生鲜食品的运输等。

小链接 3-8

京东无人机

在第二届亚洲消费类电子产品展览会（CESAsia）期间，京东在展台曝光了正在研发中的两款用来送货的无人机，其中一款无人机体积巨大，外观犹如一架喷气式飞机。

京东集团副总裁兼 JDX 事业部总裁肖军表示，京东 X 部门下建立了一个物流实验室，目前整个实验室装修全部完成，正处于散味阶段，未来会进行设备组装，并保持对外开放。

"我们已经开始准备在京东总部周边建立一个 3 万 m^2 左右的实验仓，会把真的货物和订单分布到实验仓里，再把我们和合作伙伴一同研发的物流机器人在实验仓里进行试运行。"

肖军说，通过产品不断迭代和更新来优化机器人的性能，希望通过明年实验仓的运行，未来在全国大规模复制机器人全自动化仓，或半自动仓，最终是标准化的自动化作业流程。

2016 年 6 月 8 日上午 9 点，在江苏宿迁市曹集乡同庵村居委会内，一架三轴无人机缓缓起飞，十分钟后，5km 外的旱闸村居委会内，京东当地的推广员接收包裹，无人机送货第一单完成。京东方面称，无人机正式投入农村物流试点运行。

2018 年 7 月 17 日，在北京市政府和北京市应急办的指挥下，京东抽调了两架 Y3 货运无人机和两架侦查无人机，前往密云区西湾子桥和怀柔区琉璃庙镇的受灾地区，协助进行应急物资运输以及灾区勘测工作，京东无人机运输物资占当天物资的 30%。京东无人机如图 3-4 所示。

图 3-4　京东无人机

步骤四　准备运输

快件准备包括待发运的快件必须按照规定时间操作完毕，统计出该批快件的总件数、总重量、总体积通报运输部门，将待发运快件整理整齐摆放于快件待发区。

1）单据准备。单据包括交接单、快件清单以及其他随货资料，要求作业人员在发运前制作好各类单证。

2）车辆准备。要求车辆必须于指定时间到达装运区，并在装运前对车况进行检查。

步骤五　快件装运

快件装运是影响运输质量的主要因素，快件装运时必须做到以下 4 点。

1）有计划、有组织地装运。在装运前必须根据待发快件的体积与车辆装载能力合理分配装载空间，根据快件的缓急程度及卸货的顺序安排装运顺序，根据发车时间要求安排装运进度，调配装卸人员，制订装运计划并按计划组织装运作业。

2）合理装运。包括在装运时充分利用装载空间，根据快件形状合理码放快件；码放快件时必须严格遵循"大不压小、重不压轻、实不压泡"的原则；合理使用装卸工具和集装用具，提高装运效率等。

3）文明装运。文明装运是指在装运时必须轻拿轻放，摆放整齐，不得有扔、抛、摔快件等不良行为。

4）及时装运。及时装运是指在车辆到达装运区后，应及时开始装运作业，装运过程应注意时间进度，及时完成装运任务。

步骤六　快件发运

1）发运前检查。包括对待发快件是否已全部装运完毕、加封加锁是否牢固的检查。

2）交接手续办理。交接手续办理是指双方在交接单上签字确认，快件与随附资料的交接。

3）发运时间登记。发运时间是关系到快件能否准时到达的关键，是运输管理的重点内容。发运前的各项工作要以准时发运为目标，严格控制各项作业的时间进度，确保车辆准时发运。发运时一定要对发运时间进行登记，并需双方签字确认。

步骤七　在途管理

在途管理包括对行驶要求、行驶路线、途中追踪查询、途中停靠作业的管理。

1）行驶要求。要求驾驶员在行驶过程中遵守交通规则、合理控制车速、不得随意停靠，及时汇报行驶状况等。

2）行驶路线。要求严格按照既定的行驶路线行驶，不得私自更改行驶路线。对于有特殊情况需要绕道行驶的，应征得主管领导同意。

3）途中追踪查询。要求驾驶员在行驶过程中手机必须处于开机状态，GPS 设备处于正常工作状态。车辆监控人员应定时追踪车辆行驶轨迹，并了解行驶的状况和道路交通情况，对于途中发生的异常情况应及时处理，并通报相关部门准备应急措施，使行驶全程处于可控状态。

4）途中停靠作业。对于需途中停靠作业的，驾驶员应及时与停靠站点联系，预报到达时间。作业站点应根据预报到达时间和快件预报，充分做好卸货准备，车辆到达时应优先处理，争取在最短的时间内完成作业。

步骤八　快件交付

车辆到达前，驾驶员应预报到达时间，通知作业站点做好卸货准备。车辆到达后，站点应登记到达时间，并及时引导车辆停靠站台进行卸货作业。卸货过程中驾驶员必须在场监督作业，办理交接手续，对于发现的异常情况，应双方确认责任及原因，并及时反馈。

步骤九　优化运输

在快递运输过程中会出现返程或启程空驶、迂回运输、重复运输、运力选择不当、托运方式选择不当等问题，会造成运输成本的增加、快递运输服务水平低下等影响。通过对快递运输的优化管理，实现快递运输的合理化，提高运输的时效性，降低运输的成本，从而提高快递服务质量。快件运输的优化，是指从快递运营的总体目标出发，运用各种优化理论和方法，充分利用各种运输方式优点，合理规划，选择运输路线和运输工具，以最短的路径、最少的环节、最快的速度和最少的费用进行快件运输，避免不合理运输情况出现。

1. 快件运输优化管理的目的

（1）提高快递营运的整体效率和营运质量

合理组织快件的运输，促进快递营运的各环节紧密衔接，协调、高效、快速地进行快递营运，提高其整体效率和营运质量。

（2）节约运输费用，降低物流成本

运输费用是构成快件营运费用（成本）的重要组成部分。在快件运输过程中，运输作业所消耗的活劳动和物化劳动占的比例最大。

（3）缩短运输时间，加快快件速度

运输时间的长短决定着快件速度的快慢，因此，只有合理组织快件运输，使快件在途时间尽可能缩短，才能达到及时到件的目的，实现加快快件速度的目标。

（4）达到运输合理化

快件运输合理化能够克服许多不合理的运输现象，从而提高快件的运送能力，起到合理利用运输能力的作用。

2. 快件运输优化需考虑的主要因素

快件运输优化时需考虑的因素很多，起决定性作用的因素有如下 5 个方面。

（1）运输距离

运输的若干技术经济指标，都与运输距离有一定比例关系。运输距离的远近是运输是否合理的一个最基本因素，从宏观、微观角度考虑都会带来好处。

（2）运输环节

每增加一次运输，不但会增加起运的运费和总运费，而且必然会增加运输的附属活动，如装卸、包装等，各项技术经济指标也会因此下降。

（3）运输工具

各种运输工具都有其使用的优势领域，要根据不同类型快件的特点，最大限度地发挥运输工具的特点和作用。

（4）运输时间

运输时间短有利于运输工具的加速周转，能够充分发挥运力的作用，有利于运输线路运送能力的提高，实现快件运输合理化。

（5）运输费用

运费在全部物流费中占很大比例,运费高低在很大程度决定了整个快递服务的竞争能力。

3. 快递运输优化的方法

（1）提高运输工具满载率

（2）合理使用第三方运输资源、优化运输结构

（3）尽量采取直达运输

（4）加强运输的计划性

（5）制订合理的运输路线

触类旁通

快递网络干线

快递网络干线是连接两个快递区域间的线路，是实现快件快速空间位移的主要运输线路，在网络中起着骨干作用。

按照快递企业对网络干线所能进行管理的范围大小，可将快递网络干线分为自营快递网络干线和第三方承运方式快递网络干线。

1. 自营快递网络干线

自营快递网络干线是指快递企业自主投资开发的拥有全部使用权和全过程管理权的运输线路。自营快递网络干线的运输工具一般由快递企业投资购置或以长期固定租用方式取得专营使用权。它的优势主要表现在：

1）快递企业可以根据业务需要，设计运输线路。

2）可以自主地制订、调整运输时间，实现营运整体的时效最佳化。

3）装卸工作由快递企业负责，可以保障运输安全。

4）快递企业能对运输过程实行全程跟踪管理，掌握运输时间。

自营快递网络干线具有运输时效高、运输质量好、营运效率高等优点，是实现高质量快递服务理想的快递网络干线营运方式。

但自营快递网络干线也存在着前期投资大、管理成本高、风险大等缺点。因此，合理地规划设计网络干线，对运输过程进行严格的组织和管理，充分发挥自营快递网络干线的优势，实现营运效率最大化、营运成本合理化是自营快递网络干线管理的核心。

2. 第三方承运方式快递网络干线

第三方承运方式快递网络干线是指快递企业使用第三方运输资源组织干线运输。快递企业对运输过程没有直接管理权，一般采用托运或包舱的方式。第三方承运方式快递网络干线具有运输资源丰富、运输能力强、运输费率低、不需前期投资等优点，是快件量小的中小快递企业普遍采用的一种方式，可作为自营方式的补充，但存在运输质量差、时效不稳定等缺点。

案例3-4

重走天路，顺丰医药冷链西藏行

2017年3月，顺丰冷运北京分公司接到北京北生研生物制品有限公司（原北京天坛生物制品股份有限公司，以下简称"北生研"）的生物制品运输通知，需要分批次运输约1 000件国家免疫规划的生物制品至西藏自治区区级疾控中心，以及阿里地区、昌都地区、林芝地区等地市疾病预防控制中心（以下简称"疾控中心"），各类疫苗共计580 000余人份。

为了避免疾控中心断供，或者运输温度异常导致生物制品性状发生变化，必须在保障运输时效的同时严格控制生物制品的运输温度。

由于运输的生物制品都是新生儿、婴幼儿所用，受用对象较为特殊（新生儿、婴幼儿的使用时效要求更高）、加上路途艰巨、路况恶劣、时效要求高，顺丰冷运制定了以医药专车服务为主，医药商配服务辅助，医药专递服务提供航空支持的定制化运输方案，并安排机动资源全程跟随，以应对运输途中的突发事件。

医药专车服务： 顺丰冷运使用通过 GSP 验证合格的医药冷藏车，提前预冷充分，此产品省去了医药中转场中转、操作环节，将货品全程保持 $2 \sim 8°C$ 运输环节，直运至西藏疾控中心。

医药商配服务： 此产品用于服务北生研向阿里地区、昌都地区、林芝市疾控中心的货品配送任务，作为辅助性运输方案。

医药专递服务： 由于拉萨通往阿里地区、昌都地区的道路遇到严重塌方，车辆无法前行，顺丰冷运北京分公司马上调整配送方案：启用拉萨当地航空运力资源，使用医药专用冷藏箱进行航空运输，并立即做出备用应急方案，确保生物制品任何情况都不脱温。由于拉萨当地机场航班取消非常频繁，顺丰冷运在将疫苗送进机场后，冷藏车保持打冷在机场外机动等候，一旦航班取消，第一时间将货物取出，暂存至自治区疾控中心冷库。

北生研本次运输的所有生物制品种类均为国家免疫规划生物制品，在交通、卫生、医疗条件制约较多的西藏自治区，这几批生物制品对西藏自治区的新生儿来说显得更加重要。对于北生研和顺丰冷运来说，这一批批进藏的生物制品不只是简单的产品，而是双方共担的一份社会责任。

作为助力北生研达成社会责任的顺丰冷运，经过一次又一次进藏运输的磨炼，如何克服进藏途中的困难已不是顺丰冷运重点考虑的问题。如何运用自身优势服务资源、通过自身产品体系的组合为客户提供全方位的医药供应链物流服务，让特殊地理区域不再是医药生产、经营企业眼中的"鸡肋"，让祖国各地区的必需医药产品供应得到实实在在的保障，将是摆在顺丰冷运面前新的任务。

请思考：
①顺丰是如何顺利将生物制品运送至西藏各地区的？
②如何优化快递运输？

任务 5 快递派件

任务要点

- ◆ **关 键 词：** 快件派件、服务规范、滞留件、快件破损率
- ◆ **理论要点：** 快件派件的流程、快递回单的内容
- ◆ **实践要点：** 如何进行快递派件管理

任务情境

2016 年 4 月，申通快递员王功亮被评为全国"最美快递员"，成为全国 200 多万快递员中的佼佼者。看到这则消息，小李也希望自己能成为这样的快递员。在小李的努力下终于成为申通快递的一名派件员，他每天都按时到其所在的营业网点上班，开始一天的派送工作。8 月 12 日早上，小李按时到达营业网点，网点经理下发了派送任务。小李主要负责大学城区域的快件派送，根据分拣结果共有 20 票。假如你是小李，应如何进行派件呢？

任务分析

满意的快递派件服务不但能提高客户的满意度，让客户留下美好的印象，同时对提升公司的形象也有一定的帮助。对于小李来说，首先要做好派件前的准备工作，其次要掌握派件服务中的注意事项，最后要学会对异常件的处理。

任务实施

步骤一　了解快件派送业务一般知识

1．概念

派件是指快递公司（物流公司）将客户所发出货物通过物流网送到第三方或是指定的地点的过程。

2．派送形式

派送形式主要包括按地址当面交付和自取两种形式。

3．派送要求

1）派送时间。快递服务组织的投递时间应不超出向顾客承诺的服务时限或按照约定的时间投递。

2）投递次数。快递服务组织应对快件提供至少 2 次免费投递。

4．派送员服务规范

（1）语言要求

五词：请、您好、抱歉、谢谢、再见。

五语：称呼语、欢迎语、介绍语、征询语、问询语。

五声：问候声、请求声、道歉声、感谢声、告别声。

杜绝语：粗话、气话、玩笑话、否定的话、不耐烦的话。

标准语：您好，我是中华快速公司的，有您的快件，请签收。

（2）形象要求

1）穿工作服，佩戴胸卡，整洁得体，精神饱满。

2）在客户面前热情大方，姿势端正，举止稳重。

3）与客户交谈用心聆听，语气温和，词语文明。

4）进入客户公司前，雨具或头盔必须脱下才可进入。

5）工作时间不准外面只穿背心，不准穿休闲鞋和拖鞋。

6）不许留长发、染异色头发、剃光头、蓄小胡子、戴墨镜。

步骤二　装车准备

1. 货物的捆绑

货物出库后，小件放在随身携带的挎包里，体积较大的放在车上；货物要捆绑结实，注意保护易碎品快件；摩托车派送时，不可携带过长、过大、过多、过重的快件；自行车派送时，大件放在车尾架上，绑好绑牢，防止路上遗失。

2. 出车须知

带齐所有必备证件（驾驶证、身份证、工作证等）；行驶中不超速、不逆行、禁闯红灯，遵守交通法规；遇到塞车、故障等情况，要冷静处理，及时报告公司；合理安排行驶路线，滞留件和特急件要优先派送。

步骤三　客户签收

1. 货物签收要求

1）货物签收前一定要仔细看工作单上"重要提示"的操作要求。有特殊操作要求的严格按操作要求操作。

2）提示客户检查货物外包装，若外包装无明显破损，请客户签收货物；同时，将签收联撕下装好带走。

3）签收。

①本人签收：核实客户身份或提供有效身份证件，居民身份证、户口簿、护照、驾驶证等是客户领取快件的有效证件。

②非本人签收：必须让代签人出示有效身份证件、签上代签人的身份证号并在现场与收货人联系，收货人确认代收人后方可将货物交给代收人。公章签收时，派送人必须让收件人出示公章并盖到签收联处方可交货。

4）客户签收后，必须在 5 分钟内通过手机短信或相关通信工具回传签收信息，如工作单号、签收人姓名。

2. 签收注意事项

1）查看证件。签收人必须出示本人身份证件，非本人签收须电话联系客户确认，并由代签人出示身份证并签上代签人的身份证号和姓名。

2）清点件数。派送货物时必须查看货物是否齐全，项目客户批量派送时不得分票派送，零散业务等根据客户要求操作。

3）贵重物品交接。贵重物品（手机、电子产品等）在出库派送时，必须单独与出库人员进行交接签字确认。

4）到付代收。到付代收货物派送前一定要与派送单核对款项是否相同，有异常及时反馈调度。到达客户处后必须先收到付、代收款后再签字交货。

5）检查外包装。派送货物时必须查看货物外包装是否完好，避免到达客户处货物出现异常情况。

步骤四 到付收款

收取现金时应双手接钱，仔细清点后要说谢谢；如果无人付款，则应向客户解释：只能将快件暂时带回，何时付款另行安排派送。

如果客户索要发票，则应向客户解释：根据财务规定，只能先开收据为凭，回到公司后才能开发票，送发票要另约时间。

如果是月结客户，则要在运单的月结栏内打钩并填写月结账号。

步骤五 告辞返回

派送完毕后，不准在客户处逗留，不准使用客户电话，不准接受客户馈赠；回到公司后，将收取的所有款项及时如数地上缴财务部；派送未成的快件，须在派送清单上注明滞留件的原因；发现运单的公司留存联丢失，须在派送清单上注明情况和原因；将派送清单和滞留件交给仓管员，滞留件的数量应等于派送清单上的数量。

步骤六 滞留件的处理

1. 定义

滞留件是指无法派送的快件。

2. 原因

包括客户、快件、其他三方面的原因。

客户：放假、出差、外出、下班、搬迁、拒付、公司无人、要求转寄、另约派送时间、要求退回原寄地、要求自取而未取。

快件：破损件、错分件、有单无件、件数缺失、地址不详、地址错误、电话错误。

其他：改送、查无此人、地方偏僻、门卫不让进、送多次而无人、双方拒付（快件作废）。

3. 处理办法

1）交其他人签收，在运单空白处注明。

2）若无人签收，填写派送通知单。

3）客户拒收或拒付时，寄方客户同意前，快件必须带回，不得交给客户。

4）特急件应优先派送；错分件第一时间派送。

小链接 3-9

KPI 绩效考核

KPI（Key Performance Indicator），又称"关键业绩指标"考核法，是企业绩效考核的方法之一。企业关键业绩指标是通过对组织内部流程的输入端、输出端的关键参数进行设置、取样、计算、分析，衡量流程绩效的一种目标式量化管理指标，是把企业的战略目标分解为可操作的工作目标的工具，是企业绩效管理的基础。建立明确的切实可行的 KPI 体系，是做好绩效管理的关键。

这种方法的优点是标准比较鲜明，易于做出评估。它的缺点是对简单的工作制定标准难度较大；缺乏一定的定量性；绩效指标只是一些关键的指标，对于其他内容缺少一定的评估，应当适当注意。

关键业绩指标指明各项工作内容所应产生的结果或所应达到的标准，以量化最好。最常见的关键业绩指标有三种：

1）效益类指标，如资产盈利效率、盈利水平等。

2）营运类指标，如部门管理费用控制、市场份额等。

3）组织类指标，如满意度水平、服务效率等。

触类旁通

智能快递柜

智能快递柜是随着快递业不断发展新生的事物，智能快递柜运营企业自身规模的扩大，由于上游企业技术壁垒弱，厂商众多，企业议价能力将得到增强，降低企业的运营成本，进一步强化自身优势。

取件方式：凭短信和官方微信的取件码。

2012年，中邮速递易率先在国内开启智能快递柜业务。

2018年前三季度，主要企业设立智能快递箱25万组，箱递率达到8.4%。另有报告指出，到2020年，中国快递柜市场规模将近300亿元。

快递柜作为社区生态圈的接入口，一旦在小区内形成闭环生态圈，连接各种增值服务后，用户黏性将得到增强，后来者将很难打破壁垒切入进去。

存在隐患：

1）无法当面签收，可能导致货物在运送过程中存在质量隐患。

2）收费尚不完善，智能快递柜需要扫码取货，同时设有取货期限，例如"如果不能在24h内取货，超时每小时会收取1元钱。"

3）取货信息滞后，网购的人越来越多，收到快递柜的自动取货信息提示就比开始时滞后一些，本来物流显示已经到了当地的快递，可能隔几天才会收到取货短信。

面临问题：

目前智能快递柜市场遭遇的用户不理解不买账、运营方盈利模式不清晰等问题仍未解决。

案例3-5

"智能快递员"给你派件啦

马路上，一个个"小盒子"在身边快速通过；小区内，机器人在整栋大楼中派件，遇到人车还会让路，到了家门口发短信通知取货……这些科幻片里的场景有望成为现实。阿里巴巴和京东相继发布了在智能机器人应用方面的重大突破，两大电商巨头，已掀起了"智能快递员"送货大战。

物流"最后一公里"智能化：对商家而言，用户需求成为新服务推出的动力。电商大数据显示，去年我国全年包裹量超过200亿件。菜鸟网络CTO王文彬认为，根据目前的增长速度，这个数字很快会突破1000亿。如果仍按照传统的人工方式去搬运是不现实的，而机器人最先普及的地方应该是在仓储和末端领域。

无人车和机器人送货，都将成为解决电商物流"最后一公里"的重要工具。负责智慧物流研发的京东X事业部总裁在介绍京东无人车时说："我们目前测试的送货目标是写字楼、自提柜、居民区便民店、别墅区等场所，他们有比较集中的小批量订单。但目前经常会占用配送员较多的时间，效率不够高。"

请思考： 智能化对快递派件的影响？

项目小结

电子商务的崛起对快递行业的迅速发展起到了巨大的推动作用，快递和电子商务是新经济时代两个发展密切相关、互为支撑的行业。我国快递业经历了几十年的发展，形成了至今国有快递企业、民营快递企业及国际快递企业共同发展的多元化格局。自实施"十三五"规划以来，我国的快递业务量在稳步增长，快递业务量规模连续5年稳居世界第一。

整个快递过程从选择快递公司开始，从价格、速度、覆盖网点等方面考虑选择合适的快递公司，经过快件收寄、分拨管理、快递运输，将正确的货物在准确的时间派送到客户手中。快递与人们的生活联系越来越紧密，成为人们日常生活中一项必不可少的生活工具，因此对快递服务质量的要求也越来越高。同时，信息技术的发展也推动了快递智能化的发展。

练习思考

一、单项选择题

1. 快递服务是快速收寄、分发、运输、投递单独封装、具有名址的信件和包裹等物品，以及其他不需储存的物品，按照承诺时限递送到（　　）并获得签收的寄递服务。
   - A. 收件人
   - B. 指定地点
   - C. 收件人或指定地点
   - D. 收件人和指定地点

2. 对不规则物品的体积测量，取物品的（　　）量取。
   - A. 最短、最高、最宽
   - B. 最长、最低、最宽
   - C. 最长、最高、最宽
   - D. 最长、最低、最窄

3. 对于运单的粘贴描述不正确的是（　　）。
   - A. 使用胶纸时，不得使用有颜色或者带文字的透明胶纸覆盖运单内容
   - B. 挤出运单袋内的空气，再粘贴胶纸，避免挤破运单袋
   - C. 运单可以与内件不粘贴在一起，但是避免运单错贴在其他快件上
   - D. 体积较小的锥形物体，可将运单条码内容部分粘贴在不同的侧面上

4. 快递服务组织应对快件提供至少（　　）次免费投递。
   - A. 1
   - B. 2
   - C. 3
   - D. 4

二、多项选择题

1. 快递流程四大环节包括（　　　）。

    A．快件收寄　　　　B．快件处理　　　　C．快件运输　　　　D．快件派送

2. 下列关于快件包装检查方法正确的是（　　　）。

    A．检查外包装，若有明显破碎或撕裂，应按规定程序进行检查

    B．用手晃动包装箱，感觉寄递物品与包装物壁之间有无摩擦和碰撞

    C．只要外包装破碎，必须进行重新包装

    D．将包装箱举过头顶摔落地面，查看是否牢固

3. 下列是公路运输特点的有（　　　）。

    A．机动灵活、简捷方便

    B．能实现"门到门"

    C．运行中易发生交通事故，振动较大易造成快件损坏

    D．运量大，费用较低

4. 分拣中心场地人员在办理总包接收操作时，需要进行以下工作（　　　）。

    A．核对数量　　　　B．签收快件　　　　C．验视总包　　　　D．扫描秤重

三、思考题

1. 简述快件收寄的基本流程。
2. 简述快件运输优化的目的及方法。
3. 简述快递派件的基本流程。

实战强化

实训一　收件业务流程操作

一、实训目的

通过收寄业务流程操作，将快递知识与实践相结合，加深学生对快递流程的了解，提高学生解决实际问题的能力，提高专业技能。

二、实训组织

通过同学之间的角色定位完成一次完整的收寄活动。

三、实训步骤及要求

编　号	流 程 活 动	流程活动说明
001	收件准备	准备好需要使用的操作设备、单证等
002	接收信息	接收客户寄件需求的信息
003	核对信息	检查客户寄件需求的信息
004	收件	在约定的时间内到客户指定地点收取快件
005	验视快件	识别快件的重量和规格是否符合规定

（续）

编　号	流程活动	流程活动说明
006	指导或检查运单	正确指导客户完整填写运单内容并进行检查
007	告知阅读运单条款	告知客户阅读运单背书条款
008	包装快件	使用规范包装材料包装快件
009	称重计费	称重，计算快件资费，并填写在运单相应位置
010	收取资费	确认快件资费支付方和支付方式
011	指导客户签字	指导客户在客户签字栏签全名
012	粘贴运单与标识	按照粘贴规范将运单等粘贴在快件相关位置
013	快件运回	将收取的快件在规定时间内运回收寄处理点
014	交件交单	复查快件包装和运单内容
015	交款	将当天收取的款项交给收寄处理点的相关人员

具体要求：1）掌握快件收寄、收验和收件后续处理的基本要领。2）掌握快件收件处理的基本工作流程。

实训二　易碎品在快递过程的包装

一、实训目的

通过对速递业务中易碎品的包装的操作，使学生对易碎品的包装材料，包装手法等有比较深入的了解。

二、实训组织

在实训过程中每个同学完成3件不同易碎品的包装。

三、实训步骤及要求

1）将易碎品的周围用软包装包好。

2）塑料泡沫纸包裹好，要严实。

3）然后用胶带纸封牢固。多缠绕几圈，防止包裹破损。

4）放入纸箱，周围用碎泡沫塞严实。

5）将第4）点中的纸箱放入大一号的纸箱。

6）上面放上泡沫板，用胶带纸封严纸箱。

项目 4

逆向物流和货运物流

电子商务在经过正向物流的考验之后，又迎来了逆向物流的时代。越来越多的客户选择在线供应商的时候，把在线供应商的退换货能力列为考虑因素之一，有的甚至已经影响到最终的决策。如何有效地利用逆向物流强化企业的竞争优势，维系顾客的满意度和忠诚度，提高供应链的整体绩效水平是每个企业面临的新课题。货运物流是指打破传统的经营思路，将过去分散的海运、陆运、空运有机地结合在一起，向货主提供比货运或货代企业更全面、更系统的加工、包装、装卸、仓储、货运、分拨、报关、报验等一体化服务，随着互联网电商事业的发展，个体商户及个体户这一类群体也随着壮大，成为货运物流企业的主要服务群体。

学习提示

学习目标

知识目标

了解逆向物流的概念和产生的原因，掌握逆向物流的管理；理解货运物流、货运成本、货运价格的概念。

能力目标

能够使用网络工具接收逆向物流的新知识；能读懂货运供给函数，掌握货运定价规则。

素质目标

培养强烈的集体荣誉感、养成不断学习的习惯，树立效率意识、成本意识、责任意识。

本项目重点

- 电子商务模式下逆向物流的管理；货运物流费用的计算。

本项目难点

- 货运物流费用的计算。

任务1 认知逆向物流

任务要点

- ◆ **关 键 词**：逆向物流、退换货、流程
- ◆ **理论要点**：逆向物流的概念、电子商务模式下的退换货
- ◆ **实践要点**：运用网络工具学习新知识，了解电子商务模式下的逆向物流

任务情境

美国的新物流（New Logistics）公司，是一家为直接零售商提供回收商品解决方案的物流公司，该公司曾在全州范围内进行了一项调研。他们随机抽取了 1020 个成年人发放调查问卷。问卷统计结果显示，有 90% 的被调查者认为方便的退换货政策以及快捷退换货程序影响他们的购买决策，约有 95% 的被调查者表明他们"非常有可能"或者"有可能"到那些提供便利退换货服务的在线零售商家那里再次消费。同时，有 85% 的被调查者说他们"不太可能"考虑到那些不能提供便利退换货服务的在线零售商家那里购物消费。由此可见，电子商务中退换货政策对消费者的购买意愿影响非常大，能否退换货以及退换货流程的便捷性是影响客户满意度和客户忠诚度的一个关键因素。

任务分析

电子商务的迅速发展给人类经济生活带来了前所未有的变革，把现代物流业提升到一个非常重要的位置。人类已经进入网络经济时代，电子商务的发展是大势所趋，企业必须顺应这一人类社会发展的规律，建立适应电子商务环境的逆向物流模式。退换货是逆向物流的主要表现形式，上述调研表明，逆向物流与电子商务之间存在紧密的联系。

任务实施

步骤一 认知逆向物流

1. 认知逆向物流

逆向物流是指企业委托第三方物流公司将交寄物品从用户指定所在地送达企业所在地的过程。逆向物流过程由企业推动，物流费用采取企业与第三方物流公司统一集中结算的方式。整个过程需要企业与物流公司双方强大的 ERP 对接系统支持。

逆向物流大致可以分为回收逆向物流和退换货逆向物流。回收逆向物流一般是指将最终消费者所持有的废旧物品回收到供应链上各节点企业，进行分类处理和再利用的过程。退

换货物流一般是指因为各种原因而产生的从消费者处回到销售商的退换货，以及从零售商手中返回生产厂家的商品。电子商务中的逆向物流大多数是指退换货逆向物流。

2．分析电子商务对逆向物流的影响

逆向物流与正向物流的两个端点相同，只是流向相反，但两者却存在着很大的差异，逆向物流不只是简单地将正向物流逆向运行。在电子商务环境下，由于电子信息技术的推广与应用，加速了物流信息化建设，企业电子商务物流与传统的物流发生了很大的变化，有了新的发展和改变。这些变化又为企业实施逆向物流管理提供了有利条件。

1）逆向物流产生的时间、地点与数量，在传统物流环境下是难以预测，难以运作的，但是在电子商务条件下，由于网上客户可以直接面对制造商、经销商，所以就能定制适合自己的服务，很方便地完成逆向物流作业。

2）电子商务网上零距离接触的特点是信息沟通的便捷性大大增强，物流企业可以很方便迅捷地了解到客户的逆向物流服务，使本来逆向物流产生地点分散、没有一定的规律性、不可能集中起来处理的难题得到解决，减弱了企业对逆向物流处理的压力。企业可以根据得到的信息对仓库、人员、设施的布局和任务进行调整，实现与逆向物流的对接，完善服务。

3）信息共享即时，便于上下游企业和客户合作，使原本逆向物流作业系统比正向物流系统复杂很多，难以操作的困难在电子商务条件下变得容易解决，客户、制造商、分销商的交流变得方便，客户出现的问题可以迅速地通过网络在供应链的某个环节得到解决。制造商和经销商可以借助网络在较大范围内进行资源配置，将更多的回收中心和逆向物流终端分布在各地，企业与客户之间的距离感逐渐减小。电子商务打破了时空的界限，通过全球性的联网作业，简化了贸易流程，改善了物流系统，从而降低了贸易成本，推动企业业务重组，极大地提高了生产力，改变了物流配送的传统认识。例如，传统企业需要配备大面积的仓库，而现代电子商务企业则不需要，因为电子商务系统可以将分布在各地的分属不同所有者的仓库，通过网络系统连接起来，统一管理，服务范围和货物存储空间都放大了。由网络对物流配送进行实时控制，代替了传统的物流配送管理程序，效率大大提高，简化了物流配送过程，提高了处理速度。

小链接 4-1

近几年来，随着电子商务环境的改善，电子商务本身所具备的巨大优势逐步显现出来，政府、物流企业都对电子商务给予了高度重视，并纷纷以不同的形式介入电子商务活动中。短短几年中，电子商务在物流领域以惊人的速度向前发展。电子商务对正向物流影响巨大，对逆向物流的影响更是如此。企业要实施逆向物流，必须考虑电子商务模式下的逆向物流，这是未来逆向物流管理的发展趋势。

步骤二　分析逆向物流产生的原因

1．分析电子商务中逆向物流产生的原因

由于电子商务在线经营的特殊性，引起退换货的原因和传统经营中产生的原因相似但不相同。电子商务中逆向物流产生的影响因素主要有以下 5 个方面。

（1）法律法规

为了保护环境，促进资源的循环利用，同时为了规范网站行为和保护消费者的利益，许多国家已经立法，明确规定电子商务网站必须采取退换货政策。这些法律法规除了来自政府制定的法律法规外，还可能来自某些协会或者兴趣团体发起的要求规定。

（2）信息不对称

在电子商务模式下，客户往往只能看到商品的电子图片或者电子说明书，从视觉上感知商品，不能全面了解所购商品的特性。当收到商品时发现实物与在网上看到的不一致，就会导致大量逆向物流的产生。

（3）消费者驱动

消费者在线购物时，购买了自己不想购买的商品而引起的退换货，或者消费者收到商品后，希望获得更好的产品型号而引起的退换货。另外，零售商或者分销商将手中积压、滞销或者过季的商品退还给供应商而引起退换货。

（4）竞争驱动

商家为了在激烈的市场竞争中吸引更多的消费者，往往会竞相推出各种优惠的退换货条件，例如"不满意就退换货"等。这些优惠措施在方便消费者的同时，也造成了大量的回收物流。

（5）商品本身原因

引起这类退换货的原因包括商品存在瑕疵或者质量问题，商品接近或超过保质期，在配送过程中产生的损伤商品或错配商品等。

2. 分析逆向物流成为电子商务的竞争优势

（1）提高顾客满意度，增强企业竞争能力

在传统的商业活动中，投诉退换货与维修退回是否有效率是最终顾客所关注的，进而也是评价企业信誉的重要指标。在顾客有可能无法接触到商品实物的网络活动中，逆向物流的可行性与方便性更成为影响顾客购买的重要因素。顾客满意是企业的无形资产，它可以按"乘数效应"向有形资产转化，从而增强企业竞争力。

（2）节省资源，保护环境，塑造良好的企业形象

进入网络经济时代，人们的生活水平和文化素质有了很大提高，环境保护意识也日益增强，为了改善企业的环境行为，在消费者心中赢得良好的声誉，许多企业纷纷采取退换货逆向物流战略，以减少产品对环境的污染及资源的浪费。退换货逆向物流对产品进行再加工或报废处理，从而实现环保。企业不仅要重视经济效益，还要注重社会效益。

（3）促进企业优化与整合自身管理系统

逆向物流恰好处于企业管理活动的检查和改进两个环节上，承上启下，作用于两端。企业在退换货中暴露出的问题，将通过逆向物流信息系统不断传递到管理层，为企业减少退换货与维修比例提供参考依据，良好的逆向物流系统还能帮助企业分析退换货产品，为产品的改进设计提供反馈信息，使企业可以设计制造出富有特色的产品，提高产品竞争力，以根除产品隐患。

（4）可观的社会效益和经济效益

企业实施逆向物流可以最大程度上利用资源，降低企业成本，产品符合环保的要求，

可以提高企业产品的竞争力，扩大产品市场份额，获得最大利润。回收所生产、销售的产品，运用专业技术与设备对其进行集中报废销毁或再次回收利用，是企业节省社会资源与保护环境直接和有效的行为，为企业赢得良好的声誉。

（5）借助互联网获取有效信息

在互联网环境下可以通过 E-mail 或销售网站问卷等方式收集消费者信息、退换货信息记录、有害产品的召回、过期产品的提醒等数据，以便企业能够及时掌握产品的销售、使用状况以及消费者预期等信息，从而进行科学分析，做出相应经营决策。

当然，逆向物流在给电子商务带来竞争优势的同时，也给电子商务提出了特殊的挑战。退换货的增加造成正向物流产生的效益被不合理的逆向物流支出抵消。

步骤三 退换货的业务流程

下面以淘宝网的退换货过程为例来说明电子商务与逆向物流的关系以及电子商务中的逆向物流管理。

1）打开淘宝登录页面，登录自己的淘宝账号并输入密码，如图 4-1 所示。

2）在首页单击"我的淘宝"进入，如图 4-2 所示。

扫码看视频

图 4-1 淘宝登录页面

图 4-2 我的淘宝

3）单击"已买到的宝贝"，如图 4-3 所示。

图 4-3 已买到的宝贝

4）在购买的订单里有个"退款 / 退货"，单击进入，如图 4-4 所示。

图 4-4 退款 / 退货

5）选择"我要退货"，如图 4-5 所示。

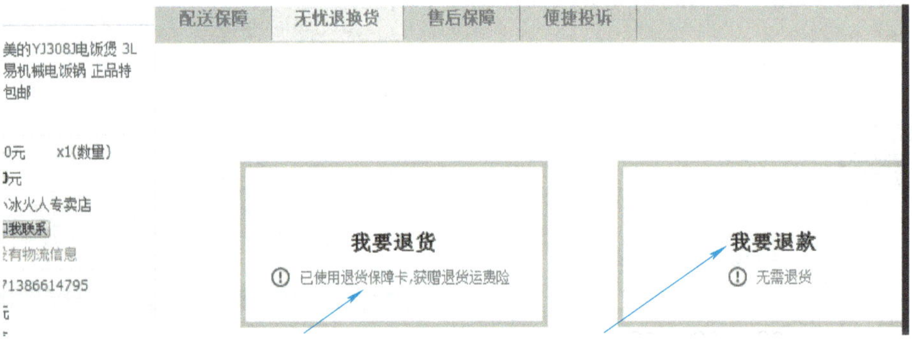

图 4-5 我要退货

6）填写退货原因，单击"提交退款申请"按钮，如图 4-6 所示，提交退货申请。

图 4-6 填写退货原因

7）等待商家处理退货申请，获取退货地址的信息，如图 4-7 所示。

图 4-7　等待商家处理退货申请

8）返回查看退款处理。在卖家处理期内可以进入"已买到的宝贝"页面查看退款的详细信息、超时时间及卖家答复，查看退款处理，如图 4-8 所示。

图 4-8　查看退款处理

9）卖家确认同意退换货申请后就把货退回去，然后把快递底单的运单号码填上并提交。

10）等待卖家确认收货，有 10 天的时间来进行确认收货，逾期卖家没有处理，系统也会自动退款给买家。

11）退款成功后，可以进入"我的淘宝"→"已买到的宝贝"页面，单击"查看退款"按钮进入"退款成功"页面查看退回钱款的去向。

小链接 4-2

淘宝网退换货注意事项

提醒：退换货信息一旦提交将无法修改，若之前购买了退换货运费险，请务必谨慎填写。注意：买家需要在卖家同意退款申请的 7 天内完成退换货，逾期未退换货，退款会被关闭，继续交易超时。

步骤四　逆向物流的管理

逆向物流面向终端顾客，代表着企业的经营水准和信誉形象。电子商务逆向物流管理需要从事前和事后两个视角，以预防和减少为基础，同时采用合适的方式高效处理不可避免的逆向物流。

1. 优化网上交易环节，预防或减少逆向物流

为有效降低可避免的逆向物流，在线零售商必须完善和优化在线购物环节，减少逆向物流量，从源头减少退换货现象的发生。

（1）全面展示在线商品的相关信息，克服信息不对称的弊端

除了做到语言描述准确、商品图像清晰、服务项目（标准）完备之外，还应该综合运用平面式、互动式以及360°全景展示等技术，向顾客全面展示商品的性能、外观、特点等相关信息。

（2）采取有效措施，避免顾客一时冲动而购买产品

例如，通过网页或产品包装提供详细的退换货说明和政策；在"购买"键旁边创建"取消"键，允许顾客在一定时间内取消自己的订单；提供商品对比功能，使顾客在充分的对比选择过程中，挑选到最满意的商品。

（3）提供自助式在线补救措施

当顾客有退换货意愿时，可登录退换货系统。系统根据顾客要退换的商品和原因，为其提供一些解决问题的有效策略，由顾客自行选择。一般来说，这些策略可以减少20%～40%的退换货逆向物流。

（4）增强在线交易的互动性和体验性

对于计算机等特殊的商品，可提供在线自主配置的互动功能；对于服装鞋帽等需要充分体验才能做出购买决定的商品，可创设"网上试衣间"在线体验系统，以帮助顾客挑选自己真正需要的商品。

除此之外，还要注意加强逆向物流的起点控制。企业可以通过对其销售人员进行培训以及建立退换货控制系统，在逆向物流流程的起点入口对有缺陷或无依据的回流商品进行审查，把好逆向物流的入口关。

2. 完善退换货管理体系，提高逆向物流管理效率

对于不可避免的退换货逆向物流，在管理上应实施积极的退换货政策，在操作上要加快退换货的处理速度，并采用合适的返品处理方式。

（1）实行积极的退换货政策

一方面要制订合理的退货价格，如按原批发价进行全额退款或按批发价打折等方式确定退货价格，使供应商和零售商的总体利益达到最优；另一方面，又要确定最佳的退换货比率，通过采用发货时给予数量折扣或价格折扣，协商确定退换货的比率，以降低退换货逆向物流的不确定性，较好地平衡成本和收益。

（2）建立逆向物流信息系统

一个成功的逆向物流计划在很大程度上取决于收集有意义的信息，这些信息可以在追踪成本时帮助管理退货过程。逆向物流信息系统还将会由于退货而为公司赢得信誉，改进现金流管理，从而挖掘新的利润源，增强客户的满意度。一个有效的逆向物流信息系统应该具备以下功能：①能够对退货信息归类和分别处理，能够追踪每次退货的原因，并且为最后处理分配一个编码，如设立退货原因代码和处置代码等，实现退货商品的实时跟踪和评估。

②建立基于 EDI 系统设计的信息系统，实现制造商和销售商之间退货信息的交流共享，以便双方随时查询到其所需的信息，提高退货的处理速度，使退货在最短的时间内得以分流，节约大量的库存成本和运输成本。

（3）建立集中退货中心（CRCS）

CRCS（Centralized Return Centers，集中退货中心）是一个逆向物流渠道上的所有产品的集中设施，这些退货在 CRCS 进行分类、处理，然后被装运到它们的下一个目的地。CRCS 的运用使得快速高效地处理退货成为可能，它不仅有效地改进退货处理，而且降低了库存水平、改进了库存周转，在处理过程中还形成了目标一致、富有经验的专业团队，并且改善最终的绩效。目前，已经有越来越多的零售商和制造商开始意识到它的价值。与传统退换货流程相比，基于第三方的集中式退换货中心不需要自己建立退换货仓库，顾客也不必将退换货商品运到在线商家，能够大大减少运输费用，缩短退换货周期，提高退换货效率。

（4）做好返品的再处理工作

对于缺乏最新功能，但可以使用的商品，应及时入库以备更新后再次使用；对于尚处在保修期的返回商品，要在比较维修成本和新建成本的基础上，进行直接调换或集中整修后另行销售；对于返回的状态良好的零部件，要整理入库供维修使用，也可通过二手零部件销售渠道进行处理；对质量、包装状态良好的返回商品，应及时进行再次销售。

触类旁通

提高退换货的处理效率

提高退换货的处理效率可以缩短退换货的处理周期，增加退换货再销售的机会，还可以提高顾客的满意度。企业可以从以下 3 个方面着手。

（1）退换货流程标准化

由于消费者退换货的原因多种多样并带有不确定性，这就需要在线商家制定详细的操作性强的退换货商品标准和规则，并授予退换货处理人员足够的权力，尽量避免需要征求上级意见以后才能决定退换货处理，提高退换货处理效率。

（2）提高退换货自动化程度

退换货自动化是指消费者可以从网上提交退换货请求，根据商家的系统规则输入相应的退换货原因代码，系统根据一定的标准决定该商品是否可以退换货，若可以退换货则生成相应的 RMA（退换货商品授权）号码，以及包含退换货信息的顾客退换货要求的实现方式。顾客退换货要求的实现方式通常有在线处理和离线处理两种。

关于在线处理，电子零售商在设计购物网站时，就建立一个在线退换货管理系统。这样顾客就可以在线向供应商提出退换货的要求。电子零售商就可以在其信息系统里找到客户有关退换货的详细资料，并及时处理退换货。离线处理主要是通过第三方来实现的，如设立退换货代办点，这样要求退换货的顾客可以在代办点退回产品而不必用包裹邮寄。

（3）对退换货需求预测和退换货数据进行分析

在线商家可以通过使用统计分析技术来发现退换货中存在的问题，通过预测技术来预测退换货量并合理安排库存和人力。这样既可以降低退换货成本，又可以提高企业的服务质量，增加企业竞争力。退换货数据分析可以是对历史数据进行分析比较，也可以与传统渠道进行比较。通过对历史数据的分析比较，可以发现哪些商品的退换货量比较大，哪部分消费者退换货较多和退换货的主要原因。通过与传统渠道进行比较，可以发现在线销售中存在的问题。

对于消费者来讲，虽然我国电子商务的发展比较迅速，但现代逆向物流尚处于起步阶段，而且在线商家的信誉度不高，这会使消费者对退换货产生这样或那样的疑问，如退换货方式、退换货途中的意外由谁负责、退换货款如何保证、在线商家收到退换货后是否会出现抵赖行为等。

为了解决以上各种问题，可以引入第三方权威机构进行退换货管理的管理方法。其主要流程是在线商家在第三方权威机构进行登记注册，第三方权威机构保存在线商家的退换货标准，消费者携带要退换货的商品来到第三方权威机构要求退换货，第三方权威机构根据国家和各在线商家的退换货标准来确定该商品能否退换货。如能退换货，第三方权威机构通知在线商家，依据退换货商品状况将商品发往在线商家指定的接收地点（在线商家或者该商品的制造商），在线商家相应改变库存。然后，第三方权威机构根据消费者退款、换货的要求监督在线商家在指定期限内将货款退还给消费者或为消费者更换商品。

最后，第三方权威管理机构和在线商家进行内部结算。如不能退换货，第三方权威机构可协助消费者和在线商家进行联系，这样便可以解决一些跨越退换货权限问题。目前，加利福尼亚的 Quick Returns 公司是为 B2C 在线商家提供退换货服务较成功的企业之一。

采用第三方权威机构的退换货管理模式，可以增加网上购买商品退换货的可信度，建立快速、便捷的退换货通道，减少消费者自己退换货的烦琐过程，从而促进消费者在线购物，增加了顾客满意度；在线商家也因此减少了供应链管理和运输成本，使在线商家更能集中精力提高自己的核心竞争力，从而促进企业的进一步发展。

案例 4-1

唯品会多年践行"7天无理由退货"早于"3·15"新版《消费者权益保护法》规定

针对网络购物新情况，2014年3月15日，新版《消费者权益保护法》正式实施，七天退货正是此次新消法备受关注的一大亮点：经营者采用网络、电视、电话、邮购等方式销售商品，消费者有权自收到商品之日起7日内退货，且无须说明理由。

网购虽然方便，霸王条款却不少。不少电商为了最大限度地推卸自己的责任，维护自己的商业利益，往往在复杂的购物协议中增加许多霸王条款，如"货物出门概不退换""无验收就签收对任何损害概不负责""赔偿额不超过所购商品价值等"，给消费者带来很大困扰。

对于"网购7天无理由退货"的规定，记者发现一般电商是在新法规出台前夕才正式承诺相应新规定。但其中特卖电商唯品会其实多年来就一直高于其要求、坚持实施"7天无理由退货"保障，以重视客户体验为核心，从进货到出仓运送全程严格质量把关，力求做好每一个细节，给消费者全链条的优质购物体验。

据了解，凡是符合退换货条件的商品，用户如果对收到的商品因不满意或以任何理由想办理退换货，可以通过自助电话退换货、自助网上登记或者拨打客服电话办理。多种退换货方式简单易操作，完全透明化。并且用户退换货运费唯品会会以礼品卡形式进行补偿，让用户享受贴心的退换货服务，无后顾之忧。

唯品会相关负责人表示："我们多年来自发实施的7天无理由退货，如今正式列入新版《消费者权益保护法》的明文规定，我们对此表示支持。客户体验一直是我们最重视的事项之一，新版《消费者权益保护法》的实施，无疑将加强对消费者权益的保护，同时有利于进一步确保网络购物市场的诚信和健康发展。未来唯品会会一如既往地做好各项工作，确保完善的消费者服务。"

请思考：

①什么成就了唯品会今天的业绩？

②唯品会的退货制度带给我们什么有益的启示呢？

任务2　认知货运物流

任务要点

- **关　键　词**：货运物流、货运成本、货运价格、货运能力
- **理论要点**：货运物流的特点、货运供给函数、货运定价规则
- **实践要点**：计算货运物流的费用

任务情境

成立于1959年的法国家乐福集团是大型超级市场概念的创始者，目前是欧洲第一、全球第二的跨国零售企业，也是全球国际化程度最高的零售企业。家乐福于1995年进入中国市场，最早在北京和上海开设了当时规模最大的大卖场。家乐福中国公司经营的商品95%来自本地，因此，家乐福的供货很及时，这也是家乐福在中国经营很成功的原因之一。

家乐福实行店长责任制，给予各店长极大的权力，所以各个店之间并不受太多的制约，店长能灵活决定所管理的店内的货物来源和销售模式等。由于家乐福采用的是各生产商缴纳入场费，商品也主要由各零售商自己配送，家乐福中国总公司本身调配干涉力度不大，所以各分店能根据具体情况灵活决定货物配送情况，事实证明这样做的效果目前很成功。

家乐福中国总公司在网络设计方面主要体现为货运网络分散度高，一般流通企业都是自己建立仓库及其配送中心，而家乐福的供应商直送模式决定了它的大量仓库及配送中心事实上都是由供应商自己解决的，由家乐福集中配送的货物占极少数。这样的经营模式不但可以节省大量的建设仓库和管理费用，商品运送也较集中配送更方便，而且能及时供应商品或下架滞销商品，不仅对家乐福的销售，对供货商了解商品销售情况也是极有利的。

在货运方式上，除了较少数需要进口或长途运送的货物使用集装箱挂车及大型货运卡车外，由于大量商品来自本地生产商，所以较多采用送货车。这些送货车中有一部分是家乐福租的车，而绝大部分则是供应商自己长期为家乐福各店送货的车，家乐福自身需要车的数量不多，所以它并没有自己的货运车队，也省去了大量的货运费用，提高了效益。

在配送方面，供应商直送模式下，商品来自多条线路，而无论供应商还是家乐福自己的车辆都采用了"轻重配载"的策略，有效利用了车辆的各级空间，使单位货物的货运成本得以降低，进而在价格上取得主动地位。而先进的信息管理系统也能让供应商在最短时间内掌握货架上其供应销售的各种商品的货物数量以及每天的销售情况，补货和退货因此也变得方便，也能让供应商与家乐福之间相互信任，从而建立了长期的合作关系。

任务分析

随着生产力水平的提高，社会生产和人们生活也不断发生变化，生产、生活消费模式也发生了变化，这对交通货运提出了新的要求。货运需求方开始更多地关注货运品质、货运水平、货运协调等一系列与货运供给相关的现实问题。这就要求货运供给方根据货运成本、货运价格以及货运能力等要素进行货运供给分析，结合货运市场的整体情况有效开展货运组织工作，更好地满足货运需求。

任务实施

步骤一　了解货运物流概述

货运物流是指打破传统的经营思路，将过去分散的海运、陆运、空运、仓储业有机地结合在一起，向货主提供比货物运输或货运代理企业更全面、更系统的加工、包装、装卸、仓储、货运、分拨、报关、报验等一体化服务，其信息跟踪的全过程渗透到生产、加工和分销各环节，囊括了物流、商流、资金流、信息流等各个部分。

相比较普通的货物货运，货运物流具有以下5个新的特点。

1）货运物流服务在时间上的刚性。货运物流的货运、仓储、配送、加工、分拣、包装等是以生产企业的生产、销售计划为前提的，生产的精益化组织要求物流在时间上的精确化，货运物流管理与传统货运的最大区别在于全过程是否用精确的时间进行控制和组织，准时（Just In Time）是物流服务的第一要求。

2）货运物流服务在计划安排上的灵活性。货运物流服务应有高度的计划性，但这种计划必须充分考虑各种或然性和不确定性因素，其本质要求是必须服从生产和销售的节奏。一旦节奏发生变化，再合理的计划也要不断地进行调整和补救。物流计划是精心设计的系统化的物流服务方案。

3）货运物流服务在服务范围上的广延性。物流对客户服务应追求高质量，质量有标准但没有极限。在服务过程中，凡是用户不满意的都是必须改进的，凡是用户需要的都是必须去做的。这些改进和附加的工作，往往会形成新的服务项目或服务产品，为物流企业带来更多的商机和更高的回报。

4）货运物流服务在营销上的创造性。物流要加强市场营销以争取用户，但这种营销不是简单的报价和签约，而是为用户设计一整套最优化、最经济的产品物流方案，因此，营销的成败往往取决于是否有一支既懂货运又精通生产、销售和财务管理的人才队伍，取决于他们创造性的应变和设计能力。对物流服务而言，不要指望向用户宣传有多好的仓库车辆就拿到订单。

5）货运物流服务在伙伴关系上的长期性。货运物流审慎选择那些能长期合作的用户伙伴，这体现了一个物流企业的实力和规避风险的能力。同时这种实力还体现在与各种货运方式的协作伙伴关系是否巩固、网络化技术支撑是否强大，因此，具备多式联运功能是物流企业的必要条件。

简单地说，货运物流是在货物货运的基础上发展起来的，货运物流除了把货物运到指定位置外，还包含货运成本、货运时间、运向的市场情况等，是全面一体的物流货运模式。

小链接 4-3

如何办理货运从业资格证？

2018 年取消 4.5t 及以下普通货车道路运输证和驾驶员从业资格证，但是 4.5t 以上货车仍需办理货运资格证。

1. 货运资格证在哪里办理

货运资格证要去当地道路运输管理局（省级）、道路运输管理处（市级）、道路运输管理所（县级）申请。也可以到有资质的驾校提出申请办理，驾校会提供货运资格证代办服务。

2. 货车从业资格证怎么办

（1）办理货运资格证申请条件

1）年龄不超过 60 周岁。

2）驾驶员要取得相应的机动车驾驶证（C4 以上），并要 1 年以上时间。

3）申请道路危险货物运输装卸管理人员和押运人员的应具有初中以上学历。

4）申请危险货物运输资格证的驾驶员须取得经营性道路旅客运输或货物运输驾驶员从业资格 2 年以上，且 3 年内无重大以上交通责任事故。

（2）办理货运资格证须提交材料

1）本人有效身份证及复印件。

2）驾驶证正副本复印件。

3）一寸白底彩照 4 张。

4）学历证书。

5）填写《货运从业资格证申请表》一式三份。

（3）缴纳相应费用

1）考试费和工本费：理论考试 30 元/人，技能操作考试 70 元/人，不及格有一次免费补考机会，补考仍不合格须重新考试，30 日后重新报名参加考试，按同类标准的 50% 收费。货运资格证工本费每证 5 元。

2）培训费：旅客运输（大客）262 元；旅客运输 220 元；货物运输（列车）295 元；货物运输 222 元。

（4）试题类型

理论考试试题分为判断题、单项选择题和多项选择题三种类型，每套试题总计90题，其中判断题、单项选择题各40题，每题1分，多项选择题10题，每题2分。

专业知识应用能力考核采用申请人单独操作与考核员提问相结合的方法进行，计分实行减分制。道路货物运输驾驶员考核内容分为车辆安全检视、轮胎更换两项，其中车辆安全检视满分为70分，轮胎更换满分为30分；道路旅客运输驾驶员考核内容分为车辆安全检视、旅客急救两项，其中，车辆安全检视满分为70分，旅客急救满分为30分。

考试满分为100分，80分及格，而考取道路危险货物从业人员资格证则需要考试成绩达到90分及以上为合格。交通部门在考试结束10日内公布考试成绩，公布考试成绩之日起10日内颁发相应的从业资格证件，届时可凭本人身份证及发票到交通部门指定地点领取从业资格证。成绩有效期为1年，逾期作废。

步骤二　分析货运供给

1. 货运供给函数

货运供给函数是货运供给量与影响它的诸多因素之间的函数。货运供给量是指在一定时间、一定空间和一定条件下，货运生产者愿意并有能力提供的货运服务量。其中，"一定条件"是指影响货运供给的多种因素。

货运供给量可表示为影响它的诸多因素的函数：

$$Q_S=f\ (P,\ X_1,\ X_2,\ X_3,\ \cdots,\ X_n)$$

式中　　　Q_S——货运供给量；

　　　　　P——货运价格；

$X_1,\ X_2,\ X_3\cdots X_n$——除运价之外的其他影响因素。

2. 货运供给曲线

在影响供给量的诸多因素中，货运价格是最灵敏、最重要的因素。在其他因素不变的情况下，运价同货运供给量的关系呈正相关。货运供给曲线就是假定其他因素不变，反映供给量同价格之间关系的曲线。此时，货运供给函数可简化为：

$$Q_s=f\ (P)$$

一般情况下，Q与P同方向变化，即供给量随运价上涨而增加，随运价下跌而减少，这是货运供给的一般规律，如图4-9所示，SS为货运供给曲线。

货运供给曲线可分为企业供给曲线和行业供给曲线，它们分别表示企业和行业提供货运服务的数量同货运价格之间的关系。在几何上，行业供给曲线可由企业供给曲线叠加而成，即将同一价格下的企业供给量相加，得到该价格下的行业供给量。

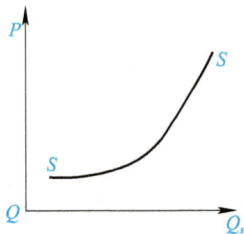

图4-9　货运供给曲线

3. 货运供给量的变动与供给水平的变动

货运供给量与货运供给是两个不同概念。货运供给量的变动是指所有非价格因素不变时，只由于价格的变动引起的供给量变动，这种变动表现为在同一条曲线 SS 上各点的上下移动，如图 4-10 所示。当价格为 P_1 时，货运供给量为 Q_1；在其他因素不变时，当运价从 P_1 升为 P_2 时，货运供给量 Q_1 也增加到 Q_2。货运供给的变动则是假定价格不变，各种非价格因素的变动所引起的货运供给的变动，如图 4-11 所示。假定原供给曲线为 S_1S_1，当价格为 P_1 时，货运供给量为 Q_1；P_1 保持不变，由于其他非经济因素变动对货运供给的影响，货运供给量由 Q_1 增加到 Q_3，使货运供给曲线也由 S_1S_1 平移到 S_2S_2 的位置。

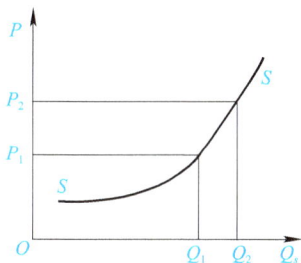

图 4-10　货运供给量的变化曲线　　　　图 4-11　货运供给的变化曲线

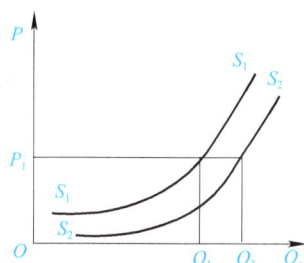

4. 货运供给的价格弹性

货运供给的价格弹性是指在其他条件不变的情况下，运价变动所引起的供给量变动的灵敏程度，它等于供给量的相对变化与运价相对变化之间的比值，表示为：

$$E_s = \frac{\Delta Q / Q}{\Delta P / P}$$

式中　E_s——货运供给的价格弹性系数；

ΔQ——货运供给量的变动；

Q——原来的供给量；

ΔP——价格的改变量；

P——原来的价格。

由于运价同货运供给同方向变动，所以供给弹性为正值，在同一条货运供给曲线上的不同点的价格弹性是不同的。

$E_s>1$——货运供给富有弹性；

$E_s<1$——货运供给缺乏弹性；

$E_s=1$——货运供给是单位弹性；

$E_s=0$——货运供给无弹性，无论运价怎样变化供给量都保持不变；

$E_s=\infty$——货运供给无弹性，表示对于某一给定的价格，供给量可以任意增加。

需要强调的是，不同货运供给的价格弹性也是不同的。不同货运供给方式的供给价格弹性不同，管道货运的供给价格弹性最低，其次是铁路货运的供给价格弹性，然后是水运、空运，公路货运的供给价格弹性最高。

5. 货运供给的交叉价格弹性

由于货运企业在不同货运方式之间存在某种程度的可替代性和互补性，因此，有时要研究货运企业、各货运方式之间的供给交叉价格弹性，即某种货运产品价格的变动引起的另一种货运产品供给的变动的灵敏程度，表示为：

$$E_{sij} = \frac{\Delta Q_{si} / Q_{si}}{\Delta P_j / P_j}$$

式中　E_{sij}——j 种货运服务价格变化引起 i 种货运服务供给的变化的弹性值；

　Q_{si}、ΔQ_{si}——i 种货运服务供给量及供给量变化值；

　P_j、ΔP_j——j 种货运服务价格及价格变化值。

在理论上，i 种服务与 j 种服务（注意，供给交叉价格弹性与需求交叉价格弹性符号相反）：

若供给相互独立，则 E_{sij}=0；

若供给可替代，则 E_{sij}<0；

若供给可互补，则 E_{sij}>0。

步骤三　了解货运成本

货运成本的计算是《1+X 职业技能鉴定考核指导：物流师（国际货代）（4级）》中的重要知识点，掌握货物运费的计算，是全国物流师职业资格考试的重要考试内容。

运费 = 运输成本 + 运输生产利润 + 在运期间运输需方支付的资金成本

= （1+ 利润率）× 运输成本 + 运输需方支付的资金成本

在资源密集型产业为主的产业社会中：

运费 ≈ （1+ 利润率）× 运输成本

1. 货运成本与运价

货运成本是为完成货运活动所发生的一切费用，主要从货运供给的角度来考虑的。运价（即货运价格）是货运价值的货币表现，需要从货运供给和货运需求两个方面进行考虑。货运价值量的大小取决于生产货运产品所消耗的劳动量，购买劳动量的支出就是货运生产费用，构成了货运成本。货运劳动创造了新的价值，就是货运赢利。运价由货运成本和货运赢利（利润和税金）这两个部分组成。

2. 固定设施成本

固定设施对每一种货运方式都是必不可少的：铁路货运需要轨道、车站；汽车需要公路和停车场地；航空离不开机场和空中指挥系统；船舶要在港口停泊和装卸；管道则本身就是固定设施。

固定货运设施的投资被认为是一种沉没成本，因为这些设施固定在一定的地理区域上，一旦建成就不能再移动，而且在一定程度上不能再被用于其他任何用途。例如，港口和道路被废弃时，原来的码头和路基几乎无法改作他用。由于这个原因，在货运系统中常常出现一部分固定设施使用拥挤现象，而同时另一部分固定设施却被闲置在一边。有学者甚至认为，从这一点来看，已经形成固定货运设施的投资是没有机会成本的，原因是该资源已经没有再被用于其他用途的机会。

固定货运设施除了起初的投资建设，还有在使用寿命期间内所需要的养护及维修，因此，固定设施成本还包括养护、维修及其他相关使用成本。与投资相比，这些固定设施的养护、维修及使用费用比较少，其中有些费用与使用这些固定设施提供的货运量关系不大，属于固定成本，另外一些则可能与货运量的多少有密切联系，因此被认为属于变动成本。

3. 移动设备拥有成本

管道是唯一仅使用固定设施的货运方式，其他各种货运方式都同时包括固定设施和移动设备，可移动的载运工具包括铁路机车车辆、各类卡车、公共汽车、小汽车、各类客货船舶和飞机等。由于这些货运工具可以根据需要在不同货运市场之间甚至不同用途之间转移，因此在移动货运工具上的投资不属于沉淀成本。

所有货运工具都有自己的使用寿命，货运工具的价值在其使用期内会逐渐转化为货运成本，因此使用寿命决定着货运工具的折旧过程。有些货运工具的使用寿命是以年限计算的，在这种情况下，货运工具的折旧转移成本似乎与其使用中所提供的货运量没有直接关系，是每年或每月固定的成本。还有些货运工具的使用寿命是以行驶里程计算的，在这种情况下，货运工具的折旧转移成本就与其使用中提供的货运量直接有关，属于变动成本。

移动设备拥有成本又可以分为3部分，即与车辆、船舶或飞机等的添置投资有关的费用、部分折旧费和载运工具维护费用。载运工具的这三种拥有成本在不同货运方式的比重和计算方法上都是有差别的，甚至货运工具维护费用是应该属于货运工具的拥有成本还是运营成本都标准不一。如果载运工具的某些维修费用与它们的使用多少无关，那么这些费用就属于载运工具的拥有成本；而那些根据载运工具的使用量决定的维修费用则被看作变动成本，而且与属于变动成本的折旧费用一样，也可以作为运营成本进行分析。

4. 运营成本

运营成本主要包括两类，一类是直接运营人员的工资；另一类是货运工具消耗的燃料。货运工作量越大，这些直接的运营成本数量也会越大，这两类都是与货运量相关的变动成本。

当然，运营成本不只是包括直接运营人员的工资和货运工具的燃料消耗。车辆的运行必然会引起货运工具磨损，需要对载运设备本身进行修理和维护。因此，货运企业一般还需要配备若干辅助人员和管理人员，这些辅助人员和管理人员的工资以及所需要的工作开支属于间接运营成本。间接运营成本的一部分是与货运量有关的变动成本，其他部分与货运量变动关系不大。

在不同货运方式的货运成本中，固定设施成本、移动设备拥有成本和运营成本各自所占的比重或涉及的程度是有差别的，其相应部分伴随产量的不变性或可变性也不一样。而且，这种不变性或可变性还要根据使用者的具体角色来确定。例如，高速公路的保养和维护对其经营者大体上是一种固定成本，但对使用收费道路的汽车司机来说，却是根据行驶里程支付的变动费用。因此，货运业的三种成本划分与产量变化的关系交织在一起，再加上货运经营者和使用者的多样性，使得货运成本分析具有很大的难度和挑战性。

步骤四 了解货运价格

货运定价很复杂，这里仅讨论货物运价的定价规则。为了根据货种、距离、批量以及货运条件要求不同的货物计算运费，各种货运方式均制定了简单易行、合理的有关货物运价问题的各项规定，例如《铁路货物运价规则》《水路货物货运规则》《汽车货物货运规则》《中国民用航空货物国内货运规则》等，各个规则对运费的计算都做了具体规定。

1. 货物运价分号表

由于货物的种类繁多，货运条件和货运成本各有不同，不可能为每一种货物确定一个运价率。为了明确对各种货物应该收取的运费，对有相同性质、特点的货物进行分类，然后把货运条件、货运成本大致相同的划分为一级，构成货物运价分号表，铁路称运价号，水运称运价等级。

2. 货物运价率表

货物运价率是确定运价水平的关键，关系到货运企业的收入和发货单位货运费用的支出，影响到国家的积累和企业的利润。货物运价率是由运价基数、各运价号或等级间的增减比例，整车、零担、集装箱运价的比例等确定的。运价基数是指最低运价号的起码计算里程运价率，它是制定货种别、距离别各种不同运价率的基础。运价基数的确定，首先是确定货物起码计算里程，起码计算里程是根据各种货运方式间运量的分配情况确定的。在运价基数、运价率的基础上，按照货运距离递增递减率求出各区段的递差率，然后计算各运价号、各里程区段的每吨货物运价率，编制成货物运价率表。

3. 货物运价里程表

货物运价里程表是计算货物运费的重要依据，是说明运送距离的一组文件，即货物从发站至到站间的距离。铁路运价是按最短线路计算的，所以，铁路货物里程表中各站之间的距离是按最短线路的原则制定的。

4. 货运价值决定论

货运价值决定论认为，货物运价的形成基础是货运价值，货运价值是凝结在货运服务中的无差别人类劳动，包括物化劳动和活劳动两部分组成。价值量就是劳动量，劳动量用社会必要劳动时间来表示。该理论认为运价应取决于货运劳务的价值，即货运价值决定货运价格。实际上，货运价值定价就是以全社会的平均生产成本（包括平均利润）为定价的基础，它主要为政府制定基准运价提供理论依据，显然，这是计划经济或实行运价控制条件时的定价依据。

5. 资源配置论

资源配置论认为，货运定价是一种资源配置的方法，不存在所谓的"正确的"价格，只有可以实现预期目标的优化定价策略。从企业角度看，往往要追求利润最大化的价格水平作为阶段目标，它们有时会追求以最大市场份额为目标的价格，有时会追求能保证最大销售收入所需的价格；但从全社会角度看，人们更多会要求制定使社会福利（或消费者剩余）最大化的定价方法，要求定价有利于宏观经济发展，有利于大多数人的利益，有利于社会安定和使用者安全等。资源配置论的理论依据是边际成本定价理论，即在充分竞争的市场中，采用边际成本定价可以达到资源的有效配置，这时，不仅企业能实现利润最大化，而且也能实现社会福利的最大化。正因为如此，边际成本定价理论是 1967 年以来英国公共企业定价的基础。

小链接 4-4

货运物流的基本费用如何计算？

由于一般货运物流的货物量较大，因此进行货物运送的人群最关心的就是货运物流的费用问题，由于货物种类以及运输过程的复杂性，价格是不同的，那么货运物流的费用是如何计算的呢？

如果做零担运输，则一般按照市场行情来运作，如果按照项目运作，则运费计算的内容非常复杂。不同客户、不同线路、不同收发货地点、货物类型、重量、不同承运商等，都可能影响运费。

一般来说，数量较多时是按照货物本身性质进行定价，归为两种，一种是按照"方数"即体积，进行定价，另一种就是根据重量进行定价。沈阳到西安比沈阳到乌鲁木齐便宜。不同货物的运费也不相同，就拿危险品和普通货物来说，危险品的价格就会高于普通货物运输。因为在运输的途中，危险品所有的危险性是不可忽略的。少量运输和大量运输，例如，3t 和 10t 的货物比较，3t 的运输单价肯定会比 10t 的贵一些。少量运输要等多长时间，这取决于你选择的货物运输公司的规模和发货量，如果运输公司每天发车，那么你的货物到达时间就会比那些不是天天发车的公司快很多。

下面以海洋运输费用为例，介绍运费的计算。

1．基本运费的计算

（1）确定货物的运价等级

不同地区的水运货物等级需要根据各自适用范围的运价规则查找"货物运价分级表"，确定相应的货物运价等级。

（2）确定运价里程

货物运价里程按交通部公布的"运价里程表"计算。未规定里程的地点按实际里程计算，实际里程当时难以确定时，按里程表中距离起运或到达地点邻近较远地点的里程计算。

（3）确定计费标准

运价表中计算运费的标准主要有：

1）按货物的毛重计算运费，称之为重量吨，用"W"表示。

2）按货物的容积或体积计收运费，称之为体积吨，用"M"表示。

3）按货物重量或体积二者择大计收运费，用"W/M"表示。

4）有些价值高的货物，按货物 FOB 价格收取一定百分比作为费用，称为从价运费，用"A.V."表示。

5）以件为单位计收运费的货物，按每箱、每捆或每件等特定的运费额计收。

6）由承托双方临时议定的价格收费，称为议价运费。

（4）确定运价率

不同水域的水运运价率也不同。

（5）运费计算

水路运输基本运费的计算公式为：

扫码看视频

$$基本运费 = 运价率 \times 计费吨 \times (1 + 加成率)$$

2．附加运费的计算

附加运费的种类有燃油附加费、货币贬值附加费、超长附加费、超重附加费、直航附加费等。

3．运费总额的计算

$$运费 = 基本运费 + 附加运费 = 总货运量 \times 基本运费率 \times (1 + 附加费率)$$

4．特殊货物海运运费的计算

一些特殊货物如成组货物、家具、行李及服装等在使用集装箱进行装运时，在运费的计算上有一些特别的规定。

实际操作（由中国物流与采购联合会举办的物流从业人员职业能力等级认证考证模拟题）：上海某公司向日本出口鸡肉23t，共需装1 200箱，每箱毛重20kg，每箱体积为20cm×20cm×25cm。该货物对应的上海到神户航线的运价为100美元/计费吨，计费标准为W/M，另加收燃油附加费10美元/计费吨、港口附加费12美元/计费吨，请问如何计算这批货物的运费？

【分　析】

从该题中可以得知上海到神户的运价和计费标准，燃油附加费和港口附加费都按绝对数征收。W/M为取重量与体积较大者，所以需要对两者进行比较。

【操　作】

步骤1 该批货物每箱的毛重 W=20kg=0.02 计费吨。

步骤2 该批货物每箱的体积 M=0.2×0.2×0.25=0.01 计费吨。

步骤3 因为 M<W，所以应采用 W 计费，即计费重量为 1 200×0.02 计费吨。

步骤4 由运费=基本运费+附加运费可得出，这批货物的运费为：

运费 =100×1 200×0.02+10×1 200×0.02+12×1 200×0.02

　　　=（100+10+12）×1 200×0.02

　　　=2 928 美元

步骤五　了解货运能力

货运能力是通过能力和输送能力的总称。通过能力是指在一定的货运条件、交通状态和货运组织方法下，单位时间里货运站点、货运线路等能够服务的最大通过量。输送能力是指在没有不合理的延误、危险或限制等的确定运行条件下，货运工具在一个给定的时间里通过一个给定地点所运送的最大客货数量。

就铁路货运能力而言，铁路通过能力是指该铁路线在一定的机车车辆类型和一定的行车组织方法的条件下，根据其现有的固定设备，在单位时间（通常指一昼夜）内最多能够通过的列车对数或列车数。通过能力也可用车辆数或货物吨数来表示。铁路输送能力是指该铁路线在一定的固定设备、一定的机车辆类型和一定的行车组织方法的条件下，根据现有的活动设备数量和职工配备情况，在单位时间内最多能够通过的列车对数或列车数、车辆数、货物吨数。

通过能力和输送能力这两个术语，相互之间既有区别又有联系。通过能力着重从现有固定设备方面指明某种货运线路的承载能力，由于它没有考虑现有活动设备（载运工具）数量和职工配备情况等方面的因素，所以通过能力的实现将不可避免地受这些因素制约。输送能力着重从现有活动设备和职工配备情况等方面说明货运线路实际通过的货物数量，它需要以通过能力为依托并将受其限制。这就是说，输送能力一般等于或小于通过能力。

任何一种货运方式的货运能力都可从其载荷或载体这两种角度去界定、测量，而无论从哪种角度去界定，货运能力都是由货运硬件和货运软件的综合实力决定的。一般来说，通过能力的计算应一般以所有技术设备的充分利用为出发点，必要时应进行综合调整，使各项技术设备的能力达到最佳匹配，同时，要考虑设备日常保养维修所需时间及其工作的可靠性和货运工作质量等因素。

除管道货运之外，常见的四种货运方式的货运能力大小排序依次为：水路货运方式、铁路货运方式、航空货运方式、公路货运方式。也就是说，水路、铁路两种货运方式是大型货运方式；航空货运是中型货运方式；公路货运则是小型货运方式。

触类旁通

货物运输企业生产作业计划的制订

1. 货物运输企业生产作业计划的内容

货物运输企业的生产作业计划一般包括客货运输运量计划、设备检修计划、运载工具运用计划、运行组织计划等内容，主要通过一系列运营指标来反映。工作量指标主要有运输量、周转量和运输收入等；工作效率指标则包括运载工具利用效率、运输产品的生产率、载运能力利用率等方面的指标。日常计划则主要反映对日常运输工作的控制和指挥，一般指日、班计划，其内容比较具体，涉及客货运任务控制、运载工具分布控制、运载工具运行控制等方面。

2. 船舶货物运输生产作业计划

船舶运输生产作业计划是航运企业运输生产计划的重要组成部分，是根据企业年、季运输生产计划及船舶运行组织方法所做的近期运输工作安排，它包括月度计划、旬计划、日计划和直接下达到船舶的航次计划。船舶月度运输作业计划，是根据计划月的任务与条件，并在已有船舶运行组织的基础上，安排船舶月度实际生产活动的执行计划。它必须在技术上保证完成年度分季、季度分月运输任务，在组织上保证船舶、港口、航道及修船厂等航运企业内部各部门以及与其他运输部门工作上的协调，在经济上最大限度地使用船舶运输能力和港口通过能力，以期取得较好的营运经济效益。

船舶月度运输作业计划，一般应包括月度核定货源分类流向计划、月度船舶修理计划、月度船舶运行安排计划、月度分线承运计划和计划说明五方面内容。月度核定货源分类流向计划是按流向编制的物品类别货物运输计划，它规定了航运企业在计划月应完成的货物运输任务。月度船舶修理计划是按船舶安排修理种类、修理时间和修理地点的计划，是确定计划月企业实有运力的基础，同时，通过该计划把航运局船舶工作计划与修船厂的工作计划协调起来。月度船舶运行安排计划是对每一船舶的运行组织所做的具体安排计划，它通过船、港、货平衡确定。月度分线承运计划是根据月度船舶运行安排计划，按航线的不同编制汇总的月度货物运输计划，它可以综合反映出核定货源分类流向计划所承运的货物是否已得到运输保证。计划说明主要是阐述不同计划制定的原理和原则，以便使执行计划单位更快、更准、更有效地去实施计划，具体内容包括不同单位的职能任务、运输量分配、运输方式的选取以及不同运输岗位的分工等。

3. 铁路货物运输生产计划

铁路货物运输生产计划是铁路货物运输企业运营计划的重要组成部分，铁路货物运输生产计划通常分为月度货物运输计划和技术计划两部分。月度货物运输计划是保证完成年度货物运输计划在计划月度内的具体安排，它的基本任务是正确分配各重点品类和铁路局的运量；组织合理运输、直达运输和成组装车；经济合理地使用铁路设备；组织水陆联运，综合利用各种运输工具；组织均衡完成国家年度运输任务。主要内容包括全国、各铁路局的品类别货运量；国际联运进出口运输计划；水陆联运计划；装车地直达列车和成组装车计划；卸车计划等。铁路运输工作技术计划（简称技术计划）是为了完成月度货物运输计划而制定的机车车辆运用计划，其主要内容有使用车和卸空车计划；空车调整计划；分界站货车出入计划及分界站、各区段列车列数计划；货车运用质量指标计划；货车运用车保有量计划；机车运用指标计划。

4. 航空货物运输生产计划

航空货物运输的过程由陆地指挥和空中运输两大部分共同完成，航站在运输过程中制订了航站计划和综合计划，而对于货运企业来说，为了更好地完成空中货运任务，其需要制订适当的航线计划和航班计划。

航空货物运输生产计划又称航线计划，是按航线规定空中运输飞行主要任务的计划，主要指标有飞行班次、飞行小时、运输量、周转量、小时生产率、航线载运比率等。

航班计划是规定航空运输正班飞行的航线、机型、班次和班期、时刻的计划，它是航空运输生产计划的实施计划，也是组织日常航空运输生产活动的重要依据。

5. 公路货物运输作业计划

根据间隔期长短的不同，货车运行作业计划可有长期运行作业计划、短期运行作业计划、日运行作业计划和运次运行作业计划 4 种形式。长期运行作业计划是一种适用于运输线路、起讫地点、运送数量和品类都比较固定的经常性大宗货物运输的计划形式。计划周期有半月、一月不等，作业计划质量较高，可对货车发放班次、到开时间、沿途作业内容等做出具体规定。短期运行作业计划的适应性较长，对于起讫点较多，流向复杂，货车繁多的地区均能适用。计划周期一般为 3 ～ 5 天，作业计划编制工作量较大，对于调度水平有较高的要求。

案例 4-2

货运新模式，打通物流运输最后一公里

2020 年 4 月 22 日，顺丰速运甘肃公司携手兰州铁路局、中铁快运、甘肃民航物流有限公司，在天水市开通甘肃省首个樱桃农产品"公路＋高铁＋航空"立体快递配送模式，有效解决了公、铁、民航等基础设施"最后一公里"的衔接问题，该模式大大缩短了农特产品的运输时效，通过"高铁＋航空"模式，实现了省内主要城市"即日达"，省外部分城市"次晨达"时效。

未来，"高铁＋航空"模式的运输方式必将更加普及。目前，全国铁路营业里程达12.4万km，其中高速铁路2.2万km以上。相比航空和水运，铁路网伸入城市腹地，更接地气，便于快递件的搬运接驳，减少成本。根据2016年出台的《中长期铁路网规划》，到2030年，基本实现内外互联互通、区际多路畅通、省会高铁连通、地市快速通达、县域基本覆盖的目标。

铁路作为货运的龙头老大，运量相对较大。2013年，电子商务运输专列正式开通，包括顺丰在内的数十家快递公司开始与铁路进行合作。中国交通运输协会华东分会秘书长王磊曾经表示，电商专列相较航空、公路，有诸多优势，"电商专列"相当于62辆9.6米长的货车，或者36架波音737的运量。

在现代化运输越来越发达的今天，铁路也把"快递"加入到"自己"的行列，是对传统运输的进一步拓展，为群众带来了很多便利，受到了更多欢迎，获得了更多需求。不难看出，"铁路快递"将为快递业的发展带来全新的服务体验，也将挑战传统的"货运快递"。传统快递速度慢，中间环节多，难免有很多瑕疵。而铁路快递既是快递的补充，也是快递的升级版，它为顾客省去所有的中间环节，彻底解决顾客的后顾之忧，依托自身的优势，打造全新的"快递"方式。

中国铁路借用中国高铁安全、快捷、高效等诸多特点，满足了市场物流快递的需求。这是铁路总公司积极推进铁路供给侧结构性改革，适应我国快递业发展的需要，加快现代物流企业建设的必然之举。

请思考： 分析货运物流新模式的特点。

项目小结

逆向物流是商品从典型的销售终端向其上一节点的流向过程，其目的在于补救商品的缺陷，恢复商品价值，或者对其实施正确处置。退换货逆向物流的市场巨大，它不仅可以使不适合的产品得到回收，以免危害环境，还可以为企业保持老顾客，吸引新顾客，创造顾客价值，增加企业的竞争优势。随着电子商务的进一步发展，退换货逆向物流将成为网络零售商的又一巨大竞争优势。

货运物流是指打破传统的经营思路，将过去分散的海运、陆运、空运、仓储业有机地结合在一起，向货主提供比货物运输或货运代理企业更全面、更系统的加工、包装、装卸、仓储、货运、分拨、报关、报验等一体化服务，其信息跟踪的全过程渗透到生产、加工和分销诸环节，囊括了物流、商流、资金流、信息流等各个部分。

练习思考

一、单项选择题

1. 产品的逆向物流活动主要包括直接出售、捐赠给慈善机构和处理废品（填埋或焚烧）和（　　）。

　　A．产品恢复　　　　B．新生资源　　　　C．再生资源　　　　D．社会运作

2．国际货物多式联运公约起草于（　　　）年。

    A．1965   B．1978   C．1980   D．1990

3．在（　　　）的交货条件下，货主将货物运至承运人指定集装箱货运站，完成报关报检，承运人负责装箱和制作装箱单和设备交接单，并运至指定地点装船。

    A．Container Yard   B．Container Freight Station

    C．Container Terminal   D．Door-to-Door

4．逆向物流的成因有退货、产品召回、降低成本、减少资源浪费和（　　　）。

    A．法律的环境保护   B．国际公约的规定

    C．规章制度   D．再循环

二、多项选择题

1．按照逆向物流的回收方式划分，可将逆向物流划分为（　　　）的结合。

    A．再使用   B．再创造   C．再循环   D．销毁处理

2．逆向物流大致可以分为（　　　）。

    A．回收逆向物流   B．退换货逆向物流

    C．再循环物流   D．再创造物流

3．为了根据货种别、距离别、批量以及货运条件要求不同的货物计算运费，各种货运方式均制定了简单易行、合理的有关货物运价问题的各项规定，如（　　　）等。

    A．《铁路货物运价规则》   B．《水路货物货运规则》

    C．《汽车货物货运规则》   D．《中国民用航空货物国内货运规则》

4．班轮运价由（　　　）组成。

    A．航线运价   B．基本费率   C．等级运价   D．附加费率

三、思考题

1．简述逆向物流产生的原因。

2．简述退换货的业务流程。

3．如何计算货运物流的费用？

实战强化

实训一　电子商务退换货物流体验

一、实训目的

通过实训，定位目前国内一家著名的电子商务商城，对其退换货模式进行调研。

二、实训组织

定位国内一家著名的电子商务商城，推荐淘宝网、京东商城、唯品会等，分析其网上业务，调查其退换货模式。

三、实训步骤及要求

1）选择一家自己熟悉的电子商务商城企业，并了解该企业的退换货制度。

2）确定该电子商城企业退换货的流程。

3）分析该商城的售后服务、逆向物流模式，分析其优缺点，并给出改善建议。

4）将参加实训的学生分组，运用本项目所学的知识及网络工具在教师的指导下进行调研，撰写实训报告。

实训二　货运物流之货物运输合同模拟签订

实训准备：网络、计算机、笔和纸张等，若有相关物流软件配合更好。

实训步骤及要求：2～3名同学为一组，上网检索相关货物运输合同格式，并经过小组讨论确定合同格式展开制作，也可参考下列形式。

公路货物运输合同

订立合同双方：

_____

合同签订地点：

_____

托　运　方：_____

地　　　址：_____　　邮　　码：_____

电　　　话：_____

法定代表人：_____　　职　　务：_____

承　运　方：_____

地　　　址：_____　　邮　　码：_____

电　　　话：_____

法定代表人：_____　　职　　务：_____

第一条　根据国家法律法规的有关规定，经过双方充分协商，特订立本合同，以便双方共同遵守。

货物名称：_____；规　　格：_____；

数　　量：_____；单　　价：_____；

总额（元）：_____。

第二条　包装要求

托运方必须按照国家主管机关规定的标准包装；没有统一规定包装标准的，应根据保证货物运输安全的原则进行包装，否则承运方有权拒绝承运。

第三条　货物起运地点：_____；

货物到达地点：_____。

第四条　货物承运日期：_____；

货物运到期限：20__年__月__日—20__年__月__日。

第五条　运输质量及安全要求

在运输途中，货损率不得超过____%，若超出由承运方承担责任；若途中发生意外，则由承运方和保险公司协商赔偿，但是承运方需承担货损的____%。

第六条　货物装卸责任和方法

箱体搬运，货物不得使用任何机械搬运，需由人工搬至仓库，如在搬运途中有货损，甲方不承担责任。

第七条　收货人领取货物及验收办法

货物运到地点，直接接受，不经过第三方；运到后采取抽样检验。

第八条　运输费用、结算方式

1．费用总金额：（人民币）_____元整；

2．结算方法为：每月_____号前结算上月发生的运输费用，乙方需交付有效作业凭证及结算汇总表，经甲方审核无误后在____个工作日内支付乙方运费，如遇节假日则时间顺延。如有扣除款项，则应在运费中扣除。货到提付运费的甲乙双方都备有底根，以便于查账。

第九条　各方的权利义务

1．承运方的权利：向托运方、收货方收取运杂费用。如果收货方不交或不按时交纳规定的各种运杂费用，承运方对其货物有扣压权。查不到收货人或收货人拒绝提取货物，承运方应及时与托运方联系，在规定期限内负责保管并有权收取保管费用，对于超过规定期限仍无法交付的货物，承运方有权按有关规定予以处理。

2．承运方的义务：在合同规定的期限内，将货物运到指定的地点，按时向收货人发出货物到达的通知。对托运的货物要负责安全，保证货物无短缺、无损坏、无人为的变质，如有上述问题，应承担赔偿义务。在货物到达以后，按规定的期限，负责保管。

3．收货人的权利：在货物运到指定地点后有以凭证领取货物的权利。必要时，收货人有权向到站或中途货物所在站提出变更到站或变更收货人的要求，签订变更协议。

4．收货人的义务：在接到提货通知后，按时提取货物，缴清应付费用。超过规定提货时，应向承运人交付保管费。

第十条　违约责任

一、托运方责任

1．未按合同规定的时间和要求提供托运的货物，托运方应按其价值的____%偿付给承运方违约金。

2．由于在普通货物中夹带、匿报危险货物，错报笨重货物重量等而招致吊具断裂、货物摔损、吊机倾翻、爆炸、腐蚀等事故，托运方应承担赔偿责任。

3．由于货物包装缺陷产生破损，致使其他货物或运输工具、机械设备被污染腐蚀、损坏，造成人身伤亡的，托运方应承担赔偿责任。

4．在托运方专用线或在港、站公用线、专用铁道自装的货物，在到站卸货时，发现货物损坏、缺少，在车辆施封完好或无异状的情况下，托运方应赔偿收货人的损失。

5．罐车发运货物，因未随车附带规格质量证明或化验报告，造成收货方无法卸货时，托运方应偿付承运方卸车等存费及违约金。

二、承运方责任

1．不按合同规定的时间和要求配车（船）发运的，承运方应偿付托运方违约金____元。

2．承运方如将货物错运到货地点或接货人，应无偿运至合同规定的到货地点或接货人。如果货物逾期达到，承运方应偿付逾期交货的违约金。

3．运输过程中货物灭失、短少、变质、污染、损坏，承运方应按货物的实际损失（包括包装费、运杂费）赔偿托运方。

4．联运的货物发生灭失、短少、变质、污染、损坏，应由承运方承担赔偿责任的，由终点阶段的承运方向负有责任的其他承运方追偿。

5．在符合法律和合同规定条件下的运输，由于下列原因造成货物灭失、短少、变质、污染、损坏的，承运方不承担违约责任：

（1）不可抗力；

（2）货物本身的自然属性；

（3）货物的合理损耗；

（4）托运方或收货方本身的过错。

第十一条　本合同正本一式两份，合同双方各执一份；合同副本一式____份。

实训提示：合同制定初步完成后进行小组间交流互审，查漏补缺；小组之间交流分享合同拟定过程中的经验与注意事项；随后再进行模拟签订。

项目 5

仓储与库存控制

采购与仓储可以用来克服生产与需求之间的时间差。通过在多个地点设置原材料和产品的合理库存，可以降低运输成本，提高运输效率，改善客户服务。因此，采购与仓储的管理成为物流管理中的重要问题，其中，仓储管理包括物资的出库、保管与存储、盘点、库存控制等内容。如何操作仓库管理系统软件进行仓储管理，这是电子商务物流新的特点，是每一个仓储管理者必备的基本技能。

学习提示

学习目标

知识目标

掌握电子商务模式下采购的流程，包括电子订货、采购计划、采购合同等基础知识；了解入库、出库作业与流程，认识不同商品的储存技巧、盘点方法及常用的库存控制手段。

能力目标

能够使用网络工具学习新知识，进行电子商务采购、出入库等仓储管理和仓储库存控制等系列活动。

素质目标

培养强烈的集体荣誉感、养成不断学习的习惯，培养开拓创新的精神。

本项目重点

- 商品出库、入库、在库盘点等仓储业务活动，仓库管理系统软件的操作。

本项目难点

- 定量订货法。

任务 1 采购商品

任务要点

- **关 键 词**：电子订货、采购计划、采购合同、选择供应商
- **理论要点**：采购的概念、分类、主要方式
- **实践要点**：降低采购成本的方法

任务情境

京东商城（JD.com）是我国综合网络零售商，是我国电子商务领域受消费者欢迎和具有影响力的电子商务网站之一，在线销售家电、数码通信、计算机、家居百货、服装服饰、母婴、图书、食品、在线旅游等 12 大类、数万个品牌、百万种优质商品。京东商城已经建立华北、华东、华南、西南、华中、东北六大物流中心，同时在全国超过 360 座城市建立核心城市配送站。

在电子商务零售竞争激烈的今天，京东仍能保持较高的市场占有率和较好的发展趋势，京东的物流配送能力功不可没，京东拥有我国电商领域规模最大的物流基础设施，拥有中小件、大件、冷藏冷冻仓配一体化物流设施，六大物流中心的高度智能化运行，为京东商城的销售提供最有力的物流保障。而对于京东商城来说，电子化的采购，也是其物流电子化的重要一环。

任务分析

随着科学技术的不断发展和网络技术的普及，越来越多的企业纷纷使用电子商务采购这种新型的采购方式。电子商务采购依赖于电子商务技术的发展和物流技术的提高，依赖于人们思想观念和管理理念的改变，通过互联网来增强日常采购的管理能力，许多企业已在一定范围内和相当程度上运用了电子商务采购技术，简化了采购流程，节约了采购成本，提高了采购效率，为杜绝采购腐败起到了十分积极的作用。

无论对于生产企业还是零售企业，更专业的采购都能够帮助企业降低成本，提高产品质量，进而提高利润。除了强调采购的专业化，同时也要强调采购的职业化，要求采购人员要做到"德才兼备"。在提高采购人员的专业能力的同时，坚持最高水准的道德采购，拒绝任何形式的非道德采购行为。电子商务采购包括制定采购计划、选择供应商、签订采购合同、电子订货、采购绩效评估 5 个部分内容。

任务实施

步骤一 制订采购计划

企业制订采购计划是采购作业的第一步,在"互联网+"的时代,采购计划的制订离不开信息化的配合。采购何种商品或者原材料并不是看企业本身想要销售或生产何种商品,也不是看供应商可以供应何种商品,而是应该把目光转向消费者,根据消费者的需求来制订采购计划。消费者有哪些需求?这就需要信息化的配合,用大量的数据进行决策。在大数据背景下,就要求企业将"一切活动数据化",当企业拥有越来越多的数据时,数据的价值就体现出来了。

1. 认识采购计划

采购计划是指企业管理人员在了解市场供求情况,认识企业生产经营活动过程和掌握物料消耗规律的基础上,对计划期内物料采购管理活动做出预见性的安排和部署。

通常,采购计划主要包括3个部分:物料采购计划,资金需求计划和采购工作计划。此外还可能有其他计划,例如供应商开发计划、品质改善计划等。

1)物料采购计划。物料采购计划是采购人员依据公司的生产经营状况及主管部门下达的物料需求计划拟定的,有季度的、月度的采购计划。

2)资金需求计划。这是采购方根据与供应方商谈的付款期,统计到期应付的款项和采购人员预计临时需要的资金计划(例如紧急物料、设备等)。一般采用周计划来进行调控,使物料采购更为合理。

3)采购工作计划。采购工作计划分年度计划(即采购人员在整年的工作方向定位及要达成的成绩展望)、月度计划、周计划,有的公司还设有季度计划、日计划。在这些具体的采购工作计划中,要体现出采购人员在工作中做了哪些事,例如,新供应商的开发、不良物料处理、订单下达、付款申请和内部培训等。

小链接 5-1

采购计划的分类

1)按计划期的长短分类,可以把采购计划分为年度物料采购计划、季度物料采购计划、月度物料采购计划等。

2)按物料的使用方向分类,可以把采购计划分为生产产品用物料采购计划、维修用物料采购计划、基本建设用物料采购计划、技术改造用物料采购计划、科研用物料采购计划、企业管理用物料采购计划。

3)按自然属性分类,可以把采购计划分为金属物料采购计划、机电产品物料采购计划、非金属物料采购计划等。

2. 确认采购需求

确认采购需求的过程实际上就是采购部门在收到采购请求后制定采购计划的过程。通常采购请求包括的信息有申请人的姓名、主管审核同意的意见、应计入的成本项目、物料说明书、要求送货的时间和地点等。

采购员在接到采购任务以后，首先要对采购需求进行描述，即对所需的物品、商品或服务的细节，例如品质、包装、需求数量、计量单位、售后服务、运输及检验方式等准确地加以说明。然后在采购需求明确的前提下制定具体的采购计划，例如资源市场调查安排、供应商的分析、采购方式的确认、货款支付方法等内容。

3. 编制采购计划

采购计划的编制过程主要有两个环节：1）采购认证；2）填写物资采购计划。

（1）采购认证

采购认证是指企业采购人员对采购环境进行考察并建立采购环境的过程。对于需要与供应商合作开发项目的采购方来说，就有必要进行采购认证。采购认证根据项目的大小、期限的长短等采取不同的认证方法，一般来讲，包括以下 5 个方面的内容。

1）认证准备。熟悉需要认证的物料项目，研究项目质量需求标准，了解项目的需求量，准备好物料认证所需的资料。

2）初选供应商。根据认证准备工作的结果确定供应群体范围，即初选供应商。研究供应商提供的资料并向相关供应群体发调查问卷。实地考察，与供应商谈判，发放认证说明，要求供应商提供改善报告，供应商参与竞标。

3）试制认证。签订试制合同，向初选供应商提供项目中试制资料，供应商准备样件，过程协调监控，调整技术方案，供应商提供样件，样件评估。

4）中试认证。签订中试合同，向样件供应商提供项目中试资料，供应商准备小批件，过程协调监控，调整技术方案，供应商提供小批件，中试评估。

5）批量认证。签订批量合同，向中试供应商提供项目批量生产资料，供应商准备批量件，过程协调监控，调整技术方案，供应商提供批量件，批量评估。

6）认证供应评估。制定供应评估计划，采购部门绩效评估，采购角色绩效评估，供应商绩效评估，调整采购环境。

（2）填写物资采购计划，见表 5-1

表 5-1 物资采购计划

编号：CBEA/OF7.4-06　　　　部门名称：　　　　自购□　　　甲供□　　　序号：

序　　号	物 资 名 称	单　　位	数　　量	拟交货时间	拟要求质量

采购责任人：　　年　月　日　　　　　　　　　　　　　　主管：　　年　月　日

步骤二　选择供应商

1. 建立评价小组

企业必须建立一个小组以控制和实施供应商评价。组员来自采购、生产、财务、技术、市场等部门，组员必须有团队合作精神和一定的专业技能。评价小组必须同时得到制造商企业和供应商企业最高领导层的支持。

2. 确定全部供应商的名单

通过供应商信息数据库，以及采购人员、销售人员或行业杂志、网站等媒介渠道了解市场上所有能供给所需物品的供应商，并给每个供应商建立供应商卡片，如图5-1所示。

供应商卡片

公司基本情况	名称					
	地址					
	营业执照号			注册资本		
	联系人			部门、职务		
	电话			传真		
	E-mail			信用度		
产品情况	产品名	规格	价格	质量	可供应量	市场份额
运输方式		运输时间		运输费用		
备注						

图5-1　供应商卡片

3. 列出评估指标并确定权重

上述已对选择供应商的标准进行详细论述，在短期标准与长期标准中每个评估指标的重要性对不同的企业是不一样的。因此，对于不同的企业，在进行评估指标权重设计时也应不同。评价供应商的一个主要工作是调查、收集有关供应商的生产运作等各方面的信息。

4. 供应商的评价

对供应商的评价共包含两个程序：①对供应商做出初步筛选；②对供应商实施考察。

在对供应商进行初步筛选时，首要任务是要使用统一标准的供应商情况登记表来管理供应商提供的信息。这些信息应包括：供应商的注册地、注册资金、主要股东结构、生产场地、设备、人员、主要产品、主要客户、生产能力等。通过分析这些信息，可以评估其工艺能力、供应的稳定性、资源的可靠性及其综合竞争能力。

在这些供应商中，剔除明显不适合进一步合作的供应商后，就能得出一个供应商考察名录。接着，要安排对供应商的实地考察，这一步骤至关重要。必要时在审核团队方面，可以邀请质量部门和工艺工程师一起参与，他们不仅能带来专业的知识与经验，共同审核的经历也会有助于公司内部的沟通和协调。

5. 确定供应商

在综合考虑多方面的重要因素之后，就可以给每个供应商打出综合评分，选择出合格的供应商。

应该注意的是，采购方与供应商之间的关系也不是一成不变的。企业发展的初期，虽然采购方开始对供应商进行正规认证，但总体来看，双方的关系是短期的，供应商极其容易发生转换。随着企业规模和供应链的发展，采购方与供应商转变为长久关系，采购过程中质量是决定因素，注重减少供应商数目，以获得规模效应。随着竞争的进一步加剧，采购商与供应商之间关系必然最终转变为"生产联盟"，更加关注关键工艺能力，并尝试一同开发项目，业务及流程一体化，双方有一致的战略与政策，普遍采取电子商务，共享电子信息流。

小链接 5-2

供应商选择的方法

（1）直观判断法

通过调查、征询意见、综合分析和判断来选择供应商的方法，是一种主观性较强的判断方法。主要是倾听和采纳有经验的采购人员的意见，或者采购人员直接凭经验作出判断。这种方法的质量取决于对供应商资料的掌握是否正确、齐全和决策者的分析判断能力与经验。这种方法运作方式简单、快速、方便，但是缺乏科学性，受掌握信息的详尽程度限制，常用于选择企业非主要原材料的供应商。

（2）评分法

依据对供应商评价的各项指标，按供应商的优劣档次，分别对各供应商进行评分，选得分高者为最佳供应商。

（3）加权综合评分法

规定衡量供应商的各个重要标准（例如，产品质量、价格、合同完成率等）的加权分数，根据以往交易的统计资料，分别计算各供应商的得分，选择得分高者为最终供应商。这种方法与评分的不同之处在于：①加权综合评分法将各衡量项目的重要程度加上了不同的权重，而评分法的各项目则没有重要程度之分；②加权综合评分法是以统计资料为基础，通过计算得出分数，属于计量分析方法，而评分法则是定性分析的方法。

（4）采购成本比较法

对于采购商品质量与交付时间均满足要求的供应单位，通常是进行采购成本比较，即分析不同的价格和采购中各项费用的支出，以选择采购成本较低的供应商。采购成本一般包括售价、采购费用、运输费用等各项支出的总和。采购成本比较法是通过计算分析针对各个不同供应商的采购成本，选择采购成本较低的供应商的一种方法。

步骤三　签订采购合同

选择好供应商后，应积极与供应商接洽与谈判，与之签订合同，这不仅是采购计划顺利实施的保证，也是双方权利和利益的保障。

采购人员必须熟读两部法律文件，第一部是《中华人民共和国民法典（第三编　合同）》，第二部是《中华人民共和国招标投标法》。在采购活动中，标的达到一定的金额，都需要签订采购合同。因为合同具有法律效力，可以为交易双方提供必要的保障。有了采购合同，就可以：建立评价与支付机制；规范采购人员的行为，更能令其正直行事；可追溯，便于审计；产生强制力，交易双方必须遵循条款约定；管理采购风险。

1. 采购合同的格式

合同是一个契约，是指有关法人之间为了实现某个特定目的而签订的确定权利关系的协议。采购合同的开头应包括购销合同名称、双方当事人的名称、地址等信息。

采购合同的正文应包括采购商品的名称、数量、质量、价款、履行期限、地点、方式，以及包装、运输方式、检验方式、价款支付方式、违约责任、保险、解决争议的方法和免责条款等。

采购合同的结尾应包括购销双方的法定代表人或合法代理人的姓名、主合同份数、有效期限、签订合同的时间、签约地点及合同当事人的签名盖章等。

2. 采购合同的范本

××采购合同

供方：　　　　　　　　　　合同编号：

需方：　　　　　　　　　　签订地点：

签订时间：　　　年　月　日

供需双方本着平等互利、协商一致的原则，签订本合同，以供双方信守执行。

第一条　商品名称、种类、规格、单位、数量

品　名	种　类	规　格	单　位	数　量	备　注

第二条　商品质量标准可选择下列第＿＿＿项作标准

1. 附商品样本，作为合同附件。

2. 商品质量，按照＿＿＿标准执行（副品不得超过＿＿＿%）。

3. 商品质量由双方议定。

第三条　商品单价及合同总金额

1. 商品定价，供需双方同意按＿＿＿定价执行。如因原料、材料、生产条件发生变化，需变动价格时，应经供需双方协商。否则，造成损失由违约方承担经济责任。

2. 单价和合同总金额：＿＿＿＿＿＿＿＿＿＿＿＿

第四条　包装方式及包装品处理

（按照各种商品的不同，规定各种包装方式、包装材料及规格。包装品以随货出售为原则；凡须退还对方的包装品，应按铁路规定，订明回空方法及时间，或另作规定。）

第五条　交货的方式

1. 交货时间：＿＿＿＿＿＿＿

2. 交货地点：＿＿＿＿＿＿＿

3. 运输方式：＿＿＿＿＿＿＿

第六条　验收方法：＿＿＿＿＿＿＿＿＿＿

（按照交货地点与时间，根据商品种类，规定验收的处理方法）

第七条　预付货款（根据不同商品，决定是否预付货款及金额）

第八条　预付款日期及结算方式

第九条　运输及保险＿＿＿＿＿＿＿＿

（根据实际情况，需委托对方代办运输手续者，应于合同中订明。为保证货物途中的安全，代办运输单位应根据具体情况代为投保运输险）

第十条　运输费用负担＿＿＿＿＿＿＿＿

第十一条　违约责任

1．需方延付货款或付款后供方无货。使对方造成损失，应偿付对方此批货款总价＿＿＿%的违约金。

2．供方如提前或延期交货或交货不足数量者，供方应偿付需方此批货款总值＿＿＿%的违约金。需方如不按交货期限收货或拒收合格商品，亦应按偿付供方此批货款总值＿＿＿%的违约金。任意一方如提出增减合同数量，变动交货时间，应提前通知对方，征得同意，否则应承担经济责任。

3．供方所发货品有不合规格、质量或霉烂等情况，需方有权拒绝付款（如已付款，应订明退款退货办法），但须先行办理收货手续，并代为保管和立即通知供方，因此所发生的一切费用损失，由供方负责，如经供方要求代为处理，并须迅速处理，以免造成更大损失，其处理方法由双方协商决定。

4．约定的违约金视为违约的损失赔偿。

第十二条　当事人一方因不可抗力不能履行合同时，应当及时通知对方，并在合理期限内提供有关机构出具的证明，可以全部或部分免除该方当事人的责任。

第十三条　本合同在执行中发生纠纷，签订合同双方不能协商解决时，可向人民法院提出诉讼（或申请仲裁机构仲裁解决）。

第十四条　合同执行期内，如因故不能履行或需要修改，必须经双方同意，并互相换文或另签订合同，方为有效。

第十五条　本合同自双方签章之日起生效，到乙方将全部订货送齐经甲方验收无误，并按本合同规定将货款结算以后作废。

第十六条　本合同一式＿＿＿份，由甲、乙双方各执正本一份、副本＿＿＿份。

订立合同人：

需方：＿＿＿＿＿＿＿（盖章）　　　　　供方：＿＿＿＿＿＿＿（盖章）

代理人：＿＿＿＿＿（盖章）　　　　　　代理人：＿＿＿＿＿（盖章）

负责人：＿＿＿＿＿（盖章）　　　　　　负责人：＿＿＿＿＿（盖章）

地址：＿＿＿＿＿＿＿　　　　　　　　　地址：＿＿＿＿＿＿＿

电话：＿＿＿＿＿＿＿　　　　　　　　　电话：＿＿＿＿＿＿＿

开户银行、账号：＿＿＿＿＿＿＿　　　　开户银行、账号：＿＿＿＿＿＿＿

＿＿＿＿年＿＿月＿＿日　　　　　　　　＿＿＿＿年＿＿月＿＿日

采购合同的基本内容

采购合同的基本内容就是 4R。只要将双方的关系、各自承担的风险与责任以及出现违约的赔偿机制建立起来，采购合同就完成了。合同内容的 4R 是如下 4 个英文单词的首字母缩写，其对应的含义如下：

Relationship　关系

Risk & Responsibility　风险和责任划分

Reimbursement　赔偿机制

步骤四　电子订货

与供应商签订合同后，接下来进入电子订货环节。电子订货必需使用 EOS 系统。在商业化、电子化迅速发展的时期，EOS 系统越来越显示出它的重要性。

EOS 系统的操作流程如下：

1）在零售店的终端利用条码阅读器获取准备采购的商品条码，并在终端机上输入订货资料，利用 EOS 系统通过互联网传到批发商的计算机中。

2）批发商开出提货传票，并根据传票开出拣货单，实施拣货，然后根据送货传票进行商品发货。

3）送货传票上的资料便成为零售商店的应付账款资料及批发商的应收账款资料，并输入到应收账款的系统中去。

4）零售商对送到的货物进行检验后就可以陈列出售了。

使用 EOS 时要注意订货业务作业的标准化，这是有效利用 EOS 系统的前提条件：商品代码一般采用国家统一规定的标准，这是应用 EOS 系统的基础条件；订货商品目录账册的设计和运用是 EOS 系统成功的重要保证；计算机以及订货信息输入和输出终端设备的添置是应用 EOS 系统的基础条件；在应用过程中需要制定 EOS 系统应用手册并协调部门间、企业间的经营活动。

电子订货系统及其构成

1. 什么是 EOS

EOS（Electronic Ordering System，电子订货系统）是指将批发、零售商场所发生的订货数据输入计算机，即通过计算机通信网络连接的方式将资料传至总公司、批发商、供应商或者制造商处。因此，EOS 能处理从新商品资料的说明直到会计结算等所有商品交易过程中的作业，可以说 EOS 涵盖了整个物流。在城市内，零售业已没有许多空间用于存放货物，这就要求供货商在不能有缺货的前提下及时补足售出商品的数量，而要做到这点则必须采用 EOS 系统。由于 EOS 内涵了许多先进的管理手段，因此，在国际上使用得非常广泛，并且越来越受到商业界的青睐。

电子订货系统采用电子手段完成供应链上从零售商到供应商的产品交易过程,因此,一个 EOS 系统必须有供应商（商品的制造者或供应者）、零售商（商品的销售者或需求者）、网络（用于传输订货信息,例如,订单、发货单、收货单、发票等）、计算机系统（用于产生和处理订货信息）。

2.EOS 系统的结构

电子订货系统的构成内容包括订货系统、通信网络系统和接单计算机系统。

就门店而言,只要配备了订货终端机和货价卡（或订货簿）,再配上电话和数据机,就可以说是一套完整的电子订货配置。就供应商来说,凡能接收门店通过数据机的订货信息,并可利用终端机设备系统直接作订单处理,打印出出货单和检货单,就可以说已具备电子订货系统的功能。但就整个社会而言,标准的电子订货系统绝不是"一对一"的格局,即并非单个零售店与单个的供应商组成的系统,而是"多对多"的整体运作,即许多零售店和许多供货商组成的大系统的整体运作方式。

小链接 5-5

采购的后期工作

在发出采购订单之后,采购人员还应完成以下 5 方面的工作:

1）采购人员应根据既定的合同要求对供应商进行跟踪,督促供应商按时、保质、保量交货,监督进货的过程,一旦发现问题,必须及时采取行动。

2）接受并检验收到的货物。到货后,采购部门应安排有关人员对已到货物进行验收、入库,确保所收到的货物的数量、质量符合要求,必要时要确定货物的破损情况。如果发现厂商交货与合同不符或验收不合格,则应依据合同规定办理退货或重购。

3）结清发票并支付货款。货物验收合格后,通知财务部门进行货款的清算,并开具发票。财务部门需要核对采购订单、收货凭证和发票,然后支付货款。

4）结案。无论验收合格付款,还是验收不合格退货,均须办理结案手续,对相关的供应商供货的质量、交期及相关合作事项进行评价,清查各项书面资料有无缺失,并报上级管理层核阅。

5）维护记录。凡已结案批示后的采购案件应列入各供应商档案,并登记、编号、分类,予以保管,以备日后查阅和参考使用。

步骤五　采购绩效评估

采购工作经过一系列的作业程序完成之后,是否达到预期目标,企业对采购的物品是否满意,则需要考察,经过考核评估。物品采购绩效评估就是建立一套科学的考核指标体系,用来全面反映和检查采购部门工作实绩、工作效率和效益。以商品流通企业为例,采购绩效考核指标体系一般由以下 7 个指标组成。

1）销售额指标。要细分为大类商品指标、中类商品指标、小类商品指标及一些特别的单品项商品指标。应根据不同业态模式的商品销售的特点来制定各种分类的产品销售额指标比例值。

2）商品结构指标。例如，对一些便利店连锁公司的商品结构调查发现，反应便利店业态特征的便利性商品只占8%，公司自有品牌商品占2%，其他商品则高达80%，为了改变这种商品结构，就要从指标上提高便利性商品和自有商品的比重，并进行考核。通过指标的制定和考核，可同时达到两个效果：第一，在经营的商品上，业态特征更明显；第二，高毛利的自有品牌商品比重上升，从而增强了竞争力和赢利能力。

3）毛利率指标。根据超级市场品种定价的特征，毛利率指标首先是确定一个综合毛利率指标，这个指标的要求是反映企业的业态特征控制住毛利率，然后分解综合毛利率指标，制定比例不同的类别商品的毛利率指标并进行考核。毛利率指标对采购业务人员的考核出发点是，让低毛利商品采购人员，通过合理控制订单量加快商品周转，扩大毛利率，并通过与供应商谈判，加大促销力度扩大销售量，增大供应商给予的"折扣率"，扩大毛利率。对高毛利率商品类的采购人员，促使其优化商品品牌结构，做大品牌商品销售量，或通过促销做大销售量扩大毛利率。要明白一个道理，企业毛利率的增加，很重要的一个途径就是通过促销做大销售量，然后从供应商手中取得能够提高毛利率的"折扣率"。

4）库存商品周转天数指标。这一指标主要是考核配送中心库存商品和门店存货的平均周转天数。通过这一指标可以考核采购业务人员是否能根据店铺商品的营销情况，合理地控制库存，以及合理地确定订货数量。

5）门店订货商品到位率指标。这个指标一般不能低于98%，最好是100%。这个指标考核的是门店向总部配送中心订货的商品与配送中心库存商品可供配的接口比例。这个指标的考核在排除总部的其他部门的工作因素或特殊原因外，主要落实在商品采购人员身上。到位率低就意味着门店缺货率高，必须严格考核。

6）配送商品的销售率指标。门店的商品结构、布局与陈列量都是由采购业务部制定的，如果配送到门店的商品销售率没有达到目标，则可能是因为商品结构、商品布局和陈列量不合理。对一些实行总部自动配送的公司来说，如果配送商品销售率低，可能还关系到对商品最高与最低陈列量的上下限是否合理。

7）商品淘汰率指标。由于门店的卖场面积有限，又由于必须不断更新结构，当新商品按照考核指标不断引进时，就必须制定商品的淘汰率指标，一般商品淘汰率指标可比新商品引进率指标低10%左右，即每月低1%左右。

采购是企业经营活动的起点和源头，因此，利用绩效评估的手段控制好采购环节，是实现企业经营计划目标的重要手段。

触类旁通

电子商务采购作用及优势

一、电子商务采购的内涵及作用

电子商务采购最先兴起于美国，它的最初形式是一对一的电子数据交换系统，即EDI，该电子商务系统大幅度地提高了采购效率，但早期的解决方式价格昂贵、耗费庞大，且由于其封闭性仅能为一家买家服务，令中小供应商和买家望而却步。为此，联合国制定了商业

EDI 标准，但在具体实施过程中，由于标准问题，在行业内及行业间的协调工作举步维艰，真正商业伙伴间 EDI 并未广泛开展。20 世纪 90 年代中期，电子采购目录开始兴起，供应商通过将其产品信息发布在网上来提高供应商的信息透明度、市场涵盖面。近年来，全方位综合电子采购平台出现且通过广泛连接买卖双方来进行电子采购服务。

电子采购是一种在互联网上创建专业供应商网络的、基于 Web 的购物方式。从采购在价值链中的作用可以看出，采购直接影响着生产经营过程、企业效益，是企业竞争力的重要方面。同时，采购也会带来很大的经济风险，存在着所谓的采购黑洞，如何控制这些漏洞，成了摆在现代企业面前的一项重要任务。电子商务的产生使传统的采购模式发生了根本性的变革。电子商务采购是在电子商务环境下的采购模式，也就是网上采购或称电子采购。

二、电子商务采购优势

1）能大幅度降低采购费用。传统采购手续烦琐复杂，由于购销双方信息的不对称，使双方都需要支付大量的费用进行市场调查。而进行网上集中采购，可以按需求商品的各方面属性提出采购要求，使符合条件的供货商通过互联网沟通信息，消除了诸多中间环节，使采购费用大幅度降低。

2）采购范围国际化。传统采购往往选择范围狭窄。而网上集中采购通过互联网将采购视角伸向世界各国，保证供货信息公开、公正、公平、透明，可以使产品质量、价格、服务、物流之间实现最佳组合，及时满足本企业需要。

3）同行业之间变竞争为多赢。为能获取物美价廉的货源，无论什么行业，在传统采购中竞争对手之间常常是相互提防，相互封锁市场信息，使竞争双方在同种商品的采购上遭受不平等待遇。网上集中采购改变了这种被动局面，一些过去互为竞争对手的买家开始尝试着以采购领域为起点开展不同层次的合作，逐步实现采购联盟化。联盟网上采购有纵深行业和水平行业两种类型。例如，世界零售巨人沃尔玛、家乐福、麦德龙共同搭建的纵深行业联盟采购平台中，联盟买家多为竞争对手，采购商品种类也大致相同，在共同的采购中可极大地扩展采购总批量，从而导致单位采购成本共同下降，形成若干个联盟买家共赢的局面。而在水平行业联盟采购平台中，联盟买家并不一定是同业对手，完全可能是毫不相干的行业制造商。但它们可能就某一类、同一种产品有着同一种需求。当这种共同需求积累到一定程度时，联盟采购也就成为必然，并为多个买家带去利益。

通过以上分析可以看出，电子商务采购的根本目的是获取比传统采购更多的利润。传统采购观念常习惯于"我需要什么就采购什么"，网上集中采购却是"什么赚钱就采购什么"。和国际接轨首先是交易观念上的转变，只有进一步解放思想，主动适应国际惯例，才能跟上全球网上采购迅猛发展的步伐。

案例 5-1

某知名企业以生产、设计、销售家用以及办公室计算机而闻名，跻身世界五百强。在选择为该企业供应个人计算机金属零部件的供应商时，有两家供应商入选。供应商 A 与供应商 B，两家企业生产的金属零部件质量水平相当，都超出了采购标准，供应商 A 的报价略高于供应商 B 的报价。但近期供应商 B 因未及时处理生产产生的有毒物质破坏生态环境而被当地环保组织警告。

请思考：应选择哪家供应商？你认为是否应该选择能承担更多社会责任的供应商？为什么？

任务 2　入库、出库作业

任务要点

- **关 键 词：**入库作业、入库验收、入库交接、出库作业
- **理论要点：**入库、出库作业与流程，商品验收标准及验收作业流程
- **实践要点：**商品验收方法，商品入、出库中事故的处理

任务情境

近期，伊利牛奶卖得火爆，京东商城因奶制品类商品供货不足，向厂家下了订单补货。于 2020 年 1 月 30 日收到伊利牛奶公司送来一批伊利酸牛奶，送货单上数量为 500 件，规格为 1×24（250ml），每盒单价为 2 元，每件金额为 48 元，生产日期是 2020 年 1 月 20 日，保质期为 21 天。假如你是京东商城库管员，这批货你能不能收？为什么？

任务分析

因为生产日期是 2020 年 1 月 20 日而保质期是 21 天，虽然这批货没有过保质期，但它是 2020 年 1 月 30 日才送来，超过保质期的三分之一了。接收的货物不能超过保质期的三分之一，因此，这批货不能收。

以上案例属于商品入库验收环节，作为电商，必须要了解商品验收的标准及商品仓储流程，才能保障自己的利益不受损害。商品的仓储管理包括商品入库、在库、出库 3 个方面，其中入库与出库属于作业管理方面。

任务实施

步骤一　入库作业

商品入库作业也叫收货作业，它是仓储业务的开始。商品入库管理是根据商品入库申请单，对接受入库商品进行卸货、查点、验收、办理入库手续等业务活动。入库作业流程，如图 5-2 所示。

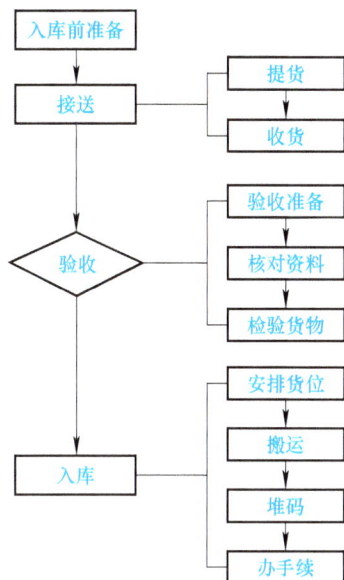

图 5-2　入库作业流程

1．入库准备

以成品库的入库流程为例，外购的成品或自己企业生产的成品，首先由申请人填写入库申请单，入库申请单主要由申请入库单位、入库时间、入库货位号、产品的品种、质量、件数、重量、金额、检验员签字、申请人签字、成品库库房主管签字等组成，见表 5-2。

表 5-2　入库申请单

申请入库单位：　　　　　　　　　　　　　　　　　　申请日期：

产品品种	货位号	件数	重量	金额	备注

检验员签字：　　　　　　库房主管：　　　　　　申请人签字：

申请人持填写好的入库申请单，由检验员检验、签字之后，库房人员核实入库数量并登记，最终由库房主管签字。入库清单一式四份：第一联，存根；第二联，成品库留存；第三联，财务核算；第四联，申请人留存。入库时要严把质量关，做好各项记录以备查用。

在很多电商企业中，EDI、ERP 和其他信息系统的采用，让入库准备流程也产生了相应的变化。大部分的表格可在系统内进行填写，签字和审批流程也可以在系统内完成。如果入库物品的信息来自 EOS，还可以自动生成入库申请单。

接着库房人员根据入库申请单安排入库物品存放的货位，以及物品入库的时间、货物验收人员和搬运堆码人员，确定并提前准备好每个环节所需的设备。

2．货物接运

由于货物到达仓库的形式不同，除了一小部分由供货单位直接运到仓库交货外，大部分要通过铁路、公路、航运、空运、短途运输等运输工具转运，凡经过交通运输部门转运的商品，都必须经仓库接运后才能进行入库验收。因此，货物的接运是入库业务流程的第一道作业环节，也是仓库直接与外部发生的经济联系。因此，在接运由交通运输部门转运的商品时，必须认真检查，分清责任，取得必要的物证，避免将一些在运输过程中或运输前就已经损坏的商品带入仓库，造成验收中责任难分和在保管工作中的困难或损失。

商品接运的主要方式有两种。

（1）提货

供应商将货物运送到车站或码头后，接收单位专职装卸人员须会同车站或码头工作人员详细做好卸货记录。卸货前，认真核对单、表、证，检查车体，发现问题必须立即与运输部门交涉，做好记录。卸货时，检验人员按规定检验货物质量，做出质量检验通知单；检斤人员做好件数、重量记录，包括抽检和全检，并记录包装物破损情况，如有损坏物品挑出另存。卸货作业过程中，监督工人作业质量以及货物分布情况，最后汇集卸车通知单、检验单、检斤表，填写货物登记表，包括货物名称、入库时间、货主名称、货位号、质量、重量、件数、卸车人员、备注等，并由库房主管、货主签字，把卸车通知单、检斤单、检验单贴在货物登记表后，一同作为货物记录凭证。

商品到库后，提货员应与保管员密切配合，尽量做到提货、运输、验收、入库、堆码一条龙作业，从而缩短入库验收时间，并办理内部交接手续。

（2）仓库收货

货物到库后，仓库收货人员首先要检查货物入库凭证，然后根据入库凭证开列的收货单位和货物名称与送交的货物内容和标记进行核对，然后与送货人员办理交接手续。如果在以上工序中无异常情况出现，收货人员在送货回单上盖章，表示货物收讫。如果发现有异常情况，必须在送货单上详细注明，并由送货人员签字，或由送货人员出具差错、差异情况、异常情况记录等书面材料，作为事后处理的依据。

3. 商品入库验收

凡商品进入仓库储存，必须检查验收，只有验收后的商品方可入库保管。货物入库验收是仓库把好"二关"（入库、保管、出库）的第一道，抓好货物入库质量关，能防止劣质商品流入流通领域，划清仓库与生产部门、运输部门以及供销部门的责任界线，也为货物在库场中的保管提供第一手资料。

商品验收包括验收准备、核对凭证、确定验收比例、检验货物、做出验收报告及验收中发现问题的处理等程序。

（1）验收准备

验收准备是货物入库验收的第一道程序，仓库接到到货通知后，应根据商品的性质和批量提前做好验收的准备工作，具体包括以下内容。

1）全面了解验收物资的性能、特点和数量，根据其需求确定存放地点、垛形和保管方法。

2）准备堆码苫垫所需材料和装卸搬运机械、设备及人力，以便使验收后的货物能及时入库保管存放，减少货物停顿时间；若是危险品则需要准备防护设施。

3）准备相应的检验工具，并做好事前检查，以保证验收数量的准确性和质量的可靠性。

4）收集和熟悉验收凭证及有关资料。

5）进口物资或上级业务主管部门指定需要检验质量的，应通知有关检验部门会同验收。

（2）核对凭证

入库商品须具备下列凭证：

1）货主提供的入库通知单和订货合同副本，这是仓库接收商品的凭证。

2）供货单位提供的验收凭证包括材质证明书、装箱单、磅码单、发货明细表、说明书、保修卡及合格证等。

3）承运单位提供的运输单证包括提货通知单和登记货物残损情况的货运记录、普通记录以及公路运输交接单等，作为向责任方进行交涉的依据。

核对凭证就是将上述凭证加以整理后全面核对，入库通知单、订货合同要与供货单位提供的所有凭证逐一核对，所有信息相符后，才可以进入下一步的实物检验。如果发现有证件不齐或不符等情况，要与存货、供货单位及承运单位和有关业务部门及时联系解决。

（3）检验货物

检验货物是仓储业务中的一个重要环节，包括检验数量、检验质量和检验包装 3 个方面的内容，即复核货物数量是否与入库凭证相符，货物质量是否符合规定的要求，货物包装能否保证在储存和运输过程中的安全。

1）检验数量。数量检验是保证货物数量准确不可缺少的措施。要求货物入库时一次进行完毕。一般在质量验收之前，由仓库保管职能机构组织进行。按商品性质和包装情况，数量检验分为 3 种形式，即计件法、检斤法、检尺求积法。

计件法：计件是按件数供货或以件数为计量单位的商品，在做数量验收时清点件数。计件商品应全部清查件数（带有附件和成套的机电设备须清查主件、部件、零件和工具等）。固定包装的小件商品，如包装完好，打开包装对保管不利，国内货物可采用抽验法，按一定比例开箱点件验收，可抽验内包装 5% ～ 15%。其他只检查外包装，不拆包检查。贵重商品应酌情提高检验比例或全部检验。进口商品则按合同或惯例办理。

检斤法：检斤是对按重量供货或以重量为计量单位的商品，作数量验收时的称重。商品的重量一般有毛重、皮重、净重之分。毛重是指商品重量包括包装重量在内的实重；净重是指商品本身的重量，即毛重减去皮重。我们通常所说的商品重量多是指商品的净重。

金属材料、某些化工产品多半是检斤验收。按理论换算重量供应的商品，先要通过检尺，例如金属材料中的板材、型材等，然后，按规定的换算方法换算成重量验收。对于进口商品，原则上应全部检斤，但如果订货合同规定按理论换算重量交货，则按合同规定办理。所有检斤的商品都应填写磅码单。

检尺求积法：检尺求积是对以体积为计重单位的商品，例如木材、竹材、沙石等，先检尺，后求体积所做的数量验收。

凡是经过数量检验的商品，都应该填写磅码单。在做数量验收之前，还应根据商品来源、包装好坏或有关部门规定，确定对到库商品是采取抽验还是全验方式。

2）检验质量。质量检验包括外观检验、尺寸检验、机械物理性能检验和化学成分检验 4 种形式。仓库一般只作外观检验和尺寸精度检验，后两种检验如果有必要，则由仓库技术管理职能机构取样，委托专门检验机构检验。

3）检验包装。货物包装的好坏、干潮直接关系着货物的安全储存和运输。所以对货物的包装要进行严格验收，凡是产品合同对包装有具体规定的要严格按规定验收，如箱板的厚度，打包的层数，纸箱、麻包的质量等。而包装的干潮程度，一般用眼看、手摸方法进行检查验收。

（4）处理入库验收中的问题

在物品验收过程中，如果发现物品数量或质量有问题，则应该严格按照有关制度进行处理。验收过程中发现的数量和质量问题可能发生在各个流通环节，可能是由于供货方或交通运输部门或收货方本身的工作造成的。按照有关规章制度对问题进行处理，有利于分清各方的责任，并促使有关责任部门吸取教训，改进今后的工作。对验收过程发现的问题进行处理时应注意以下几点。

1）在物品入库凭证未到齐之前不得正式验收。如果入库凭证不齐或不符，则仓库有权拒收或暂时存放，待凭证到齐再验收入库。

2）发现物品数量或质量不符合规定，要会同有关人员当场做出详细记录，交接双方应在记录上签字。如果是交货方的问题，仓库应该拒绝接收。如果是运输部门的问题就应该提出索赔。

3）在数量检验中，计件物品应及时验收，发现问题要按规定的手续在规定的期限内向有关部门提出索赔要求。否则超过索赔期限，责任部门对形成的损失将不予负责。

4. 入库交接

入库物品经过点数、查验之后，可以安排卸货、入库堆码，表示仓库接受物品。在卸货、搬运、堆垛作业完毕后，与送货人办理交接手续，并建立仓库台账。

（1）交接手续

交接手续是指仓库收到物品时向送货人进行的确认，表示已接受物品。办理完交接手续，意味着划分清运输、送货部门和仓库的责任。完整的交接手续包括以下流程。

1）接受物品。仓库通过理货、查验物品，将不良物品剔出、退回，或者编制残损单证等明确责任，确定收到物品的确切数量、物品表面状态良好。

2）接受文件。接受送货人送交的物品资料、运输的货运记录、普通记录等，以及随货在运输单证上注明的相应文件，例如图纸、准运证等。

3）签署单证。仓库与送货人或承运人共同在送货人交来的送货单、交接清单上签字，各方签署后留存相应单证，交接清单见表5-3。

表5-3 交接清单

收货人	发站	发货人	品名	标记	单位	件数	重量	车号	运单号	货号	合同号
备注											

送货人：　　　　　　　　　　接收人：　　　　　　　　　　经办人：

（2）登账

物品入库，仓库应建立详细反映物品仓储的明细账，登记物品入库、出库、结存的详细情况，用以记录库存物品动态和入出库过程。登账的主要内容有物品名称、规格、数量、件数、累计数或结存数、存货人或提货人、批次、金额，注明货位号或运输工具、接（发）货经办人。

（3）立卡

物品入库或上架后，将物品名称、规格、数量或出入状态等内容填在料卡上，称为立卡。料卡又称为货卡、货牌，插放在货架上物品下方的货架支架上或摆放在货垛正面明显位置。

步骤二　出库作业

1. 出库前的准备工作

出库的首要工作是填写出库单，见表 5-4。

表 5-4　出　库　单

发货单位：　　　　　　　　　　　　　　　　　　出库日期：

产品品种	产品数量	重量	金额	备注
出库方式	1. 客户自提　2. 委托发货　3. 公司送货			
结算方式	1. 公司代垫　2. 货到付款			

提货人签字：　　　　　　　　　　　　　　　成品库主管签字：

出库单主要项目有：发货单位、发货时间、出库品种、出库数量、重量、金额、出库方式选择、运费结算方式、提货人鉴字、成品库主管鉴字。出库单也是一式四份：第一联，存根；第二联，成品库留存；第三联，财务核算；第四联，提单，提货人留存。

当提货的车到达仓库后，须出示出库单据，然后在库房人员协调下，按指定的货位、品种、数量搬运货物装到车上。然后仓库管理人员根据出库单，预先做好物品出库的各项安排，包括货位、机械设备、工具和工作人员，提高人、财、物的利用率。同时，还要做好出库物品的包装和标识、标记。

小链接 5-6

货物出库方式

货物出库的方式主要有 3 种：客户自提、委托发货、公司送货。客户自提，即客户派人或派车来仓储公业的库房提货。委托发货，对自己去提货有困难的客户而言，客户会委托仓储企业去找第三方物流公司提供送货服务。公司送货是仓储企业派自己的货车给客户送货的一种出库方式。

2. 出库程序

出库程序包括核单备货→复核→包装→点交→登账→清理等过程。不论是哪一种出库方式，都应按出库程序做好管理工作。

（1）核单备货

自提物品，首先要审核提货凭证的合法性和真实性；其次核对品名、型号、规格、单价、数量、收货单位、有效期等。出库物品应附有质量说明书或副本、磅码单、装箱单等，另外机电设备、电子产品等物品的说明书及合格证应随货同附。备料时应本着"先进先出、推陈储新"的原则，易霉易坏的先出，接近失效期的先出。备货过程中，凡计重货物，一般以入库验收时标明的重量为准，不再重新计重。需分割或拆捆的物品应根据情况进行。

（2）复核

为了保证出库物品不出差错，备货后应进行复核。出库的复核形式主要有专职复核、交叉复核和环环复核3种。除此之外，在发货作业的各道环节上，都贯穿着复核工作。例如，理货员核对单货，守护员（门卫）凭票放行，账务员（保管会计）核对账单（票）等。这些分散的复核形式起到分头把关的作用，都十分有助于提高仓库发货业务的工作质量。复核的内容包括：品名、型号、规格、数量是否同出库单一致；配套是否齐全；技术证件是否齐全；外观质量和包装是否完好。只有加强出库的复核工作，才能防止错发、漏发和重发等事故的发生。

（3）包装

出库物品的包装必须完整、牢固，标记必须正确清楚，如有破损、潮湿、捆扎松散等不能保障运输安全的，应加固整理，破包破箱不得出库。各类包装容器上若有水渍、油迹、污损，也均不能出库。出库物品如需托运，包装必须符合运输部门的要求，选用适宜的包装材料，其重量和尺寸便于装卸和搬运，以保证货物在途的安全。包装是仓库生产过程的一个组成部分。包装时，严禁互相影响或性能互相抵触的物品混合包装。包装后，要写明收货单位、到站、发货号、本批总件数、发货单位等。

（4）点交

出库物品经过复核和包装后，需要托运和送货的应由仓库保管机构移交调运机构，属于用户自提的，则由保管机构按出库凭证向提货人当面交清。

（5）登账

点交后，保管员应在出库单上填写实发数、发货日期等内容，并签名。然后将出库单连同有关证件资料及时交给货主，以便货主办理货款结算。

（6）清理

经过出库的一系列工作程序之后，实物、账目和库存档案等都发生了变化。应按下列几项工作彻底清理，使保管工作重新处于账、物、资金相符的状态。

①按出库单核对结存数。②如果该批货物全部出库，应查实损耗数量，在规定损耗范围内进行核销，超过损耗范围的查明原因，进行处理。③一批货物全部出库后，可根据

该批货物入出库的情况、采用的保管方法和损耗数量，总结保管经验。④清理现场，收集苫垫材料，妥善保管，以待再用。⑤代运货物发出后，收货单位提出数量不符时，属于重量短少而包装完好且件数不缺的，应由仓库保管机构负责处理；属于件数短少的，应由运输机构负责处理。若发出的货物品种、规格、型号不符，由保管机构负责处理。若发出货物损坏，应根据承运人出具的证明、分别由保管及运输机构处理。⑥由于提货单位任务变更或其他原因要求退货时，可经有关方同意，办理退货。退回的货物必须符合原发的数量和质量，要严格验收，重新办理入库手续。当然，未移交的货物则不必检验。

在整个出库业务程序过程中，复核和点交是两个最为关键的环节。复核是防止出现差错的重要且必不可少的措施，而点交则是划清仓库和提货方两者责任的必要手段。

触类旁通

以上介绍的是商品出入库的操作流程方面的基础知识，当然对于不同类型的企业，会根据自身的实际情况以及行业标准等，实施的操作流程各具特色，但是基本流程仍是按照本任务所介绍的内容执行。下面给大家介绍"某公司进料验收管理办法"，以供参考。

某公司进料验收管理办法

第一条　本公司对物料的验收及入库均依本办法作业

第二条　待收料

物料管理收料人员在接到采购部门转来已核准的"采购单"时，按照供应商、物料类别及交货日期分别依序排列存档，并于交货前安排存放库位以利于收料作业。

第三条　收料

（一）内购收料

1）材料进厂后，收料人员必须依照"采购单"的内容，核对供应商送来的物料名称、规格、数量、送货单及发票并清点数量无误后将到货日期及实收数量填记于"采购单"，办理收料。

2）如果发现所送来的材料与"采购单"上所核准的内容不符时，应即时通知采购部门处理，并通知主管，原则上非"采购单"上所核准的材料不予接受，如采购部门要求收下该种材料时，收料人员应告知主管，并于单据上注明实际收料状况，并会签采购部门。

（二）外购收料

1）材料进厂后，物料管理收料人员即会同检验单位依"装箱单"及"采购单"开柜（箱）核对材料名称、规格并清点数量，并将到货日期及实收数量填在"采购单"上。

2）开柜（箱）后，如果发现所装载的材料与"装箱单"或"采购单"所记载的内容不同时，通知办理进口人员及采购部门处理。

3）如果发现所装载的物料有倾覆、破损、变质、受潮等异常情况发生时，经初步计算损失将超过5 000元以上者（含），收料人员及时通知采购人员联络公证处前来公证或通知代理商前来处理，并尽可能维持原本的异常状态以利于公证作业，如未超过5 000元者，则依据实际的数量办理收料，并于"采购单"上注明损失数量及情况。

4）对于由公证或代理商确认后，物料管理收料人员开立"索赔处理单"经主管核实后，送会计部门及采购部门督促办理。

第四条　材料待验

进厂待验的材料，必须于物品的外包装上贴材料标签并详细注明料号、品名规格、数量及入厂日期，且与已检验者分开储存，并规划"待验区"作为区分，收料后，收料人员应将每日所收料品汇总填入"进货日报表"作为入账清单的依据。

第五条　超交处理

交货数量超过"订购量"部分应予退回，但属买卖惯例，以重量或长度计算的材料，其超交量在3%（含）以下，由物料管理部门在收料时，在备栏注明超交数量，经请购部门主管（科长含）同意后，才能收料，并通知采购人员。

第六条　短交处理

交货数量未达订购数量时，以补足为原则，但经请购部门主管（科长含）同意，可免补交，短交如需补足时，物料管理部门应通知采购部门联络供应商处理。

第七条　急用品收料

紧急材料在厂商交货时，若物料管理部门尚未收到"请购单"时，收料人员应先洽询采购部门，确认无误后，才能依收料作业办理。

第八条　材料验收规范

为利于材料检验收料的作业，质量管理部门应就材料重要性、特性等因素，适时召集使用部门及其他有关部门，根据所需的材料质量研究制定"材料验收规范"，经总经理核准后公布实施，作为采购及验收的依据。

第九条　材料检验结果的处理

（一）检验合格的材料

检验合格的材料，检验人员在外包装上贴合格标签，以示区别，物料管理人员再将合格品入库定位。

（二）检验不合格的材料

不符合验收标准的材料，检验人员在物品包装上贴不合格的标签，并于"材料检验报告表"上注明不良原因，经主管核实处理对策并转交采购部门处理，同时要及时通知请购单位，再送回物料管理凭此办理退货。

第十条　退货作业

对于检验不合格的材料退货时，应开具"材料交运单"并检附有关的"材料检验报告表"，经主管签认后，以异常材料出厂。

案例 5-2

日本东京学研社不断改进书籍和杂志出入库的方式

东京学研社以出版和销售杂志、书籍为主，兼营与教育相关的教学器材、教材、体育用品、文具等。近年来，随着销售量的急剧上升，学研社总公司为日本的4 000多家特约销售店服务，每天的物流高达1万t左右。

为适应迅速发展的业务需要，该总公司几次改进仓储进出库作业方式。

1964 年公司决定将传统的仓库改建为仓储配送中心，引进托盘化作业、传送带包装拣货等，为现代装卸搬运、仓储保管打下了基础。

1974 年公司采用了自动化立体仓库技术，商品出入库作业全部实现自动化，并将计算机用于库存管理和编制出库作业路线图等。

1985 年以来，公司为提升服务，节省成本，开发了新一代仓储、配送信息网络系统。

1. 书籍、教材类

这类商品的特点是多品种、少批量，规格、形状、尺寸各异。

入库方式：该类入库商品在 4 楼卸车码盘验收后暂时保管。

出库方式：打包成标准包装进入拣选作业线。零星出库商品用纸箱重力式货架移动，等待拣选。根据由联机打印出的运输用标签进行拣选。拣选商品中的标准包装贴上标签进入自动分拣系统。传送带全长 430m，水平搬运，并从 4 楼向 1 楼的垂直搬运带出货，送往高速自动分拣系统。经激光扫描器扫描，自动阅读标签上的条码，自动分拣到指定的分拣滑道。每天的处理能力约为 300t。

2. 杂志类

这类商品的特点是少品种、大批量，规格、形状、尺寸基本统一。

入库方式：入库商品在 1 楼收货、验货，热缩包装集装化后装载在托盘上，暂时储存在托盘重力式货架上保管。部分存放在 2 楼重力式货架的杂志，得到补货指令，自动通过垂直输送机运到 1 楼出库。

出库方式：根据出库的信息，商品自动地被拣选，计算机系统打印出配送用的标签，自动粘贴在纸箱上。在 1 楼的出货站台，一旦汽车到达，出货商品由水平输送机等自动送到出货处装车。而零星商品在 3 楼拣货、配货后，由垂直输送机向 1 楼运送出货，一天的出货量为 300t。

请思考：

① 日本学研社为什么要几次改进仓储进出库作业方式？

② 该公司是怎么一步步改进仓储作业的？

③ 书籍类和杂志类商品为何要用两种方式出入库？分别是用怎样的方法？有何优越性？谈一谈自己对此案例的看法，有没有更好的建议和设想。

任务 3　保管与储存商品

任务要点

- **关　键　词：**商品保管、商品储存
- **理论要点：**仓储的基本概念、储存保管商品的基本方法及技术
- **实践要点：**运用正确的设施设备，选择适合的方法保管储存中的商品

任务情境

为了保证肉和香肠产品对存储保值期的特殊要求，某公司仓库在高架区的上风口安装了空调系统，以保证130多种不用产品的安全存放。库房高27m，其中4个库位位于地下。整个库房设有两个温度区域，分拣区为10～12℃，高架存储区为0～2℃，以满足不同产品的专业存储要求。托盘货物进入存储区后，按照不同产品的不同需要，放置3～270天进行熟化。在业务量不大时，仓库管理系统会对存储进行优化，以保证订单分拣在高峰作业时段的高效率。在优化存储时，第二天需要的托盘从缓存区取出进入活跃存储区，并遵循先入先出原则。

任务分析

从以上案例中可以看出，如果在商品储存过程中采用必要的一些措施，则可以避免储存商品的价值受到影响。

商品在储存过程中，由于商品本身的自然属性及外界因素的影响，随时会发生各种各样的变化，从而降低甚至丧失其使用价值。然而，仓储商品保管就是研究商品性质以及商品在储存期间的质量变化规律，积极采取各种有效措施和科学的保管方法，创造一个适宜于商品储存的条件，维护商品在储存期间的安全，保护商品的质量和使用价值，最大限度地降低商品的损耗。

任务实施

步骤一　了解仓储基本概念

1. 仓库

仓库是保管、储存物品的建筑物和场所的总称。物流中的仓库功能已经从单纯的物资储存保管，发展到具备物资接收、分类、计量、包装、分拣、配送、存盘等多种功能。仓库根据产权性质可以分为3种：自建仓库、租赁仓库、公共仓库。

2. 库存

库存是指企业在生产经营过程中为销售或者耗用而储备的物品，一般来讲，库存是指处于储存状态的物品或商品，但广义的库存还包括处于制造加工状态和运输途中的物品，所以，企业的原材料、燃料、低值易耗品、在制品、半成品、产成品等都属于库存范畴。这里含义有两层：其一，物资所储存的位置，不是生产线上，不是在车间里，也不是在非仓库中的任何位置，例如，汽车站、火车站等类型的流通结点上，而是在仓库中；其二，物资的储存状态可能由任何原因引起，而不一定是某种特殊的停滞。这些原因包括主动的各种形态的储备、被动的各种形态的超储、完全的积压。

3. 储备

物资储备是一种有目的的储存物资的行动，也是这种有目的的行动和其对象总体的称谓。物资储备的目的是保证社会再生产连续不断地、有效地进行。所以，物资储备是一种能动的储存形式，或者说是有目的的、能动地生产领域和流通领域中物资的暂时停滞，尤其是指在生产与再生产，生产与消费之间的那种暂时停滞。

储备和库存的本质区别在于：第一，库存明确了停滞的位置，而储备这种停滞所处的地理位置远比库存广泛得多，储备的位置可能在生产及流通中的任何结点上，可能是仓库中的储备，也可能是其他形式的储备；第二，储备是有目的的、能动的、主动的行动，而库存有可能不是有目的的，有可能完全是盲目的。

4. 储存

储存是包含库存和储备在内的一种广泛的经济现象，是一切社会形态都存在的经济现象。储存不一定在仓库中也不一定是有储备的要素，可以在任何位置，也有可能永远进入不了再生产和消费领域。但在一般情况下，储存、储备两个概念是不作区分的。

5. 仓储

仓储是指仓库对商品进行储存和保管。"仓"也称为仓库，为存放物品的建筑物和场地，可以为房屋建筑、大型容器、洞穴或者特定的场地等，具有存放和保护物品的功能；"储"表示收存以备使用，具有收存、保管、交付使用的意思。"仓储"则为利用仓库存放、储存未即时使用的物品的行为。简言之，仓储就是在特定的场所储存物品的行为。

从现代物流角度来看，仓储有以下 5 个基本内涵。

1）仓储首先是一项物流活动，或者说物流活动是仓储的本质属性。仓储不是生产、不是交易，而是为生产和交易服务的物流活动中的一项。这表明仓储只是物流活动之一，物流还有其他活动，仓储应该融于整个物流系统之中，应该与其他物流活动相联系、相配合。这一点与过去的"仓库管理"是有重大区别的。

2）仓储活动或者说仓储的基本功能包括了物品的进出、库存、分拣、包装、配送及其信息处理六个方面，其中，物品的出入库和在库管理可以说是仓储的最基本的活动，也是传统仓储的基本功能，只不过管理手段与管理水平得到了提升；物品的分拣与包装，过去也是有的，只不过现在更普遍、更深入、更精细，甚至已经与物品的出入库及在库管理相结合，共同构成现代仓储的基本功能；之所以将配送作为仓储的基本功能之一，是因为配送不是一般意义上的运输，而是仓储的自然延伸，是仓库发展为配送中心的内存要求，如果没有配送，则仓储也就仍然是孤立的仓库；至于信息处理，已经是现代经济活动的普遍现象，当然也应是仓储活动的内容之一，离开了信息处理，也就不能称其为现代仓储。

3）仓储的目的是为了满足供应链上下游的需求。这与过去仅满足"客户"的需求在深度与广度方面都有重大区别。谁委托、谁提出需求，谁就是客户。客户可能是上游的生产者、可能是下游的零售业者，也可能是企业人员，但仓储不能仅满足直接"客户"的需求，也应满足"间接"客户即客户的客户需求。仓储应该融入供应链上下游之中，根据供应链的整体需求确立仓储的角色定位与服务功能。

4）仓储的条件是特定的有形或无形的场所与现代技术。说"特定"，是因为各个企业的供应链是特定的，仓储的场所当然也是特定的。有形的场所当然就是指仓库、货场或储罐等。现代经济背景下，仓储也可以在虚拟的空间进行，也需要许多现代技术的支撑，离开了现代仓储设施设备及信息化技术，也就没有现代仓储。

5）仓储的方法与水平体现在有效的计划、执行和控制等方面。计划、执行和控制是现代管理的基本内涵，科学、合理、精细的仓储当然离不开有效的计划、执行和控制。

步骤二 掌握储存、保管方法

物品保管是根据仓库的实际条件，对不同的物品进行保护和保存以及对其数量、质量进行管理控制活动。在经营过程中对物品进行保管的主要目的是通过物品的保管产生物品的时间效用。物品的保管不仅是技术问题，还是一个综合管理问题。因此，要做好人、物、温湿度养护等方面的工作。

1. 储存保管的原则与要求

（1）储存保管的作业原则

仓库储存保管作业原则有2个：①效率原则，仓储的生产管理的核心就是效率管理，实现以最少的劳动量投入，获得最大的产品产出；②经济效益原则，实现利润最大化则需要做到经营收入最大化和经营成本最小化。

（2）仓储管理人员的基本要求

1）仓库管理人的基本素质要求。仓库管理人必须具备的基本素质包括：①具有丰富的商品知识，懂得商品的物理、化学性质和保管要求，能采取合理措施保管好商品；②掌握现代仓储管理的技术，能熟练应用现代仓储管理信息系统；③熟悉仓储设备，能合理高效地安排使用现有的仓储设备；④办事能力强，能分清轻重缓急，有条理地处理各项事务；⑤具有一定的财务管理能力，例如，查阅财务报表、进行经济核算、成本分析，能根据仓储经济信息进行成本管理、价格管理和决策；⑥具有一般的管理素质。

2）仓库保管员的职责。仓库保管员要做到严格遵守各项操作规程和规章制度，为了保证在仓库储存保管的物品质量完好、数量准确，必须经常、定期和有针对性地对所保管的物品的数量、质量、保管条件、安全等动态进行检查，特别要注意检查和测试物品的仓储环境、温湿度变化，检查中发现的问题，例如，积水、漏雨、阳光照射、虫鼠害、潮湿发霉、高低温、倒垛等，要及时处理。

2. 分区分类作业

（1）商品分区分类储存的概念

仓库商品的分区分类储存是指根据"四一致"原则（性能一致、养护措施一致、作业手段一致、消防方法一致）把仓库划分为若干保管区域，把储存商品划分为若干类，以便统一规划储存和保管。

在仓库分区时，可以根据货物特性分区、分类储存，将性质相近的物品集中存放；或者根据商品的体积和重量进行分区，将单位体积大、重量大的物品存放在货架底层，并靠近作业通道；或者根据商品的周转率进行分区，将周转率大的物品存放在仓库装卸搬运最方便的位置；或者根据供应商或客户的不同进行分区，将相同供应商或客户的物品集中存放，便于分拣和配货作业。

小链接 5-7

分区分类储存商品的作用

1）可缩短商品拣选及收、发作业的时间。

2）能合理使用仓容，提高仓容利用率。

3）有利于保管员熟悉商品的性能，提高保管养护的技术水平。

4）可合理配制和使用机械设施，有效提高机械化、自动化操作程度。

5）有利于仓储商品的安全，减少损耗。

（2）商品分区分类储存的原则

仓库分区分类储存商品应遵循以下原则：商品的自然属性和性能应一致；商品的养护措施应一致；商品的作业手段应一致；商品的消防方法应一致。

具体做法，可以将相关性高的商品放在同一个分区里，这样可以实现一次性拣货作业，减少装卸搬运的距离，使仓库完成一定任务所发生的装卸搬运量最小，速度最快。

（3）商品分区分类储存的方法

由于仓库的类型、规模、经营范围、用途各不相同，各种仓储商品的性质、养护方法也迥然不同，因此分区分类储存的方法也有多种，须统筹兼顾、科学规划。

1）按商品的种类和性质分区分类储存。按照货物的自然属性，把怕热、怕光、怕潮、怕冻、怕风等具有不同自然属性的货物分区分类储存。

2）按商品的危险性质分区分类储存。货物的危险性质，主要是指易燃、易爆、易氧化、腐蚀性、毒害性、放射性等。

3）按商品的发运地分区分类储存。货物的储存期较短，并且吞吐量较大的中转仓库或待运仓库，可按货物的发往地区、运输方式、货主，进行分区分类储存。

3. 货位规划和统一编号作业

货位编号是将库房、货场、货棚、货垛、货架物品的存放具体位置顺序，统一编列号码，并做出明显标识，以方便仓库作业管理。它在商品储存保管作业中具有重要作用，不仅能提高收发货作业的效率，而且有利于货物的检查、盘点、对账等作业，以保障仓库账、货相符。

（1）货位编码的要求和方法

1）货位编号的要求：①标识设置要适宜，例如，仓库标识可在库门外挂牌，多层建筑库房的走道、支道的标识一般刷在水泥或木板的地坪上。②标识制作要规范，可统一使用阿拉伯数字制作货位编号标识，再辅之以圆圈。③编号顺序要一致，一般情况下库房内走道和支道的编号采用进门方向左单右双或者自左而右的规则。④段位间隔要恰当，其宽窄取决于储存货物批量的大小。

2）货位编号的方法：①库房的编号。把整个仓库的所有储存场所，依其地面位置按顺序编号。对库房的号码可统一写在库房外墙上或库门上，编号要清晰醒目、易于查找。②库房内货位编号。根据库内业务情况，按照库内主干支干道分布，划分为若干货位，按顺序以各种简明符号与数字来编制货区、货位的号码，并标于明显处。③货架上的货位编号。

在收发零星物品及进行拼装作业的仓库中，往往在一个库房有许多货架，每个货架有许多格，作为存货的货位。可先按一个仓库内的货架进行编号，然后对每个货架的货位按层、位进行编号。常采用的是"四号定位"方法，即第1位表示库序号；第2位表示货架号；第3位表示货架层号；第4位表示货位号。顺序应从上到下，从左到右，从里到外。

3）仓库货位编码规则：用大写字母A、B、C、D代表库位大区；用01～26代表库位大区中的各列；用大写字母E1～E9代表列中的货架数；用01～09代表一层中的各个储位数。

例如：　A　　　01　　　E1　　　01
　　　　　↓　　　↓　　　↓　　　↓
　　　　库区　　列　　货架　　储位

（2）堆码方法

常见货物堆码方法有散堆法、货架堆码法、垛堆法。根据货物的特点选择不同的堆码方法，堆码商品常用的技术方法有重叠码、压缝码等，如图5-3所示。

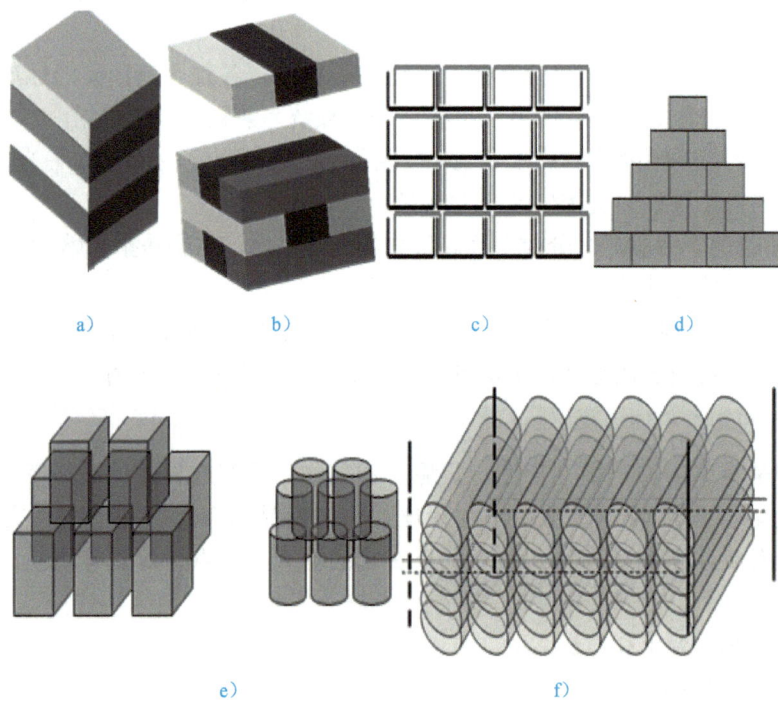

图 5-3　货物堆码方法
a）重叠式　b）纵横交错式　c）仰伏相间式　d）压缝式　e）通风式　f）栽柱式

货物堆码要根据货物的品种、性质、包装、体积、重量等情况，同时还要依照仓库的具体储存要求和有利于商品库内管理来确定商品的堆码形式，做到科学合理。

（3）堆码技巧

1）货物堆码要做到货堆之间，货垛与墙、柱之间保持一定距离，留有适宜的通道，方便商品的搬运、检查和养护。要把商品保管好，"五距"很重要。"五距"是指顶距、灯距、墙距、柱距和堆距。

2）顶距是指货堆的顶部与仓库顶平面之间的距离。留顶距主要是为了通风，平顶楼房顶距应在 50cm 以上为宜。

3）灯距是指在仓库里的照明灯与商品之间的距离。留灯距主要是为了防止火灾，商品与灯的距离一般不应少于 50cm。

4）墙距是指货垛与墙的距离。留墙距主要是为了防止渗水，便于通风散潮。

5）柱距是指货垛与屋柱之间的距离。留柱距是为了防止商品受潮和保护柱脚，一般留 10 ～ 20cm。

6）堆距是指货垛与货垛之间的距离。留堆距是为了便于通风和检查商品，一般留 10cm 即可。

步骤三　熟悉保管技术

1. 仓库温湿度保管

扫码看视频

（1）温度与湿度

1）空气温度。空气温度是指空气的冷热程度，又称为气温。

空气中热量的来源，主要是由太阳通过光的辐射把热量传到地面，地面又把热量传到近地面的空气中。物体温度的上升，取决于外来热能的多少和该物体比热的大小。热能增加，物体的温度上升；热能减少，物体的温度下降。一般来说，距地面越近气温越高，距地面越远气温越低。

气温是用温度表来测定的。温度表按其所表示的方法不同，分为摄氏和华氏两种，它们都以水沸腾时的温度（沸点）与水结冰时的温度（冰点）作为基准点。

摄氏的结冰点为 $0℃$，沸点为 $100℃$，中间分 100 个等分，每 1 等分为 $1℃$，用符号"℃"表示。华氏的结冰点为 $32℉$，沸点为 $212℉$，中间分 180 个等分，每 1 等分为 $1℉$，用符号"℉"表示。

我国法定采用摄氏温标。在仓库的日常温度管理中，仓库的室温和商品的温度多用摄氏温度来表示，凡 0 度以下温度，在度数前加"－"。

2）空气湿度。空气湿度是指空气中水汽含量的多少或空气干湿的程度。

空气中的水汽主要来自江河湖海和土壤，空气中的水汽含量越多，空气湿度就越大；反之，空气湿度就越小。空气湿度的表示方法主要有以下几种：

①绝对湿度：是指单位容积的空气里实际包含的水汽量，用 g/m^3 表示。

温度对绝对湿度有着直接影响。在通常情况下，温度越高，水汽蒸发得越多，绝对湿度就越大；反之，绝对湿度就越小。

②饱和湿度：是表示在一定温度下，单位容积空气中所能容纳的水汽量的最大限度。如果超过了这个限度，多余的水蒸气就会凝结，变成水滴。此时的空气湿度称为饱和湿度。

空气的饱和湿度不是固定不变的，它随着温度的变化而变化。温度越高，单位容积空气中能容纳的水蒸气量就越多，饱和湿度也就越大。

③相对湿度：空气中实际含有的水蒸气量（绝对湿度）距离饱和状态（饱和湿度）程度的百分比叫作相对湿度。也就是说，在一定温度下，绝对湿度占饱和湿度的百分比数。相

对湿度用百分率表示。相对湿度越大，表示空气越潮湿；相对湿度越小，表示空气越干燥。

空气的绝对湿度、饱和湿度、相对湿度与温度之间有着相应的关系。温度如果发生变化，则各种湿度也随之发生变化。仓储环境的湿度常用相对湿度表示，相对湿度在70%以上称为高气湿，低于30%称为低气湿。相对湿度可用通风干湿表或干湿球温度计测量。

3）露点。是指含有一定量水蒸气（绝对湿度）的空气，当温度下降到一定程度时所含的水蒸气就会达到饱和状态（饱和湿度）并开始液化成水，这种现象叫作结露。水蒸气开始液化成水时的温度叫作"露点温度"，简称"露点"。如果温度继续下降到露点以下，空气中超饱和的水蒸气，就会在商品或其他物料的表面上凝结成水滴，此现象称为"水淞"，俗称商品"出汗"。

小链接 5-8

干湿球温度计

干湿球温度计是把两支同样的温度计固定在一块板上，其中一支温度计的球用纱布包裹，纱布的一端浸泡在一个水盂里，利用水分蒸发时吸热的原理，两个温度计显示一定的温度差。在测得两支温度计温度的同时，可以查对"温湿对照表"，获得此时的相对湿度值。

（2）空气温湿度的变化对货物质量的影响

1）货物的吸湿性，指商品吸着和放出水分的性质，它与商品养护有着密切关系。商品吸湿性的大小以及吸湿速度的快慢，都直接影响该商品含水量的增减，对商品质量影响极大。

2）货物的安全水分，是指吸湿性商品可以安全储存的最高含水量（也叫临界含水量）。

3）货物的安全相对湿度与安全温度。为了保证商品含水量在安全临界之内，就要控制储存环境的空气相对湿度在一定范围内，这个范围就是商品的安全相对湿度。当气温高时，商品的安全相对湿度就低，气温低时，则安全相对湿度就高。

商品在保管中，为了保证其质量的安全，对储存环境所要求的温度界线，这个界线就是商品的安全温度。在绝对湿度不变的情况下，气温的变化可以提高或降低商品中的含水量；同时，气温变化对某些易溶、易熔、挥发性以及动植物性商品等，将引起物理、化学及生物化学性能的变化，使商品在质量上和数量上遭受损失。

（3）仓库温湿度的调节与控制

为了维护仓库商品的质量完好，创造适宜商品储存的环境，当仓库内温湿度适宜商品储存时，就要设法防止仓库外气候对仓库内的温湿度造成不良影响；当仓库内温湿度不适宜商品储存时，就要及时采取有效措施调节仓库内的温湿度。实践证明，采用密封、通风与吸潮相结合的方法，是控制和调节仓库内温湿度行之有效的方法。

1）密封。密封是把商品尽可能严密地封闭起来，减少外界不良气候条件的影响，以达到安全保管的目的。

采用密封方法，要和通风、吸潮结合运用，如果运用得当，则可以起到防潮、防霉、防热、防溶化、防干裂、防冻、防锈蚀、防虫等多方面的效果。

①不同介质的密封。不同介质的密封包括大气密封、干燥空气密封、充氮密封、去氧密封等。

大气密封。大气密封就是将要封存的物品直接在大气中密封，其间隙中充满大气，密封后基本保持密封时的大气湿度。

干燥空气密封。干燥空气密封是在密封空间内充入干燥空气或放置吸湿剂，使空气干燥，防止物品受潮。干燥空气的相对湿度应在 40% ~ 50%。

充氮密封。充氮密封是在密封空间内充入干燥的氮气，造成缺氧的环境，减少氧的危害。

去氧密封。去氧密封是在密闭空间内放入还原剂，例如亚硝酸钠，可以吸收空气中的氧，造成缺氧的气氛，为封存物品提供更有利的储存条件。

②不同范围的密封。按照密封的范围不同，可分为整库密封、小室密封、货垛密封、货架密封、包装箱及容器密封、单件密封等。

整库密封。对储存批量大、保管周期长的仓库（例如战备物资仓库、大批量进口物资仓库）可进行整库密封。整库密封主要是用密封材料密封仓库门窗和其他通风孔道。留作检查出入的库门应加装两道门，有条件的可采用密闭门。

小室密封。对于储存量不大、保管周期长、要求特定保管条件的物品可采用小室密封。即在库房内单独隔离出一个小的房间，将需要封存的物品存入小室内，然后将小室密封起来。

货垛密封。对于数量较少、品种单一、形状规则、需长期储存的物品可按货垛进行密封。货垛密封所用的密封材料除应具有良好的防潮、保温性能外，还应有足够的韧性和强度。

货架密封。对于数量少、品种多、不经常收发、要求保管条件高的小件物品可存入货架，然后将整个货架密封起来。

包装箱及容器密封。对于数量少、动态不大、需要在特殊条件下保管且具有硬包装或容器的物品（例如精密仪器表、化工原料等）可按原包装或容器进行密封。可封严包装箱或容器的缝隙，也可将物品放入塑料袋，然后用热合或黏合的方法将塑料袋封口放入包装箱内。

单件密封。对于数量少、无包装或包装损坏、形状复杂、要求严格的精加工制品可按单件密封。最简便且经济的方法是用塑料袋套封，也可用蜡纸、防潮纸或硬纸盒封装。

小链接 5-9

密封保管应注意的几点事项

①密封前要检查商品质量、温度和含水量是否正常，如果发现生霉、生虫、发热、水淞等现象就不能进行密封；发现商品含水量超过安全范围或包装材料过潮，也不宜密封。②密封的时间要根据商品的性能和气候情况来决定。怕潮、怕溶化、怕霉的商品，应选择相对湿度较低的时节进行密封。③密封材料常用的有塑料薄膜、防潮纸、油毡纸、芦席等。密封材料必须干燥清洁，无异味。④密封常用的方法有整库密封、小室密封、按垛密封，以及按货架、按件密封等。

2）通风。通风是利用仓库内外空气温度不同而形成的气压差，使仓库内外空气形成对流，来达到调节仓库内温湿度的目的。当仓库内外温度差越大时，空气流通就越快；若仓库外有风，借助风的压力更能加速仓库内外空气的对流。但风力也不能过大（风力超过5级灰尘较多）。正确地进行通风，不仅可以调节与改善仓库内的温湿度，还能及时散发商品及包装物的多余水分。按照通风的目的不同，可分为利用通风降温（或增温）和利用通风降湿两种。

① 通风降温（或增温）。主要指对湿度要求不高，而对温度要求比较严格的一些怕热商品，例如，玻璃瓶或铁桶装的易挥发的化工原料、化学试剂和医药等液体商品。对于一些怕冻的商品，在冬季，只要仓库外温度高于仓库内就可以进行通风，以提高仓库内温度。

② 通风降湿。是对易霉腐、溶化、锈蚀等库存商品的通风。利用通风散潮，来降低仓库内的相对湿度，首先应该对比仓库内外绝对湿度的高低，然后再考虑气温与相对湿度的高低。

采取自然通风的方法来降低湿度要遵循下面的四项原则：

第一，外部温度和湿度都低于仓库内温度和湿度时可以通风，反之不能通风。

第二，外部温度低于仓库内、仓库内外相对湿度一样时，可以通风，反之不能通风。

第三，仓库外相对湿度低于仓库内相对湿度而温度和湿度库内外温度一样时，可以通风。

第四，仓库内外温湿度的情况不与上述三项原则相同又不相反时，需经计算来确定能否通风。就是把仓库外的相对湿度换算为仓库内温度下的相对湿度，如果低于仓库内的相对湿度则可以通风；反之不能通风。

通风的方法有自然通风和机械通风。自然通风一般是在温室顶部或侧墙设置窗户，依靠热压或风压进行通风，并可通过调节开窗的幅度来调节通风量。机械通风就是在库房上部装置出风扇、在库房下部装置进风扇，利用机械进行通风，以加速库房内外的空气交换。

3）吸潮。吸潮是与密封配合，用以降低仓库内空气湿度的一种有效方法。在梅雨季节或阴雨天，当仓库内湿度过高，不适宜商品保管，而仓库外湿度也过大，不宜进行通风散潮时，可以在密封仓库内用吸潮的办法降低仓库内湿度。

吸潮剂的种类很多，常用的有生石灰、氯化钙、硅胶。随着市场经济的不断发展，现代商场仓库普遍使用机械吸潮方法，即使用吸湿机把仓库内的湿空气通过抽风机，吸入吸湿机冷却器内，使它凝结为水而排出。

吸湿机一般适宜于储存棉布、针棉织品、贵重百货、医药、仪器、电工器材和烟糖类的仓间吸湿。在温度为27℃，相对湿度为70%时，一般每小时可以吸水 3～4kg。使用吸湿机吸潮，不仅效率高、降湿快，而且体积小、重量轻、不污染商品。但是吸湿机的应用必须科学合理，要注意吸湿机吸湿功能与库房面积的关系，确保吸湿的效果。例如春秋季多雨，吸湿机工作的时间应相应延长。与此同时，要注意吸湿与密封的关系，确保吸湿在密封的条件下进行，否则难以达到吸湿的效果。

2．金属的防锈与除锈

仓储商品的锈蚀一般是指金属制品的锈蚀，即金属制品的生锈和腐蚀，它是由于金属表面受到周围介质的化学作用或电化学作用引起的破坏现象，它是一种自然现象，是仓储商品养护的主要内容之一。

（1）创造良好的储存条件

1）认真选择储存场所。储存场所均应清洁、干燥，避免与酸、碱、盐等化学品接触。

2）保持库房和货场干燥，堆码时要防止金属物品受潮。

3）保持库内外清洁，清除堆垛周围杂草，不使材料受到玷污和附着尘土。此外还应注意保护金属材料的防护层和包装，防止因防护层受损而生锈。

4）认真选择储存条件，调整合适温度和湿度。

（2）金属制品的防锈

金属物品在库期间因受到周围介质的化学作用或电化学作用而引起破坏，即锈蚀。引起金属锈蚀的关键因素是水分和空气中的氧，金属锈蚀的防治方法有两种。

1）密封法防锈蚀。①干燥空气封存法，也称控制相对湿度法。当空气相对湿度控制在35%时，金属不易生锈，非金属也不易生霉。②充氮封存法。氮气的化学性质比较稳定，在货物包装中充入干燥的氮气，隔绝了水分、氧气等腐蚀性介质，从而达到使金属不易生锈、非金属不易老化的目的。

2）涂油防锈。涂油是一种广泛应用的防锈方法。涂油可借助油层的隔离作用，使水分和大气中的氧及其他有害气体不易接触金属制品表面，从而防止货物锈蚀或减缓金属锈蚀速度。

（3）金属制品的除锈

利用化学药剂除锈，这是借助于药物将锈蚀层除掉的一种先进的方法。

3．霉变和虫害的防治

（1）商品霉变的防治

1）化学药剂防霉。防霉变最主要方法是使用防霉腐剂。其基本原理是使微生物菌体蛋白凝固、沉淀、变性，或破坏酶系统使酶失去活性，而影响细胞呼吸和代谢；或改变细胞膜的通透性，使细胞破裂。

2）气相防霉变。就是使用具有挥发性的防霉防腐剂，利用其挥发生成的气体，直接与霉腐微生物接触，杀死或抑制霉腐微生物的生长，以达到防霉腐的目的。有的厂家在生产中将防霉腐剂直接加到商品上，对其外观与质量没有不良影响。为了提高防霉腐的效果，一般是在密封条件下进行，常用的气相防霉腐剂有多聚甲醛和环氧乙烷。

3）气调防霉腐。气调防霉腐要在密封条件下，通过改变空气组成成分，以降低氧的浓度，造成低氧环境，来抑制腐微生物的生命活动与生物性商品的呼吸强度，而达到防霉腐的效果。

4）低温冷藏防霉腐。低温冷藏防霉腐所需的温度与时间，应根据具体商品而定，一般温度越低，持续时间越长，霉腐微生物的死亡率越高。

5）干燥防霉腐。它是通过减少仓库环境中的水分和商品本身的水分，使霉腐微生物得不到生长繁殖所需水分而达到防霉腐目的。

（2）虫害的防治

仓库一般虫害防治工作有以下两个方面。

1）做好环境卫生。

虫害的防治工作主要应杜绝虫源，杜绝害虫生长繁殖的环境。为此，要做好仓库内外环境卫生，特别注意害虫喜欢藏匿和过冬之处，定期做好消毒工作。对易生害虫的仓库，在害虫繁殖期之前，可使用磷化铝、溴化烷、硫酸氟等进行熏蒸，在仓库内的墙角、走道、垛底、苫垫物料等处喷洒杀虫剂，例如敌百虫等溶液。

2）药物防治。

趋避剂：例如，精萘、樟脑精等，适用于毛、麻、丝、棉织品、皮毛、皮革制品以及竹木制品等，但不适用于橡胶、人造革、食品等。

熏蒸剂：例如，溴甲烷、磷化铝、硫磺等，可根据物品数量多少，结合仓库建筑条件，酌情采用整库密封熏蒸、小室密封熏蒸和密封箱、密封缸熏蒸等形式。

其他的防治方法有：利用紫外线、微波、辐射、高温、低温、缺氧，以及合成激素杀虫等。例如，为了防治白蚁，可对仓库内的木制材料涂刷一层灭蚁药剂防白蚁。

（3）鼠害的防治

老鼠种类很多，繁殖力很强，而且性格机警狡猾，喜欢藏在阴暗隐蔽的地方，多在夜间活动，食性广杂，它直接损害粮食及其他库存商品，破坏商品包装，并传播病菌，对人类危害很大。据资料记载，25%的偶发性火灾是由老鼠啃咬电线而引起的。仓库鼠害的防治主要有以下方法：

1）物理灭鼠。就是使用鼠夹、鼠笼、粘鼠板、超声波驱鼠器等器械防治鼠害。使用鼠夹时可在鼠夹上放些引诱老鼠的食物，在小范围内，可先布饵不放夹，以消除鼠的新物反应。然后支夹守候，并及时取走死鼠。鼠笼适宜于老鼠数量多，危害严重的地方。粘鼠板就是使用粘鼠胶涂在木板上，中间放饵来诱鼠，鼠粘上就不易逃脱。超声波驱鼠器使用简便，安全可靠，效率高，不污染环境，尤其适合在粮食、食品、编织品仓库使用。

2）化学灭鼠法又称药物灭法。包括胃毒剂、熏杀剂、驱避剂和绝育剂等。其中，以胃毒剂的使用最为广泛，使用方式是制成各种毒饵，灭鼠效果好，用法简单，用量很大。

4. 冷冻冷藏技术

（1）冷藏保管的原理

冷藏是指在保持低温的条件下储存物品的方法。由于在低温环境中，细菌等微生物的繁殖速度大大降低，生物体的新陈代谢速度降低，有机体的保鲜时间能够延长，因此，对鱼肉食品、水果、蔬菜及其他易腐烂物品都采用冷藏的方式仓储。

（2）冷库种类

冷库可以分为两种。

1）生产性冷库。生产性冷库是指进行冷冻品生产的冷库，是生产的配套设施。

2）周转性冷库。周转性冷库是维持冷货低温的流通仓库。

（3）冷库仓储管理

1）冷库使用。冷库要保持清洁、干燥，需要经常清洁、清除残留物和结冰，仓库内不得出现积水。冷库投入使用后，除非进行空仓维修保养，否则必须保持制冷状态。

2）货物出入库。货物入库时，除了通常仓储所进行的查验、点数外，还要对送达货物的湿度进行测定、查验货物内部状态，并进行详细的记录，对于已霉变的货物不接受入库。

3）冷货作业。为了减少冷耗，货物出入库作业应选择在气温较低的时间段进行，例如早晨、傍晚和夜间。

4）冷货保管。冷库内要保持清洁干净，地面、墙、顶棚、门框上无积水、结霜、挂冰，特别是在作业以后，应及时清洁。制冷设备等上的结霜、结冰要及时清除，以提高制冷功能。

🤖 触类旁通

危险品的安全存储技术

1）危险品是指在流通中，由于本身具有的燃烧、爆炸、腐蚀、毒害及放射线等性能，或因摩擦、振动、撞击、暴晒或温湿度等外界因素的影响，能够发生燃烧、爆炸或人畜中毒、表皮灼伤，以至危及生命、造成财产损失等危险性的商品。

化学危险商品按照危险属性的不同分为10类：爆炸性商品、氧化剂、压缩气体和液化气体、自燃商品、遇水燃烧商品、易燃商品、易燃固体、毒害性商品、腐蚀性商品、放射性商品。

2）危险品仓库的种类及建筑要求：危险品仓库一般占地面积较大。在布局上，应区别各类物品的不同性能，以安全第一为原则，搞好区域规划。

3）危险品的安全储存管理：危险品在装卸、搬运、堆码及管理、养护等方面，必须采取科学的方法，危险品仓库管理一般要求做到以下几点。

①商品出入库管理。商品出库时，提货车辆和提货人员一般不得进入存货区，由仓库搬运人员将应发商品送到货区外的发货场。柴油车及无安全装置的车辆不得进库区，提货车辆装运抵触性商品的，不得进入库区拼车装运。商品出库要包装完整，重量正确，并标有符合商品品名和危险性质的明显标记。商品入库时，防止不合格和不符合安全储存的商品混运进库，这是把好危险商品储存安全的第一关。商品入库要检查其包装、衬垫、封口等，符合安全储存要求，才准运入仓库。

②分区分类储存，易爆、易燃、助燃、毒害、腐蚀、放射等类商品性质各异，互相影响或互相抵触的，必须分区隔离储存，即使同类商品，虽其性质互不抵触，但也应视其危险性的大小和剧缓程度进行分类储存。

③堆码。危险品应以库房储存为主，堆码不宜过高过大，货垛之间要留出足够宽的走道，墙距也应较宽。一般堆垛高度：液体商品以不超过2m为宜，固体商品以不超过3m为宜。

④安全装运。危险品必须轻装轻卸，使用不发生火花的工具（用铜制或包铜的器具），禁止滚、摔、碰、撞、重压、振动、摩擦和倾斜。

案例 5-3

某企业经销商在整理库房，一个收废品的人也在帮忙整理。曾经销售过、但现在已经不再销售的成捆的海报和堆箱被抬上了废品车。这些产品的堆箱是经销商 3.5 元一个从公司买来的。结果干干净净连包装都没坏，被 4 毛钱一斤给卖掉了。紧接着，出现了很戏剧化的并让人不得其解的一幕，库管跑过来说：在仓库里找到 30 件……过期了！这个经销商的办公及仓储地点原来是一处工厂，大仓库是原来的车间。因为仓库不够用，有几间原来工厂的宿舍也改成了几个库房，主要是装一些促销品，到季节性存货阶段，大仓库有压力的时候也用来存放商品。那 30 件过期的产品就是在其中一个存放促销品的小库房找到的。

请思考：

①产品在小库房过期的原因是什么？

②给上述案例的储存管理提出改进方案。

任务 4　盘 点 商 品

任务要点

◆ **关 键 词**：日常盘点、月度盘点、年度盘点、货物清账

◆ **理论要点**：货物盘点的过程，货物盘点的方法

◆ **实践要点**：根据不同货物的特点，选择合适的盘点方法

任务情境

小强在接手新工作 20 天之后，对远在千里之外的第三方仓库进行年终盘点，在出发之前获知该仓库是有库位管理的，为了能清晰记录、减少盘点难度、便于复核和查找，于是用 Excel 做了一张复式分库位盘点表。正是因为这张特别的盘点表，在盘点之后进行数据整理时，为充分把握库存状态打下了基础。

行程共占用两天，第 1 天下午到达，对仓库布局进行初步了解，查看货品状态，对货品和储存环境进行拍照，与仓库工作人员进行交流，了解现存问题，预约盘点人员及安排计划。

第 2 天 9 点上班，组织盘点人员，共 3 人，其中仓库工作人员两名，一位是该项目数据文员，一位是该项目操作管理组长；另外还有一位搬运工，由于货品堆叠不规范，要求其辅助整理，以便后续盘点。盘点记录表两份，小强一份，对方文员一份，各自记录。

9 点半开始盘点，按照库位逐一盘点，另外用一张辅助打草纸记录每库位每行排数、堆叠层数、包装规格，不同堆叠层数的分开记录。最后计算该库位总数量，填入盘点表对应物品下的库位及对应库位的数量。如果发现有异议的地方或堆叠混乱的地方随手拍照，两方盘点数量确认相符后记录，开始相邻下一库位盘点。

　　由于该仓库良品和不良品分开放置，当盘点完所有良品后进行不良品盘点，最多的异议和问题也正存在于不良品盘点中，外箱破损、实物破损、质量问题、退货、客户拒签退回、原因不详退回、陈旧退货已入系统、新退货未入系统等问题各式各样，由于不良品是堆积在一起的，也就无所谓库位了，于是原来记录表中库位一栏改为简单描述退货状况：包损、实损、新退、旧退等分类分物品记录。对于有破损的拍摄破损照片，退货的拍摄面单照片，仓库工作人员提示有问题的也随手拍下照片。最后对总的退货区域也拍摄几张照片。

　　现场盘点到下午3点结束，最后复核各类物品盘点总数，填写电子盘点表汇总数量，发现两方记录不符的直接到对应库位进行复盘，最终达成一致。

任务分析

　　在仓储过程中，商品会不断地入库、出库、调库。经过一段时间后，由于各环节的操作误差，会导致储存物资的理论库存数与实际库存数存在一定的差异，为了有效控制和掌握货品的数量和质量，必须定期或不定期对储存的商品进行清点、查核，这一作业过程称为盘点作业。盘点是在规定的时间内，仓库保管员对其所保管的货物及其账目进行查验，也就是说对其所保管的货物进行实物清点，并核对货、账的作业。通过盘点工作可以查出在作业环节和管理中存在的问题，并通过问题的解决提高管理水平，减少经济损失。

　　通常，盘点方法有日常盘点、月度盘点、年度盘点、其他盘点方法及最后的货物清账。

任务实施

步骤一　日常盘点

　　日常盘点是指当每日工作结束时，库房保管员所进行的账、物自我确认。其目的是确认每一天工作的结果（收发账目的平衡），并关注每日的重要事项。

　　日常盘点的工作要素包括：

1）盘点计划。盘点计划要符合企业作业规定，不需要单独计划。

2）盘点责任者。盘点责任者一般是库房保管员。

3）盘点内容。盘点内容仅限当日接受、发出和移动部分（转库）的货物。

4）盘点时间。盘点时间安排在每天工作结束后。

5）盘点方式。盘点方式一般没有严格限制，可根据实际情况确定。

6）盘点速度。盘点速度要快，时间长度不宜超过10min。

7）盘点确认者。盘点确认者是仓库当班保管组长。

8）盘点记录。日常盘点一般不需要盘点记录。

步骤二　月度盘点

　　月度盘点是指当每月工作结束时所进行的账、物检查和确认。其目的是对当月的工作结果进行一次全面检查，对发现的问题及时纠正。与月度盘点类似的还有周盘点、旬盘点、季度盘点等，它们的区别只是盘点周期有差异而已，其性质基本相同。

1. 月度盘点的工作要素

月度盘点的工作要素主要包括：

1）盘点计划。盘点计划是根据仓库货物管理制度实施的月度盘点计划。

2）盘点责任者。盘点责任者由库房保管员担任。

3）盘点内容。重点是当月的接收、发货和移动部分（转库）的货物，但须兼顾全面。

4）盘点时间。盘点时间应选择当月末适当时间，一般选择夜班进行。

5）盘点方式。盘点方式可采用封闭式盘点和半封闭式盘点两种。

6）盘点确认者。盘点确认者一般由仓库主任担任。

7）盘点记录。盘点记录按表单格式记录。

2. 月度盘点的工作内容

月度盘点的工作内容，如图5-4所示。

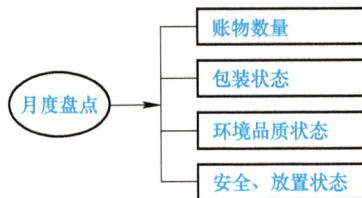

图5-4 月度盘点的工作内容

3. 盘点计划表示例

某电子公司盘点计划表示例，见表5-5。

表5-5 某电子公司盘点计划表示例

序 号	物料类别	盘点内容	兼顾项目	盘点日期			备 注
				日 常	月 度	年 度	
1	IC类	检件	包装	√	√	√	
2	贵重类	检件	包装	√	√	√	
3	PCB类	检件	有效期	√	√	√	
4	线材类	检包	包装	√	○	√	
5	电池类	检粒	有效期	√	√	√	
6	电器类	检件	包装	○	○	√	
7	电子元件	检件	包装	○	○	√	
8	机芯类	检件	包装	√	√	√	
9	五金件	检件	包装	√	○	√	
10	塑料件	检件	包装	√	○	√	
11	玻璃器皿	检件	包装	√	○	√	
12	胶水类	检件	有效期	×	√	√	
13	液体类	检件	有效期	×	√	√	
14	辅助料	检件	有效期	○	√	√	
15	包装料	检件	包装	○	√	√	
16	不良材料	检件	包装	○	√	√	
17	在制品	检件	包装	○	○	√	
18	半成品	检件	包装	○	○	√	
19	成品	检套	包装	√	○	√	
20	储备品	检套	包装	×	○	√	
21	不良品	检套	包装	○	○	√	

说明：√表示必须实施，○表示可以选择实施，×表示可以不实施

步骤三 年度盘点

年度盘点是指当每年工作结束时所进行的账、物全面检查和确认。其目的是对当年度的工作结果进行一次全面检查，以便及时发现问题，实施预防和纠正措施，并为决策提供依据。

1. 年度盘点的工作要素

年度盘点的工作要素包括：

1）盘点计划。仓库货物管理部门必须明确盘点目标，制订详细的盘点计划，在盘点计划中应该将盘点的工作重点逐一列举清楚，按计划进行。

2）盘点责任者。盘点责任者由库房保管员担任。

3）盘点内容。盘点内容包括当年在库货物的总数目和所处状态。

4）盘点时间。选择当年年底适当时间，一般选在年末一周内进行，并与财务、账目同步。

5）盘点方式。盘点方式采用封闭式盘点。

6）盘点确认者。盘点确认者是仓库主管。

7）盘点记录。盘点记录要按表单格式记录。

8）年度盘点参与者。库房保管员、货物接运员、物管部主管、仓库财务人员和仓库主任等均参加在库货物的年度盘点。

2. 年度盘点的工作内容

年度盘点的工作内容，如图 5-5 所示。

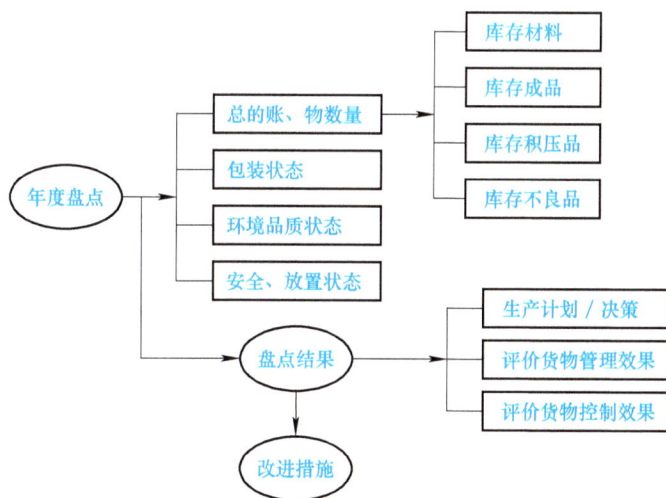

图 5-5 年度盘点的工作内容

3. 年度盘点记录表格式

年度盘点记录表格式，见表 5-6。

表 5-6　年度盘点记录表

盘点周期：　　　　　　　　　　　盘点日期：　　　　　　　　　　　　页数：

序　号	品　名	规　格	编　号	账　数	实　数	差异数	状　态	备　注

主要事项说明		盘点结果评价：	
负责人：	核对人：		复核人：

步骤四　其他盘点

盘点的种类除前面所述外，在一些特殊情况下也需要进行盘点，例如停业、整顿、突击等盘点。这些盘点往往是随工作进行状态而出现的，可以预见但不便于计划，一般需要在领导的批示下实施。其具体的情况如下。

1. 停业盘点

停业盘点是指在终止某项目业务时，对与该项业务关联的货物进行盘点，以便完全消除存在的影响。

2. 整顿盘点

整顿盘点是指在日常工作中因某项业务出了问题，领导者为了彻底理清头绪而批示的盘点。

3. 突击盘点

突击盘点一般是针对贵重货物所进行的突击检查，目的是为了确保贵重货物的安全。

步骤五　货物清账

清账，顾名思义，就是清理账目，清账的"清"就是清除、明晰的意思，一定不能做假账，非特殊情况不可推估和估量。

货物清账其实也是管理效果的象征，是衡量物管部门工作水平的一个标准。对货物清账的要求会因不同的货物性质而有所差异，但基本要求是大同小异的。清账的基本要求，如图 5-6 所示。

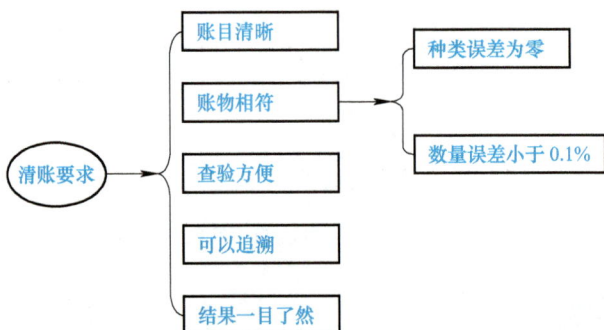

图 5-6　清账的基本要求

触类旁通

先进先出（FIFO）的颜色管理法

某总公司下设 17 个分公司，每个分公司分别设立了一个仓库以保证物资供应。仓库内的货物大多数属于快速消费品，周转率高，品种繁多，管理起来非常麻烦。仓管员在盘点过程中经常发现有不少已经过了保质期的商品，造成了较为严重的损失。

经过不断的思索与改进，于 2007 年 3 月在其中一个分公司的仓库推行了一种"颜色管理法"，此方法操作简单，直观易行，并且大大减少了呆滞商品。后来这种先进先出的颜色管理法逐步推广，达到了良好的效果。

此方法的作业过程如下：

采用目视管理，为每批次货物设立标识。

标识由两个半圆组合而成，上半圆表示季度，下半圆表示季度中的月份，组合后含义为第几季度的第几个月，例如，第二季度的第一个月即表示 4 月。

季度色：

第一季度→春季→青草的颜色→绿色→

第二季度→夏季→火焰的颜色→红色→

第三季度→秋季→落叶的颜色→黄色→

第四季度→冬季→冰水的颜色→蓝色→

月份色：

第 1 个月→浅的颜色→白色

第 2 个月→较深的颜色→灰色

第 3 个月→深的颜色→黑色

标识示例如图 5-7 所示。

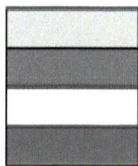

图 5-7 标识示例

（1）标识的填写

为区分入库日期，可在标识的季度色区域填写阿拉伯数字表示的年份与日期，年份与日期以"–"分隔。如2002年1月15日可表示为如图5-8所示的标识。

图5-8　填写好的标识

（2）标识的使用

1）标识的使用时机为合格产品入库时，仓管员须在每一独立包装上粘贴颜色识别标识。

2）在摆放（堆垛）时，须保持该颜色标识朝向人员易发现的方位（在产品标识面的右上角）。

3）对于储存超过期限进行过重验的物品，重验合格时，在原标识旁加贴新标识，以便于日常作业时识别。例如，2001年1月3日入库物品，库存期限1年，在2002年1月3日重验合格，如图5-9所示。

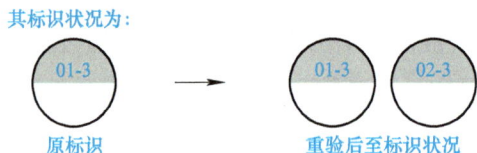

图5-9　标识的使用

4）生产线退料零头无须标示，发料时须优先出库，整包装须按原出库时的标识标示。

5）仓管员在日常管理中，应检查标识的完好性，如果发现标识丢失应及时确认后补贴。

6）仓管员在进行物品出库时，须搜索颜色标识，贯彻先进先出原则。

案例 5-4

挪用库存商品案例

A公司是一家经营民用爆炸物品的企业。由于存货属于危险品，公安机关只允许客户按日使用量发货，提货联上超过日使用量的，必须以寄存的方式由仓库保管。公司对存货销售及发货的内部控制规程是：客户凭公安机关出具的购买证明，到A公司的营业柜台开具销售发票（一式五联）并交纳货款后，凭提货联到仓库提货。客户会存在当日开票日后提货的情况。超过日使用量的客户，仓库保管员在仓库商品账中凭提货单记录发货，然后与客户填写一份一式两联的"寄存物品出入库登记表"登记增加寄存数，日后寄存商品发货时在寄存表中扣减。"登记表"每发生一笔增减业务，均需由客户和保管员签名，"登记表"由客户和保管员各执一份。保管员凭"登记表"登记寄存商品明细账。在实物上，仓库保管员不必区分公司库存商品和寄存商品。公司会计人员，每月要进行对存货盘点。据举报，该公司仓库保管员当月有违法私自出借库存商品的嫌疑。假设上月末会计人员盘点无误，本月盘点尚未进行。

请思考： 如何编制盘点表，编写检查工作底稿，查找犯罪证据？

任务 5　控 制 库 存

任务要点

- ◆　**关 键 词**：库存管理、库存成本、库存品种数量管理、库存控制管理
- ◆　**理论要点**：库存控制的定义、成本构成及库存管理方法
- ◆　**实践要点**：运用 ABC 分析法、经济订购批量法控制库存

任务情境

电商小雪所售 A 商品年需求量为 30 000 个，单位商品的购买价格为 20 元，每次订货点成本为 240 元，单位商品的年保管费为 10 元。如果你是电商小雪，那么该如何安排商品的经济批量、每年的库存总成本、每年订货的次数和订货间隔周期？

任务分析

对于电商来说，库存控制很重要。不管选择租用仓库还是自用仓库储存货物，只要有库存，都会产生库存成本，那么以上案例中小雪面临的难题：安排商品的经济批量、每年的库存总成本、每年订货的次数和订货间隔周期，这些都是在寻求成本最低化的过程中必须解决的难题。库存业务流程、库存成本的构成、库存管理评价指标、库存管理方式是解决以上难题时应具备的基础知识。

任务实施

步骤一　初识库存管理与业务

1. 库存

库存是指处于储存状态的物品或商品。库存与保管概念的差别在于前者是从物流管理的角度出发强调合理化和经济性，后者是从物流作业的角度出发强调效率化。库存具有整合需求和供给，维持各项活动顺畅进行的功能。

2. 库存管理

库存管理是根据外界对库存的要求、企业订购的特点，预测、计划和执行一种补充库存的行为，并对这种行为进行控制，重点在于确定如何订货，订购多少，何时订货。

库存管理的核心是库存控制，其重点是对周转库存的控制。周转库存是企业成本效益中最重要的一环。市场瞬息万变，超时过量的库存占用了企业的资金，不但造成企业资金困难，影响正常经营活动的开展，而且还增加了产品的保管费用，同时增加了库存风险和库存损耗。

3．库存业务

库存业务通常指仓库中的物资进、出、存的业务。从经营者的角度看，库存业务是一种经营业务，例如，一个超市所从事的就是购进物资，储存并进行销售的典型经营业务。经营者强调经营，要讲究效益和成本，就需要通过科学管理来获取利润，也只有从这个角度出发，才能认真研究库存业务，管理库存业务。

根据本项目前4个任务可知，一个完整的物资库存经营过程，包括以下4个过程。

1）订货。订货过程是从发出订单之日起，到订货成交为止所经历的过程。通过订货成交、签订合同、支付货款，企业取得了物资的所有权。订货是一个商流过程，经过订货处理，企业在名义上的库存量将增加。

2）进货。进货过程是从订货成交之日起，到把物资从对方仓库运到自己仓库并将物资入库为止的过程。它是一个物流过程。通过进货过程，自己仓库的库存量会实实在在地增加。

3）保管。保管过程指从物资入库之日起，到该物资出库之日为止的时间间隔，它也是一个物流过程。保管过程不会使仓库存量发生变化（不考虑库存损失）。

4）销售出库。销售出库过程指从物资点交到物资出库发运为止的过程。它既是一个商流过程，也是一个物流过程。通过销售出库过程，物资库存量无论在名义上还是在实际上都会减少。

由以上4个过程可以看出，订货、进货过程使库存量增加，销售出库过程中库存量减少，而保管过程库存量保持不变。所以，为了进行库存量的控制，既可以控制销售出库过程也可以控制订货、进货过程。

小链接5-10

库存控制的单据与报表

在库存业务中还需要进行库存控制的单据与报表的填制和管理，下面介绍几种常用的库存控制的单据与报表。

一、物料请购单

日期：　　　　　　　　　　　　　　　　　　　　　　　　　NO. 000001

制单号码	料　号	需求数量	库存数量	请购数量	预定进厂时间	备　注

经理　　　　　　　　　　　　主管　　　　　　　　　　　　物控

二、物料进度计划表

日期：　　　　　　　　　　　　　　　　　　　　　　　　　NO. 000001

订购日	订单号码	料　号	品名规格	订购量	进料计划	供应商	备　注

审核　　　　　　　　　　　　制表

三、材料使用预算表

材料编号	品名规格	单位	后三个月预算用量	平均月用量	预估月用量	存量管理方式	购备时间	安全存量	请购点	请购量	最高存量

四、存量基准设定表

材料编号	品名规格	单位	采购方法	去年平均月用量	设定月用量	安全存数	请购点	设定请购量	备注

五、常备材料控制表

变更日期	预估月用量	购备时间	安全存量	请购点	请购量	最高存量	日期	进厂量	发出量	库存量	请购未到量	请购参考量

六、物料需求分析表

材料名称	存量	名制单需求预计	不足数量	上次订单余量	订购	预计入库日期	备注

七、材料使用差异分析表

材料编号	品名规格	单位	近三个月实际用量①	当月预算用量②	差异量 ①－②	差异率 （①－②）／②	异常原因	处理对策	备注

步骤二　区分库存成本

库存成本是整个物流成本的一个主要组成部分，库存成本主要由以下几种费用构成。

1. 订货费用

订货费用是指订货过程发生的与订货有关的全部费用，包括差旅费、订货手续费、通行费、招待费及订货人员有关费用。

订货费用的特点：在一次订货中，订货费用与订货量的多少无关，每次的订货费用是一定的，在一定时期内总订货费用与订货次数成正比。订货次数越多，总订货费用越高。

2. 进货费用与购买费用

所谓进货费用是指进货途中为进货所花费的全部费用，即运杂费，包括运费、包装费、装卸费、租赁费、延时费、货损货差等。所谓购买费用，即购买物资的原价。

二者的特点：当订货的数量、订货的地点确定以后，总的购买费用和总的进货费用就是确定不变的，不会随着进货批量变化而变化。也就是说，进货费用与购买费用都与订货批量无关，批量大小都不会影响其总进货费用和总的购买费用。

3. 保管费用

保管费用是指在保管过程中为物资保管所花费的全部费用，包括入、出库时的装卸、搬运、堆码、检验费用；保管用具、用料费用；仓库房租、水电费；保管人员有关费用；保管过程中的货损货差；保管物资资金的银行利息等。

保管费用的特点：保管费用与被保管物资数量的多少和保管时间的长短有关。被保管物资的数量越多，保管的时间越长，所承担的保管费用就越高。

4. 补货费用

补货费用是指当用户来买货时，仓库没有现货供应，但不丧失销售机会，而是要求用户仍然在这里订货，承诺马上进货，待到货后，马上补货给用户，为了实现补货，往往发生补货费用。补货是一种实时需求的进货响应，意味着企业经营风险的降低，但也在一定程度上影响了客户服务水平。因此，为了维持一定的客户关系，需要投入一定的招待费、感情费、回扣费，或是为客户提供一定的优惠服务和优惠价格。

5. 缺货费用

缺货费用是指当用户来买货时，仓库因为没有现货供应而丧失了这次销售机会，这种现象就叫缺货。缺货会造成损失，也就是缺货费用。缺货费用对不同的对象影响是不同的。对仓库来说，轻则丧失了销售机会，重则误了合同，遭受罚款，更重则失去了用户，失去竞争能力，进而失去市场。对于用户，轻则多花些差旅费到别处去买，重则停工待料、停产改产。

步骤三　了解库存管理评价指标

库存管理的评价指标主要有平均库存值、可供应时间和库存周转率。

1）平均库存值指某时间段内全部库存物品的价值之和的平均值。这个指标可以让企业管理者了解企业资产的库存占用状况。

2）可供应时间指现在库存能够满足多长时间的需求，计算公式为：

$$可供应时间 = \frac{平均库存值}{相应时间段内单位时间的需求}$$

3）库存周转率指在一定期间库存周转的速度，计算公式为：

$$库存周转率 = \frac{一定时间销售额}{一定期间平均库存值} \times 100\%$$

提高库存周转率对于加快资金周转，提高资金利用率和变现能力具有积极的作用。可通过重点控制耗用金额高的物品、及时处理过剩物料、合理确定进货批量和消减滞销存货等方式来提高库存周转率。但是库存周转率过高将可能发生缺货现象，而且存在因采购次数增加使采购费用增加的缺点。

步骤四　掌握库存管理方式

库存管理方式是指用于库存量的检查和订货的方式（什么时候应当发出订货单和确定订货数量）。常用的有以下库存管理方式。

1．ABC 分类管理法

（1）ABC 分类管理法的含义

ABC 分类管理法又称帕累托分析法、主次因素分析法、重点管理法、ABC 管理法。ABC 分类管理法是将库存物品按品种和占用资金的多少，分为特别重要的库存（A 类），一般重要的库存（B 类）和不重要的库存（C 类）3 个等级，然后针对不同等级分别进行管理与控制。

ABC 分类管理法是通过对库存进行统计、综合、排列、分类，找出主要矛盾、抓住重点进行管理的一种科学有效的管理方法。把品种小、占用资金多、采购较难的重要物品归为 A 类；把品种多、资金少、采购较易的次要物品归为 C 类；把处于中间状态的归为 B 类。

（2）ABC 分类

ABC 分类管理表，见表 5-7，观察第三栏品类累计百分比和第八栏平均资金占用额累计百分比，将品类数累计百分比为 5% ～ 15%，而平均资金占用额累计百分比为 60% ～ 80% 的前几个物品，确定为 A 类；将品类数累计百分比为 20% ～ 30%，而平均资金占用额累计百分比也为 20% ～ 30% 的物品，确定为 B 类；其余为 C 类，C 类的情况正好和 A 类相反，品类数累计百分比为 60% ～ 80%，而平均资金占用额累计百分比仅为 5% ～ 15%。

表 5-7 ABC 分类管理表

物品名称	品类数累计	品类数累计百分比	物品单价	平均库存	物品平均资金占用额	平均资金占用额累计	平均资金占用额累计百分比	分类结果
①	②	③	④	⑤	⑥ = ④ × ⑤	⑦	⑧	⑨

（3）绘制 ABC 分类管理图

以品类数累计百分比为横坐标，以平均资金占用额累计百分比为纵坐标，按 ABC 分类管理表第 3 栏和第 8 栏所提供的数据在坐标图上取点，并连接各点曲线，绘成 ABC 分类管理曲线。按 ABC 分类管理曲线对应的数据，按 ABC 分类管理表确定 ABC 3 个类别的方法，在图上标明 A、B、C 三类，制成 ABC 分类管理图，如图 5-10 所示。

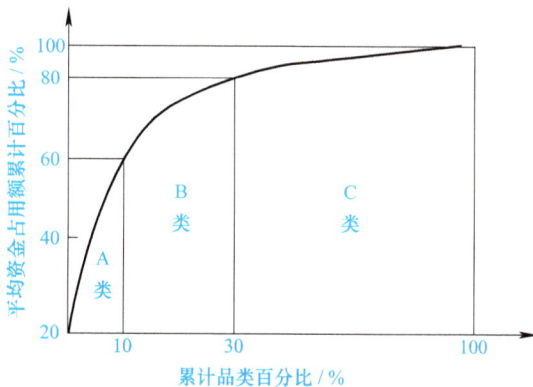

图 5-10 ABC 分类管理图

（4）确定重点管理要求

按 ABC 分类管理结果，权衡管理力量与经济效果，对以下 3 类库存物品进行有区别的管理。

A 类库存，实行重点管理。该类库存物资数量虽少，但是对企业最为重要，是最需要严格管理和控制的库存。企业必须对该类库存定时盘点，详细记录及经常检查分析物资使用、存量增减、品质维持等信息，加强进货、发货、运送管理，在满足企业内部需要和客户需要的前提下，维持尽可能低的经常库存量和安全库存量，加强与供应链上下游企业合作，降低库存水平，加快库存周转率。

B 类库存，实行一般控制。该类库存属于一般重要的库存，进行正常的例行管理和控制。

C 类库存，采用简便方法管理。该类库存物资数量最大，但对企业的重要性最低，因而视为不重要的库存。对该类库存，一般进行简单的管理和控制。

2. 定量订货法

定量订货法又称连续检查控制方式或订货点法。其工作原理是：连续不断地监视库存余量的变化，当库存余量下降到某个预定数值时，就向供应商发出固定批量的订货请求，经过一段订货时间，订货到达后补充库存。

所谓定量订货，就是预先确定一个订货点和订货批量，随时检查库存，当库存下降到订货点时，就发出订货请求，订货量取一个订货批量的方法。这个订货的方式核心体现为以下两个方面：①确定订货点，解决什么时候订货；②确定订货批量，解决一次批量订多少货。

（1）订货点的确定

订货点就是发出订货的时机。在定量订货法中，是以库存水平作为参照点的。当库存下降到某个库存水平时就发出订货请求，发出订货请求时的这个库存量水平称为订货点，即企业为每种物料设置一个最大库存量和安全库存量（Q_0），实际操作中使库存量 Q 不低于 Q_0，由于物料供应需要一段时间，所以库存补充必须有一定的提前期（天），当库存 $Q=Q_0+dx$ 日需求量时，下达订单来补充库存，此时库存量 Q 为订货点，如图 5-11 所示。

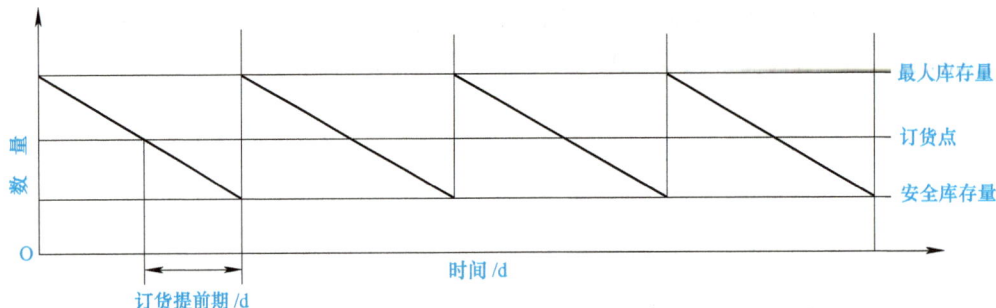

图 5-11 定量订货模型

订货点是一个决策变量，是直接控制库存水平的一个关键变量。订货点不能取得太高，也不能太低，如果太高，则订货物资订回来后，原有的库存物资还没有卖完，这样新旧物资合在一次，库存量太高；订货点如果太低，则订货物资还没有订回来，旧的库存物资就已卖光，造成缺货。

合适的订货点主要取决于两个因素：一是需求速率，也就是供应或销售的快慢。需求速率越大，订货点也越高；二是订货提前期，即从发出订货到所订物资入库所需要的时间长度。订货提前期越长，订货点也就越高。

订货点可以表达为：订货点 = 需求速率 × 订货提前期 + 安全库存量

小链接 5-11

应 用 实 例

某企业是一家经销计算机的零售商。经测算其最佳订货批量为 120 台，安全库存量为 60 台，每天平均销售量为 30 台，订货提前期为 2 天，试确定其订货点。

解：订货点量 =30×2+60=120 台

分析如下：

在第一天，最佳订货批量 120 台全部到货，加上安全库存量 60 台，总库存量为 180 台，在第三天，总库存量下降到 120 台，到了订购点。因为订购到收到物资需要 2 天，在这段时间要售出 60 台；由于在正常情况下不动用安全库存，所以当总库存量为 120 台时就得补充订货。

如果订货后一天库存量就下降到 60 台，这时上次订货尚未收到，周转库存已用完，以后发货需动用安全库存。如果安全库存也消耗完了，第二次订货误期到达，那么就会发生缺货现象。由此企业确定订货点为 120 台。

（2）订货批量的确定

所谓订货批量，就是一次订货所订的物资数量。订货批量的高低直接影响库存量的高低，也直接影响物资的供应满足程度，是不能随意确定的。因为订货批量太大将使库存量过高，成本升高；订货批量太低，库存量虽然可以降下来，但不一定能保证满足客户的需要，所以订货批量要选取恰当。

要降低库存成本，就要制定适当的订货策略，协调订货费用与保管费用的比例。订货批量的大小关系到订货费用与保管费用的高低。在一定期间内，物资的总需求量一定时，订货批量大，订货次数就会减少，订货费用就会降低，而保管费用会提高；若订货批量小，保管费用就会降低，而订货次数会增加。通常根据总费用（保管费用 + 订货费用）最省的原则来确定经济订货批量。

1）设一定时期内物资的总需求量为 D（件 / 年），单位订货费用为 C（元 / 次），单位库存保管费用为 H（元 / 件 × 年），经济订货批量为 Q_0。

一定时期内的保管费用总额为：$Y_1 = \dfrac{1}{2}QH$

一定时期内的订货费用总额为：$Y_2 = \dfrac{D}{Q} \times C$

一定时期内的总费用总额为：$Y = Y_1 + Y_2 = \dfrac{1}{2}QH + \dfrac{D}{Q} \times C$

使得 Y 取最小值，解得，经济订购批量为：$Q=\sqrt{\dfrac{2CD}{H}}$

2）还有另一种推算公式，介绍如下。

订货批量 Q 依据经济批量（EOQ）的方法来确定，即总库存成本最小时的每次订货数量。通常，年总库存成本的计算公式为：

年总库存成本 = 年购置成本 + 年订货成本 + 年保管成本 + 缺货成本

假设不允许缺货的条件下，年总库存成本 = 年购置成本 + 年订货成本 + 年保管成本

即 $TC=DP+DC/Q+QH/2$

式中，TC 是年总库存成本；

D 是年需求总量；

P 是单位商品的购置成本；

C 是每次订货成本，元 / 次；

H 是单位商品年保管成本，元 / 年；

（$H=PF$，F 为年仓储保管费用率）；

Q 是批量或订货量。

经济订货批量就是使库存总成本达到最低的订货数量，它是通过平衡订货成本和保管成本两方面得到。其计算公式为：$EOQ=\sqrt{\dfrac{2CD}{H}}=\sqrt{\dfrac{2CD}{PF}}$

经济订货批量，此时的最低年总库存成本 $TC=DP+H（EOQ）$

年订货次数 $N=\dfrac{D}{EOQ}=\sqrt{\dfrac{DH}{2C}}$

平均订货间隔周期 $=\dfrac{365}{N}=\dfrac{365EOQ}{D}$

小链接 5-12

本任务情景中案例解析

电商小雪所售 A 商品年需求量为 30 000 个，单位商品的购买价格为 20 元，每次订货点成本为 240 元，单位商品的年保管费为 10 元，求：该商品的经济订购批量，最低年总库存成本，每年的订货次数及平均订货间隔周期。

解：经济订购批量：$Q=\sqrt{\dfrac{2\times240\times30\,000}{10}}=1\,200（个）$

最低年总库存成本：$TC=30\,000\times20+10\times1200=612\,000（元）$

每年的订货次数：$N=\dfrac{30\,000}{1200}=25（次）$

平均订货间隔周期：$T=\dfrac{365}{25}=14.6（天）$

触类旁通

电子商务环境下"零库存"管理

通过电子商务平台，供需双方能够快速建立联系，从而使订购和销售能够快速履行。而且，加入的商家越多，信息沟通越有效。因此，当把采购方与供应方的生产系统、财务系统、供应链系统及客户关系管理系统等支撑生产运营的系统联系起来，使来自生产的信息进入采购系统，来自销售的信息进入生产计划时，才能体现电子商务的优越性。通过电子商务网络系统可将供应方、采购方的生产运营系统连接起来，从而实现自动采购、自动订单履行和自动信息交换。所以，电子商务环境下的库存管理通过网络把企业的供应商、客户和企业本身有效地连成一个整体，打破了个人和厂商固有的边界，以最快的速度将全世界的库存集中起来供企业使用，而且所有工作都在网上进行，既可以有效加速物资和资金的流动，又能实现"零库存"。

电子商务环境下"零库存"管理的方法主要有以下4种。

1. 配送方式

配送方式是根据电子商务的特点，对整个物流配送体系实行统一的信息管理和调度，按照采购方订货要求，在物流基地进行理货工作，并将配好的货物送交采购方的一种物流方式。这一先进的、优化的流通方式可以有效地降低企业物流成本，优化库存配置，保证及时供应，从而使企业实现"零库存"。配送方式作为现代物流的一种有效的组织方式，代表了现代市场营销的主流方向，是网络经济时代最有发展力和经济效益的物资供应体系。因此，根据生产的需要，对有些物资实行了配送制，按照生产单位的实际需要，将物资直接送到第一生产现场，实行采购、发料一体化，大大节约了物资的储存、运送成本，并且使生产急需物资进一步靠近现场，保证了稳定、高效的生产。

2. 委托保管方式

通过一定的程序，将企业所属物资交由专门的公司保管，而由企业向受托方支付一定的代管费用，使企业不再持有库存，从而实现"零库存"。这种"零库存"形式的优势在于：受托方利用专业的优势，可以实现较高水平和较低费用的库存管理，企业不再设库，同时省去了仓库及库存管理的大量实务，集中力量于生产经营。但这种"零库存"方式主要是靠库存转移实现的，并不能使库存总数量降低。这主要适用于需要专业保管的物资。天津通信广播器材公司就是采用这种方式实现"零库存"的。

3. 准时供应系统

准时方式不是采用类似传送带的轮动系统，而是依靠有效的衔接和计划达到工位之间、供应与生产之间的协调，从而实现"零库存"。

4. 看板方式

看板方式是准时方式中一种简单有效的方式，也称"传票卡"制度或"卡片"制度，是日本丰田公司首先采用的。在企业的各工序之间，或在企业之间，或在生产企业与供应者之间，采用固定格式的卡片为凭证，由某一环节根据自己的节奏，逆生产流程方向，向上一环节指定供应，从而协调关系，做到准时同步。采用看板方式，有可能使供应库存实现"零库存"。

总之，"零库存"是综合管理实力的体现。在物流方面要求有充分的时空观念，以严密的计划、科学的采购，达到生产资料的最佳衔接，达到库存最少的目的。要做到"零库存"，就得重视市场，把市场需求"摸得滚瓜烂熟"。要以销定产、以产定购，做到产得出、销得掉，发运及时。任何企业都须明白"市场是产品的最后归宿"，仓库不过是产品的休息室，只有产品投向市场的快捷反应，才会顺利跨出生产至销售的惊人一跳，达到"零库存"的目标。

案例 5-5

某种物料的订购周期为 10 天，每日需用量为 20t，保险储备定额为 200t。采用定量订购方式，试确定其订货点。

任务 6 　操作仓库管理系统软件

电子商务时代，物流信息化是电子商务的必然要求。信息技术在物流中的应用将会彻底改变世界物流的面貌。因此，如何操作仓库管理系统软件进行仓储管理，是每一个仓储管理者、电商们必备的基本技能。前面 5 个任务已经从业务流程方面介绍了作为电商如何进行物品的仓储和库存控制，本任务将以操作 LOGIS 仓库管理系统软件为例，从信息存储方面介绍物品的仓储和库存控制。

任务要点

◆ **关 键 词**：电子订货、采购计划、采购合同、选择供应商
◆ **理论要点**：LOGIS 仓库管理系统的入库、在库、出库流程
◆ **实践要点**：仓储业务费用的构成及结算方式

任务情境

小雨是北京万盛物流公司的一名新进的仓管员，负责信息储存管理，也就是系统的信息员角色，在仓储管理系统中将仓储基础信息按一定顺序正确、快速录入系统。她接到以下 4 个任务，应该如何圆满完成仓储库存管理任务呢，她如果向你求助，你会给她什么建议呢？

任务 1：按照入库通知单，见表 5-8，完成相关仓储物流信息管理系统的入库流程操作。

表 5-8 入库通知单

仓库名称：北京万盛物流公司　　　　　　　　　　　　　　　　　2020 年 8 月 9 日

批次	12002						
采购订单号	202008090001						
客户指令号	20200809001		订单来源		E-mail		
客户名称	北京欧乐科技有限公司		质量		正品		
入库方式	送货		入库类型		正常		
序号	货品编号	名称	单位	规格（mm）	申请数量	实收数量	备注
1	9787799912714	咖啡机	箱	600×400×220	20		
合计					20		

（备注：第一联仓库留作，第二联财务留作，第三联仓库记账）

制单人：李蜜　　　　　　　送货员：李长青　　　　　　　仓管员：

任务 2：为北京欧乐科技有限公司的酸奶机进行盘点。完成相关仓储物流信息管理系统的货品盘点操作。

任务 3：按照入库通知单，安排相关入库信息录入。最后，根据第二天接到的出库通知单，见表 5-9，完成相关仓储物流信息管理系统的出库流程操作。

表 5-9 出库通知单

仓库名称：北京万盛物流公司　　　　　　　　　　　　　　　　　2020 年 8 月 10 日

采购订单号	202008100006						
客户指令号	20200810006		订单来源		E-mail		
客户名称	北京欧乐科技有限公司		质量		正品		
入库方式	自提		入库类型		正常		
序号	货品编号	名称	单位	规格（mm）	申请数量	实收数量	备注
1	9787799912707	电烤箱	箱	450×300×200	15		
合计					15		

（备注：第一联仓库留作，第二联财务留作，第三联仓库记账）

制单人：李蜜　　　　　　　送货员：刘宇宏　　　　　　　仓管员：

任务 4：2020 年 8 月 21 日，万盛物流根据合同规定，需对 8 月份的仓储作业费用进行核算，并将核算清单发送到欧乐科技，作为当月物流费用结算的依据。为此，万盛物流的商务结算员孟丽丽对 8 月份欧乐科技的各项作业任务进行了汇总和统计，得到 8 月份的仓储作业内容包括：20 箱咖啡机入库作业。仓储作业费用按照仓储作业费率表结算，见表 5-10。根据上述信息，进行仓储业务费用的信息录入和处理。

表 5-10 仓储作业费率表

作 业 类 型	操 作 类 型	计 费 标 准	费用／费率
入库作业	入库上架	按件	0.25
入库作业	入库理货	按件	0.20

任务分析

随着信息技术的飞速发展，人们越来越多地选择电子商务进行日常交易，随着交易量的不断增多，利用信息技术进行货物的信息存储和管理，越来越被许多电商重视。如今，不仅物流公司，许多电商也会直接用软件进行物品仓储库存的信息存储和管理来提高效率。下面就用模拟管理软件来实现以上任务情景中的库存信息管理业务。

按照前面5个任务中所学的知识，物品仓储库存管理流程，如图5-12所示。

前3个任务，可以根据上述流程图实施，至于第4个任务，根据信息，先将上述入库作业任务完成，再进行入库上架费用、入库理货费用的结算作业。可以分成仓储作业费用设置、入库订单录入和处理、入库费用结算3个环节。

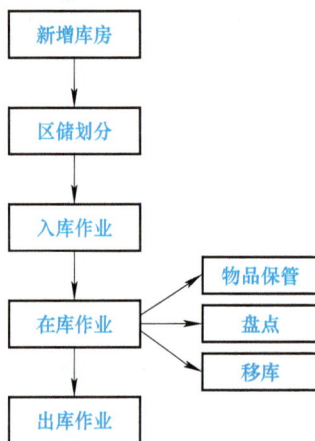

图 5-12 物品仓储库存管理流程

任务实施

步骤一　新增库房

1）LOGIS 仓库管理系统软件，进入"仓储管理"系统下的"基础管理"界面，单击"库房管理"按钮，新增库房信息。单击"提交"按钮即可完成并保存此次操作，如图5-13所示。

2）在"门信息"页面填写库房所有门的信息，单击"增加"按钮，输入信息后单击"确定"按钮，若库房有多个门，则重复上述操作即可。

在"库管员"页面填写人员信息。输入维护库管员信息后单击"确定"按钮，然后单击"提交"按钮保存。

3）新建区。选择"仓储管理"下的"基础管理"，在"区储位管理"填写储位信息维护表，单击单选框选择需要库房，填写相应的储位信息。

选择需要分配的储位，选择储位信息的多选框，选择需要进行分配的储位。

在以上界面内，选中刚才添加的区，单击"分配储位"按钮，在弹出的对话框中单击"确定"按钮，出现"分配储位"的界面，如图5-14所示，分别对"货架数""层数""截面数""通道号"进行定义。

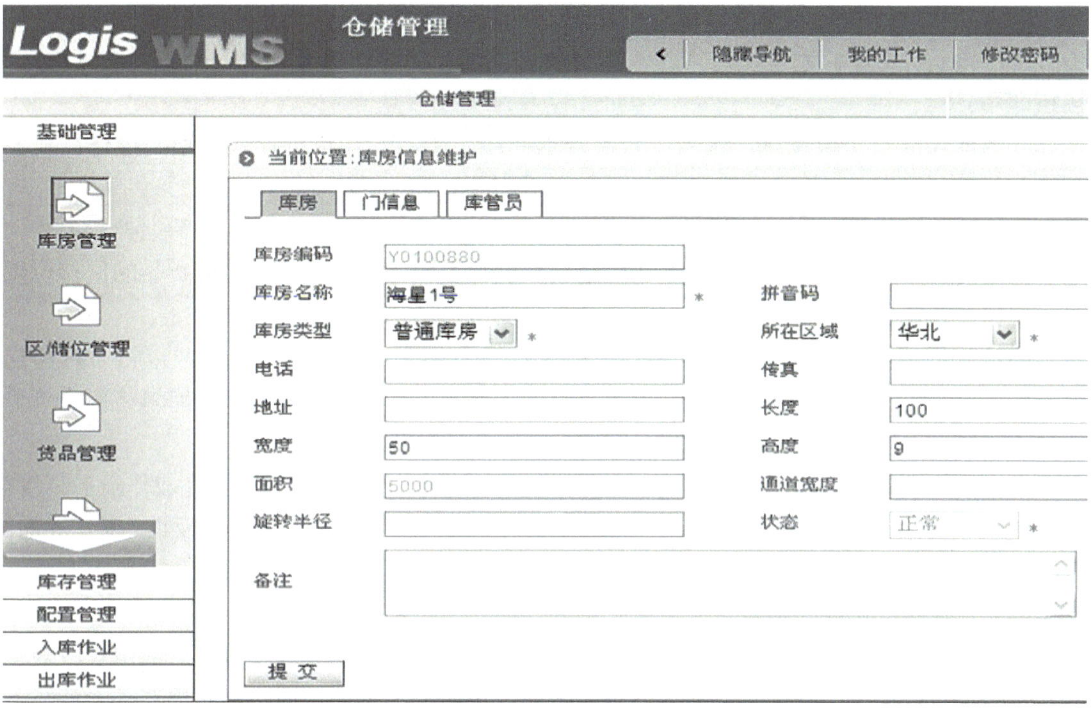

图 5-13　新增库房

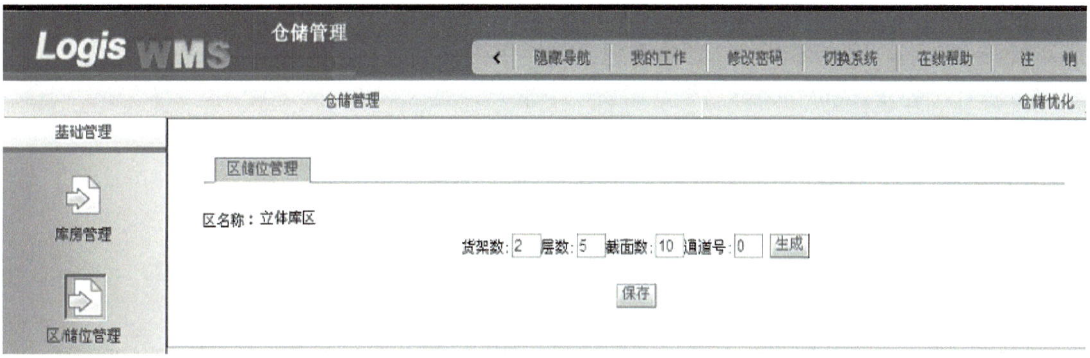

图 5-14　分配储位

单击"生成"按钮，再单击"保存"按钮即可。

4）入库作业。①新增入库订单。单击左栏的"入库订单"按钮，进入"入库订单管理"界面。

"新增"一个入库订单，根据实训任务中入库通知单的信息，录入订单内容，订单的具体信息，可以划分为订单信息、订单入库信息、订单货品信息 3 类。例如，"客户名称"为"北京欧乐科技有限公司"，"紧急程度"为"一般"，"订单来源"为"E-MAIL"，"入库方式"为"送货"，"入库类型"为"正常入库"，"库房"为"海星一号"，"质量"为"正品"，"数量"为"20"等。

上述 3 项信息全部填写完成后，单击"保存订单"按钮即可。信息填写界面中，带有红色星号的信息为必填项。

②生产作业计划。入库订单保存完毕后，返回订单列表中，选择刚才新增的订单，单击"生产作业计划"。系统将进入"入库订单"界面，核对订单无误后，单击"确认生产"按钮即可。

③入库调度。切换系统，进入"仓储管理系统"中，对订单进行入库系统操作。在左侧作业栏中，单击"入库作业"按钮，进入"入库预处理"界面。

选择该入库订单，单击"调度"按钮，进入"入库储位分配"界面。在待上架货品中，选中上架的货品并填写上架的数量，在区编码和储位编码中"选择"要上架货品的区储位编码，根据情景任务要求，将咖啡机存在"托盘货架区"的"A00003"的储位上。

确认好上架数量后，单击"上架"按钮。打开上架完成后的调度界面，单击"打印储位分配单"按钮，打印储位分配单。单击"打印入库单"按钮，直接打印入库单。由仓管员和送货员同时签字确认，并存档留底。

可在"资源调度"选项中对作业资源进行维护。单击"调度完成"按钮，完成作业的调度。

④入库反馈。在"入库作业"操作界面下，选择"入库反馈"，进入"入库反馈"操作界面。系统将已经调度完成的单据列出，单击"理货"按钮对需要入库的"咖啡机"进行入库清点理货操作，填写实际收货数量。

在企业实际运作中，理货操作通常通过RFID设备清点货品数量和种类。确定实收数量后，单击"保存修改"返回到"入库反馈"界面，单击"上架"，用户会发现在待上架货品中未上架数量为0，说明货物均已上架完成。

待货品理货、上架操作完毕后，返回到入库反馈列表中，单击"完成"按钮，货品入库系统操作完毕，用户可以在"订单管理系统"中查询到该订单的作业状态为"完成"。

步骤二 在库作业

在库作业包括物品保管、盘点和移库。这里主要介绍常用的盘点作业。

小链接5-13

盘 点 单

盘点除了对库存信息进行盘点外，还需要用纸质盘点单据进行实物盘点。

盘点日期： 年 月 日　　　　　　　　　　　　页数：第一页，第二页

序　号	储　位	货物名称	条　码	产品规格	单　位	出盘数量	复盘数量	确认数量	备　注

初盘员：　　　　　　　　　　　　　　　　复盘员：

1）库存冻结。进入到综合业务平台的"仓储管理"系统中，在左侧任务栏中，选择"库存冻结"作业，进入作业列表界面，如图 5-15 所示。选择填写完毕的冻结作业单，单击"执行冻结"按钮，完成冻结库存操作。

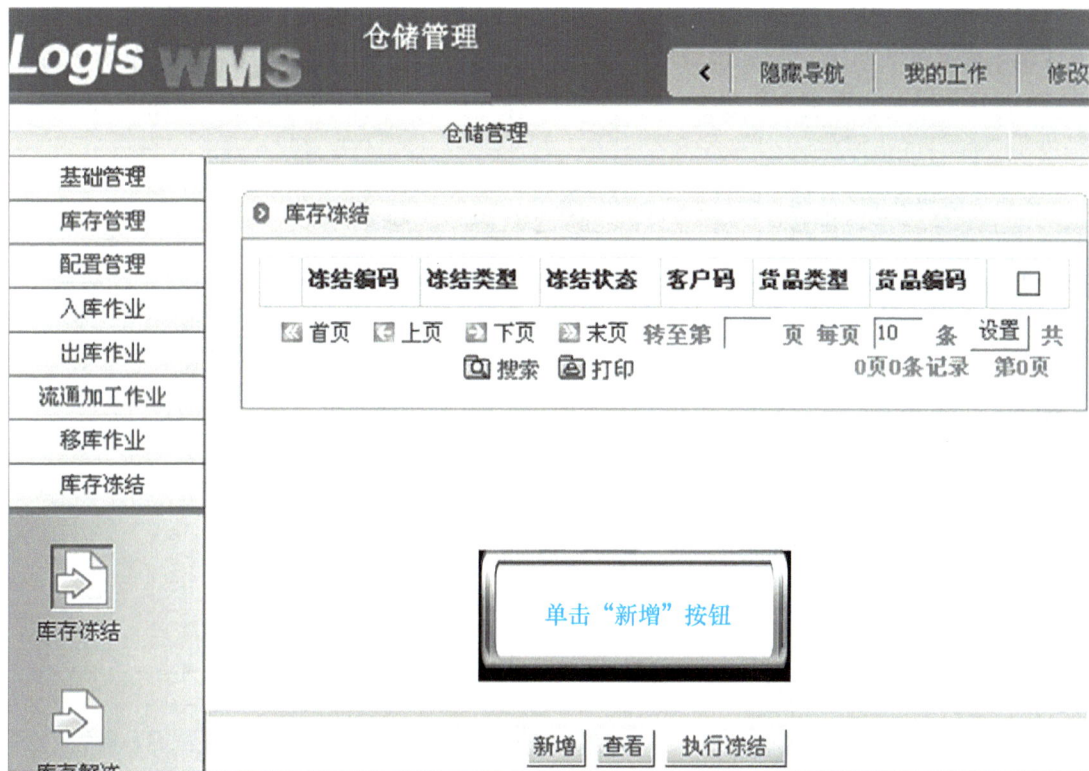

图 5-15　库存冻结

2）新增任务。盘点作业在物流综合物业平台的"仓储管理"系统中，选择左侧任务栏中的"盘点管理"，进入盘点作业列表中，勾选该盘点作业单，单击"提交处理"按钮，完成新增盘点任务操作。

3）实物盘点。利用手持终端扫描储位标签，再扫描储位上的货品。清点货品数量，将库存数量填写到"实际数量"中，清点完毕后单击"保存"按钮。如果在某一个货位上没有任何货品，则扫描该储位标签后，直接单击"无货品"按钮即可。待该盘点任务全部盘点完成后，手持终端系统会提示无待盘点货品。

4）在库反馈。在左侧任务栏中，选择进入"盘点作业"，进入盘点作业列表。单击"反馈"按钮。录入"实际正品量"与"实际次品量"。根据盘点单的实盘数量录入系统。实盘数据反馈完毕后，单击"反馈完成"按钮即可。

5）差异调整。如果盘点无差错，则盘点过程结束。如果盘点数据有差错，则应将"调整类型"选择为"盈亏"，然后单击"调整确认"按钮，完成盘点差异调整。

6）库存解冻。选择进入"库存冻结"，进入"库存解冻"。勾选货品编码为酸奶机的记录，然后单击下方的"解冻"按钮，完成库存解冻操作。将所有货品盘点结束后，返回到盘点作业列表中，单击"完成"按钮。

步骤三　出库作业

1）新增出库订单。选择"订单录入"，单击"新增"按钮，进入"订单管理"系统。单击"订单出库信息"界面，输入相应库房等信息。然后进入"订单货品"界面，单击"添加货品"按钮，填写出库货品的数量。然后单击"保存订单"按钮即可保存，如图5-16所示。

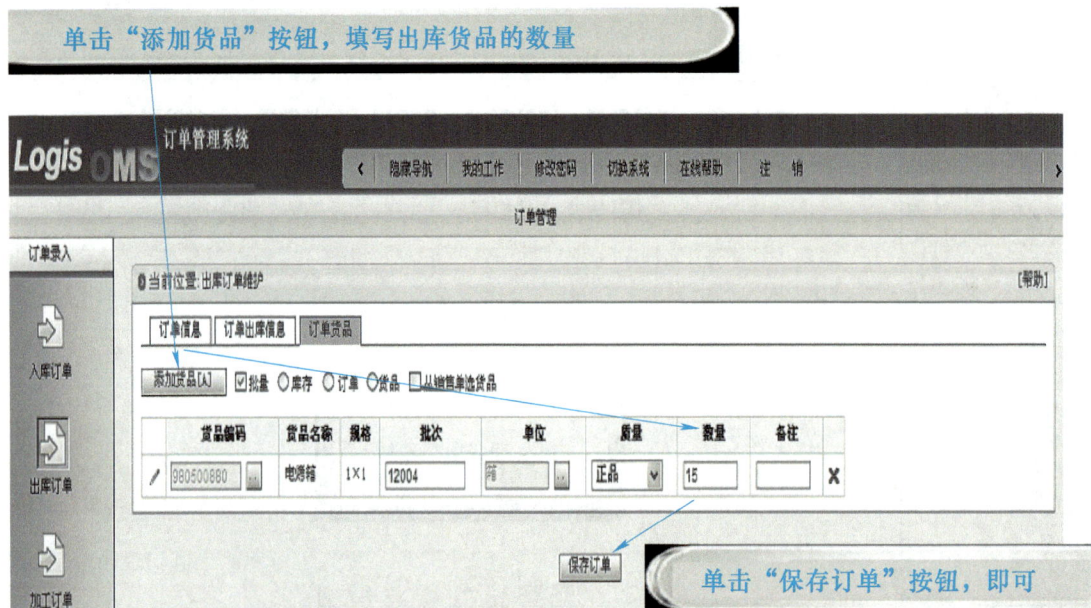

图5-16　新增出库订单

2）生成作业计划。返回到出库订单列表界面，选择刚才新增的订单，单击"生成作业计划单"。

3）出库调度。切换系统进入"仓储管理系统"，选择左侧任务栏中的"出库作业"，进入"出库预处理"作业界面。选择"调度"后，进入出库订单调度界面。"区编码"和"储位编码"信息都已自动识别出来。填写拣货数量"15"，单击"拣货"按钮。

在"待拣货结果"栏中，选中要拣货的该条记录，单击"库存"按钮。在"库存"栏下选中一栏，填写要拣货的数量，对"区编码"和"储位编码"也可以进行选择，单击"拣货"按钮，则在"已拣货结果"栏出现该条记录。单击"打印拣货单"按钮，打印拣货单。单击"打印出库单"按钮，打印出库单。返回到出库预处理界面，单击"完成"按钮。

4）出库反馈。在"仓储管理"系统中，选择"出库作业"进入"出库反馈"，选中刚才的出库单，如图5-17所示，包括"拣货""理货""完成"3个操作。

单击"完成"按钮，系统会自动弹出提示信息，确认无误后，单击"确定"按钮，至此出库的系统操作全部完毕。

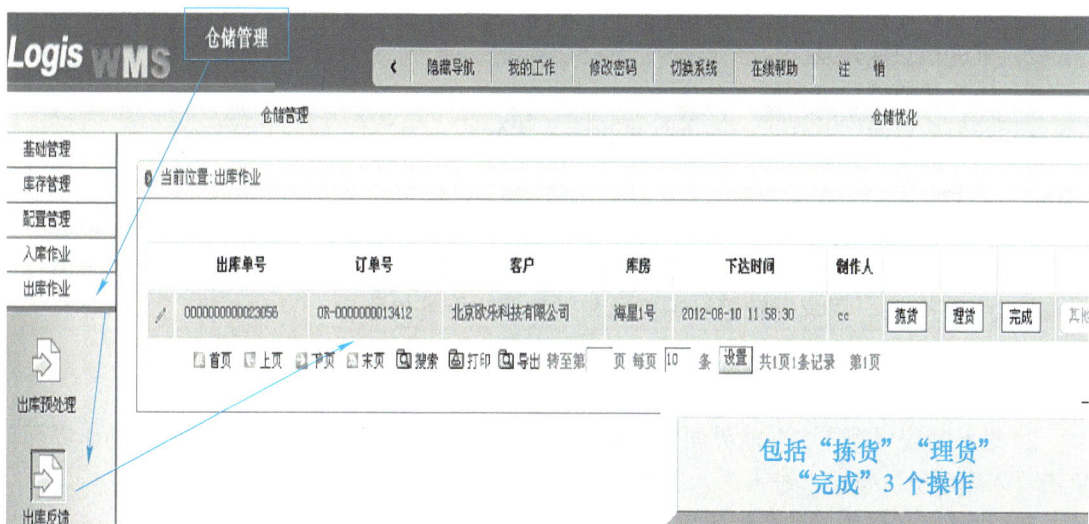

图 5-17　出库反馈

步骤四　仓储费用结算管理

仓储费用结算管理主要包括仓租和仓储作业结算，这里主要介绍仓储作业结算。

1. 仓储作业费用设置

1）单击"新增"按钮添加作业费用信息。

2）设置作业费率，作业费率信息设置完毕后，单击"提交"按钮。

3）用户可以进行"新增""修改""查看"和"删除"的操作。

2. 入库订单录入、处理

1）"新增"一个入库订单，根据入库通知单的信息，录入订单内容。

2）选择"入库作业"，进入"入库预处理"界面，单击"调度"按钮。

3）在"区编码"和"储位编码"中选择要上架货品的区储位编码。

4）填写实际收货数量，单击"保存修改"按钮返回界面，单击"上架"按钮。

3. 入库费用结算

1）单击"作业结算"按钮确定需要进行统计结算的作业任务。

2）选择"应收账单生成"，生成入库作业费用的账单。

3）填写作业截止时间、应收款类型等信息，单击"查询"按钮。

4）填写实际收货数量，单击"保存修改"按钮返回界面，单击"上架"按钮。仓储作业费用即可显示。

触类旁通

手持终端的使用

手持终端是指具有以下几种特性的便于携带的数据处理终端。

1）具有数据存储及计算能力。

2）可进行二次开发。

3）能与其他设备进行数据通信。

4）有人机界面，具体而言要有显示和输入功能。

5）电池供电。

按以上定义，手持终端常见的有 PDA、手机、智能手机、条码数据采集器、手持 IC 卡数据终端、手持指纹采集终端、抄表机等。在仓储行业，手持终端主要用于采集货物条码信息、采集托盘标签信息、采集周转箱标签信息和采集储位标签信息。

手持终端的操作步骤如下：

1）使用给定的用户和密码登录手持终端系统，并选择指定的库房。

2）进入其应用操作主功能界面，选择"入库作业"按钮，进入到"入库作业"的操作界面。单击"入库理货"按钮，进入"入库理货"界面。

3）手持终端采集货品条形码信息。

4）核对实收数量和订单入库数量是否一致，填写批号为 000001，单击"保存"按钮，系统会在"保存结果"的下方显示已理货完成，理货操作至此完成。

5）返回到"入库作业"功能界面，单击"入库搬运"按钮。

6）单击"确认搬运"按钮。在待搬运列表中已经没有需要搬运的货品信息，证明该货物已经搬运入库。

7）单击"入库上架"按钮。

8）用手持终端采集托盘标签信息，如图 5-18 所示。

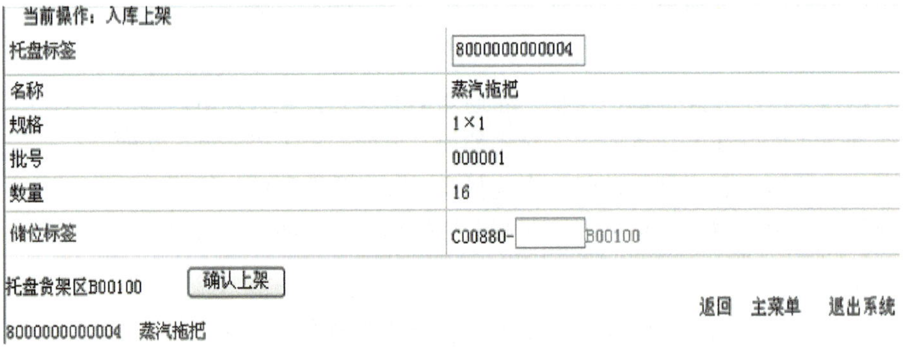

图 5-18　采集托盘标签信息

9）单击"确认上架"按钮。至此，手持终端入库上架操作完毕。

10）返回到"入库作业"界面，选择"入库理货"进入"入库理货"界面。单击"完成"按钮，完成入库操作的反馈操作。至此，手持终端在入库环节的应用已操作完毕。

案例 5-6

北京万盛物流公司客服人员张红以 E-mail 方式收到客户欧乐科技的入库通知单，见表 5-11。根据入库通知单内容请用本项目所学知识，完成仓储物流信息管理系统的入库流程操作。

表 5-11　入库通知单

仓库名称：北京万盛物流公司　　　　　　　　　　　　　　　　　　2020 年 8 月 9 日

批次	12002					
采购订单号	202008090003					
客户指令号	20200809003		订单来源		E-mail	
客户名称	北京欧乐科技有限公司		质量		正品	
入库方式	送货		入库类型		正常	
序号	货品编号	名称	单位	规格（mm）	申请数量	实收数量	备注
1	978788070103	冰箱	箱	1 500×550×600	20		
合计							

（备注：第一联仓库留作，第二联财务留作，第三联仓库记账）

制单人：李蜜　　　　　　　　　送货员：李长青　　　　　　　　仓管员：

项目小结

　　采购与仓储可以克服生产与需求之间的时间差，是供应物流的主要组成部分，也是电子商务物流必备的知识技能。通过对本项目的学习，学生可以全面系统地了解有关商品电子采购、商品入库管理、商品出库管理、商品在库管理（包括商品盘点方法、保管与储存商品技巧）及库存控制等各方面知识，并通过理论、实训相结合的教学方式，引入 LOGIS 仓库管理系统软件的操作，从信息存储方面介绍物品的仓储和库存控制，使学生掌握商品出入库操作、使用电子订购系统以及库存控制系统的操作，最终能成为互联网时代的赢家。

练习思考

一、单项选择题

1．以下表示电子订货系统的是（　　　）。

　　A．CRM　　　　　　　B．EDI　　　　　　　C．EOS　　　　　　　D．ERP

2．仓库环境是湿度常用（　　　）来表示。

　　A．相对湿度　　　　　B．绝对湿度　　　　　C．露点　　　　　　　D．饱和湿度

3．我国常使用的 EAN 商品条码，标准版商品条码结构由（　　　）数字码及其对应的条码符号组成。

　　A．12　　　　　　　　B．13　　　　　　　　C．14　　　　　　　　D．15

4．库存周转次数越（　　　），说明该企业利用资金的效率越高。

　　A．高　　　　　　　　B．低　　　　　　　　C．稳定　　　　　　　D．波动大

二、多项选择题

1. 检验货物是仓储业务中的一个重要环节，包括（　　　）几个方面。

　　A. 检验数量　　　　B. 检验尺寸　　　　C. 检验质量　　　　D. 检验包装
　　E. 检验重量

2. 货物的危险性质，主要是指（　　　）等。

　　A. 易燃易爆　　　　B. 易氧化　　　　　C. 腐蚀性　　　　　D. 放射性
　　E. 毒害性

3. 盘点是仓库保管员对其保管的货物进行实物清点并核对货、账的作业，盘点方法有（　　　）。

　　A. 日常盘点　　　　B. 月度盘点　　　　C. 年度盘点　　　　D. 其他盘点

4. 库存成本由（　　　）等几种费用构成。

　　A. 订货费用　　　　　　　　　　　　B. 补货费用
　　C. 进货与购买费用　　　　　　　　　D. 保管费用
　　E. 缺货费用

三、思考题

1. 商品分区分类储存时应遵循哪些原则？
2. 预防商品霉变的方法有哪些？
3. 库存管理评价的主要指标有哪些？如何计算？

实战强化

实训一　电子商务采购流程

一、实训目的

用任务 1 采购商品所学习的"制订采购计划、选择供应商以及签订采购合同"中的相关知识点来处理商品采购业务，理解并掌握电子商务采购流程。

二、实训组织

课堂给出采购任务，提出采购要求，体验商品采购流程中所涉及的制订计划、选择供应商以及签订采购合同环节，并最终对 3 个环节进行评价。

环节 1：制订采购计划，产生相应的"商品采购计划表"。

环节 2：运用网络工具，搜集资料，对供应商各方面进行比较，产生相应的"供应商对比分析表"。

环节 3：选出最优供应商，并模拟谈判过程，最终形成"商品采购合同"。

三、实训要求

通过发布采购任务，将参加实训的学生分组，运用任务 1 中所学知识及网络工具，在教师指导下进行调研，撰写实训报告，写出实训过程、结果和体会。

实训二　小型电子商务企业采购物流管理

一、实训背景

一家小型餐饮企业，在网上开设"在线订餐"服务，专门为城市中心商务区的白领客户提供"饺子外卖"。一份饺子有 10 个，定价 6 元，免费送货上门，其中饺子的直接成本包括饺子馅、饺子皮、调料和燃料，每个饺子的成本为 0.2 元；间接成本包括人工费、水电、房租等，平均每个饺子大约 0.1 元；送货成本为 0.1 元，外请专人负责递送。

在实际运作过程中，该小型电子商务企业遇到了难题：因为网上订餐的需求量波动比较大，如果准备不足，则会出现客户订餐无货的情况，损失了机会，造成客户不满；如果准备得过多，则会出现剩余的情况，为了能够满足客户需求，该企业只好尽可能多地准备饺子馅、饺子皮等原料，结果造成了损失，平均到每个饺子大约 0.1 元，再加上粮食涨价，企业利润越来越少。

二、实训要求

为该小型电子商务企业设立一个应对方案，以解决需求波动比较大与采购原料之间存在的矛盾，实现降低企业经营成本的目标。字数不限。

三、实训步骤

1）分析该小型企业电子商务采购原材料的特点。

2）分析饺子供应在不同时间段上的变化。

3）根据原材料的特点和时间段上的需求变化设计采购方案。

4）根据实际情况对客户的需求进行适当调整。

5）撰写任务拓展实践报告。

项目 6

供应链管理

供应链是由供应商、制造商、仓库、配送中心和渠道商等构成的物流网络。同一企业可能构成这个网络的不同组成节点，但更多的情况下是由不同的企业构成这个网络中的不同节点。例如，在某个供应链中，同一企业可能既在制造商、仓库节点又在配送中心节点等占有位置。在分工越来越细，专业要求越来越高的供应链中，不同节点基本上由不同的企业组成。在供应链各成员单位间流动的原材料、在制品库存和产成品等构成了供应链上的货物流。

学习提示

学习目标

知识目标

了解供应链构建的原则，掌握供应链构建影响因素，了解并掌握电子商务下的供应链构建。

能力目标

电子商务下的供应链构建。

素质目标

养成不断学习的习惯，培养开拓创新的精神。

本项目重点

● 供应链构建的原则，供应链构建影响因素。

本项目难点

● 电子商务下的供应链构建。

任务1 构建供应链

任务要点

- ◆ **关 键 词**：供应链、供应链类型、供应链结构
- ◆ **理论要点**：构建供应链的步骤
- ◆ **实践要点**：熟悉供应链构建的步骤

任务情境

小文在广达供应链管理股份有限公司实习期间，刚好公司接到了方圆农产品集团委托设计该企业的供应链方案。为了完成供应链设计方案，小文有机会跟随企业导师梁健深入方圆农产品集团，了解该企业供应链的原材料供应、储藏、运输、销售等环节的实施运作。梁健需要根据本次调研考察情况，进行小组分析讨论，形成适合客户需求的供应链方案。

任务分析

为了学习供应链构建的相关知识，小文决定向企业导师梁健请教，并在网上搜集资料，首先扎实供应链类型与结构等相关知识，再开始学习供应链设计的方法和步骤，力求能够跟上企业导师设计步骤，达到有效的项目学习效果。

任务实施

步骤一 理解供应链的含义

供应链是指围绕核心企业，从原材料供应开始，制成中间产品以及最终产品，最后由销售网络把产品送到消费者手中，将供应商、制造商、渠道商直到最终用户连成一个整体的功能网链结构。在供应链各成员单位间流动的原材料、在制品库存和产成品等就构成了供应链上的货物流。

供应链上各企业之间的关系与生物学中的食物链类似。在"草 - 兔子 - 狼 - 狮子"这样一个简单的食物链中，如果把兔子全部杀掉，那么草就会疯长起来，狼也会因兔子的灭绝而饿死，连最厉害的狮子也会因狼的死亡而慢慢饿死。可见，食物链中的每一种生物之间是相互依存的，破坏食物链中的任何一种生物，势必导致这条食物链失去平衡，最终破坏人类赖以生存的生态环境。

在复杂商业环境背景下，市场竞争越来越激烈，市场竞争早已从单个企业之间的竞争演变为企业所在的供应链与其他企业所在供应链之间的竞争，供应链中的企业一荣俱荣，一

损俱损。

步骤二　了解供应链的类型

1．推式供应链

扫码看视频

推式供应链是以制造商为核心企业，根据产品的生产和库存情况，有计划地把商品推销给客户，其驱动力源于供应链上游制造商的生产。这种供应链起始于企业对市场的预测，然后制造所预测的产品，并推向市场，如图6-1所示。

图6-1　推式供应链

这种供应链的方式以供应链成员的市场预测为依据，依据缺货或为了获得数量上的折扣以及其他原因，从零售商到分销商、从分销商到制造商之间的需求变动会越来越大，最终导致制造商接到的订单严重偏离实际顾客需求，这就是所谓的"牛鞭效应"，如图6-2所示。这种现象会使企业的计划和管理工作变得很困难。例如，制造商不清楚应如何确定它的生产能力，如果根据最大需求确定，就意味着大多数时间里制造商必须承担高昂的资源闲置成本；如果根据平均需求确定生产能力，在需求高峰时期需要寻找昂贵的补充资源。同样，对运输能力的确定也面临这样的问题：是以最高需求还是以平均需求为准呢？因此在一个推动式供应链中，经常会发现由于紧急的生产转换引起的运输成本增加、库存水平变高或生产成本上升等情况。

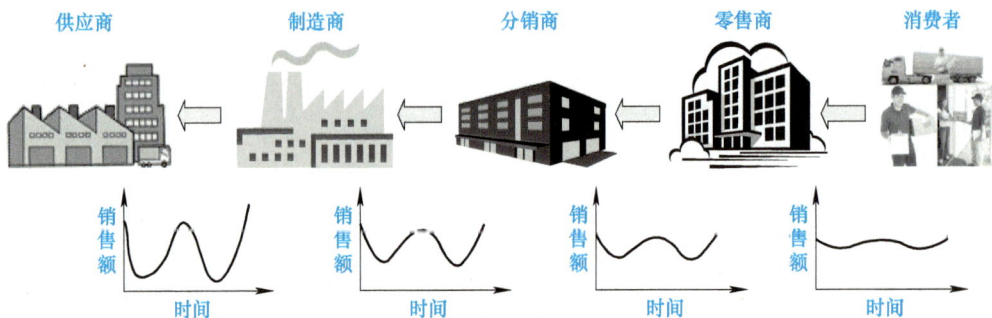

图6-2　"牛鞭效应"示意图

推式供应链对市场变化做出反应需要较长的时间，可能会导致一系列不良反应。比如在需求高峰时期，难以满足顾客需求，导致服务水平下滑；当某些产品需求消失时，会使供应链产生大量的库存，甚至出现产品过时等现象。

2．拉式供应链

拉式供应链是以客户为中心，关注客户需求的变化，并根据客户需求组织生产，如图6-3所示。在这种运作方式下，供应链各节点集成度较高，有时为了满足客户差异化需求，不惜追加供应链成本，属买方市场下供应链的一种表现。

图 6-3 拉式供应链

在拉式供应链中，生产和分销是由需求驱动的，这样生产和分销就能与真正的顾客需求而不是预测需求相协调。在一个真正的拉动式供应链中，企业不需要保有太多库存，只需要对订单做出反应。

拉式供应链有以下优点：

1）通过更好地预测零售商订单的到达情况，可以缩短提前期。

2）由于提前期缩短，零售商的库存可以相应减少。

3）由于提前期缩短，系统的变动性减小，尤其是制造商面临的变动性变小。

4）由于变动性减小，制造商的库存水平降低。

在一个拉动式供应链中，系统的库存水平有了很大下降，从而提高了资源利用率。当然拉动式供应链也有缺陷。最突出的表现是由于拉动系统不可能提前较长一段时间制订计划，因而生产和运输的规模优势也难以体现。

拉动式供应链虽然具有许多优势，但要获得成功并非易事，需要具备相关条件：其一，必须有快速的信息传递机制，能够将顾客的需求信息（如销售点数据）及时传递给不同的供应链参与企业。其二，能够通过各种途径缩短提前期。如果提前期不太可能随着需求信息的及时传递缩短时，拉动式系统是很难实现的。

3. 推—拉式供应链

人们把推动阶段和拉动阶段之间的分界点称为顾客需求切入点，如图 6-4 所示，在切入点之前，是推动式的大规模通用化半成品生产阶段，能形成规模经济。生产是按预测进行，这些中间产品生产出来后，就保持在这种中间状态，将以后的加工装配成型过程延迟，顾客的需求信息在切入点切入生产过程，接到用户订单后，根据掌握的订单资讯，尽快将中间产品按客户的定制要求加工成最终产品，实现快速、有效的顾客反应。因此，切入点之后是拉动式的差别化产品定制阶段。

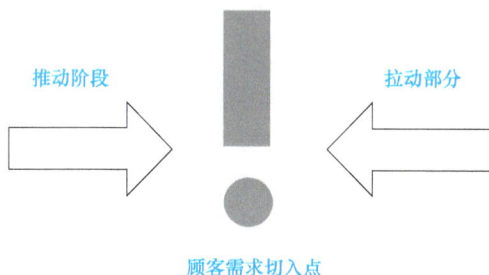

顾客需求切入点

图 6-4 推—拉式供应链

顾客需求切入点的位置可以进行调整，如果把切入点向供应链上游方向移动，顾客的需求信息会更早地切入生产过程，通用化的阶段就会缩短，按订单执行的活动范围会扩大。如果把切入点向供应链下游方向移动，产品的差异化定制时间会被进一步推迟，通用化的阶段会延长。通常应根据产品的特点和顾客的要求确定切入点的具体位置，如在建筑业，顾客的需求通常会早在建筑物的设计阶段就被考虑。在计算机行业，顾客的需求在计算机的装配阶段才被考虑。

小链接 6-1

戴尔的推—拉混合式供应链

戴尔公司供应链的运作模式就是典型的推—拉混合式供应链。戴尔公司不通过中间商或分销商销售产品，而直接面向顾客，它通过生产而不是成品库存来满足顾客需求，因此生产环节便成为顾客订购循环中顾客订单完成过程的组成部分，如图 6-5 所示。戴尔公司的供应链包括两个有效环节：一是顾客订购和生产环节；二是采购环节。戴尔公司的顾客订购和生产环节是由顾客订单下达启动的，因此可以将其归为拉动阶段。然而，戴尔公司并不依据顾客订单确定原材料采购，而是预测顾客需求，并据此补充库存。戴尔公司的采购环节是对需求预测的反应，因此可以将其归为推动阶段。

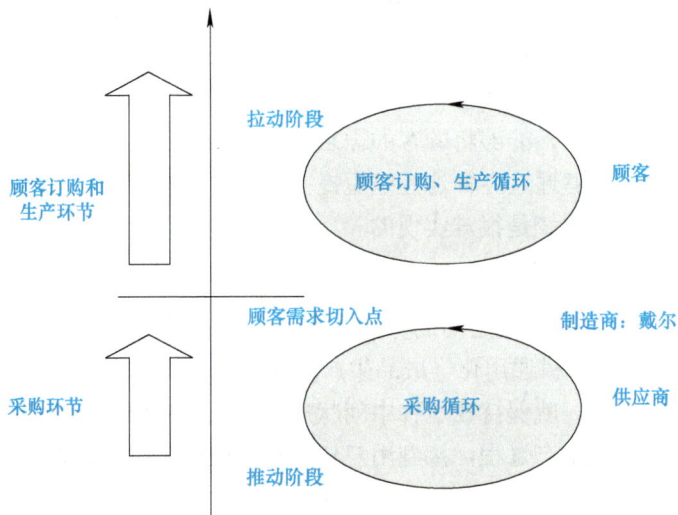

图 6-5 戴尔的推—拉混合式供应链

在推—拉组合战略中，供应链的某些层次，如最初的几层以推动的形式经营，其余的层次采用拉动式战略，这是推—拉组合战略中前推后拉的形式。戴尔公司采用的就是这种模式。

推—拉组合战略的另一种形式是采取前拉后推的供应链组合战略，适用于那些需求不确定性高，但生产和运输过程中规模效益十分明显的产品和行业。家具行业是这种情况的最典型例子。一方面，一般家具企业生产的产品在材料上差不多，但在家具外形、颜色、构造等方面的差异却很大，因此它的需求不确定性较高。另一方面，由于家居产品的体积大，所以运输成本也非常高。此时就有必要对生产、分销策略进行区分。从生产角度看，由于需求不确定性高，企业不可能根据长期的需求预测进行生产，所以生产要采用拉动式战略，另一方面，这类产品体积大，运输成本高，所以分销策略又必须充分考虑规模经济的特性，通过大规模运输降低运输成本。事实上，许多家具厂商正是采取这种战略。就是说家具制造商是在接到顾客订单后才开始生产，当产品生产完成后，将此类产品与其他所有需要运输到本地区的产品一起送到零售商的商店，进而送到顾客手中。因此，家具厂商的供应链战略是采用拉式战略按照实际需求进行生产，采用推式战略根据固定的时间表进行运输，是一种前拉后推的组合供应链战略。

步骤三　了解供应链结构

1. 链状结构

链状结构的供应链是一种最简单的供应链，即每一个节点成员只与一个上游成员和一个下游成员相连接。其结构如图6-6所示。

图6-6的上层模型只是一个简单的静态模型，表明供应链的基本组成和轮廓概貌。图的下层是上层模型的进一步抽象，它把商家都抽象成一个个的点，称为节点，并用字母或数字表示。节点以一定的方式和顺序联结成一串，构成一条力学上的供应链。这种按照一定的方式和顺序联结成一串，构成一条力学上的供应链的利益链就称作链状结构供应链模型。

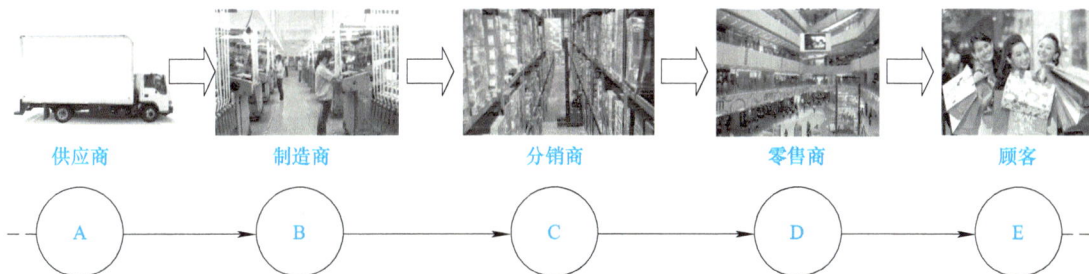

图 6-6　链状供应链结构图

在链状结构供应链上所存在的资金流、物流、信息流方向是不一样的。在正常销售情况下，资金流是由需求方向供应方流动的，当厂家或经销商退货时，资金流则是由供应方向需求方流动；在正常销售情况下，物流是由供应方向需求方流动的，当产品出现问题需要返厂时，物流则是由需求方向供应方流动；当产品信息发布时，信息流是由供应方向需求方流动的，当用户信息向上游反馈时，信息流则是由需求方向供应方流动。

在图6-6链状供应链结构模型中，定义C为制造商时，可以相应地认为B为一级供应商，A为二级供应商，而且还可以递推地定义三级供应商、四级供应商；同样地，可以认为D为一级分销商，E为二级分销商，并递推地定义三级分销商、四级分销商。一般来讲，一个企业应尽可能考虑多级供应商或分销商，这样有利于从整体上了解供应链的运行状态。

2. 网状结构

增加或减少供应商、顾客的数目将会影响供应链的结构。当一个公司从单一源头供应商、顾客向多源头供应商、顾客转变时，供应链可能变得越来越宽，企业供应链单一的链状结构便发生变化，形成复杂的多向关联的网状结构。

从图6-7可以看出，供应链由所有加盟的节点企业组成，其中一般有一个核心企业（可以是产品制造企业，也可以是大型零售企业，如沃尔玛），节点企业在需求信息的驱动下，通过供应链的职能分工与合作（生产、分销、零售等），以资金流、物流和服务流为媒介实现整个供应链的不断增值。这种由围绕核心企业的供应商、供应商的供应商和用户、用户的用户组成的网状利益链就称作网状结构供应链模型。

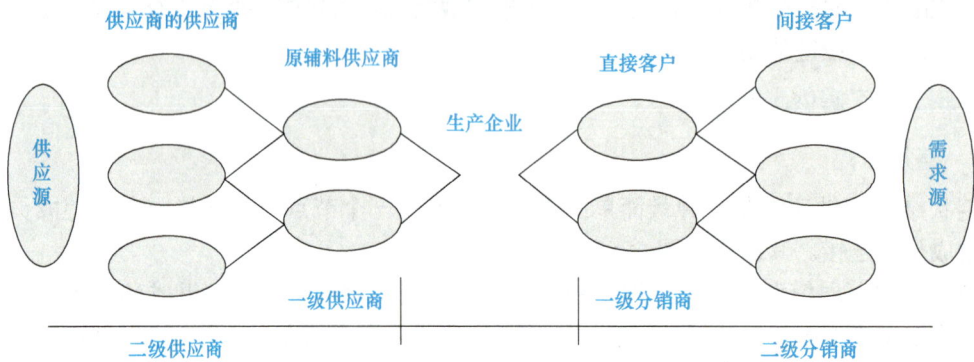

图 6-7　网状供应链结构图

网状供应链多存在于产业供应链和全球网络供应链中，这种结构中的每一个节点成员至少与一个上游成员和一个下游成员相连接。这样连接成的供应链是一个网状的供应链，每一个环节都至少有一个或多个供应链成员，如果在某一环节只有一个成员，则该成员一定是这个供应链的核心成员，它对这个供应链将起到重要的作用。

步骤四　构建电子商务下的供应链

基于产品和服务的供应链设计步骤可以概括性地归纳为以下10个步骤，如图6-8所示。

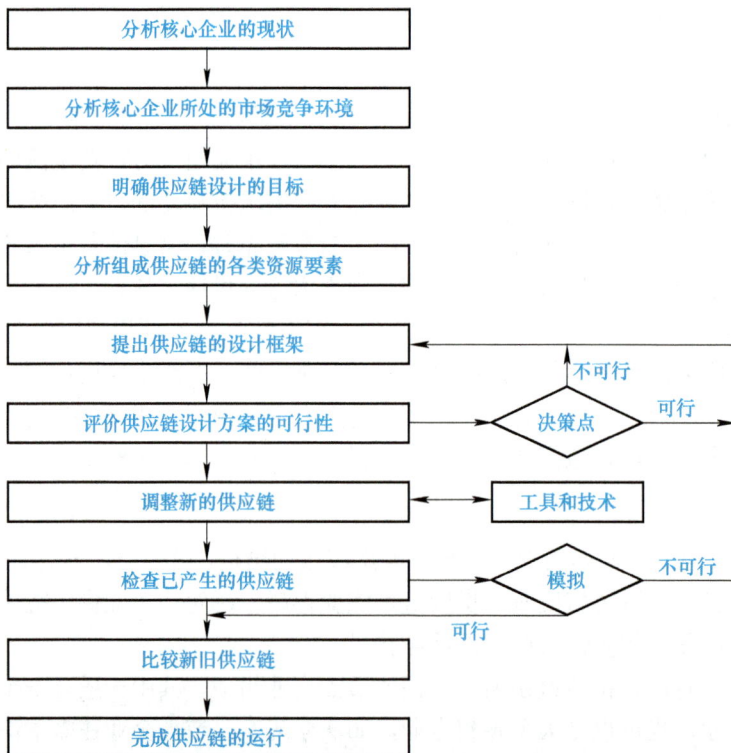

图 6-8　基于产品和服务的供应链设计步骤

1．分析核心企业的现状

这个阶段的工作主要侧重于对核心企业的供应需求管理现状进行分析和总结。如果核心企业已经有了自己的供应链管理体系，则对现有的供应链管理现状进行分析，以便及时发现在供应链的运作过程中存在的问题，或者说哪些方式已出现或可能出现不适应时代发展的端倪，同时挖掘现有供应链的优势。本阶段着重于研究供应链设计的方向，同时将可能影响供应链设计的各种要素分类罗列出来。

2．分析核心企业所处的市场竞争环境

通过对核心企业现状分析，了解企业内部的情况。通过对市场竞争环境的分析，知道哪些产品的供应链需要开发，现在市场需求的产品是什么，有什么特别的属性，对已有产品和需求产品的服务要求是什么。通过对市场各类主体，如用户、零售商、生产商和竞争对手的专项调查，了解产品和服务的细分市场情况、竞争对手的实力和市场份额、供应原料的市场行情和供应商的各类状况、零售商的市场拓展能力和服务水准、行业发展的前景，以及诸如宏观政策、市场大环境可能产生的作用和影响等。

这一步的工作成果是有关产品的重要性排列、供应商的优先级排列、生产商的竞争实力排列、用户市场的发展趋势分析以及市场不确定性的分析。

3．明确供应链设计的目标

基于产品和服务的供应链设计的主要目标在于获得高品质的产品、快速有效的用户服务、低成本的库存投资、低单位成本的费用投入等几个目标之间的平衡，最大限度地避免这几个目标之间的冲突。同时，还需要实现以下基本目标：进入新市场，拓展老市场，开发新产品，调整老产品，开发分销渠道，改善售后服务水平，提高用户满意程度，建立战略合作伙伴联盟，降低成本，降低库存，提高工作效率。在这些设计目标中，有些目标很大程度上存在冲突，有些目标是主要目标，有些目标是次要目标，这些目标的实现级次和重要程度随不同企业的具体情况而有所区别。

4．分析组成供应链的各类资源要素

本阶段要对供应链上的各类资源，如供应商、用户、原材料、产品、市场、使用情况、发展趋势等进行分析。在这个过程中要把握可能对供应链设计产生影响的主要因素，同时对每一类因素产生的风险进行分析研究，给出风险规避的各种方案，并将这些方案按照所产生作用的大小进行排序。

5．提出供应链的设计框架

分析供应链的组成，确定供应链上主要的业务流程和管理流程，描绘出供应链物流、信息流、资金流、作业流和价值流的基本流向，提出组成供应链的基本框架。在这个框架中，供应链中各组成成员如生产制造商、供应商、运输商、分销商、零售商及用户的选择和定位是这个步骤必须解决的问题，另外，组成成员的选择标准和评价指标应该基本上得到完善。

6．评价供应链设计方案的可行性

供应链设计框架建立之后，需要对供应链设计的技术可行性、功能可行性、运营可行性、管理可行性进行分析和评价。这不仅是供应链设计策略的罗列，还是进一步开发供应链

结构、实现供应链管理的关键的、首要的一步。在供应链设计的各种可行性分析的基础上，结合核心企业的实际情况以及对产品和服务发展战略的要求，为开发供应链中技术、方法、工具的选择提供支持。同时，这一步还是一个方案决策的过程，如果分析认为方案可行，就可继续进行下面的设计工作；如果方案不可行，就需要重新进行设计。

7. 调整新的供应链

供应链的设计方案确定以后，可以设计产生与以往有所不同的新供应链。因此，这里需要解决以下关键问题：供应链的详细组成成员，如供应商、设备、作业流程、分销中心的选择与定位、生产运输计划与控制等；原材料的供应情况，如供应商、运输流量、价格、质量、提前期等；生产设计的能力，如需求预测、生产运输配送、生产计划、生产作业计划和跟踪控制、库存管理等；销售和分销能力设计，如分销网络、运输、价格、销售规则、销售或分销管理、服务等；信息化管理系统软、硬平台的设计；物流通道和管理系统的设计等。在供应链设计中，需要广泛地应用许多工具和技术，如归纳法、流程图、仿真模拟、管理信息系统等。

8. 检验已产生的供应链

供应链设计完成以后，需要对设计好的供应链进行检测。通过模拟一定的供应链运行环境，借助一些方法、技术对供应链进行测试、检验或试运行。如果模拟测试结果不理想，就返回第五步重新进行设计；如果没有什么问题，就可以实施了。

9. 比较新旧供应链

如果核心企业存在旧的供应链，通过比较新旧供应链的优势和劣势，结合它们运行的现实环境的要求，可能需要暂时保留旧的供应链上某些不科学或不完善的作业流程和管理流程，待整个市场环境逐步完善时再用新供应链上的规范流程来取代。同样地，尽管新的供应链流程采用科学规范的管理，但在有些情况下，它们取代过时的流程仍需要一定的过程。所以比较核心企业的新旧供应链，有利于新供应链的有效运行。

10. 完成供应链的运行

供应链的出现必然带来供应链的管理问题。不同特征的供应链其管理特征、内涵、方法及模式也有所不同。

小链接 6-2

供应链的由来

供应链最早来源于彼得·德鲁克提出的"经济链"，后经由迈克尔·波特发展成为"价值链"，最终演变为"供应链"。

"供应链"的定义为："围绕核心企业，通过对信息流、物流、资金流的控制，从采购原材料开始，制成中间产品以及最终产品，最后由销售网络把产品送到消费者手中。它是将供应商、制造商、分销商、零售商直到最终用户连成一个整体的功能网链模式。"所以，一条完整的供应链应包括供应商（原材料供应商或零配件供应商），制造商（加工厂或装配厂），分销商（代理商或批发商），零售商（卖场、百货商店、超市、专卖店、便利店和杂货店）以及消费者。

　　从中可以看到，它是一个范围更广的企业机构模式，它不仅是一条连接供应商到用户的物料链、信息链、资金链，同时更为重要的是它也是一条增值链。因为物料在供应链上进行了加工、包装、运输等过程而增加了其价值，从而给这条链上的相关企业带来了收益。这一点很关键，它是维系这条供应链赖以存在的基础，如果没有创造额外的价值，即增值，相关企业没有得到应有的回报，这条链能继续转动吗？

　　另外，全球著名市场咨询机构国际数据公司 IDC 的《制造业视野》（IDC Manufacturing Insights）研究报告指出：制造企业将"移动"及"云"列为供应链四大新兴技术中最重要的两项。

🐘 触类旁通

供应链的系统特征

　　系统原理认为，供应链是一个系统，是由相互作用、相互依赖的若干组成部分结合而成的具有特定功能的有机整体。供应链的系统特征主要体现在以下几点：

1. 供应链的整体功能

　　这一整体功能是组成供应链的任何一个成员企业都不具有的特定功能，是供应链合作伙伴间的功能集成，而不是简单叠加。如果要打造一个真正的以全程供应链为核心的市场能力，就必须从最末端的供应控制开始，到最前端的消费者，在整个全程供应链上，不断优化不断建设，然后集成这些外部资源。供应链系统的整体功能集中表现在供应链的综合竞争能力上，这种综合竞争能力是任何一个单独的供应链成员企业都不具有的。

2. 供应链系统的目的性

　　在供应链里流动的有物流、信息流、知识流、资金流，如何有效降低库存，加速物流及相关流的周转，提高企业生产及商品流通的效率，迅速对市场机遇进行反应，成为迫切需要解决的问题。供应链系统有着明确的目的，这就是在复杂多变的竞争环境下，以最低的成本、最快的速度、最好的质量为用户提供最满意的产品和服务，通过不断提高用户的满意度来赢得市场，这一目的也是供应链各成员企业的共同目的。

3. 供应链合作伙伴间的密切关系

　　供应链中主体之间具有竞争、合作、动态等多种性质的供需关系。这种关系是基于共同利益的合作伙伴关系，供应链系统目的的实现，受益的不只是一家企业，而是一个企业群体。供应链管理改变了企业的竞争方式，强调核心企业通过与供应链中的上下游企业之间建立战略伙伴关系，使每个企业都发挥各自的优势，在价值增值链上达到多赢互惠的效果。因此，各成员企业均具有局部利益服从整体利益的系统观念。

4. 供应链系统的环境适应性

　　在经济全球化迅速发展的今天，企业面对的是一个迅速变化的买方市场，用户在时间方面的要求也越来越高，用户不但要求企业要按时交货，而且要求的交货期越来越短，这就要求企业能对不断变化的市场做出快速反应，不断地开发出定制的个体化产品去占领市场，以赢得竞争。供应链具有灵活快速响应市场的能力，通过各节点企业业务流程的快速组合，加快了对用户需求变化的反应速度，各主体通过聚集而相互作用，以期不断地适应环境。

5. 供应链系统的层次性

运作单元、业务流程、成员企业、供应链系统、整个运作环境构成了不同层次上的主体，每个主体具有自己的目标、经营策略、内部结构和生存动力。供应链各成员企业分别都是一个系统，同时也是供应链系统的组成部分；供应链是一个系统，同时也是它所从属的更大系统的组成部分。从系统层次性的角度来理解，相对于传统的基于单个企业的管理模式而言，供应链管理是一种针对更大系统（企业群）的管理模式。

案例 6-1

构筑供应链是家乐福变革的重中之重

2015年，家乐福中国启动了号称入华20多年以来最大规模的变革，包括加强集中采购、开建配送中心以及上线电商业务等"一揽子"计划。

在当前这个零售业巨变时代，每家企业都在根据自身情况做出相应的战略调整。众多积极求变的企业中，家乐福的举动最令人瞩目。这是因为家乐福作为世界500强企业，在庞大的体制和规模之下做出这样的变革实属不易，甚至颇有点"破釜沉舟"的味道；另外，这次变革涉及了实体零售店竞争力的核心要素：供应链。

集中采购，家乐福把中国24个城市商品采购中心（CCU）重新组建成6个大区采购中心（分别为华东、华北、东北、华西、华中和华南）。为确保这项改革顺利实施，家乐福首次设立了COO职位。

家乐福中国在江苏昆山开设了第一家物流配送中心后，现在已经开始为覆盖华东大区的60家大卖场门店进行配送。2015年，家乐福中国计划在成都、武汉、北京或天津再开设3家配送中心，前两者已经选址完成，到2016年，家乐福还计划在东北大区和华南大区再新设2家配送中心。到2016年，家乐福中国6大区域都已开始逐步设立物流配送中心，开始一个全新的、先进的供应链体系。

发力电商与便利店，家乐福计划推出新的邻家业态"Carrefour Easy"便利店，并在中国开展电子商务O2O业务。唐嘉年还表示，家乐福全国将结合2 000万家乐福会员构筑下的会员大数据来优化营销能力。

家乐福推出的"一揽子"变革计划中，最值得关注的莫过于构建供应链体系。集中采购是这些年家乐福一直在推进的"中央集权计划"的延续，而电商和便利店也只是"小荷才露尖尖角"，唯有供应链体系的构建，这是动真格的，两年时间家乐福建立并运营6座大型物流中心。自此之后，家乐福的玩法都变了。

1. 构筑供应链系统：家乐福完成了从0到1的质变

家乐福物流营运总监刘顺清在家乐福系统工作已经20余年。据他介绍，家乐福成都物流中心已于2015年4月底正式投入使用。在2016年，家乐福有6大物流中心投入使用，这6大物流中心正好匹配家乐福架构调整后的6大区域：华东、华北、东北、华西、华中和华南。

对于大型零售商而言，建立配送中心本是一件很平常的事情。例如，物美集团早就在

2009年投资十亿元建立了现今的配送中心，华润万家在全国拥有数十家配送中心。

但对家乐福而言，建立配送中心却是具有里程碑的意义，它让家乐福实现了从0到1的突破。这是因为，由于家乐福之前"门店放权"的管理模式，所有供应商都是将商品自行配送到家乐福门店，家乐福门店就相当于一个小小的仓储中心，在这种模式下，家乐福并没有构建配送中心的需求。换言之，这么多年，家乐福一直没有自己的配送中心，其供应链体系一直停留在供应商配送至门店的初级阶段。

家乐福接连建立6家配送中心，这意味着家乐福将进一步加强中央集权，释放门店内生增长潜力，在供应链层面缩短与业内领先同行的差距。

从家乐福配送中心的选址以及供应链架构来看，其供应链基本实现了"物流为商品服务"的理念：商品采购与大区架构统一、物流配送与商品采购统一，这是其供应链的特色。

家乐福物流营运总监刘顺清对记者表示：家乐福供应链体系最大的特点在于，其物流系统完全是为商品而服务的。物流并非一个独立的部门，而是站在整个供应链系统的角度对门店进行商品的支持。从架构上来看，大区供应链部门分为商品订货部和物流部，这种架构确保了物流和商品的无缝对接，从而真正做到物流为门店服务。

要做企业物流还是物流企业？这是零售企业对其供应链部门定位的纠结之处。大部分情况是，物流部门在创办之初是为企业服务的，但是随着成本增加，物流部门开始思考，是否自己也可以赚一点钱。于是逐步从支持部门走向前台，成为独立核算的业务部门，慢慢转型为物流企业。例如，物美集团的供应链部门尝试社会化物流，一年能为物美创收数千万元。

家乐福对这个问题还是看得比较清楚，它将自己的供应链本分地定位成为门店服务的机构。这使得它全心全意将目标锁定在优化门店库存、增加商品新鲜度和品种丰富度。

从一些数据也可以看出家乐福物流中心的这种清晰定位。刘顺清表示，家乐福配送中心"直流"商品比例最大到30%～40%。据了解，物美集团的商品"直流"比例高达90%，而沃尔玛、大润发等也在70%左右。

"直流商品比例越高，对配送中心来说是一件好事情，加大了库存周转率，KPI比较好看。但对门店来说会加大后仓的库存，对商品的订货系统和门店运营管理带来较高要求。"一位供应链专家表示。

2．实体"更实"：家乐福将挖掘门店内生增长力

有这样一种观点：线下更实，线上更虚。具体来说，就是实体企业正在加强经营管理水平，回归零售本质，找回丧失已久的实体店"武功"；而线上企业则更加互联网化，用互联网方式整合服务，变得更轻资产模式。

家乐福当属实体"更实"的典型代表，它正在通过一系列变革找回实体店内生增长力，而构建供应链系统则是实现这一目标的主要抓手。

这些年来，家乐福不断加强总部对门店的管控，从当初成立的CCU，到将CCU进一步合并成6个大区的采购中心，并与区域总部合并，可以看出家乐福一改之前的做法而走向集权。

以商品采购为例，家乐福将供应商分为4类，一二类属于全国性供应商；三类属于大区级别的供应商；四类则是当地城市一级的供应商。其中一二类的供应商谈判和商品采购由家乐福中国区总部对接；三四类供应商则由大区采购中心来对接，商品的采购和订货权均回收到大区总部一级。

可以看出，中央要加强对门店的管控，一个强大的物流配送体系是必不可少的，否则门店的竞争力就无法保障。因此，构筑供应链系统，是家乐福的当务之急，也是其推行"中央集权"的充分必要条件。

家乐福物流营运总监刘顺清亦也曾表示，家乐福构筑供应链系统的目的就是，其一优化门店库存；其二增加商品品相丰富度和商品竞争力。这意味着，在零售业大环境低迷时代，家乐福将业绩增长的重心放在了既有门店的可比增长而非新开门店的增长，像之前那样的"野蛮生长"时代早已经过去。

请思考：构建供应链给家乐福带来哪些好处？

任务2　供应链管理

任务要点

◆ **关 键 词**：供应链管理、方法、集成化
◆ **理论要点**：供应链管理的目标
◆ **实践要点**：供应链管理方法

扫码看视频

任务情境

供应链管理，使供应链运作达到最优化，以最少的成本，实现供应链从采购开始，到满足最终客户的所有过程，包括工作流、实物流、资金流和信息流等均能高效率地操作，把合适的产品以合理的价格及时准确地送达消费者手上。

从单一的企业角度来看，供应链管理是指企业通过改善上、下游供应链关系，整合和优化供应链中的信息流、物流、资金流，以获得企业的竞争优势。

任务分析

供应链管理是企业的有效性管理，表现了企业在战略和战术上对企业整个作业流程的优化。整合并优化了供应商、制造商、零售商的业务效率，使商品以正确的数量、正确的品质、在正确的地点、以正确的时间、最佳的成本进行生产和销售。

任务实施

步骤一　电子商务下的供应链的管理

1. 管理目标

物流系统是社会经济系统的一部分，其目标便是获得宏观和微观两个效益。

物流的宏观经济效益是指一个物流系统的建立对社会经济效益的影响，其直接表现形式是这一物流系统如果作为一个子系统来看待，就是其对整个社会流通及全部国民经济效益的影响。物流系统本身虽然已很庞大，但它不过是更大系统中的一部分，因此，必须寓于更大的系统之中。如果一个物流的建立，破坏了母系统的功能及效益，那么，这一物流系统尽管功能理想，但也是不成功的，因为未能实现其根本目的。物流不但会对宏观的经济效益发生影响，而且还会对社会其他方面发生影响。物流的建立，必须考虑社会的整体利益。

物流的微观经济效益是指该系统本身在运行后所获得的企业效益。其直接表现形式是这一物流通过组织"物"的流动，实现本身所耗与所得之比。当这一系统基本稳定运行，投入的劳动稳定之后，这一效益主要表现在利润上。在市场经济条件下，企业作为独立的经济实体。一个物流的建立，如果只将自己作为子系统，完全从母系统要求出发，不考虑本身的经济效益，这在大部分情况下是行不通的。应该说，一个物流系统的建立，需要有宏观及微观两个方面的推动力，二者缺一不可。但是由于微观效益来得更直接，因而在建立物流系统时，往往只将微观经济效益作为唯一目的，具体来讲，物流业要实现以下目标。

2．具体目标

（1）服务

物流系统直接联结着生产与再生产、生产与消费，因此要求有很强的服务性。这种服务性表现在本身有一定从属性，要以用户为中心，树立用户第一的观念，不一定以利润为中心。物流业采取送货、配送等形式，就是服务性的体现。在技术方面，准时供应方式也是其服务性的表现。

（2）快速、及时

及时性是服务性的延伸，是用户的要求，也是社会发展进步的要求。整个社会再生产的循环，取决于每一个环节，再不断循环进步推动社会的进步。物资流通时间越短，速度越快，社会再生产的周期越短，社会进步的速度越快。快速、及时是物流的既定目标，在现代经济环境中，这种特性更是物流活动必备的特性。在物流领域采取的诸如直达物流、联合一贯运输、高速公路等技术和设施，就是这一目标的体现。

（3）节约

节约是经济领域的重要规律，在物流领域中除流通时间的节约外，由于流通过程消耗大而且基本上不增加或不提高商品的使用价值，所以依靠节约来降低投入是提高相对产出的重要手段。物流过程作为第三利润源而言，这一利润的挖掘主要是依靠节约。为达到这一目标，可以通过推动集约化方式提高物流的能力，采取各种节约、省力、降耗措施来实现。

（4）规模优化

以物流规模作为物流系统的目标，并以此来追求规模效益。生产领域的规模生产早已为社会所承认。物流领域也存在规模效益，只是由于物流业比生产系统的稳定性差，因而难以形成标准的规模化模式。在物流领域以分散或集中等不同方式建立物流系统，研究物流集约化的程度，目的就是获得规模化效益。

（5）库存调节

库存调节性是及时性的延伸，也是物流业本身的要求，涉及物流的效益。物流是通过本身的库存，起到对千百家生产企业和消费者的需求保证作用，从而创造一个良好的社会外部环境。同时，物流又是国家进行资源配置的一个环节，系统的建立必须考虑国家进行资源配置、宏观调控的需要。在物流领域中正确确定库存方式、库存数量、库存结构、库存分布都是库存调节的具体问题。

步骤二　常见的供应链管理方法

供应链管理理论的产生远远落后于具体的技术与方法。供应链管理最早是以一些具体的方法出现的。

1. 常见的供应链管理方法

（1）快速反应

QR（Quick Response，快速反应）是指物流企业面对多品种、小批量的买方市场，不是储备了"产品"，而是准备了各种"要素"，在用户提出要求时，能以最快速度抽取"要素"，及时"组装"，提供所需服务或产品。QR是美国纺织服装业发展起来的一种供应链管理方法。

（2）有效客户反应

ECR（Efficient Consumer Response，有效客户反应）是1992年从美国的食品杂货业发展起来的一种供应链管理策略，也是一个由生产厂家、批发商和零售商等供应链成员组成的，各方相互协调和合作，更好、更快并以更低的成本满足消费者需要为目的的供应链管理解决方案。有效客户反应是以满足顾客要求和最大限度降低物流过程费用为原则，能及时做出准确反应，使提供的物品供应或服务流程最佳化的一种供应链管理战略。

2. QR与ECR的比较

（1）QR与ECR的差异

ECR主要以食品行业为对象，其主要目标是降低供应链各环节的成本，提高效率。

QR主要集中在一般商品和纺织行业，其主要目标是对客户的需求做出快速反应，并快速补货。

这是因为食品杂货业与纺织服装行业经营的产品的特点不同：食品杂货业经营的产品多数是一些功能型产品，每一种产品的寿命相对较长（生鲜食品除外），因此，订购数量过多（或过少）的损失相对较小。纺织服装业经营的产品多属创新型产品，每一种产品的寿命相对较短，因此，订购数量过多（或过少）造成的损失相对较大。

1）侧重点不同。QR侧重于缩短交货提前期，快速响应客户需求；ECR侧重于减少和消除供应链的浪费，提高供应链运行的有效性。

2）管理方法的差别。QR主要借助信息技术实现快速补发，通过联合产品开发缩短产品上市时间；ECR除新产品快速有效引入外，还实行有效商品管理。

3）适用的行业不同。QR适用于单位价值高、季节性强、可替代性差、购买频率低的行业；ECR适用于产品单位价值低、库存周转率高、毛利少、可替代性强、购买频率高的行业。

4）改革的重点不同。QR改革的重点是补货和订货的速度，目的是最大程度消除缺货，并且只在商品需求时才去采购。ECR改革的重点是效率和成本。

（2）QR与ECR的共同特征

表现为超越企业之间的界限，通过合作追求物流效率化。具体表现在如下3个方面。

1）贸易伙伴间商业信息的共享。

2）商品供应方进一步涉足零售业，提供高质量的物流服务。

3）企业间订货、发货业务全部通过 EDI 来进行，实现订货数据或出货数据的传送无纸化。

步骤三 了解集成化供应链管理

1. 采购管理

采用智能订单生成技术，按照当前库存和销售计划自动计算所需要采购的商品种类和数量。跨企业数据交换技术，实现对订单从签订、执行、物流配送和货款收付的全程跟踪。多部门协同工作，实现从采购部门、管理部门、仓库配送、财务部门等之间的全面协调。建立完善的供应商资料和供应商评估信息，实现对供应商的分类管理和业务分权限管理。

2. 销售管理

完善的客户管理功能，具有客户分类管理、自定义业务员分区管理和客户管理授权功能。全面的货款管理功能，具有应收账款查询、账款风险提示和分析等功能。

3. 生产管理

生产计划管理，根据销售计划、生产能力和物料供应情况生成生产计划。

物料需求协同，根据生产计划生成物料需求计划和物料采购计划，通过系统与供应商协同，根据供应商的供应能力调整生产计划。

JIT 供料模式，根据生产计划和生产工艺路线，生成 JIT 供料计划，使物料供应部门能够在准确的时间把准确的物料以准确的方式和准确的数目送到准确的工位。

4. 仓库管理

规范业务流程，对来货签收、入库管理、出库管理、发货管理、库存盘点、库内移位和库间调拨进行全方位的管理。

自定义库位设置，智能分配存放库位和拣货库位，减少拣货错误，提高仓库作业效率。

强大的查询功能，可以随时准确查询商品的库存数目和存放库位，全面了解仓库的库容情况。

融合了多种物流设备接口，可以兼容普通条码、RFID 标签等采集设备和自动分拣设备。

5. 库存管理

可以根据每一个商品的历史周转，对商品的库存上下限进行设置，以达到对不同商品库存分类管理的目标。

应用了供应链一体化的理念，实现供应链上下游之间的库存数量实时共享，随时掌握供应链每一个环节的库存情况。

用户可以有选择性地设置与供应商或者客户共享库存，灵活掌控客户关系和商业机密。

6. 零售管理

完善的门店零售终端管理系统，使零售操作更加快捷、准确。

网店零售管理，每一个实体店，都有一个对应的网店，实现网店和实体店同步销售。

连锁零售门店实行统一配货，共享会员信息，店间库存共享，实现快速调货。

准确掌握分销渠道中每一个环节的实时库存情况，为准时配货和管理决策提供准确的数据。

7. 配送管理

支持客户通过网络、电话、传真等多种方式发送托运指示。

根据不同的配送方式和线路自动生成费用清单。适应于多网点、跨区域的收发货和转运管理。

能够批量转发下家和接受同行转来的货物，自动计算相关费用。

可以创建和维护客户资料，对客户进行分类、评估。

8. 财务管理

与业务系统进行了全面的对接，减少了操作人员多次录入的烦琐和可能产生的数据错误。

具有总账、明细分类账、现金日记账、银行日记账等完善的会计账户管理。

可以自定义设置和自动生成资产负债表、利润表、现金流表等财务报表。

具有强大的统计分析和报表功能，为决策者提供了健全的参考数据。

9. 办公管理

系统融合了创新的管理理念和先进的信息技术，为企业提高工作效率、节省运营成本、提高企业的竞争力，提供了先进的管理工具，使企业快速实现规范化、无纸化、网络化和可视化的管理。

10. 企业网站

利用系统提供的多种网站模板，快速建立具有独立域名的企业网站，丰富自身宣传媒介。

11. 宣传推广

利用各类电子商务平台，对企业特性和服务特性进行宣传。

借助群体优势，依靠商城品牌、行业、地域便利等资源优势向客户推荐。

小链接 6-3

物流和供应链管理小组游戏——啤酒游戏

啤酒游戏是 20 世纪 60 年代 MIT 的 Sloan 管理学院发展出来的一种类似"大富翁"的策略游戏。Sloan 管理学院的学生们，各种年龄、国籍、行业背景都有，有些人甚至早就经手这类的生产或销售系统业务。

在这个游戏里，有 5 种角色可让参与者来扮演，有制造商、分销商、批发商、零售商和顾客。

游戏是这样进行的：由一群人，分别扮演制造商、批发商和零售商 3 种角色，彼此只能通过订单 / 送货程序来沟通。各个角色拥有独立自主权，可决定向上游下多少订单、向下游销出多少货物。至于终端消费者，则由游戏自动来扮演。而且，只有零售商才能直接面对消费者。

小链接6-4

物流和供应链管理小组游戏——啤酒游戏5个问题（1～3）

1）在下达订单时，最大的困扰问题是什么？

未来的需求不可测。订单下多了的话，产生积压库存，既占用资金又造成浪费；订单下少了的话，产生缺货，既放走商机又影响声誉。

2）造成库存剧烈波动的主要因素是什么，如何解决或缓解这些因素？

剧烈波动的主要原因：一方面是需求的不可预测；另一方面是补货的滞后性。

缓解方法：

①对需求进行准确的预测和了解，这可以通过使用理论方法计算，也可以通过和下游企业或者客户建立起更密切的合作关系来完成。当然，最好的办法是双方打通ERP软件，完全共享信息。

②提高补货的及时性。如果能及时补货，则无论需求多么不可预测都能轻松应对。最好的办法也是和上游企业打通ERP软件，将我方的需求直接呈现在上游企业面前。

3）游戏成员之间的关系问题令你产生什么样的困扰？在现实的合作伙伴关系问题方面，你有什么见解？

游戏成员直接存在竞争合作的关系，从生产商、批发商、零售商和客户都需要获得利润最大化，因此直接的合作存在不顺畅的问题。

在游戏中是以零售商出现，对客户的需求、上下游的客户和批发商都需要平衡。批发商不知道客户的需求，生产商不知道零售商的需求，牛鞭效应明显。可能导致各方库存增加或者库存不够，供货不及时。批发商甚至连续6周以上无法供货。期间多次调整订单数量，批发商都声称无库存。

在现实的合作伙伴中，解决方案：

①物流和信息系统的整合，这么长的供应链系统，实际上很难整合。因此如果从简单的方面着手，即信息互通，让生产商可以提前了解顾客需求，从而让各方面了解最终需求，则可以有效地解决此类问题。公司的一些客户的需求可以通过端口直接了解。

如果没有强大的信息系统支持，那就需要上下游之间勤于沟通、协调，从而保证各个环节通畅，降低牛鞭效应。

②能否减少供应链环节？例如，零售商直接从生产商采购，这个将减少中间环节，加快货物周转，减少物流成本，面向终端客户的产品成本和时效都会产生明显优势。环节少了，牛鞭效应也就不明显了，可以显著降低库存，供应链财务绩效明显。

触类旁通

供应链管理就是优化和改进供应链活动，其对象是供应链组织和他们之间的"流"，应用的方法是集成和协同；目标是满足客户的需求，最终提高供应链的整体竞争能力。

供应链管理的实质是深入供应链的各个增值环节，将顾客所需的正确产品能够在正确的时间，按照正确的数量、正确的质量和正确的状态送到正确的地点，即"6R"，并使总成本最小。

供应链管理是一种先进的管理理念，它的先进性体现在是以顾客和最终消费者为经营导向的，以满足顾客和消费者的最终期望来生产和供应的。除此之外，供应链管理还有以下4个特点。

1）供应链管理把所有节点企业看作是一个整体，实现全过程的战略管理。

传统的管理模式往往以企业的职能部门为基础，但由于各企业之间以及企业内部职能部门之间的性质、目标不同，造成相互的矛盾和利益冲突，各企业之间以及企业内部职能部门之间无法完全发挥其职能效率，因而很难实现整体目标化。

供应链是由供应商、制造商、分销商、销售商、客户和服务商组成的网状结构。链中各环节不是彼此分割的，而是环环相扣的一个有机整体。供应链管理把物流、信息流、资金流、业务流和价值流的管理贯穿于供应链的全过程。它覆盖了整个物流，从原材料和零部件的采购与供应、产品制造、运输、仓储到销售各种职能领域。它要求各节点企业之间实现信息共享、风险共担、利益共存，并从战略的高度来认识供应链管理的重要性和必要性，从而真正实现整体的有效管理。

2）供应链管理是一种集成化的管理模式。

供应链管理的关键是采用集成的思想和方法。它是一种从供应商开始，经由制造商、分销商、零售商直到最终客户的全要素、全过程的集成化管理模式，是一种新的管理策略，它把不同的企业集成起来以增加整个供应链的效率，注重的是企业之间的合作，以达到全局最优。

3）供应链管理提出了全新的库存观念。

传统的库存思想认为：库存是维系生产与销售的必要措施，是一种必要的成本。因此，供应链管理使企业与其上下游企业之间在不同的市场环境下实现了库存的转移，降低了企业的库存成本。这也要求供应链上的各个企业成员建立战略合作关系，通过快速反应降低库存总成本。

4）供应链管理以最终客户为中心，这也是供应链管理的经营导向。

无论构成供应链的节点企业数量多少，也无论供应链节点企业的类型、层次有多少，供应链的形成都是以客户和最终消费者的需求为导向。正是由于有了客户和最终消费者的需求，才有了供应链的存在。而且，也只有让客户和最终消费者的需求得到满足，才能有供应链的更大发展。

案例 6-2

海尔的采购与供应链管理

海尔的集中采购与早期介入

海尔供应链整合了集团内分散在28个产品事业部的采购、原材料仓储配送，通过整合内部需求集中采购，来吸引获取更优的外部资源，形成良好的供应生态环境。供应资源结构得到根本的优化，让供应商能够早期介入，参与到前端设计与开发的国际化供应商比例从整合前的不到20%提高到目前的82%，GE、爱默生、巴斯夫、DOW等59家世界五百强企业都已成为海尔的合作伙伴。

供应商的早期介入带来一大批优质的高科技和新技术，参与到海尔产品的前端设计中，不但保证了海尔产品技术的领先性，增加了产品的技术含量，同时大大加快了产品开发速度，节约了开发成本。

海尔JIT（准时制）采购

海尔采购订单滚动下达到供应商，一般的订单交付周期为10天，加急订单为7天。战略性物资（如钢材）采用框架采购，每个月下发一次订单，三个月与供应商根据市场行情变化回顾协商供应价格。

对于部分物料，供应商采用寄售模式为海尔供货，即将物资存入海尔物流中心仓库，但在海尔使用后才结算。供应商可通过B2B网站查询寄售物资的使用情况，属于寄售订单的不收取相关仓储费用。

JIT采购要考虑销售的淡季和旺季问题，在旺季之前要提前预算，海尔目前一个月的预测精度可达到80%；三个月的预测精度为50%。另外，海尔的JIT采购物料出厂严控质量，发货后一般不能退货，无逆向物流，不能取消订单。

可靠的预测与诚信交易，为供应商侧提供了良好的供货体验，拥有非常好的供应黏性。同时也保障了JIT采购的顺畅实施。

海尔供应商管理

海尔从1998年就开始了供应商资源池的优化，整合需求，培养优质供应商，以形成强强联合，合作共赢。海尔的供应商从2200多家优化到721家，其中世界500强企业有59家，从侧重质量转向侧重全过程的激励与控制。对供应商的主要激励措施是通过配额分配，配额比例由原来的人工统计到现在的由系统根据质量考评、供货考评和价格排名三个综合因素决定，自动分配。而价格排名则根据框架招标的结果来确定。

海尔对供应商的评价主要侧重质量、成本、交货期、能否参与到早期设计过程等方面，具体考核指标包括：设计控制、文件和资料控制、采购和仓库、顾客提供物资、产品标识和可追溯性、工序控制、检验与试验、内部质量审核、培训等10个方面。而对供应商的评价包含在对供应商的质量体系考核评价里面。海尔对三个月绩效不合格的供应商进行严格淘汰，对存在一定问题的供应商，要求其进行整改保障供货的准时性。

海尔通过份额分配引导供应商绩效主动管理，整合供应资源池，最终实现优化供应链，进入与供应商合作共赢的良性循环状态。

海尔电子采购平台

海尔供应链为供应商搭建了公平、互动、双赢的采购协作平台。CRM与BBP平台的搭建，形成了企业与用户、企业与供应商沟通的桥梁。通过海尔的BBP采购平台，所有的供应商均在网上接收订单，并通过网上查询计划与库存状态，及时补货，实现JIT供货。

供应商在网上还可接收图纸与技术资料，使技术资料的传递时间缩短了一倍；另外，海尔与招商银行联合，与供应商实现网上货款支付（实现网络结算的供应商占70%～

80%），一方面付款及时率与准确率均达到100%，另一方面每年可节约供应商上千万元费用。通过BBP采购平台，海尔不但加快了整条供应链的反应速度，而且与供应商真正实现了双赢。

近期，海尔又更新搭建了全球网上招标平台，使全球供应商可以网上注册登记、查看合作招标项目、在线模拟招标、在线招投标、网上反向拍卖、网上查询招标公示，全球网上招标平台建成后，不仅使海尔供应商在线商务办公能力迅速提高，而且实现了公平、公开、公正的招标原则，提高了招标过程的透明度，使海尔广纳全球供应资源，提升企业的核心竞争力。通过电子平台，供应订单周期缩短，及时性、准确性提高。

海尔通过电子采购平台的搭建与更新，采购过程的合理透明，大大提高了与供应商的沟通效率，吸引更多优质供应资源，降低采购成本与管理成本，提高了企业核心竞争力。

海尔产业园供应模式

随着海尔经营规模的扩大和流程再造，海尔供应链从2001年开始，除不断优化内部的供应资源外，在供应链上游，海尔打破了与分供方之间传统的买卖关系，在青岛、合肥、大连、武汉、贵州等制造基地建设以海尔为中心的产业链，引进爱默生、三洋等数十家国际顶尖供应商在当地投资建厂，建立配套工业园，而供应商可以直接参与海尔的产品设计，一个具有世界竞争力的家电优势产业集群初步形成，全球供应链资源网的整合使海尔获得了快速满足用户需求的能力。

对于海尔来讲，供应链的响应速度更快、成本更低，在竞争中不断超越竞争对手。供应商在周边地区建厂后，由于距离的缩短，实现了JIT的准时供货，园区内的供应商生产完成之后，直接向海尔的生产线按订单补货，实现线到线（line to line）的供货，以最快的速度响应全球用户的订单。

同时供应商参与到海尔产品的前端设计与开发中，海尔能够根据用户的需求与供应商零距离沟通，保障了海尔整机技术的领先性，如爱默生参与到海尔洗衣机电机的开发中，形成技术领先的变频洗衣机；另外一些电源线等厂家参与到海尔标准化的整合工作中，使海尔零部件的数量大大减少，通用化大大提高，增强了海尔成本的竞争力。

由于零距离的响应，实现了零库存与零缺陷，做到了与供应商的双赢，整条供应链的竞争力增强。

对于海尔的供应商来讲，通过与海尔合作可共享到青岛市提供的优惠政策，以及实现了与海尔的零距离供应环境。供应商一方面可以提高供应质量、成本、交货期的竞争力，以此获得更多、更稳定的海尔订单，另一方面因为供应能力的提升，还可获得全球其他企业的订单，保证了高的盈利水平。

海尔通过供应模式及采购与供应链管理模式、方法的不断优化更新，使得海尔实现了产品技术优先转化为生产力，降低生产成本、提高管理效率，对供应商分享利益，从而大大提高了海尔本身的核心竞争力。

请思考：海尔的案例在物流管理上有何经验总结？是否具有推广的意义和价值？

任务 3　选择供应链合作伙伴

任务要点

◆ **关　键　词**：供应链、合作伙伴、评判标准
◆ **理论要点**：供应链合作伙伴的选择评价流程
◆ **实践要点**：选择供应链合作伙伴

任务情境

随着市场需求不确定性的增强，合作各方要尽可能削弱需求不确定性的影响和风险。供应链合作伙伴关系绝不应该仅考虑企业之间的交易价格本身，还有很多方面值得双方关注。例如，制造商总是期望他的供应商完善服务，搞好技术创新，实现产品的优化设计等。供应链合作伙伴关系的潜在效益，往往在物流建立后三年左右甚至更长的时间，才能转化成实际利润或效益。企业只有着眼于供应链管理的整体竞争优势的提高和长期的市场战略并能忍耐一定时间，才能从供应链的合作伙伴关系中获得更大效益。

根据合作伙伴在供应链中的增值作用和其竞争实力，把合作伙伴分为两个层次：重要合作伙伴和次要合作伙伴。重要合作伙伴是少而精的、与企业关系密切的合作伙伴。次要合作伙伴是相对多的、与企业关系不很密切的合作伙伴。

供应链合作关系的变化主要影响重要合作伙伴，而对次要合作伙伴的影响较小。

任务分析

在选择供应商时，一般需要考虑的因素包括产品价格、质量、可靠性、售后服务、地理位置、财务状况、技术能力等，其中供应商的交货提前期、产品质量、交货可靠度和产品价格这 4 个因素是选择供应商的最关键因素。

1）交货提前期：是指企业发出订单到收到订货之间的时间。对于需求方来说，交货提前期越短越好。供应商缩短交货提前期既可以减少需求方的库存水平，又能提高企业对其需求方的反应速度，从而可以提高供应链的客户满意度。

2）产品质量：是指供应商的产品满足企业需求的程度，在这里是指合格产品占总产品的比重，该指标值越大越好。

3）交货可靠性：是指供应商及时满足企业订单的程度，用及时交货的订单数占总订单数的比例或及时交货的产品数占订货总产品数的比例来表示，该指标值越大越好。交货可靠度和交货提前期是影响供应链敏捷度的两个重要因素。

4）产品价格：是指企业采购的每一单位产品的价格。在现代供应链管理中，产品价格不再是选择供应商时考虑的首要因素，但仍是选择供应商的重要因素。

小链接6-5

物流和供应链管理小组游戏——啤酒游戏5个问题（4～5）

4）市场渠道和配送渠道是两个完全相同（还是完全不同）的概念吗？公司的市场渠道问题仍然是市场部门的问题吗？

市场渠道和配送渠道是两种渠道，两者既不是完全相同，也不是完全不同，两者有重合的部分。通常情况下，市场渠道属于营销网络范畴，每个公司都有自己的营销模式，也都会有自己的渠道。而配送渠道更多属于生产和物流的范畴，不仅是自身的网络，更涉及供应链的问题。

从市场渠道来说，一般分为自营直销和代销商合作两种。这两种的配送渠道也是不一样的。如果是自营直销，厂家会直接送货到终端客户。如果厂家和代销商合作，那又存在两种情况：第一种，厂家不与终端客户交易，把产品配送至代销商，由代销商与终端客户交易，代销商配送至终端客户；第二种，厂家不与终端客户交易，由代销商与终端客户交易。但是代销商不经手货物，产品由厂家直接配送至终端客户。

本公司对于市场和生产有着严格的界限区分，市场渠道由市场部负责，生产及配送由制造部负责。两者互不干预。

5）在政府部门和生产企业协作中，最难以处理的问题是什么？

政府部门和生产企业的基本目标是一致的，企业希望扩大产能，得到政府支持，取得更多的利润；生产职能部门希望企业能够红红火火，解决政府就业压力，缴纳更多的税。但是两者的性质不同，立场不同，因此在具体的行为模式上，还是有很多的不同。目前最难以处理的问题，有以下几个：

转型问题：政府现在力求节能减排，要求企业逐渐向少能耗方向转型。但目前我国企业尚不具备这样的能力，转型非常痛苦。而政府并没有给予实质上的帮助，使得企业在被迫转型中遇到了很大的困难。轻则伤筋动骨，重则元气大伤，奄奄一息。

能源供给问题：目前我国大面积缺乏能源，特别是电力。每到夏天，政府开始采取节能措施，大面积拉闸限电。因此，企业的生产通常面临"停四开三"的窘境，更惨的还要"停五开二"。大企业通过政府的保护，通常能够获得更多的电力供给，保证正常的生产运营，受到的影响不算大。但他的部件配套生产厂往往比较小，无法得到政府的庇佑，它们受到的影响很大，从而间接地给大企业生产带来问题。供应链已经是大企业的生命线，一旦供应链下游出现供货不及，大企业也会狼狈不堪。

🐰 任务实施

步骤一 分析市场竞争环境（需求、必要性）

有需求才有必要。建立基于信任、合作、开放性交流的供应链长期合作关系，必须首先分析市场竞争环境。目的在于找到针对哪些产品市场开发供应链合作关系才有效，必须知道现在的产品需求是什么，产品的类型和特征是什么，以确认用户的需求，确认是否有建立供应链合作关系的必要，如果已建立供应链合作关系，则根据需求的变化确认供应链合作关系在供应链环境下供应商的选择变化的必要性，从而确认供应商评价选择的必要性。同时分析现有供应商的现状，分析、总结企业存在的问题。

步骤二　确立合作伙伴选择目标

企业必须确定供应商评价程序如何实施，信息流程如何，谁负责，而且必须建立实质性的、实际的目标。其中降低成本是主要目的之一，供应商评价、选择不仅是一个简单的评价、选择过程，它本身也是企业自身、企业与企业之间的一次业务流程重构过程，实施得好，它本身就可能带来一系列的利益。

步骤三　制定合作伙伴评价标准

供应商综合评价的指标体系是企业对供应商进行综合评价的依据和标准，是反映企业本身和环境所构成的复杂系统不同属性的指标，按隶属关系、层次结构有序组成的集合。根据系统全面性、简明科学性、稳定可比性、灵活可操作性的原则，建立集成化供应链管理环境下供应商的综合评价指标体系。不同行业、不同企业、不同产品需求、不同环境下的供应商评价应是不一样的，但都应涉及供应商的业绩、设备管理、人力资源开发、质量控制、成本控制、技术开发、用户满意度、交货协议等方面。

步骤四　成立评价小组

企业必须建立一个小组以控制和实施供应商评价。组员以来自采购、质量、生产、工程等与供应链合作关系密切的部门为主，组员必须有团队合作精神、具有一定的专业技能。评价小组必须同时得到制造商企业和供应商企业最高领导层的支持。

步骤五　合作伙伴参与

企业一旦决定实施供应商评价，评价小组必须与初步选定的供应商取得联系，以确认他们是否愿意与企业建立合作关系，是否有获得更高业绩水平的愿望。企业应尽可能早地让供应商参与到评价的设计过程中来。然而因为企业的力量和资源是有限的，企业只能与少数的、关键的供应商保持紧密的合作，所以参与的供应商不宜太多。

步骤六　评价合作伙伴

评价供应商的一个主要工作是调查、收集有关供应商的生产运作等全方位信息。在收集供应商信息的基础上，就可以利用一定的工具和技术方法进行供应商的评价了。在评价过程后，有一个决策点，根据一定的技术方法选择供应商，如果选择成功，则可开始实施合作关系，如果没有合适供应商可选，则返回步骤二重新开始评价选择。

步骤七　实施供应链合作关系

在实施合作关系的过程中，市场需求将不断变化，可以根据实际情况的需要及时修改供应商评价标准，或重新开始供应商评价选择。在重新选择供应商的时候，应给予旧供应商以足够的时间适应变化。

供应商选择评价流程，如图 6-9 所示。

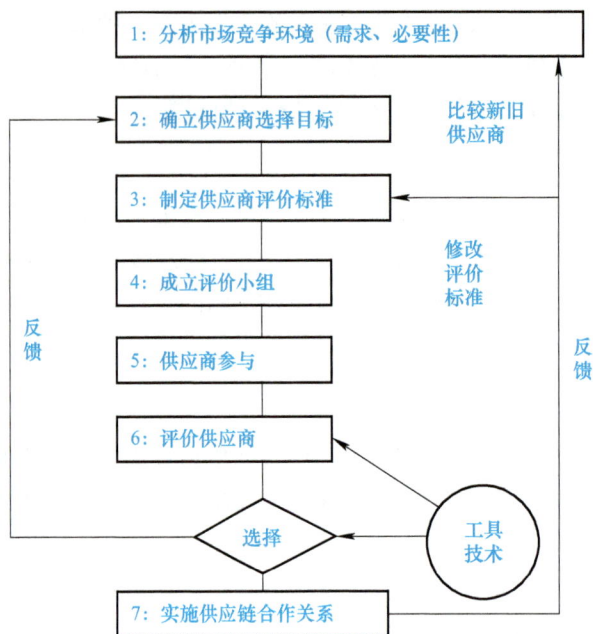

图6-9　供应商选择评价流程

触类旁通

　　供应链合作伙伴关系（Supply Chain Partnership，SCP）一般是指在供应链内部2个或2个以上独立的成员之间形成的一种协调关系，以保证实现某个特定的目标或效益。建立供应链合作伙伴关系的目的在于通过提高信息共享水平，减少整个供应链产品的库存总量、降低成本和提高整个供应链的运作绩效。通过对近几年来情况的分析，供应链合作伙伴关系的发展有如下的趋势。

1．Internet把合作关系推到一个新的水平

　　在新型的B2B商业时代，新　代提供商已经能在爆炸性的数据扩张条件下管理交易进行的情况，成千上万的商家为提供贸易的宿主权而进行激烈的竞争，这个竞争推动了信息化的进程。还有一些公司在客户端配备复杂的软件来完成企业内部和外部之间处理过程的革命化变革。目前，客户不用购买商业软件，而从应用程序提供商（ASP，Application Service Provider）那里租用，解决了自己装软件并进行维护的复杂安装和无穷的升级烦恼。这种烦恼对于企业资源计划（ERP，Enterprise Resource Planning）系统的购买者来说更是切肤之痛，所以ASP大有作为。

2．外包成为一个成熟的概念

　　产品提供商已经不再是顾客首先想到的解决问题求助者。由于供应商经常满足不了顾客的实际需要导致客户关系的失败。这些失败对于所有参与其中的人员都是一个教训，它使得供应商不要承诺其提供不了的服务，客户也要采取更多实际一些的期望。外包的概念于是

深入人心。

3．真正的合作关系逐渐形成

在很多情况下，公司愿意将一小部分供应链系统外包出去，作为对供应商能力的一个测验。而公司以后会继续把其他更多的部分交出去，让更加专业的公司去做，同时双方保持一种良好的交流合作关系，公司不会停止对全部处理过程的控制权利。

4．没有保障的合作

合作关系已经开始，但也可以说可能很快又要结束，有时是因为一些超越双方所能控制的原因，说到根本还是利益所在。这样的合作关系有可能从一开始就是不协调的。合并和收购可以改变公司长期的交易，成功的公司常常持续不断地再次评价其制造商，一个性能上的故障将很快结束一个合作关系。

5．寻找真正的全球供应商的活动还在继续

许多缺乏内部处理流程的公司寻求全球范围内的资源、制造商和销售商。由于有了Internet 这个神奇的驱动，合作双方都在快速地向全球规模的合作前进。一些公司已经宣称找到了理想的合作伙伴，但实际上很少的公司真正达到了所有要求。

6．高质量客户服务是成功商业计划的重要部分

事实证明，很少公司真正按照承诺实现所应该实现的，但不要太看重这一点。从整体上来说，所有的努力都集中在满足前端销售的服务，并提供相应的同等可靠的售后支持服务，这是向高质量客户服务进展的一个必要的过程。

案例 6-3

销售和供应链计划的预测

夏普公司是一家总部位于日本大阪年销售收入 887 亿美元的全球化电子消费品公司，公司共有 66 000 名员工服务于分布在全球 30 个国家的生产工厂、销售公司、技术研发机构和信贷公司。夏普公司作为推出电子计算器和液晶显示器等电子产品的创始者，始终勇于开创新领域，运用领先世界的液晶、光学、半导体等技术，在家电、移动通信、办公自动化等领域实现丰富多彩的"新信息社会"。

但是，面对着竞争日益复杂的电子消费品市场，该公司越来越感觉到电子消费品市场的快速变化，特别是电子消费品的生命周期越来越短，电子消费品的市场普及率越来越接近饱和状态，企业的经营风险加大，与此同时，客户对电子消费品个性化的需求越来越高。因此，如何在竞争激烈和快速变化的市场中寻求一套实时的决策系统就显得尤为重要。特别是通过提高对商品的预测准确率来降低企业的库存，减少交货期的延误，从而保住大量的有价值的客户。

通过对夏普整个供应链进行的全面诊断，提出了对订单管理、生产制造、仓库管理、运输和开票等全流程在内的整体无缝链接，并结合信息系统的实施，使夏普公司建立起供应和需求一体化的结构，尤其是通过对系统数据的分析，定时的连接和灵活的处理，使决策者能够比过去更加方便和有效地协调人员、设备资源和流程配置，更加准确地满足市场的需求。

夏普公司通过对供应链的一体化管理，不仅降低了库存的水平，加快了库存的周转率，降低了物料管理的成本，而且大大提升了供应链上的价值。

供应链管理的另外一个目标是提高客户的满意度。通过对供应链的整合，使得夏普公司对客户的交货承诺性得到很大程度的提高，货物的交付比过去更加及时和准确。同时，供应链计划体系可以充分考虑各方面因素，例如运输成本、订单执行等，从而制定出资源平衡和优化的需求预测。

请思考：供应链管理除了对提高商品的预测准确率来降低企业的库存之外，还有哪些好处？这些好处符合在网络环境下物流发展的趋势吗？

项目小结

供应链是指围绕核心企业，从原材料供应开始，制成中间产品以及最终产品，最后由销售网络把产品送到消费者手中，将供应商、制造商、渠道商直到最终用户连成一个整体的功能网链结构。根据核心企业的不同，供应链分为推式供应链、拉式供应链以及推拉式供应链。链状结构的供应链是一种最简单的供应链，还有复杂的网状结构供应链。在供应链设计的过程中，要以核心企业的现状为出发点，根据目标进行设计，并对设计好的供应链进行可行性分析，不断根据变化调整以达到最优。

供应链管理是企业的有效性管理，表现了企业在战略和战术上对企业整个作业流程的优化。整合并优化了供应商、制造商、零售商的业务效率，使商品以正确的数量、正确的品质、在正确的地点、以正确的时间、最佳的成本进行生产和销售。

供应链合作伙伴关系一般是指在供应链内部两个或两个以上独立的成员之间形成的一种协调关系，以保证实现某个特定的目标或效益。建立供应链合作伙伴关系的目的在于通过提高信息共享水平，减少整个供应链产品的库存总量、降低成本和提高整个供应链的运作绩效。

练习思考

一、单项选择题

1. 推式供应链是以（　　）为核心企业，根据产品的生产和库存情况，有计划地把商品推销给客户。

　　A．供应商　　　　　B．制造商　　　　　C．分销商　　　　　D．客户

2. 拉式供应链是以（　　）为中心，关注客户需求的变化，并根据（　　）需求组织生产。

　　A．供应商　　　　　B．制造商　　　　　C．分销商　　　　　D．客户

3. 人们把推动阶段和拉动阶段之间的分界点称为（　　）切入点。

　　A．生产计划　　　　B．安全库存　　　　C．战略需要　　　　D．客户需求

4. "每一个节点成员只与一个上游成员和一个下游成员相连接"的供应链结构是（　　）。

　　A．环形结构　　　　B．树形结构　　　　C．网状结构　　　　D．链状结构

二、多项选择题

1. 在正常销售情况下，链状结构供应链上的资金流方向是（　　　　）。

　　A．需求方向供应方流动　　　　　　　B．供应方向需求方流动

　　C．供应方、需求方双向流动　　　　　D．供应方、需求方单向流动

2. 网状供应链模型具有（　　　　）特征。

　　A．复杂性　　　　　　　　　　　　　B．动态性

　　C．面向用户需求　　　　　　　　　　D．交叉性

3. 简洁的供应链的作用有（　　　　）。

　　A．生产和经营过程更加透明　　　　　B．非创造价值的活动减少到最低限度

　　C．订单处理周期和生产周期缩短　　　D．减少不确定性对供应链的负面影响

4. 集成化供应链管理包含（　　　　）等。

　　A．采购管理　　　　B．销售管理　　　C．生产管理　　　D．仓库管理

三、思考题

1. 电子商务下供应链的管理目标有哪些？

2. QR 和 ECR 有何不同？

3. 如何选择供应链合作伙伴？

实战强化

实训一　供应商评价过程模拟

一、实训目的

了解如何选择供应链合作伙伴过程。

二、实训组织

通过分组模拟，体验供应商评价过程。

三、实训步骤及要求

步骤 1：分析市场竞争环境（需求、必要性）。

步骤 2：确立合作伙伴选择目标。

步骤 3：制定合作伙伴评价标准。

步骤 4：成立评价小组。

步骤 5：合作伙伴参与。

步骤 6：评价合作伙伴。

步骤 7：实施供应链合作关系。

步骤 8：撰写报告。

实训二　电子商务物流供应链管理报告

根据邮政流程图，如图 6-10 所示，结合电子商务环境下的物流过程，撰写一份某电子商务企业（××公司）物流供应链管理报告。

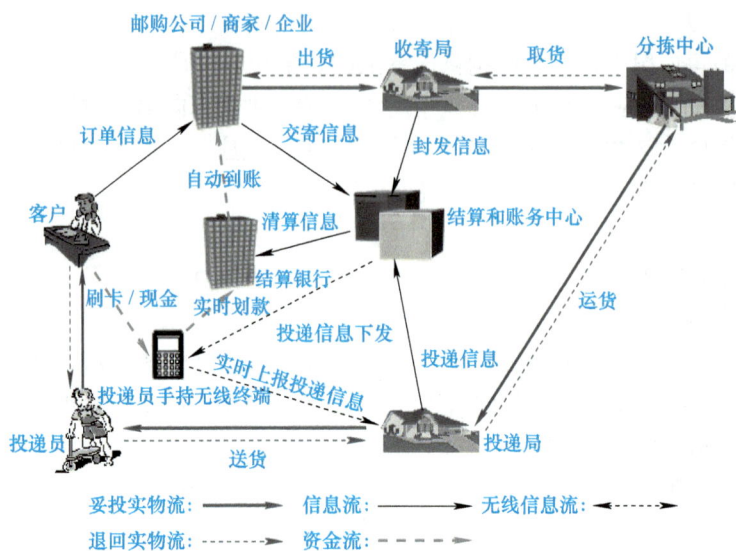

邮购公司/商家/企业　收寄局　取货　分拣中心

出货　交寄信息　封发信息

订单信息

客户　自动到账　清算信息　结算和账务中心

刷卡/现金　结算银行　实时划款　运货

实时上报投递信息　投递信息下发　投递信息

投递员手持无线终端

投递员　送货　投递局

妥投实物流：——→　信息流：——→　无线信息流：‹-‹-‹-›

退回实物流：·····›　资金流：— — —›

图6-10　邮政流程图

项目 7

电子商务物流管理

随着互联网的发展与普及，近年来，全球物流业方兴未艾。与此同时，电子商务迅速发展，向传统物流业提出了新的挑战。物流作为电子商务"四流"中最为特殊的一种，已经成为电子商务发展的瓶颈。因此，如何建立现代物流管理体系，加强对物流的管理，使其与网上交易过程顺利对接，以适应电子商务的需求，已成为电子商务时代的当务之急。

学习提示

学习目标

知识目标

了解电子商务物流信息管理的优势；掌握电子商务物流信息管理的内涵，了解销售物流模式的选择；掌握降低电子商务物流成本的方法，掌握电子商务物流客户管理。

能力目标

能够结合实际分析电子商务对企业物流运转的影响，能够选择适合的电子商务物流信息管理系统。

素质目标

培养强烈的集体荣誉感、养成不断学习的习惯，增强合作、交流与协商能力，不断提高服务水平。

本项目重点

● 电子商务物流信息管理的内涵、电子商务物流信息管理系统的选择；实施客户管理的战略价值。

本项目难点

● 设计电子商务物流信息管理系统；实施客户管理的障碍。

任务1 电子商务物流信息管理

任务要点

- **关 键 词**：物流信息、物流管理信息系统
- **理论要点**：物流信息的概念、物流管理信息系统
- **实践要点**：构建电子商务模式下的物流管理信息系统

任务情境

沃尔玛借助强大的物流信息管理平台、先进的物流信息技术与设备的运用和管理，实现了高效的物流运作与供应链管理，节省了巨大成本，不断创造着零售王国的奇迹。

沃尔玛在20世纪80年代就特别投入4亿美元的巨资，委托休斯公司发射了一颗商用卫星，实现了全球联网，以先进的信息技术为其高效的配送系统提供保证。通过全球网络，沃尔玛总部可在1h之内对全球4 000多家分店内每种商品的库存、上架以及销售量全部盘点一遍。

现在，沃尔玛使用EDI技术与全球的4 500多个仓库和3 000多家供应商进行交易，建立了订单库存管理系统和电子订货系统。通过这些系统和其他最先进的物流信息技术与设备，缔造出世界上最精密、最先进的供应链系统，各地分店和供应商通过联网成为一体。借助于与供应链伙伴成员相互连接的EDI系统，实现了经营信息及时高效地传递与共享。这些技术的应用实现了自动提示和控制商品库存量，使公司总部能够全面掌握销售情况，合理安排进货结构，及时补充库存和不足，降低存货水平，大大减少了资金成本和库存费用。沃尔玛1992年的配送成本降至销售额的3%，而其竞争对手所占比例则高达5%～6%。沃尔玛和供应商的库存都保持在最低点。

沃尔玛物流配送中心的运作也证明了物流信息技术的成功应用。在物流配送的每一环节上，沃尔玛都利用了先进的物流信息技术来提高它的运作绩效。在物流的收发货、分拣、配送等环节利用条码、RFID技术来实现信息的自动采集，从而实现了自动登记、自动跟踪、自动控制。配送中心内的货架的每个货位上都有指示灯，表示那里需要拣货以及拣货的数量。当拣货员完成该货位的拣货作业后，单击"完成"按钮，计算机就可以更新其数据库。装满货品的纸箱经封箱后运到自动分拣机，在全方位扫描器识别纸箱上的条码后，利用配备的激光制导传送带，将货物成箱地送上传送带，计算机指令拨叉机构把纸箱拨入相应的装车线，以便集中装车运往指定的零售店。在48h以内，装箱的商品从一个卸货处运到另一个卸货处，而不在库房里消耗宝贵的时间，这种类似网络零售商"零库存"的做法使沃尔玛每年都可以节省数百万美元的仓储费用。

任务分析

零售业巨头沃尔玛百货有限公司凭借全球第一个物流数据处理中心、物流信息系统、电子数据交换系统、自动订货系统、快速反应系统、全球卫星定位系统及无线射频识别技术等信息技术，使企业实现了"以最低的成本，提供最高质量的服务"的目标。由此可见，物流信息技术对于企业的高效运营已日趋重要。

物流信息管理是现代物流标准化的关键和核心。信息是物流网络控制的根本依据和决策依据，只有在掌握了物流系统中全面、及时、准确的信息后，才能保证物流网络的可控性。物流信息是随企业的物流活动同时发生的，是实现物流功能必不可少的条件。按照所起的作用不同，可将物流信息分为订货信息、库存信息、生产指示信息（采购指示信息）、发货信息和物流管理信息等。

任务实施

在电子商务时代，随着人类需求向着个性化的方向发展，物流过程也在向着多品种、少量生产和高频度、小批量配送的方向发展。因此，物流信息在物流的过程中显得越来越重要。

步骤一　认知电子商务物流信息管理

1. 认知物流信息

物流信息指反映物流各种活动内容、属性与特征的知识、资料、图像、数据、文件的总称。物流信息不仅指与物流活动有关的信息，而且包含其他流通活动的信息，例如商品交易信息和市场信息等，还包含相关政策信息、通信交通等基础设施信息。

小链接 7-1

物流信息的分类

物流的分类有很多种，信息的分类更是有很多种，因此物流信息的分类方法也就很多。

1）按功能分类。按信息产生和作用所涉及的不同功能领域分类，物流信息包括仓储信息、运输信息、加工信息、包装信息、装卸信息等。对于某个功能领域还可以进行进一步细化，例如，仓储信息分成入库信息、出库信息、库存信息、搬运信息等。

2）按环节分类。根据信息产生和作用的环节，物流信息可分为输入物流活动的信息和物流活动产生的信息。

3）按作用层次分类。根据信息作用的层次，物流信息可分为基础信息、作业信息、协调控制信息和决策支持信息。基础信息是物流活动的基础，是最初的信息源，例如物品基本信息、货位基本信息等。作业信息是物流作业过程中发生的信息，信息的波动性大，具有动态性，例如库存信息、到货信息等。协调控制信息主要是指物流活动的调度信息和计划信息。决策支持信息是指能对物流计划、决策、战略具有影响的信息或有关的统计信息和有关的宏观信息，例如科技、产品、法律等方面的信息。

4）按加工程度的不同分类。按加工程度的不同，物流信息可以分为原始信息和加工信息。原始信息是指未加工的信息，是信息工作的基础，也是最有权威性的凭证性信息。加工信息是对原始信息进行各种方式和各个层次处理后的信息，这种信息是原始信息的提炼、简化和综合，利用各种分析工作在海量数据中发现潜在的、有用的信息和知识。

2．分析物流信息的特征

（1）信息量大

物流信息是随着物流活动以及商品交易活动展开而大量发生的。多品种、小批量生产和多频度、小数量配送使库存、运输等物流活动的信息大量增加。零售商广泛使用销售时点系统（POS）来读取销售时点的商品品种、价格、数量等即时销售信息，并对这些销售信息加工整理，通过电子数据交换系统（EDI）向相关企业传递。同时为了使库存补充作业合理化，许多企业采用电子自动订货系统（EOS）。

（2）更新速度快

物流信息的更新速度快。多品种小批量生产、多频度小数量配送与POS系统的即时销售使得各种作业活动频繁发生，从而要求物流信息不断更新，而且更新的速度越来越快。

（3）来源多样化

物流信息不仅包括企业内部的物流信息（例如生产信息、库存信息等），还包括企业间的物流信息和与物流活动有关的基础设施的信息。企业竞争优势的获得需要供应链参与企业之间相互协调合作。协调合作的手段之一是信息即时交换和共享。许多企业把物流信息标准化和格式化，利用EDI在相关企业间进行传送，实现信息共享。另外，物流信息往往利用道路、港湾、机场等基础设施。因此，为了高效率地完成物流活动，必须掌握与基础设施有关的信息，例如在国际物流过程中必须掌握报送所需信息、港湾作业信息。

3．分析物流信息具备的功能

物流信息就是物流活动的内容、形式、过程及发展变化的反映。现代物流信息在物流活动中起着神经系统的作用，"牵一发而动全身"，主要通过它的协调、作业管理和服务这几项基本功能来实现的。

（1）协调功能

物流系统中各环节的相互衔接是通过信息予以沟通的，而且物流资源的调度也是通过信息的采集与传递来实现的。具体表现为在物流运作中，通过企业内部集成的和与外部共享的物流信息系统来共享与传递物流信息，例如物流的需求量、库存量、流向、流量、进度、状态等，在此基础上对内部和供应链伙伴成员的物流活动进行协调，联合预测、计划、补货，开展广泛的、深度的合作，以实现高效的一体化物流运作。

（2）作业管理功能

具体表现为通过物流信息系统来对物流运作的各项功能活动进行恰当的管理与控制，例如运输的管理、仓储的管理、配送的管理等，从而实现物流活动的全过程管理与控制，并通过各环节数据的统计、分析，得出指导企业运营的依据。

（3）服务功能

具体表现为通过物流信息系统来实现客户查询、核算统计、决策支持等功能。及时准确地提供物流信息是物流服务的一项重要内容，通过物流信息系统可以为客户提供灵活多样的查询条件，使得客户可以共享物流企业的信息资源，例如货物物流分配情况、货物在途运输状况、货物库存情况等。另外，物流信息系统提供动态的或固定的多种物流统计报表，例如物流的流量、需求量、库存量、工作质量、服务质量、费用等，可以方便物流管理工作者的管理及决策工作。

步骤二　了解电子商务物流信息管理系统的构成

电子商务物流的发展是以电子商务技术和物流技术，尤其是物流信息技术为支撑的。物流是一个集中和产生大量信息的领域，物流信息是使运输、保管、装卸、配送等物流功能顺利完成的必不可缺的条件。物流一般活动要成为系统性的集成活动，就必须依赖于信息的作用。因此，物流信息的恰当管理对整个物流系统效率的提高具有重要的意义。可以说，物流信息系统是物流系统的中枢神经系统，物流信息化成为现代物流的灵魂和关键。

物流信息管理系统是企业的物流管理包括第三方物流的信息管理系统，系统涉及仓储作业管理、运输及配载管理、财务管理、人力资源管理等内容，通过使用计算机技术、通信技术、网络技术等手段，建立物流信息化管理，以提高物流信息的处理和传递速度，使物流活动的效率和快速反应能力得到提高。

电子商务物流管理信息系统（Electronic Commerce Logistics Management Information System）是一个由人、计算机网络等组成的能进行电子商务条件下的物流相关信息的收集、整理、存储、传播、利用和维护，以便于管理人员和领导者有效地利用这些信息组织物流活动，协调和控制各作业子系统的正常运行，并为企业提供信息分析和决策支持的人机系统。

电子商务物流管理信息系统一般包括以下组成内容：

1. 接受订货信息管理系统

办理接受订货手续是交易活动的始发点，所有物流活动均从接受订货开始。为了迅速、准确地将商品送到指定的地方，必须快速地办理接受订货的各种手续。接受订货信息管理系统是办理从零售商处接受订单、准备货物、明确交货时间与交货期限、剩余货物管理等的信息管理系统。

2. 订货信息管理系统

订货信息管理系统是与接受订货信息管理系统互动的。库存不足时应防止缺货，库存过多时应减少订货。

3. 收货信息管理系统

收货信息管理系统是指根据收货的预定信息对收到的货物进行检验，并与订货要求进行核对无误之后，录入库存并指定货位等的信息管理系统。

4. 库存信息管理系统

正确把握商品库存，对于制订恰当的采购计划、接受订货计划、收货计划和发货计划是必不可缺的，所以库存信息管理系统是物流管理信息的中心。对保存在物流中心内的商品进行实际管理、指定货位和调整库存的信息管理系统叫库存信息管理系统。

5. 发货信息管理系统

如何通过合理的发货安排将商品送到顾客手中，是物流管理信息系统需要解决的主要课题。发货信息管理系统是一种与接受订货信息管理系统、库存信息管理系统互动并向保管场所发出拣选指令或根据不同的配送方向进行分类的信息管理系统。

6. 配送信息管理系统

降低成本对于高效率的配送计划来说是非常重要的。配送信息管理系统是将商品按配送方向进行分类，制订车辆调配计划和配送路线计划的信息管理系统。

此外，物流管理信息还包括运输管理信息系统、包装信息管理系统、流通加工信息管理系统、成本管理信息系统、EDI 处理信息系统和物流综合管理信息系统等。

小链接 7-2

物流信息管理系统所要解决的问题

1）缩短从接受订货到发货的时间。

2）库存适量化（压缩库存并防止脱销）。

3）提高搬运作业效率。

4）提高运输效率。

5）使接受订货和发出订货更为省力。

6）提高接受订货和发出订货精度。

7）防止发货、配送出现差错。

8）调整需求和供给。

9）回答信息咨询。

物流信息系统就是要解决好上述这些问题。所有这一切的目的，都是为了提高对顾客的服务水准和降低物流总成本。

需要注意的是，提高服务和降低物流总成本之间存在"效率背反"关系。物流信息系统起着控制物流各种机能并加以协调的作用。

步骤三　设计电子商务物流信息管理系统

1. 规划电子商务物流信息管理系统

建立电子商务信息管理系统，不是单项数据处理的简单组合，必须要有系统的规划。因为它涉及传统管理思想的转变和管理基础工作的整顿提高，以及现代化物流管理方法的应用等许多方面，是一项范围广、协调性强、人机紧密结合的系统工程。物流信息系统规划是系统开发最重要的阶段，一旦有了好的系统规划，就可以按照数据处理系统的分析和设计持续进行工作，直到系统的实现。物流信息系统的总体规划基本上分为 4 个基本步骤。

1）定义管理目标。确立各级管理的统一目标，局部目标要服从总体目标。

2）定义管理功能。确定管理过程中的主要活动和决策。

3）定义数据分类。在定义管理功能的基础上，把数据按支持一个或多个管理功能分类。

4）定义信息结构。确定信息系统各个部分及其数据之间的相互关系，导出各个独立性较强的模块，确定模块实现的优先关系，即划分子系统。

2. 确定电子商务物信息管理系统开发的内容

有了系统规划以后，还要进行非常复杂的开发过程，作为电子商务物流信息管理系统开发的内容主要包括以下 5 个方面：

1）系统分析。主要对现行系统和管理方法以及信息流程等有关情况进行现场调查，给出有关的调研图表，提出信息系统设计的目标以及达到此目标的可能性。

2）系统逻辑设计。在系统调研的基础上，从整体上构造出物流信息系统的逻辑模型，对各种模型进行优选，确定最终的方案。

3）系统的物理设计。以逻辑模型为框架，利用各种编程方法，实现逻辑模型中的各个功能模块，例如，确定并实现系统的输入、输出、存贮及处理方法。此阶段的重要工作是程序设计。

4）系统实施。将系统的各个功能模块进行单独调试和联合调试。对其进行调整和完善，最后得到符合要求的物流信息系统软件。

5）系统维护和评价。在信息系统试运行一段时间以后，根据现场要求与变化，对系统作一些必要的修改，进一步完善系统，最后和用户一起对系统的功能、效益做出评价。

触类旁通

1. 物流信息处理的主要内容

（1）订货信息处理

1）计划阶段：选定订货方法；选定订货信息的传递手段。

2）实施阶段：订货处理；核对库存；核对装卸能力；核对配送能力；制作出货单；制作进货单。

3）评价阶段：订货统计分析；退货处理；进货管理。

（2）库存管理中的信息处理

1）计划阶段：决定库存地点的数量；商品库存的合理配置；设定库存预算；拟定标准的库存周转率。

2）实施阶段：回答库存；进出库处理；移送处理。

3）评价阶段：库存预算与库存实绩的对比；标准库存周转率与实际周转率的对比；分析过剩库存；分析缺货库存；分析商品的恶化和破损；计算保管费；计算保险费。

（3）进货信息处理

1）计划阶段：选定进货方法；选定订货信息传递手段。

2）实施阶段：进货；掌握和督促未进仓库的商品。

3）评价阶段：分析进货统计。

（4）仓库管理中的信息

1）计划阶段：租用储运公司的仓库或使用自有仓库的决定；决定仓库容积和设备的设

计；保管形式的设计；仓库设备投资的经济核算。

2）实施阶段：自动仓库的经营；容纳场所的指示；故障对策，完善仓库的安全设备；安置管理。

3）评价阶段：分析仓库设备的调动；空架表；故障分析；计算修理费用，计算保安设施费用。

（5）装卸信息处理

1）计划阶段：装卸方法的设定；装卸机械投资的经济核算。

2）实施阶段：装卸作业指示；商品检查。

3）评价阶段：装卸费用分析；装卸机械调动分析。

（6）包装信息处理

1）计划阶段：决定包装形式；决定运输货物的形态；拟定包装标准，设计自动包装。

2）实施阶段：包装材料的管理；包装工程的管理；空集装箱的管理。

3）评价阶段：包装费用的分析，事故统计。

（7）运输信息处理

1）计划阶段：运输工具的选定；运输路线的选定，运送大宗货物的决定。

2）实施阶段：调配车辆；货物装载指示；货物跟踪管理。

3）评价阶段：运费计算装载效率分析；车辆调动分析；迂回运输分析；事故分析。

（8）配送信息处理

1）计划阶段：配送中心的数量、位置的确定；配送区域的决定。

2）实施阶段：配送指示；与配送的货物抵达点联络；货物跟踪管理。

3）评价阶段：运费计算；装载效率分析；车辆调动分析；退货的运费分析；误差分析。

（9）综合系统信息处理

1）计划阶段：物流综合系统的设计；需求的预测。

2）实施阶段：订货处理的流向跟踪。

3）评价阶段：综合实绩的掌握和分析；综合流通费用的分析；服务时间和服务效率的分析。

2. 物流信息系统发展方向

物流信息系统，今后将越来越具有战略意义，并将向社会系统化方向发展。

1）目前在企业日益重视经营战略的情况下，建立物流信息是必要的、不可缺少的。具体地说为确保物流竞争优势，建立将企业内部的销售信息系统、物流信息系统、生产和供应系统综合起来的信息系统势在必行。

2）由于信息化的发展，各企业之间的关系日益紧密。如何与企业外销售渠道的信息情报系统、采购系统中的信息情报系统以及与运输信息系统联合起来将成为今后重点研究解决的课题。同时，建立不仅限于本企业还包括社会上多个企业之间的信息情报系统的重要性将日趋增加。

3）企业的物流已经不只是一个企业的问题，被编组进入社会系统的部分将日益增多。在这种形势下，物流信息情报系统将日益成为社会信息情报系统的一个组成部分。

案例 7-1

联华超市与光明乳业之间建立自动要货系统

2002 年 11 月，联华超市与光明乳业之间建立了自动要货系统。联华各门店在每天晚上零点之前汇总当天光明乳业的牛奶销售和库存信息，并在次日 9 点之前将该数据传输至联华总部 EDI，这些输出处理后在当天中午 12 点加载到光明乳业有效客户反应系统（ECR）。光明乳业收到数据后，根据天气、销售、促销指标等因素进行订单预测。经预测的订单产生后，该公司开始作发货准备，并将订单数据发送到联华总部 EDI，联华门店当日晚上 9 点前将收到收货信息，光明乳业在第 3 天上午 6 点半以前将所订的牛奶送到联华各门店。联华门店在收到货物后，除了在收货单据上签收外，还必须在当日中午 12 点之前将收货信息自动导入 MIS（管理信息系统）。

自动订货系统的推行，使牛奶这一冷链食品在门店销售中既保证了新鲜度又扩大了销售。以同样的方式，"个性生鲜"的特点逐步在联华扎根生长。

请思考：

① 联华超市与光明乳业建立了什么系统？

② 这个系统给联华超市带来了什么好处？

任务 2　电子商务物流成本管理

任务要点

◆ **关　键　词**：物流成本、成本管理
◆ **理论要点**：物流成本的概念、物流成本管理
◆ **实践要点**：掌握合适的降低物流成本的方法与策略

任务情境

江苏小天鹅集团有限公司生产经营洗衣机、空调、冰箱、洗碗机、干衣机等家用、商用电器产品，销售网络遍布线上线下，总资产 75 亿元，小天鹅品牌价值 67.69 亿元，年营业收入超百亿元，跻身中国百强企业行列。

作为家电制造商，小天鹅每年有巨大的物流量，单在运输量上就得把 500 多万台家电产品运往全国各地市场，还有 2 万 t 钢材、2 万 t 塑料的运输量，仓储和装卸搬运成本也是居高不下，企业物流成本高达总生产成本的 4%。

于是，他们尝试采用了与国际接轨的第三方物流方式，小天鹅投资与科龙集团、中远公司联手成立了安泰达物流公司，以组织整合和流程优化来改变过去冰箱、空调、冷柜、小家电四大类产品、子公司物流的独立运作体系。产品从流水线上下来，直接就交给物流公司，既省去了运输人员，也不必再雇人进行仓储保管。公司的车队、仓储全部推向市场，企业实现了"零运输""零仓库"。

例如小天鹅公司欲从广州运来2万t铸件，交付给物流公司后，每吨的运输费从530元降到320元。自采用第三方物流后，整个集团物流成本下降了38%。原本每年用于运输、仓储得花费8 000万元，现在只需5 000万元。而且作为投资者，小天鹅公司还能从物流公司获得20%的回报率。同时，运输的速度大大加快，保障了"小天鹅"品牌的服务质量，残损情况也大幅度降低。

任务分析

物流成本虽然是一种必要的耗费，但此种耗费不创造任何新的使用价值。因此，物流成本是社会财富的一种扣除。国外学者认为，物流成本是降低成本的最后边界，称物流为"第三利润源"。为此，所有企业都在谋求降低物流成本的途径。同样，我国也开始致力于这方面的研究。实行物流成本管理，降低物流成本，提高效益，对国家与企业都具有现实与长远的意义。

任务实施

步骤一　分析物流成本

1. 认知物流成本

扫码看视频

物流成本是指产品在空间移动或时间占有中所耗费的各种活劳动和物化劳动的货币表现。具体地说，它是产品在实物运动过程中，包装、装卸搬运、运输、储存、流通加工等各个活动中所支出的人力、物力和财力的总和。

2. 分析物流成本的构成

物流成本主要由以下7个方面构成：

1）物流过程的研究设计、重构和优化等费用。

2）物流过程中的物质消耗，例如，固定资产的磨损，包装材料、电力、燃料消耗等。

3）物品在保管、运输等过程中的合理损耗。

4）用于保证物流顺畅的资金成本，例如，支付银行贷款的利息等。

5）在组织物流的过程中发生的其他费用，例如，进行有关物流活动的差旅费、办公费等。

6）从事物流工作人员的工资、奖金及各种形式的补贴等。

7）在生产过程中一切由物品空间运动（包括静止）引起的费用支出，例如，原材料、燃料、半成品、在制品、产成品等的运输、装卸搬运、储存等费用。

3. 分析物流成本的分类

现代物流成本的范围很广，贯穿于企业经营活动的全过程，包括从原材料供应开始一直到将商品送达到消费者手中所发生的全部物流费用。物流成本按不同的标准有不同的分类，按产生物流成本主体的不同，可以分为企业自身物流成本、委托第三方从事物流业务所发生的费用即委托物流费。如果按物流的功能，可以对物流成本做如下分类：

1）运输成本。主要包括人工费用，例如，运输人员工资、福利等；营运费用，例如，营运车辆燃料费、折旧、公路运输管理费等；其他费用，例如，差旅费等。

2）仓储成本。主要包括建造、购买或租赁等仓库设施设备的成本和各类仓储作业带来的成本。

3）流通加工成本。主要有流通加工设备费用、流通加工材料费用、流通加工劳务费用及其他。

4）包装成本。主要包括包装材料费用、包装机械费用、包装技术费用、包装人工费用等。

5）装卸与搬运成本。主要包括人工费用、资产折旧费、维修费、能源消耗费以及其他相关费用。

6）物流信息和管理费用。包括企业为物流管理所发生的差旅费、会议费、交际费、管理信息系统费以及其他杂费。

小链接 7-3

物流成本的特点

物流成本和其他成本比较，有许多不同之处，但是最突出的只有两点，这两点被归结为物流冰山现象和效益背反现象。

物流冰山现象本来是日本早稻田大学西泽修教授研究有关物流成本问题所提出来的一种比喻，在物流学界，现在已经把它延伸成物流基本理论之一，把它看成是德鲁克学说的另一种描述。

物流冰山理论认为，在企业中，绝大多数物流发生的费用是被混杂在其他费用之中，而能够单独列出会计项目的，只是其中很小一部分，这一部分是可见的，常常被人们误解为他就是物流费用的全貌，其实只不过是浮在水面上的、能被人所见的冰山一角而已。

效益背反现象，是物流成本的另一个特点，物流成本的发生源很多，其成本发生的领域往往在企业里面是不同部门管理的领域，因此，这种部门的分割，就使得相关物流活动无法进行协调和优化，出现此长彼消、此损彼益的现象。其实，在任何一个大系统中，系统要素之间经常会出现这种矛盾，系统工程的主要目的也在于从系统高度寻求总体的最优。

步骤二 核算物流成本

1. 掌握物流成本的计算条件

根据物流成本的冰山理论，有很多项物流成本是隐藏的，物流成本可大可小，完全在于其计算的范围和方法。因此，在计算物流成本时，必须首先明确计算条件。如果无视计算条件，则物流成本也就失去了存在的意义。物流成本的计算条件指物流范围、物流功能范围和物流成本计算科目范围。

（1）物流范围

物流范围指的是物流的起点和终点的长短。人们通常所讲的物流包括：原材料物流，即原材料从供应商转移到工厂时的物流；工厂内物流，即原材料、半成品、成品在工厂的不同车间、不同地点的转移和存储；从工厂到仓库的物流；从仓库到客户的物流，这个范围相当广阔。所以从哪里开始到哪里为止作为物流成本的计算对象，会引起物流成本发生很大的变化。

（2）物流功能范围

物流功能范围是指在运输、保管、配送、包装、装卸、信息管理等众多的物流功能中，把哪种物流功能作为计算对象。可以想象，把所有的物流功能作为计算对象的成本与只把运输、保管这两种功能作为计算对象，所得到的成本会相差悬殊。

（3）物流成本计算科目范围

成本计算科目的范围指的是在会计科目中，把其中的哪些科目列入计算对象的问题。在科目中，有运费开支、保管开支这类企业外部的开支，也有人工费、折旧费、修缮费、燃料费等企业内部的支出。

2. 选择合适的物流成本核算方法

（1）按支付形态划分并核算物流成本

把物流成本分别按运费、保管费、包装材料费、自家配送费（企业内部配送费）、人事费、物流管理费、物流利息等支付形态记账。从中可以了解物流成本总额，也可以了解什么经费项目花费最多，对认识物流成本合理化的重要性以及考虑在物流成本管理中应以什么为重点十分有效。

（2）按功能划分并核算物流成本

分别按包装、配送、保管、搬运、信息、物流管理等功能来核算物流费用。从这种方法可以看出哪种功能更耗费成本，比按形态计算成本的方法能更进一步找出实现物流合理化的症结。而且可以计算出标准物流成本（单位个数、质量、容器的成本），进行作业管理，设定合理化目标。

（3）按适用对象划分并核算物流成本的方法

按适用对象核算物流成本，可以分析出物流成本都用在哪一种对象上。例如，可以分别把商品、地区、顾客或营业单位作为适用对象来进行计算。

按商品核算物流成本是指通过把按功能计算出来的物流费，用各自不同的基准，分配各类商品的方法计算出来的物流成本。这种方法可以用来分析各类商品的盈亏，在实际运用时，要考虑进货和出货差额的毛收入与商品周转率之积的交叉比率。

按顾客核算物流成本的方法，又可分为按标准单价计算和按实际单价计算两种计算方式。按顾客计算物流成本，可用来作为选定顾客、确定物流服务水平等制订顾客战略的参考。

按分店或营业场所核算物流成本，就是要算出各营业单位物流成本与销售金额或毛收入的对比，用来了解各营业单位物流成本中存在的问题，以加强管理。

（4）采用作业成本法核算物流成本

作业成本法又称ABC成本法，以作业为基础，把企业消耗的资源按资源动因分配到作业，以及把作业收集的作业成本按作业动因分配到成本对象的核算方法。其理论基础是：生产导致作业的发生，作业消耗资源并导致成本的发生，产品消耗作业，因此，作业成本法下成本计算程序就是把各种资源库成本分配给各作业，再将各作业成本库的成本分配给最终产品或劳务。

以作业为中心，不仅能提供相对准确的成本信息，而且还能提供改善作业的非财务信息。以作业为纽带，能把成本信息和非财务信息很好地结合起来，即以作业为基础分配成本，同时以作业为基础进行成本分析和管理。

应用作业成本法核算企业物流并进行管理可分为如下 4 个步骤：

1）界定企业物流系统中涉及的各个作业。作业是工作的各个单位，作业的类型和数量会随着企业的不同而不同。例如，在一个顾客服务部门，作业包括处理顾客订单、解决产品问题以及提供顾客报告 3 项作业。

2）确认企业物流系统中涉及的资源。资源是成本的源泉，一个企业的资源包括直接人工、直接材料、生产维持成本（例如采购人员的工资成本）、间接制造费用以及生产过程以外的成本（例如广告费用）。资源的界定是在作业界定的基础上进行的，每项作业涉及相关的资源，与作业无关的资源应从物流核算中剔除。

3）确认资源动因，将资源分配到作业。作业决定着资源的耗用量，这种关系称作资源动因。资源动因联系着资源和作业，它把总分类账上的资源成本分配到作业。

4）确认成本动因，将作业成本分配到产品或服务中。作业动因反映了成本对象对作业消耗的逻辑关系，例如，问题最多的产品会产生最多顾客服务的电话，故按照电话数的多少把解决顾客问题的作业成本分配到相应的产品中去。

步骤三　降低物流成本

1. 物流成本控制的原则

1）企业成本的日常管理应坚持统一领导和分管、归口管理相结合。

2）以财会部门为中心，使财会部门与运输、仓储、配送、装卸、包装、流通加工等部门的日常成本管理相结合，做到何处有成本、费用发生，何处即有人负责。

3）要有利于物流的发展，以提高企业经济效益为目的。

4）做到一般控制与重点控制相结合。

5）严格控制成本开支范围，防止乱挤成本的现象发生。

2. 选择降低物流成本的方法

（1）通过采用物流标准化进行物流管理

物流标准化是以物流作为一个大系统，制订系统内部设施、机械设备、专用工具等各个分系统的技术标准。制订系统内各个分领域例如包装、装卸、运输等方面的工作标准，以系统为出发点，研究各分系统与分领域中技术标准与工作标准的配合性，统一整个物流系统的标准。物流标准化使货物在运输过程中的基本设备统一规范，例如，现有托盘标准与各种运输装备、装卸设备标准之间能有效衔接，大大提高了托盘在整个物流过程中的通用性，也在一定程度上促进了货物运输、储存、搬运等过程的机械化和自动化水平的提高，有利于物流配送系统的运作效率，从而降低物流成本。

（2）通过实现供应链管理，提高对顾客物流服务的管理来降低成本

实行供应链管理不仅要求该企业的物流体制具有效率化，也需要企业协调与其他企业以及客户、运输业者之间的关系，实现整个供应链活动的效率化。正因为如此，追求成本的效率化，不仅企业中物流部门或生产部门要加强控制，同时采购部门等各职能部门也要加强成本控制。提高对顾客的物流服务可以确保企业利益，同时也是企业降低物流成本的有效方法之一。

（3）借助于现代信息系统的构筑降低物流成本

要实现企业与其他交易企业之间的效率化的交易关系，必须借助于现代信息系统的构筑，尤其是利用互联网等高新技术来完成物流全过程的协调、控制和管理，实现从网络前端到终端的所有客户的中间过程服务的全覆盖。一方面是各种物流作业或业务处理正确、迅速地进行；另一方面，能由此建立起战略的物流经营系统。通过现代物流信息技术可以将企业订购的意向、数量、价格等信息在网络上进行传输，从而使生产、流通全过程的企业或部门分享由此带来的利益，充分应对可能发生的各种需求，进而调整不同企业间的经营行为和计划，企业间的协调和合作有可能在短时间内迅速完成，这可以从整体上控制物流成本发生的可能性。同时，物流管理信息系统的迅速发展，使混杂在其他业务中的物流活动的成本能精确地计算出来，而不会把成本转嫁到其他企业或部门。

（4）从流通全过程的视点来加强物流成本的管理

对于一个企业来讲，控制物流成本不仅是该企业的事情，即追求该企业的物流效率化，而且应该考虑从产品制成到最终用户整个流通过程的物流成本效率化，即物流设施的投资或扩建与否要视整个流通渠道的发展和要求而定。例如，有些厂商是直接面对批发商经营的，因此，很多物流中心是与批发商物流中心相吻合，从事大批量的商品输送。然而，随着零售业界便民店、折扣店的迅速发展，客户要求厂商必须适应零售业这种新型的业态形式，展开直接面向零售店铺的物流活动。因而，在这种情况下，原来的投资就有可能沉淀，同时又要求建立新型的符合现代物流发展要求的物流中心或自动化的设备。显然，这些投资尽管从企业来看，增加了物流成本，但从整个流通过程来看，却大大提高了物流绩效。

（5）通过效率化的配送降低成本

满足用户的订货要求尽量短时间的进货体制是企业物流发展客观要求。随着配送产生的成本费用要尽可能降低，特别是多频度、小单位配送要求的发展，更要求企业采取效率化的配送，就必须重视配车计划管理，提高装载率以及车辆运行管理。通过构筑有效的配送计划信息系统可以使生产商配车计划的制订与生产计划联系起来进行，同时通过信息系统也能使批发商将配车计划和进货计划相匹配，从而提高配送效率，降低运输和进货成本。

（6）通过削减退货来降低物流成本

退货成本也是企业物流成本中一项重要的组成部分，它往往占有相当大的比例，这是因为随着退货会产生一系列的物流费，退货商品损伤或滞销而产生的经济费用以及处理退货商品所需的人员费和各种事务性费用，特别是在退货的情况下，一般是由商品提供者承担退货所发生的各种费用，而退货方因为不承担商品退货而产生的损失，因此，顾客容易很随便地退回商品，并且由于这类商品大多数数量较少，配送费用有增高的趋势。不仅如此，由于这类商品规模较小也很分散，商品入库、账单处理等业务也很复杂。由此，削减退货成本是物流成本控制活动中需要特别关注的问题。

物流成本降低是个持续不断的过程。物流系统优化是关系到企业的竞争能力、影响到企业盈利水平的重大问题，应从战略的高度规划企业的物流系统。同时，要协调各部门之间的关系，使各个部门在优化物流系统的过程中相互配合。

3．选择降低配送成本的策略

通过配送，才能最终使物流活动得以实现，而且，配送活动增加了产品价值，它还有助于提高企业的竞争力。但完成配送活动是需要付出代价的，即配送成本。对配送的管理就是在配送的目标即满足一定的顾客服务水平与配送成本之间寻求平衡：在一定的配送成本下尽量提高顾客服务水平，或在一定的顾客服务水平下使配送成本最小。下面着重介绍在一定的顾客服务水平下使配送成本最小的5种策略。

1）混合策略。混合策略是指配送业务一部分由企业自身完成。这种策略的基本思想是，尽管采用纯策略（即配送活动要么全部由企业自身完成，要么完全外包给第三方物流完成）易形成一定的规模经济，并使管理简化，但由于产品品种多变、规格不一、销量不等等情况，采用纯策略的配送方式超出一定程度不仅不能取得规模效益，反而还会造成规模不经济。而采用混合策略，合理安排企业自身完成的配送和外包给第三方物流完成的配送，能使配送成本最低。

2）差异化策略。差异化策略的指导思想是，产品特征不同，顾客服务水平也不同。当企业拥有多种产品线时，不能对所有产品都按同一标准的顾客服务水平来配送，而应按产品的特点、销售水平来设置不同的库存、不同的运输方式以及不同的储存地点。忽视产品的差异性会增加不必要的配送成本。

3）合并策略。合并策略包含2个层次：配送方法上的合并；共同配送。

①配送方法上的合并。企业在安排车辆完成配送任务时，充分利用车辆的容积和载重量，做到满载满装，这是降低成本的重要途径。由于产品品种繁多，不仅包装形态、储运性能不一，在容重方面也往往相差甚远。一辆车上如果只装容重大的货物，往往是达到了载重量，但容积空余很多；只装容重小的货物则相反，看起来车装得满，但实际上并未达到车辆载重量。这两种情况实际上都造成了浪费。实行合理的轻重配装、容积大小不同的货物搭配装车，不但可以在载重方面达到满载，而且可以充分利用车辆的有效容积，取得最优效果。最好是借助计算机计算货物配车的最优解。

②共同配送。共同配送是一种产权层次上的共享，也称集中协作配送。它是几个企业联合起来，集小量为大量共同利用同一配送设施的配送方式，其标准运作形式是：在中心机构的统一指挥和调度下，各配送主体以经营活动（或以资产为纽带）联合行动，在较大的地域内协调运作，共同对某一个或某几个客户提供系列化的配送服务。这种配送有2种情况：一是中小生产、零售企业之间分工合作实行共同配送，即同一行业或在同一地区的中小型生产、零售企业在单独进行配送的运输量少、效率低的情况下进行联合配送，这样不仅可减少企业的配送费用，配送能力得到互补，而且有利于缓和城市交通拥挤，提高配送车辆的利用率。二是几个中小型配送中心之间的联合，针对某一地区的用户，由于各配送中心所配物资数量少、车辆利用率低等原因，几个配送中心可将用户所需物资集中起来，共同配送。

4）延迟策略。在传统的配送计划安排中，大多数的库存是按照对未来市场需求的预测量设置的，这样就存在着预测风险，当预测量与实际需求量不符时，就会出现库存过多或过少的情况，从而增加配送成本。延迟策略的基本思想就是，对产品的外观、形状及其生产、组装、配送，应尽可能推迟到接到顾客订单后再确定。一旦接到订单就要快速反应，因此采用延迟策略的一个基本前提是信息传递要非常快。实施延迟策略常采用两种方式：生产延迟和物流延迟，而配送中往往存在着加工活动，所以实施配送延迟策略既可采用形成延迟方式，也可采用时间延迟方式。具体操作时，常常发生在诸如贴标签（形成延迟）、包装（形成延迟）、装配和发送等领域。

5）标准化策略。标准化策略就是尽量减少因品种多变而导致附加配送成本，尽可能多地采用标准零部件、模块化产品。例如，服装制造商按统一规格生产服装，直到顾客购买时才按顾客的身材调整尺寸大小。采用标准化策略要求厂家从产品设计开始就要站在消费者的立场去考虑怎样节省配送成本，而不要等到产品定型生产出来了才考虑采用什么技巧降低配送成本。

触类旁通

由于物流成本的隐含性和计算方法的不确定性，为现代企业进行物流成本分析和核算带来了很大的困难。电子商务是一种新的经济形式，它利用现代信息技术和手段来处理传统商务流程，是商务领域的一大变革。电子商务的发展为物流成本的分析和计算带来了生机。

1. 电子商务为物流成本带来的优势

1）电子商务加速了商品流通速度，加快了资金周转速度，提高了商品流通数量，降低了物流成本。

2）电子商务为运输、配送提供了更为广阔的空间，同时减少了车辆的空载率，提高了车辆的实载率，降低了物流成本。

3）电子商务的信息处理方式为物流成本分析和计算提供了详细的基础数据，提供了物流成本计算的精度和速度。

2. 电子商务为物流成本带来的难题

事物的发展具有两面性，电子商务的发展也为物流成本计算带来了诸多不利因素。

1）由于实施电子商务带来了商品的高速周转，为本来就难以计算的物流成本又增加了难度系数。

2）电子商务为运输、配送带来了生机，但同时为单个商品的物流成本计算带来了更多的不确定因素。

3）由于商品的高速周转，使商品在地域之间飞速运转，使本已含糊不清的物流成本更加模糊。

案例 7-2

美国布鲁克林酿酒厂在本国经营业绩平平。从 1989 年 11 月开始，该酿酒厂通过航空运输将啤酒运到日本出售。这样的物流作业可以在啤酒酿造后的 1 周内将啤酒直接运达顾客手中，而海外装运啤酒的平均订货周期为 40 天。虽然航空运费高，但速度快，减少了流动资金占用，节省了大量库存成本。而且日本的啤酒的价格比美国高 5 倍。空运啤酒到日本的物流总成本虽比海运啤酒到日本的物流总成本高，但考虑到空运啤酒的价格卖得高，从整个企业经营的角度看，空运啤酒无疑是有益的。事实上，虽然布鲁克林酿酒厂在美国还没有成为知名品牌，但在日本却创造了一个年销售额 200 亿美元的市场。

请思考： 布鲁克林酿酒厂为何采用航空运输的方式？

任务3 电子商务物流服务管理

任务要点

- **关 键 词**：物流服务、服务管理
- **理论要点**：物流服务的概念、物流服务管理
- **实践要点**：掌握提高物流服务的方法与对策

任务情境

2010年4月5日，淘宝商城的荷兰乳牛公司因普遍性物流延迟，在店铺内发布全网致歉公告，在线差评如潮。出现的问题包括订单普遍性延误，最长达到32天，引起买家公愤；破损率居高不下。于是，淘宝迅速携手物流合作伙伴制定了应对荷兰乳牛促销配送的最佳解决方案。在4月20日该公司进行的大规模促销活动中，当日形成3.7万个订单。次日，所有订购商品完成出库，北京、上海、广州、深圳24h投递率达到50%，48h完成派送。

"像荷兰乳牛的案例充分说明了物流对于商家的重要性。"淘宝网物流平台总监认为，"通过淘宝物流，企业可以不需要前期的大量固定资产投资，不需要请一群专业人员，不需要去考虑设计物流的流程，不需自己寻找很多供应商，即可根据业务需要来获得相匹配的服务资源，快速形成服务能力。"

任务分析

淘宝将通过大物流计划全面打通淘宝内外部商家的数据信息通道和物流仓储配送渠道，提供整体物流解决方案。淘宝网此次推出的大物流计划，将有效地帮助物流业更快地提高对网商和消费者的服务质量，全面降低商家的成本。

任务实施

步骤一 认知电子商务物流服务管理

1. 分析物流服务的内涵

物流活动的目的是满足顾客对于商品时间效用和空间效用上的需求，因此物流的过程实质上是提供满足顾客该种需求的服务。从狭义上讲，物流服务是对顾客商品利用可能性的一种保证，其内涵包括3个方面：

1）拥有顾客所需要的商品（备货保证）。

2）商品具有顾客所期望的质量（品质保证：避免物理损伤、保管中损坏、运输中损坏、

错误运输、数量差错)。

3) 在顾客要求的时间内将所需要的商品完好地运送到正确地点(输送保证:订货截止时间、进货周期、订货单位和频度、时间指定、紧急出货)。

2. 把握物流服务的内容

物流服务是物流企业为顾客的物流需要所提供的一切物流活动。物流服务是以货主的委托为基础进行独立的物流业务活动,也可以说,物流服务是按照货主的要求,为克服货物在空间和时间上的间隔而进行的劳动。

物流服务的内容是满足货主需求,保障供给,而且无论是在服务量上还是质上都要使货主满意。在量上满足货主的需求主要表现在适量性、多批次、广泛性(场所分散);在质上满足货主的需求主要表现在安全、准确、迅速、经济等。具体来说,为满足货主的需求,物流服务的基本内容应包括运输与配送、保管、装卸搬运、包装、流通加工等以及与其相联系的物流信息。

运输、配送与保管是物流服务的中心内容,其中运输与配送是物流企业服务体系中所有动态内容的核心,而保管则是静态内容,装卸、搬运、包装、流通加工与物流信息则是物流服务的一般内容,它们的有机结合构成了一个完整的物流服务系统。

小链接 7-4

物流服务的特性

1. 从属性

由于货主企业的物流需求是以商流为基础的,伴随商流而发生,因此,物流服务必须从属于货主企业物流系统,表现在流通货物的种类、流通时间、流通方式、提货配送方式都是由货主选择决定,物流企业只是按货主的需求提供相应的物流服务。

2. 即时性

物流服务是属于非物质形态的劳动,它生产的不是有形的产品,而是一种伴随销售和消费同时发生的即时服务。

3. 移动性和分散性

物流服务是以分布广泛、大多数是不固定的客户为对象,所以具有移动性以及面广、分散的特性,它的移动性和分散性会使产业局部的供需不平衡,也会给经营管理带来一定的难度。

4. 需求波动性

由于物流服务是以数量多而又不固定的顾客为对象,它们的需求在方式上和数量上是多变的,有较强的波动性,为此容易造成供需失衡,成为在经营上劳动效率低、费用高的重要原因。

5. 可替代性

物流服务的可替代性主要表现在2个方面:

1) 站在物流活动承担主体的角度看,产生于工商企业生产经营的物流需求,既可以由工商企业自身采用自营运输、自营保管等自营物流的形式来完成,也可以委托给专业的物流服务供应商，即采用社会化物流的方式来完成。因此，对于专业物流企业，不仅有来自行业内部的竞争，也有来自货主企业的竞争。如果物流行业整体水平还难以满足货主企业的需求，则意味着物流企业会失去一部分市场。反过来说，在物流行业的服务水准难以达到货主要求的情况下，货主企业就会以自营物流的形式拒绝物流企业的服务，物流企业市场空间的扩展就会面临困难。

2）站在物流企业提供的服务品种看，由于存在着公路、铁路、船舶、航空等多种运输方式，货主可以在对服务的成本和质量等各种相关因素权衡之后，自主选择运输形式。因此，不同运输手段便会产生竞争。物流企业的竞争不仅来自相同业种内的不同企业，还有来自不同业种的其他企业。

物流服务的可替代性，对于货主企业来说增加了物流服务实现形式选择的灵活性，但对物流企业，特别是运输企业来说，就增加了经营难度。

步骤二　分析电子商务物流服务管理

1. 从工商企业的角度分析

工商企业的物流服务是客户服务的一部分。客户服务是指由企业提供的、能够使交易中的商品增值的服务。它可以分为 3 种类型：①作为功能活动的客户服务；②作为执行标准的客户服务；③作为经营理念的客户服务。因此，物流服务也可以划分为相应的 3 种类型：

1）作为功能活动的物流服务，例如接受订单、存储、配送等。

2）作为执行标准的物流服务，例如库存保有率、订货周期、商品完好率等。

3）作为经营理念的物流服务，通过准确设定物流服务与物流成本的最佳结合，找到企业经营与客户之间的结合点，在取得合理利润的前提下，为客户提供满意的产品或服务。

工商企业的物流服务通常最终表现为以下执行标准：

1）库存持有率。它是由库存水平所决定。库存水平是指由企业所决定的仓库中存储商品容量的大小。它决定了客户对于所需商品的可得率。合理的库存水平不仅有利于提高物流整体的效率，而且能够为客户提供高水平的物流服务。

2）订货周期。订货周期为从客户提出订单、购买或服务要求到收到所订购产品或服务所经过的时间。订货周期包括在客户收到订购货物所经过时间内发生的所有相关活动。一个订货周期所包括的时间因素有订单传输时间、订单处理时间、配货时间、存货可得率、生产时间和送货时间。这些因素直接或间接地受订单传输方式的设计和选择、库存政策、订单处理程序、运输方式和计划方法的影响。

3）配送率。配送率是指满足客户配送要求的比率。配送率的高低与客户服务有着密切的关系。客户一般期望得到较高的配送率，因为高配送率可提高产品的可得率，减少客户的库存水平与占用的资金成本。但高配送率是以高物流成本为代价的，商品价格的提高会导致企业竞争能力的下降。因此，企业必须在权衡客户服务及其成本的基础上决定配送率。

4）商品完好率。商品完好率是指当企业产品到达最终客户时，商品的完好程度。

2. 从专业物流企业角度分析

物流企业服务的基本内容包括运输、储存、配送、包装、流通加工、物流系统设计、网络化物流服务以及与其相联系的物流信息服务。

（1）运输

运输是物流服务的基本服务内容之一。物流的主要目的就是要满足客户在时间和地点两个条件下对一定货物的要求，时间的变化和地点的转移是实现物流价值的基本因素。企业既可以通过拥有自己车辆的方式自己设计运输系统，也可将这项物流业务外包给第三方专业物流公司。专业的物流公司一般自己拥有或掌握一定规模的运输工具，具竞争优势的第三方物流经营者的物流设施不仅只在一个点上，而且是一个覆盖全国或一个大的区域网络，因此，第三方物流服务公司首先可能要为客户设计最合适的物流系统，选择满足客户需要的运输方式，然后具体组织网络内部的运输作业，在规定的时间内将客户的商品运抵目的地，除了在指定交货点的交货需要客户配合外，整个运输过程，包括最后的市内配送都可由第三方物流经营者完成。

（2）储存

对于货主企业来说，储存是商品在生产经营过程中的暂时停滞，是资源的一种浪费。为此，物流服务商应尽可能选择连贯的运输方式，并通过在储存体系中配备高效率的分拣、传送、保管设备，多种物流作业同时交叉进行，以减少货主企业的库存量和库存时间。物流服务商还可以按照JIT管理思想，利用电子商务的信息网络，尽可能地通过完善的信息网络，用信息（虚拟库存）代替实物库存，实现在不降低物流服务水平的前提下尽可能减少实物库存水平。

（3）配送

物流服务商的配送任务是由其配送部门（或与独立的配送中心合作）在为客户制定完善的配送规划的前提下完成的。经过对计划的配送作业进行运行效率的模拟分析，选定最佳的配送方案，并进行合理的车辆调度，在最短的时间内完成货主物品的市内配送。最近出现了一种准时配送服务方式，客户在订货时就能确定到货的时间，而JIT配送体系中，配送中心并不承诺货物可以在最短的时间内送达，而是以双方协商明确的客户需要的时间为准时配送时间。

（4）包装

商品包装是为了便于销售和运输管理，并保护商品在流通过程中不受到毁损，保持完好。为便于运输和保管将商品分装为一定的包装单位以及保护商品免受损毁而进行包装，这些都是物流服务的内容。

（5）流通加工

流通加工的主要目的是方便生产或销售，专业化的物流中心常常与固定的制造商或分销商进行长期合作，为制造商或分销商完成一定的加工作业，例如贴标签、制作或粘贴条码等。

（6）物流系统设计及网络化物流服务

在以提高客户满意度为主要目标的综合物流服务中应把客户的需求作为一个整体，在以各方面综合绩效最优作为目标时，牺牲某部分局部利益是必要的。物流服务商要充当客户的物流专家，因而必须能够为客户设计物流系统，代替他选择和评价运输商、仓储商以及其他物流服务提供商，为企业提供多种物流管理和决策服务，创造新的赢利机会。

（7）信息咨询

现代物流是物流服务功能的集成、管理和控制，这些功能必然反映到对物流各环节的信息整合上来。物流服务商要依靠网络的货主跟踪系统、电子订货系统、运价咨询系统等与物流网络整合，进行信息采集与运输业务管理。客户查询及业务跟踪，有效地减少物流的中间环节和费用，大幅度地提高客户服务水平。

此外，在整个服务体系中，物流服务商还应能够为货主企业提供其他的增值性服务，例如，一条龙"门对门"服务、市场调查与预测、库存控制决策建议、订货指导、业务运作过程诊断、各种代办业务和物流全过程追踪等服务。

步骤三　设计电子商务物流服务管理的决策步骤

物流服务管理能否制定出行之有效的物流服务策略，往往影响具体的物流服务水准和能力。所以，科学、合理地进行物流服务策略的分析和策划是物流服务管理的一项十分重要的职能。具体说，物流服务的决策主要有以下 5 个步骤。

1．确定物流服务要素

要开展物流服务，首先必须明确物流服务究竟包括哪些要素以及相应的具体指标，即哪些物流活动构成了服务的主要内容。一般来讲，备货、接受订货的截止时间、进货期、订货单位、信息等要素的明确化是物流战略策划的第一步，只有清晰地把握这些要素，才能使以后的决策顺利进行，并加以操作和控制。

2．向顾客收集有关物流服务的信息

物流服务既然是顾客服务的一个重要组成部分，就应当了解顾客对物流活动的要求和认识。这种信息资源的收集可以通过问卷调查、座谈、访问以及委托作为第三方的专业调查公司来进行，调查的信息主要包括物流服务的重要性、满意度以及与竞争企业的物流服务相比是否具有优势等问题。

小链接 7-5

物流服务信息收集、分析的具体方法

物流服务信息收集、分析的具体方法主要有 3 种形式：

1）顾客服务流程分析。这种分析方法的基本思路是，为了正确测定企业与顾客接触时的满意度，就必须明确企业与顾客之间究竟有哪些节点，这些节点以时间序列为基轴加以标示。

2）顾客需求分析。这种方法主要着眼于探明顾客需求与本企业提供的物流服务水平之间有什么差距。据此，明确本企业需要改善或提高的物流服务。这种方法的关键是所提出的问题要尽可能具体、全面，否则无法真正全面掌握顾客的真实需求和对企业物流服务的愿望。此外，还应当注意的是，顾客需求肯定会有先后顺序，一般位于优先位置的是企业物流服务的核心要素，而且不同的细分市场，服务要素的先后顺序也不尽一致。

3）定点超越分析。物流服务的定点超越也是通过与竞争企业或优良企业的服务水准相比较分析，找出本企业物流服务的不足之处，并加以改善。具体方法主要有服务流程的定点超越和顾客满意度的定点超越两种形式。

3．分析顾客需求的类型化

由于不同的细分市场顾客服务的要求不一致，所以物流服务水准的设定必须从市场特性的分析开始入手。此外，顾客思维方式以及行动模式的差异也会呈现出多样化的顾客需求，

在这种状况下，以什么样的特性为基轴来区分顾客群成为制定物流服务战略、影响核心服务要素的重要问题。另外，在进行顾客需求类型化的过程中，应当充分考虑不同顾客群体对本企业的贡献度以及顾客的潜在能力，也就是说，对本企业重要的顾客群体，应在资源配置、服务等方面予以优先考虑。

4. 制定物流服务组合

对顾客需求进行类型化之后，首先需要做的是针对不同的顾客群体制定出相应的物流服务基本方针，从而在政策上明确对重点顾客群体实现经营资源的优先配置。此后，进入物流服务水准设定的预算分析，特别是商品单位、进货时间、在库服务率、特别附加服务等重要服务要素的变更会对成本产生什么样或多大的影响，这样，既能使企业实现最大程度的物流服务，又能将费用成本控制在企业所能承受或确保竞争优势的范围之内。在预算分析的基础上，结合对竞争企业服务水准的分析，根据不同的顾客群体制定相应的物流服务组合，这里应当重视在物流服务水准变更的状况下，企业应事先预测这种变更会对顾客带来什么样的利益，从而确保核心服务要素水准不能下降。

5. 物流服务组合的管理与决策流程

物流服务组合的确定不是一个静态行为，而是一种动态过程，也就是说，最初顾客群体的物流服务组合一经确定，并不是一成不变了，而是要经常定期进行核查、变更，以保证物流服务的效率化。从物流服务管理决策的全过程来看，决策流程可以分为 5 个步骤，即顾客服务现状把握、顾客服务评价、服务组合制定、物流系统再构筑、顾客满意度的定期评价，这 5 个步骤相互之间不断循环往复，从而推动物流服务不断深入发展，提高效率和效果。

步骤四 电子商务物流服务管理的对策

1. 设计 FAQs

网上顾客服务的重要内容之一是为顾客提供有关公司产品和服务等各方面的信息。面对众多公司能够提供的信息以及顾客可能需要的信息，最好的着手点便是在网站上建立顾客常见问题解答（FAQs）。

扫码看视频

FAQs（Frequently Asked Questions，常见问题解答）页面是所有网上企业几乎必有的页面。这个页面主要是为顾客提供有关产品、公司情况等常见问题的现成答案。设计 FAQs 的第一步是列出哪些是常见问题，这些问题对顾客服务部门的人来说是比较容易做的，只要把大家集中在一起想一想，这个常见问题的清单很快就能列出来。特别是工作在顾客服务第一线的人员能列出非常具体而有意义的顾客常见问题。

一般而言，面向顾客的 FAQs 可分为 2 个层次：第 1 个层次的 FAQs 是面向潜在顾客和新顾客的。这个层次的 FAQs 提供的是关于公司、产品等最基本问题的答案；第 2 个层次是面向老顾客的，他们对公司产品已经有了相当的了解，此层次可提供更深层次的详细的技术细节、技术改进等信息。这样做使新顾客感到公司是真诚对待他们的；老顾客又能获得一种受到特别关注的感觉。

2. 运用 E-mail

随着互联网技术的进步，电子邮件信息的发送、管理、个性化服务和实现商业用途等都成为可能。通过加强与用户的交流，公司可以增加销售、建立品牌的知名度、降低成本、提高用户的满意度，从而建立长期互信的友好关系。电子邮件在互联网上使用最为频繁。电子邮件现已成为企业进行顾客服务的强大工具。来自顾客的电子邮件代表了顾客的心声和需求。企业网站的其他部门都是从公司的角度去揣测顾客的需要并满足它，而 E-mail 则是直接来自顾客，因此是企业实现顾客满意的最为宝贵的资源之一。所谓"E-mail 顾客服务管理"，是指通过及时回复用户的电子邮件来达到提高服务水平并改善顾客关系的目的。电子邮件是企业与用户沟通的重要手段，也是顾客服务的有效工具，但是，研究发现，网站的 E-mail 顾客服务总体水平不高。

E-mail 是网络顾客服务双向互动的根源所在，它是实现企业和顾客对话的双向走廊，也是实现顾客整合的必要手段。E-mail 的最大特点是即时、全天候。E-mail 与电话相比，还有一个特征需要注意：在电话中，可以从对方的语气判断他的承诺兑现的概率大小，例如，公司员工承诺"三天内解决您的问题"时语气很含糊、犹豫，那么，在第 4 天得不到答复就不以为怪，因为你知道对方并没有太大的把握；但如果公司在 E-mail 上承诺"三天解决"时，公司就一定要在这个时间内解决，否则顾客就会抱怨你不守信用，因为 E-mail 是一种文字表达，无法揣测语气。

公司在顾客服务中应将 E-mail 和 FAQs 结合使用，对常规问题，只要让顾客在 FAQs 中查阅即可，而对 FAQs 不能包括的问题，应进行分类管理。

3. 鼓励顾客对话

网络顾客服务不仅能实现由公司到顾客的双向服务，同时还能实现顾客与顾客之间的交流和帮助。这对企业来说又是一把双刃剑：顾客对产品的赞扬可得以传播，同时对公司不利的议论同样能够传播，不幸的是网上的抱怨甚于赞扬。网络是一种崇尚自由的媒体，对顾客之间的对话，公司的态度应是积极鼓励，而不是冷漠、忽视甚至强行扼制，反网络文化的企业必将会落入新时代的淘汰之列。顾客对话的主要场所是即时通信工具、网络论坛、邮件列表等。网络顾客服务部门一定要将网络上的顾客议论监测作为一项重要的任务列入工作日程，发现对公司有不利影响的议论、问题时，应及时、积极地解决，切勿漠视网络传播的速度和范围。

4. 设立论坛或新闻组

顾客服务不仅是坐等顾客前来询问，而应该进一步采取主动，在顾客提出问题以前帮助他们解决，并主动去了解他们需要什么服务。在这方面，E-mail 新闻组是很好的工具。当互联网技术和应用蓬勃发展之时，公共讨论这一功能始终保持着其独特的吸引力。互联网上有众多的布告栏和新闻组，参加讨论的人用电子邮件进行交流，发表对某一问题的看法，因此称为电子论坛。在电子论坛之下又划分成不同的讨论区，每一个讨论区集中于某一特定的主题。在讨论区中，参加者可以看到其他所有人的信件，同时自己的信件也处于众多人的关注之下。与面对面的讨论不同，在这里，每个人都有平等的发表意见的机会，不会出现由少数几人左右讨论的局面；由于可以演化身份，每个人都敢于说出自己的真实想法；没有人种、年龄、贫富和地位的差别，是一个可以轻松自由地谈论与聊天的地方。顾客希望获得信息，希望了解最新情况。他们十分欢迎那些感兴趣的新闻，同时讨厌那些对他们毫无意义的消息。消费者通常喜欢收到行业新闻、促销活动以及任何更好地使用产品等方面的信息。

增值物流服务

传统物流服务的主体功能主要是运输与仓储，其提供的物流服务目标和核心主要是保值。随着企业的发展和客户对物流服务的个性化需求以及现代物流的发展，物流服务提供方式越来越趋于专业化和柔性化。客户希望能够集中精力来处理自己的核心业务，单纯的运输、仓储服务已经满足不了客户的需要。于是，物流服务从传统的模式向更为广泛、纵深的方向发展，从仅仅的保值向完善增值服务方向整合，为客户提供个性化的服务。

增值服务就是指独特的或特别的活动，使物流服务的供需双方能够通过共同努力提高效率和效益。物流企业为客户企业对其物流系统一体化的功能整合就是增值服务。增值服务在巩固业务上已做出安排。物流企业提供增值服务有 2 个方向：①沿供应链"顺流而下"，即在制造商的产品销售渠道内作为服务供应商；②沿供应链"逆流而上"，即在制造商的物料供应渠道内作为服务供应商。物流的基本服务和增值服务要求物流企业对制造商经营活动的深度参与，例如，为客户企业提供包装、短距离搬运、装卸、采购订单处理、产品追回等。

物流企业增值服务的起点就是各种物流服务的基本功能，特别是运输、仓储、信息集成、存货管理、订单处理、物料采购等核心功能最可能成为增值服务延伸的起点。必须指出，增值服务就是在基本功能的基础上对货主的服务需求细分再细分，对服务的品种创新再创新的过程，是对制造商的经营运作参与再参与的过程，也是学习的过程。

增值服务的延伸将对物流企业的信息集成功能提出了更高的要求。因为这类服务一般用于满足顾客的特定需求，所以其安排也是独特的。增值服务可以直接由业务关系的参与者承担或是服务专业人员来承担。"在线服务"和"信息共享"随着网络的发展已经成为服务竞争力的集中体现。可以说，物流功能的整合正在从业务整合转向信息整合。用网络的优势来整合现有物流服务资源，提升物流企业服务水平已成为物流企业发展的必然趋势。在日常的物流活动中，有大量的增值服务项目买卖双方都会同意由服务专业机构来承担，例如，承运人、仓储以及在这类作业中有专长的公司等。例如，就汽车运输公司而言，它所提供的增值服务也许会超出其基本的运输服务，结合一些附加的服务项目，如分类和排序，以满足特定顾客特定的需求。

案例 7-3

联合包裹公司（UPS）的电子商务服务

作为全美乃至全世界最知名的第三方物流企业，UPS 在美国占有电子商务物流最大的份额。UPS 成功的秘诀在于它能够最大限度地满足电子商务企业的物流需要。

UPS 总裁经常说的一句话是："过去，我们是一家拥有技术的卡车公司，现在我们是拥有卡车的技术公司。"在过去的十几年中，为实现物流信息化，公司总计投入 110 亿美元，用于购买主机、个人计算机、手提式计算机、无线调制解调器，建立蜂窝无线网络，并雇用超过 4 000 名技术人员和工程师。这一浩大的工程使公司终于能够实现包裹的在线跟踪，在电子商务物流的竞争中取得优势地位。

UPS 的电子跟踪系统具有很强的服务能力。为了跟踪 130 万个包裹的运送情况，公司的卡车司机（同时也是送货人）人手一部交付信息采集设备（Delivery Information Acquisition

Device，DIAD），内置无线装置，能同时接收和发送信息，客户一旦在某个 DIAD 上签单寄送包裹，信息便通过电子跟踪系统传送出去，客户便可通过 Internet 查询包裹运抵情况。联合包裹还可通过全球通信卫星，根据包裹数据，随时通知司机更新行车路线。电子商务公司从 UPS 的这一服务中受益匪浅，通过电子跟踪系统，电子商务公司能随时掌握包裹的运送情况，对顾客的配送能精确到以分钟来计算。与此同时，UPS 还积极与电子商务合作，为他们提供量身定制的电子商务物流解决方案。耐克公司的网上零售公司 Nike.com 是 UPS 的大客户。联合包裹在路易斯维尔的仓库里存储了大量的耐克鞋及其他体育用品，每隔一小时完成一批订货，并将这些耐克用品装上卡车运到航空枢纽。联合包裹设在圣安东尼奥的电话响应中心专门处理 Nike.com 的客户订单。这样，耐克公司不仅省下了人头开支，而且加速了资金周转。而联合包裹的另一公司客户——刚成立的时装网站 Boo.com 甚至连仓储费都不用花，联合包裹将这家公司的供应商的货成批运到物流中心，经检验后，打上 Boo.com 的商标，包装好即可运走。由于在技术和设施上的明显优势，2002 年圣诞节，有 55% 的网上订购圣诞礼品通过 UPS 进行配送，UPS 最终从中获取了丰厚的利润。

请思考：UPS 的电子跟踪系统提供了哪些服务？

任务4 电子商务物流客户管理

任务要点

- ◆ **关 键 词**：客户管理、客户满意
- ◆ **理论要点**：客户管理的概念
- ◆ **实践要点**：掌握基于客户满意的电子商务物流客户管理

任务情境

奇瑞汽车股份有限公司（以下简称奇瑞公司）一向把客户关系管理作为公司整体管理战略的重要组成部分。随着奇瑞汽车车主数目的快速增长，原来奇瑞客服中心的系统逐渐难以胜任对大量用户信息及业务数据的处理，也无法与其他信息系统中的资料实现共享。奇瑞客户关系管理亟待突破。经过大量调查比较，奇瑞公司决定采用 SAP 公司的 mySAP CRM 解决方案来彻底改进企业的客户关系管理水平。在 mySAP CRM 系统的帮助下，目前奇瑞公司客服中心职员在客户关系管理系统中对与客户沟通的全程进行管理的同时，还可随时查阅该客户的详细信息、历史记录，并在解决方案数据库的帮助下回答客户的问题，极大地提高了处理客户问题的速度和质量。mySAP CRM 系统还改变了将客户问题转交其他相关售后服务部门处理的方式——由以前的客服人员手工联系相关部门变为相关部门直接在客户关系管理系统中获得待处理任务并进行处理，客服人员也可以实时地在客户关系管理系统中得到处理结果，大大加快了对客户问题的处理速度，提高了客户满意度。

任务分析

客户作为一种宝贵的资源被越来越多的企业纳入到经营发展中，于是，客户关系管理作为一种商务公共关系管理模式应运而生。客户关系管理是企业前台的应用系统，它为企业提供全方位的管理视角，赋予企业更完善的客户交流能力，最大化客户收益率。客户关系管理是实现电子商务物流不可或缺的重要组成部分。

任务实施

步骤一 认知基于客户满意的电子商务物流控制

CRM（Customer Relationship Management，客户关系管理）简称为客户管理。CRM的主要含义就是通过对客户详细资料的深入分析来提高客户满意程度，从而提高企业的竞争力的一种手段。客户关系是指围绕客户生命周期发生、发展的信息归集。客户关系管理的核心是客户价值管理，通过一对一营销原则，满足不同价值客户的个性化需求，提高客户忠诚度和保有率，实现客户价值持续贡献，从而全面提升企业赢利能力。

电子商务下的物流服务就是指在电子商务环境下，物流企业以广大客户为中心而提供的系列服务。具体来讲，它除了包括传统的储存、运输、包装、流通加工等服务外，还在外延上扩展至市场调查与预测、采购及订单处理，向下延伸至物流配送咨询、物流配送方案的选择与规划、库存控制策略建议、货款回收与结算、教育培训等增值服务。

小链接 7-6

大数据与CRM

如今，越来越多的企业在尝试传统CRM与大数据的有机整合，将客户数据转化为重要的数据资产，从而实现转型与突破。

1）大数据结合搜索，全网寻找商机。当大数据与搜索技术结合，就可以帮助企业自动发现商机。简单地说，产品都各有特性以及适配的关键词；当搜索配合大数据分析，客户管理系统就能在全网进行不间断的搜索匹配信息，从而寻找商机。

2）多维度客户画像。当潜在需求转化为线索后，客户管理系统可以对线索进行分析，根据商业特点和企业特征生成多维度的客户画像，使线索更加聚焦更加专注，帮助用户更好地了解线索。

3）提供客户实时动态。可在CRM客户管理系统的客户信息页面集中查看所有相关信息，如最新的客户活动、关联的联系人、待处理的交易、进行中的项目等。让销售员们做好充分准备，在商业中立于不败之地。

4）数据洞察：纵览全局的数据报表。数据的来源第一是企业CRM内部数据，就是过去企业内部自己积累的客户成交记录，比如客户行业、分布地域、购买产品这些数据都是准确的。第二是服务提供商收集网上海量的商业数据，比如企业基本信息、市场表现等。

步骤二 确定电子商务物流中客户服务的要素

1. 分析客户关系类型

1）基本型：售出产品后不与客户接触。

2）被动型：售出产品后鼓励客户及时与公司联系。

3）负责型：主动询问客户使用产品的情况，收集建议以改进。

4）能动型：销售人员不断与客户联系，给客户提供有关新产品的信息。

5）伙伴型：公司不断与客户共同努力，帮助客户解决问题，实现共同发展。

企业应根据自己的实际情况选择适合自己与特定客户之间关系的类型。当然，企业客户关系的类型并不是固定不变的，可依据企业的发展阶段选择客户关系类型。

2. 确定客户关系管理的目标

客户关系管理就是要通过对企业与客户间发生的各种关系进行全面管理，以赢得新客户，巩固保留既有客户，并增进客户利润贡献度。其目标主要表现在以下 3 个方面：

（1）提高效率

由于采用了新技术手段，业务处理流程的自动化程度提高了。员工能够对各种销售活动进行追踪，系统用户可不受地域的限制随时访问企业的业务处理系统。在获得客户信息后，实现了企业范围内的信息共享，提高了企业员工的工作能力，并有效减少培训需求，使企业内部能够更高效地运转。通过整理分析客户的历次交易资料，强化与客户的关系，以提升客户再次光顾的次数或购买数量。同时，经由确认顾客、吸引顾客和保留顾客以提高获利率。

（2）拓展市场

通过新的业务模式（电话、网络）扩大企业经营活动范围，能够对市场活动进行规划、评估，对整个活动进行全方位的透视，能够从不同角度提供成本、利润、生产率、风险率等信息，并对客户、产品、职能部门、地理区域等进行多维分析，从而及时把握新的市场机会，占领更多的市场份额。利用整合信息提供卓越服务，拓展市场。利用客户资料，针对顾客需求加强对顾客的服务，提高客户对服务的满意度。

（3）保留客户

任何与客户打交道的员工都能全面了解客户关系，根据客户需求进行交易，了解如何对客户进行纵向和横向销售，记录自己获得的客户信息。客户可以自己选择喜欢的方式，可通过电话、传真、网络等访问企业，进行业务往来，同企业进行交流，方便地获取信息，得到更好的服务。客户的满意度得到提高，可帮助企业保留更多的老客户，并更好地吸引新客户。客户关系管理的实施，让客户和潜在顾客感觉公司对他们的需求很重视，因此能得到更多的忠诚支持者。因此，实施客户关系管理成为公司的竞争优势。

3. 确定客户关系管理的系统功能

（1）客户服务与支持功能

客户服务与支持是客户关系管理的基本职能，主要包括以下功能：

1）客户信息管理。有一个保存客户信息的数据库。存放每个业务员交往的客户以及每个客户的所有联系人的原始档案资料，包括业务员及客户姓名、联系方式、客户分类、客户所在行业、地域、性质等，客户与企业的每一笔业务数据库中都有记载。

2）客户服务管理。对客户意见或投诉以及售后服务等信息进行管理。主要记录客户意见与投诉情况，对每项意见或投诉的全过程进行处理跟踪；对售后服务的全过程进行记录，包括上门服务、电话支持等，并将一些标准答案存在数据库中供员工随时回答类似问题。

3）客户合同管理。创建和管理客户服务合同，目的是保证客户服务的水平和质量，随时跟踪保修单和合同的续订日期，安排预防性的维护活动。

4）客户跟踪功能。对业务员与客户的联系情况进行记录跟踪管理；对业务员的有关活动设置提醒功能；业务负责人可以随时将项目移交他人；对已成交业务的收款情况及交货情况随时记录，并提醒业务员及时收款发货；还有统计、分析、报表查询等功能。

5）现场服务管理。实现现场服务分配，保证现场服务工程师实时地获得关于服务、产品和客户信息，并能与派遣总部实现移动接入和电话接入，实现在线协同办公功能。

（2）销售管理功能

销售管理功能的目的是提高销售过程的自动化和销售的效果。主要有以下功能：

1）销售管理。帮助决策者管理销售业务，实现额度管理、销售力量管理和地域管理等。

2）现场销售管理。为现场销售人员提供联系人和客户管理、机会管理、日程安排、佣金预测、报价、报告和分析等。提供外出销售人员移动计算机接入服务功能。支持网上商店、网上结算以及物流跟踪的接口管理，提供有效安全的交易方式。

3）电话销售管理。具有报价生成、订单创建、联系人和客户管理等功能；并具有针对电话商务的功能，例如电话路由、呼入电话屏幕显示等；按照客户、产品等多种形式，提供对销售订单信息的建立、更改、查询等功能。

4）销售佣金管理。允许销售经理创建和管理销售队伍的奖励和佣金计划，并帮助销售代表及时地了解各自的销售业绩。

（3）营销管理功能

营销管理主要实现营销分析与决策功能。主要有：

1）市场分析。通过各种统计数据，例如人口统计、地理区域、收入水平、以往购买行为等信息来识别和确定潜在客户群，以便更科学地制定出产品和服务的营销策略。

2）预测分析。利用收集的各种市场信息预测客户的需求变化和市场发展趋势，为新产品开发、市场策略和销售目标的制定提供参考，并把相关的信息自动地传递到各有关部门，实现协调运作。

3）营销活动管理。为营销人员提供制定预算、计划、执行的工具，并在执行过程中实施监控与反馈，不断完善市场计划。具有对企业投放的广告、举行的会议、展览、促销、网站、电子邮件等活动进行事后跟踪、分析和总结等功能。对营销渠道（包括传统营销、网络营销、电话营销渠道）上接触的客户进行登记、分类、辨识，发现并管理潜在客户，对各种商务活动的成效进行评价。

（4）电子交易功能

电子交易功能包括支持电子商店、电子促销、电子账单、电子支付、电子支持、网站分析等服务。

（5）竞争者分析功能

对主要竞争对手和主要竞争产品进行管理，包括搜集、整理、记录竞争对手或者竞争产品的各种情况资料，例如竞争对手公司的背景资料、目前发展状况、主要竞争领域和竞争策略等内容。对于竞争产品主要记录有哪些公司生产、竞争产品名称（同类产品、近似产品和可替代产品）、主要用途、性能、价格、销售用户群等内容。

步骤三　基于客户满意的电子商务物流的控制

所谓基于客户满意的电子商务物流的控制就是指电子商务过程中以客户满意为依据，以快速满足市场需求、服务客户为目的，对物流过程所进行的监督和控制，主要方法包括以下 3 个方面。

1. 客户保持管理

1）建立并充分利用客户数据库。企业必须重视客户数据库的建立和管理工作，重视利用数据库来分析现有客户的情况，并找出人口数据及人口特征与购买模式之间的关系，为客户提供符合他们特定需要的定制产品和相应的服务。通过各种现代通信手段与客户保持密切联系，从而建立起持久的合作关系。信息技术的发展使得数据库营销成为可能，它使企业能够利用客户信息进行综合分析，以便更好地留住老客户，争取新客户。

2）通过客户关怀提高客户满意度。客户关怀应体现在从购买前、购买中到购买后的客户体验全过程中。购买前的客户关怀活动是在提供有关信息过程中的沟通和交流，这些活动为公司建立与客户之间的关系打下了基础，如同向客户开启了一扇大门，作为鼓励和促进客户购买产品或服务的前奏。购买期间的客户关怀与企业提供的产品或服务紧密地联系在一起，各相关细节都要与客户的期望吻合。购买后的客户关怀表现在高效的服务跟进和圆满地完成产品的维护和修理等相关步骤。持续客户关怀的目的是提高客户的满意度和忠诚度，使客户重复购买企业的产品，并向其周围的人多做对产品有利的宣传，形成口碑效应。

2. 在线销售自动化

在线销售自动化是指把销售活动整合到企业的信息结构中，改善企业整体效率，通过客户与企业之间的信息整合化，削减销售订单的错误和由此引起的重复工作，增加销售能力，降低交易成本，缩短配销周期，有效地支持一线销售人员的工作。销售自动化主要完成 2 个任务：1）为现场销售人员提供必要的支持；2）对销售信息加以集成，以提高整个公司的运营效率。采用销售自动化有助于降低销售成本，提高销售人员的生产力。通过销售自动化还能消除企业与客户之间的隔膜，有效、快速收集潜在销售信息并加以利用，从而达到提高销售量的目的。

企业内部网对销售自动化大有好处。首先消除了长期存在于业务部门之间的信息孤岛。互动的 Web 监控软件和智能型代理人软件能直接把重要的、特殊的销售情报传送给每位销售代表。内部网还可进行在线训练销售代表，使销售过程更加主动、积极。内部网还能实现与其他企业的信息共享。为了让企业中的销售人员了解更多的信息和市场情报，内部网是有效的沟通媒介，它能够为企业的流动客户提供广泛、动态、实时的销售信息。

3. 在线客户服务和支持

客户是企业最有价值的资产，有效的客户管理是企业赢得竞争优势的关键，这一点已经成为许多企业主管的共识。但是只有在网络时代才能真正实现以客户为中心和客户价值最大化。网络时代从根本上改变了客户服务和支持的方式，改变了企业与客户、供应商和合作伙伴之间的交流方式。Internet 对改善客户沟通有极大的潜力。因为它赋予了客户独立解决问题的能力，从而降低支持成本；能随时提供全球重要客户服务信息；能集中内部客户支持资源而改善服务；创造事前服务和有效活动；实现 Web 与电话的无缝集成，使企业能够快速响应客户。

网络让客户服务发生了本质的变化。企业使用 Web 网络之后，将具备高效快速的反应能力。Web 网络为企业重新定义了与客户建立联系的方式。利用网络提供的强大功能，企业与客户的关系从"响应"变成了"参与"。企业不仅可以通过网站提供有关产品和服务的信息，还可以向客户提供新的产品，收集客户的想法，与客户进行对话。客户还可以在网上直接试用产品，并为企业提供信息反馈。这样，企业就可以与客户建立和培养良好的关系，赢得客户的忠诚。

小链接 7-7

移动 CRM

随着高速移动互联网访问和托管型软件或软件即服务的兴起，移动商务的应用已被整合到 CRM 中。移动 CRM 使企业工作人员摆脱了时间和场所的限制，可随时随地与企业 CRM 平台沟通，提高企业移动工作人员的生产力，有效提高管理效率，并促进客户满意度，推动企业效益增长。

移动 CRM 是手机、传呼机、掌上计算机、笔记本式计算机等移动通信设备与客户关系管理融合的产物，它将客户关系管理系统从互联网延伸到移动互联网，实现了在移动中也能够完成通常要在办公室里才能够完成的客户关系管理任务。

移动 CRM 可以帮助现场技术人员从网上迅速找到所需的图表、技术指南和手册等，从而使故障检测变得更加容易并加快维修速度；移动 CRM 还可以帮助现场人员瞬间找到保修证书和合同信息，并且能够实时地将客户资料反馈给公司等。因而，移动 CRM 不仅可以为企业节省时间，提高客户满意度，而且可以有效利用公司资源。

步骤四　提升物流客户服务满意度

让物流客户满意的服务技巧主要有：

1. 提供个性化服务

个性化服务是针对客户的行为习惯、偏好和特点来向客户提供满足其各种个性需求的服务。要实现个性化服务，必须做到以下几个方面：

1）了解客户的真正需求，根据客户的需求确定服务。

2）让客户参与服务设计，使客户感到该服务是为他量身定做的。

3）做好企业的宣传工作，提高企业的知名度和美誉度，使客户感到享受企业的服务是价值的体现。

4）在客户接受服务时，使客户感到便利。

5）不断完善后续服务。

2. 增强客户良好的体验

客户接受服务时是在接受一种体验，他们频频选择某一企业的服务是因为该企业创造了比竞争对手更让他们感觉良好的体验，因此增强客户良好的体验是培养客户信任感的重要方法之一。增强客户良好的体验要点如下：

1) 让客户自己来体验服务或企业，避免教唆式的市场推广。

2) 与客户倾心交谈，让客户感觉亲切的享受过程。

3) 根据客户的需求对服务随时做出调整。

3. 重视客户关怀

客户关怀是指物流企业对客户提供全程服务活动。实施客户关怀的要点如下：

1) 理解、关心、爱护和尊重客户。

2) 创造客户的感觉效应，使客户在接受服务的过程中感到有所享受。

3) 为客户提供人性化设施。

4) 为客户营造和谐关怀的环境。

4. 处理好客户的抱怨

"让客户开心"是处理客户抱怨的第一原则，不管客户的心情如何不好，也不管客户的投诉态度如何，企业的服务人员要做的第一件事就应该是平息客户的情绪，缓解他们的不快并引导他们从不快中走出来，然后采取解决的措施，在此过程中，承诺和快速处理是至关重要的，处理客户抱怨的具体方法有以下几种：

（1）平抑怒气法

服务人员态度谦让地接受客户的投诉或抱怨，引导客户讲出原因，然后解决问题，直到客户满意为止。这种方法适用于所有的抱怨和投诉处理

（2）委婉否定法

当客户提出异议后，服务人员要委婉地否定对方的异议，然后陈述自己的观点。这种方法适用于澄清客户的错误想法，鼓励客户进一步提出自己的想法。

（3）转化法

这种方法适用于处理误解所导致的投诉或抱怨，服务人员应当首先让客户明白问题在于因误解才导致争议的，这样问题也就容易解决了。

（4）承认错误法

如果因服务质量不好令客户不满意，就应当承认错误，迅速解决问题，争取客户的谅解。

（5）转移法

有时客户提出异议本身就是无事生非或无端生事，这时可以对客户的异议不予理睬而将话题转入其他方面，不使矛盾加剧。

触类旁通

1. CRM 系统在我国的应用现状

CRM 在国外起步较早，发展迅速，已经成功地用于各个行业。在我国起步较晚，CRM 软件产品还有待进一步开发。CRM 被称为提升企业核心竞争力的助推器。在引入 CRM 的过程中仍存在着一定的风险。因此，在当前的 CRM 热潮中，既要认识到其重要意义，又要

充分认识到实施 CRM 的过程中可能出现的困难和必须承担的风险。

1）来自制造业的需求动力不足。国内的企业特别是制造业，对 CRM 的需求并不强烈。主要原因是制造业并没有以终端客户为核心的需求，而 CRM 的关键起点就是终端客户。目前国内制造业的终端客户主要集中在售后的客户服务上，这也是呼叫中心受欢迎的原因。

2）企业的支付能力不强。国内一般企业支付能力有限，特别是国内制造业更是如此。

3）企业的承受能力不足。主要指企业的管理承受能力和人力资源的承受能力。对国内绝大多数企业来讲，原有的营销体系大部分不完善，人力资源也远远未达到实施 CRM 的程度。

4）软件开发 CRM 的风险很高。一是缺乏标准。二是管理理论缺乏。国内 CRM 软件公司往往聚集了一大批软件高手，但缺乏大量有企业实践经验和理论功底的人才。对大多数国内企业来说，真正有效地实施 CRM 还需要做很多工作。首先，要增强以客户为中心的理念。可先从呼叫中心、客户信息管理和渠道管理、基于网站的客户服务等方面入手，提高企业的竞争力。重视基于网站的客户服务，用各种网络营销方法满足客户的需求，建立客户对企业的忠诚。其次，从现在开始要注重对人员的培养。培养一支既有业务能力，经验丰富，又具有合作精神的人才队伍。

2. CRM 呼叫中心功能

呼叫中心是由计算机系统和电话交换机集成技术支持的，能受理电话、电子邮件、传真等多种方式交流的不间断的综合服务系统。主要功能有：

1）电话管理员功能。包括呼入 / 呼出电话受理、互联网回呼、呼叫中心运营管理、图形用户界面软件电话、应用系统弹出屏幕、友好电话转移、路由选择等。

2）语音集成服务。支持交互式语音自动应答系统。

3）报表统计分析。提供图形化报表分析，进行呼叫市场分析、等候时长分析、呼入 / 呼出汇总统计、坐席负载率分析、呼叫传送率分析、坐席绩效对比分析等。

4）代理执行服务。支持传真、打印机、电话和电子邮件等，自动将客户所需的信息和资料发给客户。

5）市场活动支持服务。管理电话营销、电话销售、电话服务等。

6）呼入 / 呼出调度管理。根据来电的数量和坐席的服务水平为坐席分配不同的呼入、呼出电话，提高客户服务水平和坐席人员的效率。

案例 7-4

联邦快递的客户管理系统

联邦快递是快递行业的创始人。联邦快递开创了快递服务这一行业，现在已成为世界上最大的快递运输公司。从开始，联邦快递就高度重视服务的品质。

1990 年，联邦快递荣获全美国家品质奖，是服务行业中首位荣获此项殊荣的企业。

1994 年，联邦快递成为获得 ISO 9001 国际品质标准认证的唯一一家全球快递公司，并在 1997 年再次获得此项认证。

1. 联邦快递的全球运送服务

电子商务的兴起为快递业者提供了良好的机遇。电子商务体系中，很多企业可通过网络快速传递必要的信息。但对一些企业来讲，运送实体的东西仍是一个难以解决的问题。举例来讲，对于产品周期短、跌价风险高的计算机硬件产品来讲，在接到顾客的订单后，取得物料、组装、配送，以降低库存风险及掌握市场先机，是非常重要的课题。因此对通过网络大量直销的戴尔公司来讲，如果借助联邦快递的及时配送服务来提升整体的运作效率，可以规避部分经营风险。有一些小企业，由于经费和人力的不足，往往不能建立自己的配送体系，这时就可以借助联邦快递。

要成为企业运送货物的管家，联邦快递需要与客户建立良好的互动与信息流通模式，使得企业能掌握自己的货物配送流程与状态。在联邦快递，所有顾客可借助其网址同步追踪货物状况，还可以免费下载实用软件，进入联邦快递协助建立的亚太经济合作组织关税资料库。它的线上交易软件可协助客户整合线上交易的所有环节，从订货到收款、开发票、库存管理一直到将货物交到收货人手中。这个软件能使无店铺零售企业以较低成本比较迅速地在网络上进行销售。

另外，联邦快递特别强调，要与顾客相配合，针对顾客的特定需求，如公司大小、生产线地点、业务办公室地点、客户群科技化程度、公司未来目标等，制定配送方案。联邦快递还有一些高附加值的服务，主要是3个方面：

1）提供整合式维修运送服务。联邦快递提供货物的维修运送服务，例如，将已坏的计算机或电子产品送修或退还所有者。

2）扮演客户的零件或备料银行。扮演零售商的角色，提供接受订单、客户服务处理、仓储服务等功能。

3）协助顾客简化并合并行销业务。帮助顾客协调数个地点之间的产品组件特别是流程。在过去这些作业是由顾客自己设法将零件由制造商送到终端顾客手中，现在的快递业者可完全代劳。

综上所述，联邦快递的业务服务特点不仅在于协助顾客节省了仓储费用，而且在将货物交由联邦快递运送后，顾客仍然能准确掌握货物的行踪，可利用联邦快递的系统来管理货物订单。

2．联邦快递的客户服务信息系统

联邦快递的客户服务信息系统主要有2个：①一系列的自动运送软件，②客户服务线上的作业系统。

1）自动运送软件。为了协助顾客上网，联邦快递向顾客提供的自动运送软件就有3个版本。利用这些系统，客户可以方便地安排取货日程、追踪和确认运送路线、列印条码、建立并维护寄送清单、追踪寄送记录。而联邦快递则通过这些系统了解顾客打算寄送的货物，预先得到的信息有助于运送流程的整合，货舱机位、航班的调派等。

2）COSMOS系统。这个系统可追溯到20世纪60年代，当时航空业所用的计算机定位系统备受瞩目，联邦快递受到启发，从IBM公司、Avis租车公司和美国航空局等处组织了专家，成立了自动化研发小组，建起了自己的信息定位体系。在1980年，系统增加了主动跟踪、状态信息显示等重要功能。1997年又推出了相关的网络业务系统，联邦快递通过这些信息系统的运作，建立起全球的电子化服务网络，公司主要的货物量都是通过该系统进行的，主要利用它们的订单处理、包裹追踪、信息储存和账单寄送等功能。

3．员工管理在客户关系中扮演的角色

良好的客户关系绝对不是单靠技术就能实现的，员工的主观能动性的重要性怎么强调也不过分。在对员工进行管理以提供顾客满意度方面，具体方案有以下3个方面：

1）建立呼叫中心，倾听顾客的声音。联邦快递中国台湾分公司有700名员工，其中80人在呼叫中心工作，主要任务除了接听成千上万的电话外，还要主动打出电话与客户联系，收集客户信息。呼叫中心中的员工是绝大多数顾客接触联邦快递的第一个媒介，因此他们的服务质量很重要。另外，联邦快递中国台湾分公司为了了解顾客需求，有效控制呼叫中心的服务质量，每月都会从每个接听电话员工负责的顾客中抽取部分客户，打电话询问他们对服务品质的评价，了解其潜在需求和建议。

2）提高第一线员工的素质。为了使与顾客密切接触的话务员符合企业形象和服务要求，在招收新员工时，联邦快递是少数做心理和性格测验的公司。对新进员工的入门培训强调企业文化的灌输，要先接受两周的课堂训练，接下来是服务站的训练，然后让正式的话务员带半个月，最后才独立作业。

3）运用奖励制度。联邦快递最主要的管理理念是：只有善待员工，才能让员工热爱工作，不仅做好自己的工作，而且主动提供服务。例如，联邦快递中国台湾分公司每年会向员工提供平均2 500美元的经费，让员工学习自己感兴趣的新事物，如语言、信息技术、演讲等，只要对工作有益即可。

另外，在联邦快递，当公司利润达到预定指标后，会加发红利，这笔钱甚至可达到年薪的10%。值得注意的是，为避免各区域主管的本位主义，各区域主管不参加这种分红。各层主管的分红以整个集团是否达到预定计划为根据，以增强他们的全局观念。

请思考： 联邦快递的客户管理系统提供哪些服务？

项目小结

物流信息在物流作业流程中无时不在，正确采集这些信息，并加以正确处理分析，对物流管理有很大的意义。信息和通信技术与物流紧密关联，现代物流离不开信息，信息的传输离不开通信技术。物流信息是保证及时运输、及时供货以及零库存的关键，使物流过程中的生产、运输、仓储管理最优化，充分发挥物流资源的配置作用。

电子商务的发展为物流成本带来了新的变革，它对降低物流成本、提高物流服务、加速物流成本计算等方面有显著的效用。

电子商务对物流企业的最根本的挑战来自于它对物流服务过程信息化的要求。物流服务过程的信息化要求企业基础管理的规范化。基础管理水平的高低将直接关系到物流企业在电子商务环境下生存的问题。

电子商务时代是一个以客户为导向的时代。客户关系管理是一种使企业在客户服务、市场竞争、销售及服务支持等方面彼此协调的关系系统，以协助企业确立长久的竞争优势。

练习思考

一、单项选择题

1.（　　）是反映物流各种活动内容、属性与特质的知识、资料、图像、数据、文件的总称。

A．物流　　　　　B．物流信息　　　　C．物流管理　　　　D．物流分析

2．按照（　　）划分并核实物流成本，包括包装、配送、保管、搬运、信息、物流管理等物流成本。

A．支付形态　　　B．适用对象　　　C．功能　　　　D．作业成本法

3．（　　）是指满足客户配送要求的比率。

A．库存持有率　　B．订货周期　　　C．商品完好率　　D．配送率

4．CRM 是（　　）的简称。

A．客户服务　　　B．客户关系管理　C．客户满意度　　D．客户支持计划

二、多项选择题

1．物流信息具有（　　　）等特征。

A．信息量大　　　B．信息量小　　　C．更新速度快　　D．来源多样化

E．来源单一

2．电子商务物流成本包括（　　　）。

A．运输成本　　　　　　　　　　B．仓储成本

C．流通加工成本　　　　　　　　D．包装成本

E．物流信息和管理费用　　　　　F．装卸搬运成本

3．电子商务物流服务管理的对策包括（　　　）。

A．设计 FAQs　　　　　　　　　B．运用 E-mail

C．鼓励顾客对话　　　　　　　　D．设立论坛或新闻组

E．减少服务项目

4．客户关系管理的系统功能包括（　　　）。

A．客户服务与支持功能　　　　　B．销售管理功能

C．营销管理功能　　　　　　　　D．电子交易功能

E．竞争者分析功能

三、思考题

1．电子商务物流信息管理系统通常由哪几部分组成？

2．如何降低电子商务物流成本？

3．如何提高电子商务物流中顾客的满意度？

实战强化

实训一　调研连锁企业物流信息管理现状

一、实训目的

通过实训，调研连锁企业物流信息管理现状及存在的问题。

二、实训组织

通过网络购物，体验一家连锁企业（例如大润发、家乐福等）的物流信息管理现状，了

解连锁企业物流信息系统开发流程及应用情况，针对存在的问题提出相应的对策。

三、实训要求

将参加实训的学生分组，运用所学知识及网络工具在教师指导下进行调研，撰写实训报告，写出实训过程、结果和体会。

实训二　电子商务物流服务调研

一、实训目的

通过实训，调研电子商务商城的物流服务。

二、实训组织

定位国内一家著名的电子商务商城，推荐"京东商城"或"海尔商城"等，分析其网上业务，调查其物流服务管理模式。

三、实训步骤及要求

步骤1：选择一家自己熟悉的电子商务商城企业，并了解该企业的实际需求和产品特点。

步骤2：确定该电子商务企业应该将哪些物流服务进行外包，要与该企业实际情况相联系。

步骤3：确定该电子商务企业选择第三方物流服务提供商的标准，要与该企业实际需求和产品特点相联系。

步骤4：确定该电子商务企业选择第三方物流服务提供商的原则，要与该企业的物流业务量相联系。

步骤5：确定该电子商务企业选择第三方物流服务提供商的流程。

步骤6：将参加实训的学生分组，运用所学知识及网络工具在教师指导下进行调研，撰写实训报告。

项目 8

电子商务物流新业态

近年来，我国愈加重视物流行业的创新发展，释放了诸多政策红利。同时，随着电子商务的高速发展，在消费者对物流配送体验日渐提高的情况下，电商后端仓储配送要求也随之提高。未来，电商企业只有在整个供应链条的衔接与配合都足够出色时，才能在众多电商企业中脱颖而出。

学习提示

学习目标

知识目标

了解电子商务的新型国际物流方式，了解生鲜电商的物流模式，掌握生鲜食品销售经营中的物流管理。

能力目标

能够计算跨境电子商务物流的费用，熟练选择生鲜食品冷链物流的配送模式。

素质目标

培养职业素养，养成不断学习的习惯，培养开拓创新的精神。

本项目重点

- 计算跨境电子商务物流费用，选择生鲜食品冷链物流的配送模式。

本项目难点

- 选择跨境电子商务物流的方式。

任务 1　跨境电子商务物流

扫码看视频

任务要点

◆ **关 键 词**：跨境电子商务、国际物流、邮政物流、商业快递、专线物流、海外仓储模式

◆ **理论要点**：国际物流种类、特点

◆ **实践要点**：跨境电子商务物流费用的计算以及物流方式的选择

任务情境

浙江尚远进出口贸易有限公司是一家综合性的股份制外贸进出口公司，主营服装、鞋帽等产品。随着跨境电子商务的兴起，公司尝试从传统外贸业务向跨境电子商务业务转型。公司组建了跨境电商业务部。王华作为新人加入该部门，开始了自己的工作之旅。

任务分析

跨境电子商务是指分属不同关境的交易主体，通过电子商务平台达成交易、进行支付结算，并通过跨境物流送达商品、完成交易的一种国际商业活动。

跨境电子商务业务中国际物流的选择很重要，物流选择好坏直接影响到订单的履行成本和客户的购物体验，从而会影响后续经营。意识到物流的重要性，王华开始了解跨境电商各种国际物流情况，了解当前跨境电商采用的主要国际物流种类，各种物流的重量和体积要求、运送时效，各种物流优缺点等情况。

任务实施

步骤一　认识跨境电子商务物流

目前跨境电商的国际物流主要有四种：邮政物流、商业快递、专线物流和海外仓储模式。其中，邮政物流是"1+X"快递运营职业技能等级证书考试中的重点内容。

1. 邮政物流

（1）中国邮政物流

中国邮政物流根据运营主体不同分为两大业务种类，一种是中国邮政的中国邮政航空小包和大包；另一种是中国邮政速递物流的 EMS 和 ePacket 等业务方式，两者运营的主体不同，包裹的收寄地点也不同。

1）中国邮政航空小包。中国邮政航空小包（China Post Air Mail）又称中邮小包、空

邮小包、航空小包，以及其他以收寄地市局命名的小包（如"上海小包""宁波小包"）。它包含挂号、平邮两种服务。中国邮政挂号小包（China Post Registered Air Mail）需要加挂号费每单 8 元，提供网上跟踪查询服务。

由于价格便宜、投寄方便，中国邮政航空小包也是当前中国跨境电商卖家首选的小包主要物流方式。

① 中邮小包的体积和重量限制。非圆筒货物：长 + 宽 + 高不超过 90cm，单边长度不超过 60cm，长度不小于 14cm，宽度不小于 9cm；圆筒形货物：直径的两倍 + 长度不超过 104cm，单边长度不超过 90cm，直径的两倍 + 长度不小于 17cm，长度不小于 10cm。

包裹的重量在 2kg 以内（到阿富汗为 1kg 以内）。

② 时效。中邮小包的时效为 15 ~ 60 天，到土耳其、新西兰、北欧等国家较快（12 ~ 15 天）；到西班牙、加拿大、澳大利亚较慢（30 ~ 45 天）；到巴西等南美国家非常慢，发货高峰期派送时间甚至会超过 60 天。

③ 跟踪查询。平邮小包不受理查询；挂号小包大部分国家可全程跟踪，部分国家只能查询到签收信息，部分国家不提供信息跟踪服务，如寄到澳大利亚的包裹，只能查到我国境内的跟踪信息。

④ 中邮小包的优缺点。

优点：运费便宜，可以送达全球各个邮政网点；国内中邮货代服务发达，折扣优惠；走邮政包裹通道，可以最大程度减免关税。

缺点：运输时间长，12 ~ 60 天；丢包率高，丢包后赔偿响应慢，且赔偿成功概率不高。

2）中国邮政航空大包。中国邮政航空大包（China Post Air Parcel）又称中国邮政大包，俗称航空大包、中邮大包。但事实上，中国邮政大包除了航空大包外，还包括水陆运输的大包。中邮大包可寄达全球 200 多个国家和地区，价格低廉，清关能力强，对时效性要求不高，因而稍重的货物可选择此方式发货。

① 中邮大包的体积和重量限制。中邮大包体积和重量的限制根据运输物品及目的国家和地区而有所不同，具体规定参照中国邮政官网。

② 中邮大包的优缺点。

优点：成本低，尤其是该方式以首重 1kg，续重 1kg 的计费方式结算，价格比 EMS 低，且和 EMS 一样不计算体积重量，没有偏远附加费，较商业快递有绝对的价格优势。其通达国家多，可通达全球大部分国家和地区，且清关能力强。此外，中邮大包的运单简单，操作方便。

缺点：妥投速度慢。部分国家限重 10kg，最重也只能 30kg。查询信息更新慢。

3）国际 e 邮宝。国际 e 邮宝（ePacket）隶属 EMS 业务，是中国邮政为适应国际电子商务寄递市场的需要，为中国电商卖家量身定制的一款全新经济型国际邮递产品，提供该服务的为中国邮政速递物流公司，是中国邮政集团公司直属全资公司，主要经营国际、国内 EMS 特快专递业务。国际 e 邮宝和香港国际小包一样是针对轻小件物品的空邮产品，限 2kg 以内空邮产品（到以色列为 3kg 以内）。

① 国际 e 邮宝的体积和重量限制。单件的最大尺寸：长 + 宽 + 高不超过 90cm，长度不超过 60cm。圆卷邮件直径的两倍 + 长度不超过 104cm，长度不超过 90cm。单件最小尺寸：

长度不小于14cm，宽度不小于11cm。圆卷邮件直径的两倍＋长度不小于17cm，长度不小于11cm。单件最高限重2kg。

②国际e邮宝的优缺点。

优点：时效快，适合到美国的2kg以内货物，时间为3～15天，且费用便宜。

缺点：只适合2kg以内的货物。一些国家的挂号费较贵，因此，对重量特别轻的商品而言，运价不是很经济。不受理查单业务，不提供邮件丢失、延误赔偿。

4）EMS邮政快递。EMS已在项目3的任务1中介绍，这里不再另述。

（2）其他国家和地区的邮政小包

邮政小包、大包是使用较多的一种国际物流方式，依托万国邮政联盟网点覆盖全球，其对于重量、体积、禁限寄物品要求等方面均存在很多共同点，然而不同国家和地区的邮政所提供的邮政服务却或多或少存在一些差别，主要体现在不同区域会有不同的价格和时效标准，对于承运物品的限制也不同。

1）中国香港地区邮政小包。中国香港地区邮政小包的时效中等，价格适中，运费不分片区，全球统一，计算很容易。处理速度快、上网速度快。

2）新加坡邮政小包。价格适中，服务质量高于邮政小包一般水平。目前，手机、平板等含锂电池商品一般都通过新加坡邮政小包进行运输。适合运到柬埔寨等国家，价格便宜、时效快。

3）瑞士邮政小包。

欧洲线路时效较快，但价格较高，欧洲通关能力强，欧洲申根国家免报关。

还有很多不同地区的邮政小包，但目前跨境电商卖家普遍使用的是上述方式，其他途径在此就不一一介绍了。

2．商业快递

（1）FedEx

FedEx（Federal Express，联邦快递）是全球最具规模的快递运输公司，隶属于美国联邦快递集团。FedEx发货有FedEx IP服务和FedEx IE服务，FedEx IP服务为优先型服务，舱位有保障，享有优先安排航班的特权，时效有保障。FedEx IE服务为经济型服务，价格相对较实惠，但是时效比FedEx IP慢。

1）体积和重量限制。单件最长边不超过274cm，最长边＋其他两边的长度的两倍不超过330cm；一票多件（其中每件不超过68kg），单票的总重量不超过300kg，超过300kg需提前预约；单件或者一票多件包裹有超过68kg的，需提前预约。

2）运费。联邦快递的运费标准最终以其官方网站公布为准。

联邦快递的体积重量（kg）计算公式为：长（cm）×宽（cm）×高（cm）÷5 000，如果货物体积重量大于实际重量，则按体积重量计算。

3）时效与跟踪查询。FedEx IP服务的派送正常时效为2～5个工作日（此时效为快件上网至收件人收到此快件），FedEx IE服务的派送正常时效为4～7个工作日（此时效为快件上网至收件人收到此快件），最终派送时间需根据目的地海关通关速度决定。

4）优缺点。

优点：适合走21kg以上的大件，到南美洲的价格较有竞争力；时效较快，一般3～7

天可以到达；网站信息更新快，覆盖网络全，查询响应快。速卖通线上发货折扣非常优惠。

缺点：价格较贵；需要考虑货物体积重，收偏远附加费。

速卖通 FedEx 线上发货的折扣优惠力度大，速卖通卖家选择此商业快递时，可考虑优先选择线上发货。FedEx 速卖通线上发货有 FedEx IP 服务和 FedEx TE 两种服务。

（2）DHL

DHL 敦豪国际航空快递公司是德国邮政全资子公司，总部设于布鲁塞尔，是四大国际商业快递之一。DHL 跟我国合作的中外运敦豪国际航空快件有限公司于 1986 年 12 月 1 日在北京正式成立。合资双方为中国对外贸易运输集团总公司和敦豪国际航空快递公司，双方各占一半股权。

1）体积和重量限制。单件包裹的重量不超过 70kg，单件包裹的最长边不超过 1.2m。但是部分国家要求不同，具体以 DHL 官方网站公布为准。

2）运费。资费标准详见网站 http：//www.cn.dhl.com,DHL 的体积重量（kg）计算公式为：长（cm）×宽（cm）×高（cm）÷5 000，如果货物体积重量大于实际重量，则按体积重量计算。

3）时效与追踪查询。DHL 派送时效为 3～7 个工作日（不包括清关，特殊情况除外），可以全程跟踪信息。

4）优缺点。

优点：去西欧、北美有优势，适宜走小件，可送达国家网点比较多。时效快，一般 2～4 个工作日可送达。查询网站信息更新快，遇到问题解决速度快。

缺点：价格贵，适合发 5.5kg 以上或者 21～100kg 之间的货物。对托运货物的限制比较严格。物品描述需要填写实际品名和数量，不接受礼物或样品申报。

（3）TNT

TNT 集团总部设于荷兰，是四大国际商业快递之一。

1）体积和重量限制。单件包裹重量不能超过 70kg，三条边长度分别不能超过 2.40m×1.50m×1.20m。

2）运费。TNT 快递运费包括基本运费和燃油附加费两部分，其中燃油附加费每个月变动，以 TNT 官网公布数据为准。

运费要考虑体积重量，体积重量（kg）计算公式为：长（cm）×宽（cm）×高（cm）÷5 000。货物体积重量若大于实际重量，则按体积重量计算。

3）时效。全程时效一般在 3～7 个工作日。

4）优缺点。

优点：速度快，通关能力强。

缺点：价格较高。计算体积重量，收偏远附加费。

（4）TOLL

TOLL 环球快递（又名拓领快递），是澳大利亚 Toll Global Express 公司旗下的快递业务，到澳大利亚以及泰国、越南等亚洲地区的价格较有优势。

1）体积和重量限制。单件货物的任何一边长度不能超过 1.2m，超过则需另外增加每票 200 元的操作费。包裹的重量限制为 15kg。

2）运费。TOLL快递运费包括基本运费和燃油附加费两部分。以TOLL网站公布的数据为准。

首重、续重均为0.5kg；计算体积重量，公式为：体积重（kg）＝长（cm）×宽（cm）×高（cm）÷5 000。货物体积重量若大于实际重量，则按体积重量计算。

3）时效。到澳大利亚、东南亚的派送时效为3～7个工作日；到美国、加拿大、欧洲为6～10个工作日；南美、中东为8～15个工作日。

4）优缺点。

优点：适合运往澳大利亚、东南亚一带国家的货物，运价较经济，且TOLL线上发货的折扣很优惠，可以考虑线上发货。

缺点：计算体积重量。收偏远附加费。到欧洲、美洲的货物时效慢，且不经济。

3. 专线物流

专线物流是指针对某个指定国家的一种专线递送方式。它的特点是货物送达时间基本固定，如到欧洲的英、法、德5～6个工作日，到俄罗斯15～20个工作日，运输费用较传统、国际快递便宜，同时保证清关便利。

速卖通平台上的专线物流，有中俄专线、中东专线和其他专线。如到俄罗斯的专线有速优宝芬兰邮政小包（Posti Finland）、中俄航空（Ruston Air）、中俄快递（SPSR）；到西班牙的有中外运一西邮经济小包（Correos Economy）等，这些专线的运费比普通邮政包裹便宜，清关能力比普通邮资包裹强，运达速度快。

4. 海外仓储模式

当前跨境电商国际物流发展的新趋势，就是海外仓储模式。海外仓储是指在除本国地区的其他国家建立的仓库，一般用于电子商务。货物从本国出口通过海运、货运、空运的形式储存到该国的仓库，买家通过网上下单购买所需物品，卖家只需在网上操作，对海外的仓库下达指令完成订单履行。海外仓储模式是针对广大电子商务卖家的需求，为卖家提供的国外仓储、分拣、包装、派送等项目的一站式服务。如图8-1所示，海外卖家将货物通过空运、海运、快递方式存储到国外仓库，当买家有需求时，卖家可以第一时间做出快速响应，及时通知国外仓库进行货物的分拣、包装，并且从该国仓库运送到其他地区或者国家，提升了物流响应时间。同时，结合国外仓库当地的物流特点，可以确保货物安全、准确、及时、低成本地到达终端买家手中。

图8-1　海外仓

海外仓储简单来说，就是把仓库搬到了国外，这样就能实现产品的本地配送，大大缩短交货期和提高客户购物体验。

如果做大量出口的跨国 B2C，肯定要考虑海外仓储。特别是"黑五"、圣诞这些销售旺季，提前把一些热门产品通过海外仓先运出去存放，到时候客户一下单就能立即发货。客户看到产品是 free shipping（免运费），并且配送时间为 2～3 天，绝对会格外满意，有合适的产品就会下单购买了。

（1）海外仓使用步骤

我国卖家通过海运、空运或者快递等方式将商品集中运往海外仓储中心进行存储，并通过物流承运商的库存管理系统下达操作指令。

1）卖家自己将商品运至海外仓储中心，或者委托承运商将货发至承运商海外的仓库。这段国际货运可采取海运、空运或者快递方式到达仓库。

2）卖家在线远程管理海外仓储。卖家使用物流商的物流信息系统，远程操作海外仓储的货物，并且保持实时更新。

3）根据卖家指令进行货物操作。根据物流商海外仓储中心自动化操作设备，严格按照卖家指令对货物进行存储、分拣、包装、配送等操作。

4）系统信息实时更新。发货完成后系统会及时更新，以显示库存状况，让卖家实时掌握。

（2）海外仓储费用

$$海外仓储费用 = 头程费用 + 仓储及处理费 + 本地配送费用$$

头程费用：货物从中国到海外仓库产生的运费。

仓储及处理费：客户货物存储在海外仓库和处理当地配送时产生的费用。

本地配送费用：是指在海外当地国家对客户商品进行配送产生的本地快递费用。

小链接 8-1

欧洲海外仓的收费方式及操作流程

由于海外仓普遍具有仓储物流成本低，高灵活性以及运维成本低等特点，在欧洲主流国家市场上受到广大跨境卖家的青睐。

1. 欧洲海外仓的收费方式

欧洲海外仓的收费方式大致由三个部分构成，分别是头程运费、欧洲本土运费以及处理费。如果客户直接将货物发到欧洲海外仓，这种情况下头程运费就由客户直接承担。欧洲本土运费主要是指欧洲当地的一些快递产生的费用，比如 City Sprint、UK Mail、DHL、Yodel 等，国外的快递收费方式跟国内差不多，都是参照产品的重量体积和特殊属性来收费的。处理费就是海外仓发货的费用，发一单就收一单的费用，如果没有订单产生就不收取任何费用。

2. 欧洲海外仓的操作流程

首先需客户提供注册的用户名和常用邮箱；开好户之后需要制作产品目录导入到海外仓的系统中，然后系统自动生成对应的条码；接下来将条码贴好并联系头程客服出装箱发往欧洲海外仓。欧洲仓库接货后，扫描产品上的条码进行入库。需要出库的时候在系统提交订单，系统会根据要求减去相应的库存数量。入库出库以及货物的销售情况在系统上都是一目了然，方便给客户备货提供数据支持。

（3）海外仓的优势和劣势

1）海外仓的优势。

① 提升商品的派送速度。海外仓位于买家所在国，卖家把所销售的商品提前备货到海外仓，从买家所在国发货，物流速度是海外直邮无法比拟的，大大提升了商品的派送速度。

② 提升买家购物体验。海外仓很好地避免了海外直邮退换货难的问题，退换货方便，提升了售后服务品质，从而提升了买家购物体验，有利于培养回头客和提高店铺、商品的复购率。

③ 节省物流成本。采用货物集发的方式备货，可以在淡季物流运费低的时候提前备货至海外仓，仅从物流方面考虑，降低了不少物流成本。

④ 避免物流旺季排仓爆仓的问题。物流旺季各种渠道不仅价格上涨得厉害，还常常出现排仓爆仓的问题，这是跨境电商卖家非常头疼的事情，而海外仓就能很好地避免这些问题。淡季备货，旺季销售，不再担心旺季排仓爆仓。

⑤ 提升店铺销售，更有利于市场拓展。买家网购时都会优先选择物流快及本地发货的商家，海外仓模式物流快，售后退换货方便，大大提升了店铺好评率，提升了产品复购率，增加了店铺商品曝光度，从而提升了店铺销量，有利于市场拓展。

2）海外仓的劣势。

① 仓储成本高。虽然是通过错峰集发的方式降低了物流成本，但是货物达到海外仓就产生了仓储费用，仓储费用一般是按天收费，提前发货导致仓储成本高。

② 库存压力大。一旦选品或市场把握稍有差错，造成货物滞销、销量不好，大批量货物积压在仓库中，不但不能变现还会增加仓储成本，货物在海外难处理，进退两难。

③ 资金周转不便。批量备货至海外仓，备货的资金、物流的资金、仓储的资金等大量资金投入，资金回流周期长，导致卖家资金周转不便容易造成资金链断裂。

④ 海外可控性差。海外仓受当地政策、社会因素、风土人情、自然因素等不可控因素影响较大。例如，货物进口时被查扣，货物在当地仓库被查扣、没收等，对卖家的影响是巨大的。

⑤ 受海外仓服务商运营能力影响大。海外仓服务商某个环节出问题就可能造成货物派送延误、仓库被查、货物被没收等情况，无论发生哪一种情况，对卖家造成的损失都是不可挽回的。

⑥ 对卖家的选品要求更严格。使用海外仓发货的产品，一来保证质量，二来需要适合当地买家的需求，对于商品种类繁多的公司，在海外仓囤多少个 SKU 的货就成老大难问题，选品不当，市场把握不当都会造成不可挽回的损失。

⑦ 对卖家的仓管数据监控要求高。卖家需要实时监控商品出入仓、上下架的详细数据，否则就容易造成货物丢失或货物数据对不上。在仓管、配送有完整体系的亚马逊也有卖家反映，FBA 备货数量与实际货物上架销售数量对不上，出现货物丢失的情况。

步骤二　计算国际运费（本步骤中所列价格表仅供计算参考，非实际价格）

1．中邮小包的运费计算

中邮挂号小包运费＝重量×单位价格×折扣率＋挂号费

中邮平常小包＝重量×单位价格×折扣率

中国邮政小包的运价见表 8-1。注意中邮小包的最低收费重量为 50g（即首重为 50g），如果包裹重量轻于 50g，则按 50g 计算。

表 8-1　中国邮政小包运价表（示例）

资 费 区	寄往国家（地区）	运价/（元/kg）
1 组	日本	62
2 组	韩国、马来西亚、泰国、新加坡、印度、印度尼西亚	71.5
3 组	奥地利、澳大利亚、希腊、爱尔兰、保加利亚、波兰、比利时、德国、丹麦、芬兰、荷兰、捷克、克罗地亚、挪威、葡萄牙、瑞典、瑞士、斯洛伐克、匈牙利、意大利、以色列	81
4 组	土耳其、新西兰	85
5 组	阿曼、阿塞拜疆、爱沙尼亚、白俄罗斯、波黑、巴基斯坦、朝鲜、法国、菲律宾、哈萨克斯坦、吉尔吉斯斯坦、加拿大、卡塔尔……	90.5
6 组	南非	105
7 组	阿根廷、巴西、墨西哥	110
8 组	阿富汗、阿联酋、不丹、巴林……	120
9 组	安道尔、阿尔巴尼亚、冰岛、梵蒂冈……	147.5
10 组	阿尔及利亚、安哥拉、埃及……	176
11 组	俄罗斯	96.3

【工作情景 1】

王华要发一单货到德国，该产品包装后的包裹重量为 0.5kg，长、宽、高为 30cm×20cm×10cm，从货代那里拿到运费折扣率为 9 折。王华计划通过中邮小包发送货物，他需要了解物品到目的国的运费，为后面产品的定价做好准备。

【工作任务 1】

选择中邮挂号小包，计算这单货的中邮挂号小包运费。

【操作参考 1】

查表 8-1，德国的中邮小包运价是 81 元/kg，因此

该包裹的运费＝重量×中邮小包单位价格×折扣率＋挂号费

＝0.5kg×81 元/kg×0.9+8 元

＝44.45 元

2．中邮大包的运费计算

中邮大包以首重 1kg、续重 1kg 的计费方式结算，运价见表 8-2。

表8-2 中邮大包运价表（示例）

寄往国家（地区）	航空		SAL		海运		限重/kg
	首重/(元/kg)	续重/(元/kg)	首重/(元/kg)	续重/(元/kg)	首重/(元/kg)	续重/(元/kg)	
美国	158.5	95	104.6	51.1	83.5	20	30
英国	162.3	76.6	126.2	50.5	108.1	22.4	30
日本	124.2	29.6	110.9	26.3	108	13.4	30
加拿大	137.7	72	99.2	45.7	86.2	22.7	30
澳大利亚	143.8	70	117.2	53.4	88.8	15	20
法国	185.3	68.3	149.1	42.1	131	14	30
意大利	159.3	71.2	121.1	43.2	99.8	11.7	20
德国	190.9	69.5	154.7	43.3	140.8	19.4	30
西班牙	166	72	126.1	42.1	无	无	20
奥地利	153.8	60.4	123.9	40.5	116.1	22.7	20
荷兰	158.9	68.5	122.8	42.4	104.7	14.3	20
新西兰	171.1	101.5	无	无	116.4	18.8	20
波兰	139.4	56.1	117.8	44.5	无	无	15
爱尔兰	162.2	72.4	124.1	44.3	无	无	20
阿尔巴尼亚	161.4	57.9	135.6	42.1	无	无	20
瑞典	184.9	57.6	161.8	44.5	152.8	25.5	20
瑞士	161	68.8	124.6	42.4	115.2	23	30
罗马尼亚	150.3	57.7	128.2	45.6	无	无	21

注：表中的SAL为中国邮政空运水陆路大包，是中国邮政国际普邮包裹三种服务方式中的一种，可寄达全球200多个国家和地区。

【工作情景2】

公司有一个包裹要寄往加拿大买家，该包裹的重量是2.6kg，体积为40cm×25cm×10cm，王华需要了解：

1）该包裹是否能选择中邮小包发送？

2）如选择中邮航空大包，则该包裹的运费应该是多少？假定从货代处取得大包运费折扣率为9折（具体折扣率可以与邮政或货代公司协商）。

【工作任务2】

计算中邮挂号大包的运费。

【操作参考2】

答：1）不能选择中邮小包，因为重量=2.6kg大于2kg，超过了中邮小包重量限制。

2）中邮大包的运价按首重1kg，续重1kg的计费方式结算，续重不满1kg按1kg计算。

查表 8-2，得知中邮航空大包到加拿大的运价首重为 137.7 元，续重 72 元 /kg，挂号费 8 元 / 单。

该中邮航空大包的运费 =（首重运价 + 续重运价 × 续重重量）× 折扣率 + 挂号费

$$=（137.7 元 +72 元 /kg×2kg）×0.9+8 元$$

$$=261.53 元$$

3. e 邮宝的运费计算

$$e 邮宝运费 = 单位运价 × 重量 × 折扣率 + 挂号费$$

截至 2017 年 5 月，国际 e 邮宝开通运往的国家有美国、澳大利亚、英国、加拿大、法国、俄罗斯等 34 个国家。相关国家和地区运价见表 8-3。

表 8-3 e 邮宝运价表（示例）

寄往国家（地区）	资费		起重
	元 / 件	元 /g	
美国	10	0.076	50g，不足按 50g 计费
俄罗斯	10	0.1	50g，不足按 50g 计费
英国	17	0.065	无
西班牙	14	0.06	无
以色列（限重 3kg）	17	0.06	无
新西兰	9	0.07	50g，不足按 50g 计费
日本	12	0.04	50g，不足按 50g 计费
乌克兰	8	0.075	10g，不足按 10g 计费
中国香港	17	0.03	无
加拿大、挪威	19	0.065	无
澳大利亚、法国、德国	19	0.06	无
韩国	22	0.04	无
马来西亚、新加坡	22	0.045	无
土耳其、奥地利、比利时、瑞士、丹麦、匈牙利、意大利、卢森堡、荷兰、波兰、瑞典、希腊	22	0.06	无
芬兰、爱尔兰、葡萄牙	22	0.065	无
墨西哥	22	0.09	无
沙特阿拉伯	26	0.05	无

【工作情景 3】

王华需要发运一包货物到美国，包裹的重量为 1.3kg，体积为 35cm×20cm×15cm，选择 e 邮宝，没有获得折扣率（全折）。

【工作任务 3】

计算国际 e 邮宝的运费。

【操作参考 3】

查表 8-3，得知美国的运价是 0.076 元 /g，处理费 10 元 / 件。

则该包裹 e 邮宝运费 = 单位运价 × 重量 × 折扣率 + 处理费

$$= 0.076 元 /g × 1 300g × 1 + 10 元$$
$$= 108.8 元$$

4. EMS 的运费计算

EMS 只计算重量重，不计算体积重，货代还会给予一定的折扣率。

EMS 运费 =（首重运价 + 续重运价 × 重量）× 折扣率，资费及相关规定见表 8-4。

表 8-4　国际 EMS 资费及相关规定（示例）

资 费 区	寄往国家（地区）	价　格		续重（元 /500g）	参考时限（工作日）	最高限重 /kg
		首重 /（元 /500g）文件	物品			
一区	中国澳门、中国台湾、中国香港	90	130	30	2～4	澳门 31.5；其他 30
二区	朝鲜、韩国、日本	115	180	40	2～4	30
三区	菲律宾、柬埔寨、马来西亚、蒙古、泰国、新加坡、印度尼西亚、越南	130	190	45	3～7	越南 31.5；蒙古 20；其他 30
四区	澳大利亚、新西兰……	160	210	55	6～8	澳大利亚 20；其他 30
五区	美国	180	240	75	5～7	31.5
六区	爱尔兰、奥地利、比利时、丹麦、德国、法国、芬兰、荷兰、加拿大、葡萄牙、瑞典、瑞士、西班牙、意大利、英国……	220	280	75	7～10	30
七区	巴基斯坦、老挝、孟加拉国、尼泊尔、斯里兰卡、土耳其、印度	240	300	80	3～7	印度 35；其他 30
八区	阿根廷、阿联酋、巴拿马、巴西、白俄罗斯、波兰、俄罗斯、哥伦比亚、古巴、圭亚那、以色列、乌克兰……	260	335	100	7～15	古巴 10；阿根廷、圭亚那、以色列、波兰、乌克兰 20；哥伦比亚 50；其他 30
九区	哈萨克斯坦、叙利亚、巴林、开曼群岛、阿塞拜疆、肯尼亚、布基纳法索、罗马尼亚……	370	445	120	7～20	哈萨克斯坦、叙利亚、巴林 20；开曼群岛 10；阿塞拜疆 50；肯尼亚、布基纳法索、罗马尼亚 31.5；其他 30

【工作情景 4】

有个法国客户买了一个大睡袋，包裹重量为 2.55kg，体积为 45cm×30cm×30cm，王华打算用 EMS 出运（折扣为 4.3 折）。

【工作任务 4】

计算该包裹的 EMS 运费。

【操作参考 4】

查询 EMS 运价表，该包裹计 2 550g，按首重 500g 280 元，续重每 500g 75 元计算。

EMS 计算重量时，2 250g 按 3 000g 计算。

则该包裹 EMS 运费 =（首重运价 + 续重运价 × 重量）× 折扣率

$$=（280 \text{ 元} +5×75 \text{ 元}）×0.43$$

$$=281.65 \text{ 元}$$

5. DHL 的运费计算

国际商业快递（DHL）一般都要算体积重量，体积重量计算方式为：长（cm）× 宽（cm）× 高（cm）÷5 000=kg

国际快递运费 =（首重运价 + 续重运价 × 重量 + 附加费）× 折扣率，DHL 分区及运价见表 8-5 和表 8-6。

表 8-5　DHL 分区表（示例）

资费区	寄往国家（地区）
4 区	文莱、柬埔寨、印度尼西亚、老挝、马来西亚、菲律宾、新加坡、泰国、越南
5 区	澳大利亚、新西兰
6 区	墨西哥、美国、加拿大
7 区	奥地利、比利时、保加利亚、芬兰、法国、德国、意大利、荷兰、挪威、波兰、葡萄牙、斯洛伐克、西班牙、瑞典、瑞士、英国、斯洛文尼亚……
8 区	阿富汗、巴林、埃及、以色列、约旦……

表 8-6　DHL 运价表（示例）

重量（Weight）/kg	4 区 (Zone 4) / 元	5 区 (Zone 5) / 元	6 区 (Zone 6) / 元	7 区 (Zone 7) / 元	8 区 (Zone 8) / 元
0.5	315.0	316.0	322.0	414.0	530.0
1	385.0	415.0	429.0	523.0	670.0
1.5	455.0	514.0	536.0	632.0	810.0
2	525.0	613.0	643.0	741.0	950.0
2.5	595.0	712.0	750.0	850.0	1 090.0
3	663.0	807.0	855.0	966.0	1 230.0
3.5	731.0	902.0	960.0	1 082.0	1 370.0
4	799.0	997.0	1 065.0	1 198.0	1 510.0
4.5	867.0	1 092.0	1 170.0	1 314.0	1 650.0
5	935.0	1 187.0	1 275.0	1 430.0	1 790.0
5.5	1 003.0	1 274.0	1 379.0	1 534.0	1 916.0
6	1 071.0	1 361.0	1 483.0	1 638.0	2 042.0
6.5	1 139.0	1 448.0	1 587.0	1 742.0	2 168.0
7	1 207.0	1 535.0	1 691.0	1 846.0	2 294.0
7.5	1 275.0	1 622.0	1 795.0	1 950.0	2 420.0
8	1 343.0	1 709.0	1 899.0	2 054.0	2 546.0
8.5	1 411.0	1 796.0	2 003.0	2 158.0	2 672.0
9	1 479.0	1 883.0	2 107.0	2 262.0	2 798.0

【工作情景5】

有包裹重 2 550g，体积 45cm×30cm×30cm，寄到法国，运费 3.4 折。

【工作任务5】

计算 DHL 的运费。

【操作参考5】

1）查 DHL 分区表，查到法国是 7 区。

2）计算重量重和体积重，按重量高者计算：该包裹实际重量 2.55kg≈3kg，体积 45cm×30cm×30cm÷5 000=8.1kg，选择体积重 8.1kg，按 8.5kg 计算。

3）查运价和折扣率：法国 7 区，9kg 对应的运价为 2 262 元，打 3.4 折。

4）计算运费（暂时不考虑附加费）

$$最终运费 =2 158 元 ×0.34=733.72 元$$

小链接 8-2

计算跨境电商物流费用的注意事项

1）在中邮小包、e邮宝运费的计算中，不同的货代对挂号费和包裹费处理方法有差异，有些货代对挂号费处理费也给予相应折扣。

如挂号费和包裹处理费给予折扣，则算法应该如下：

$$中邮挂号小包运费 =（重量×单位价格＋挂号费）×折扣率$$
$$e邮宝运费 =（单位运价×重量＋处理费）×折扣率$$

2）注意商业快递要计算体积重，忽视体积重的考虑会带来运费的损失。

步骤三　选择跨境电商物流的方式

对于没有经验的新手来说，物流选择确实是个难题。一般卖家会按照产品的特点，从物流经济性、时效性和安全性等方面考虑，选择合适的物流。建议关注以下几点：

1. 产品是否大于 2kg

若产品小于 2kg，可供选择的跨境电商物流包括所有国际物流方式，包括邮政小包、e邮宝、邮政大包、专线物流、EMS、商业快递；若产品大于 2kg，则只能选择邮政大包、EMS、商业快递和某些适合 2kg 以上的专线物流。

2. 产品是否带电

若产品带电，则只能放弃中邮小包、e邮宝等，选择可接受带电产品的新加坡小包等；若产品不带电，考虑经济性，则可选择中邮小包；到美国选择 e邮宝；考虑时效性，可选择新加坡小包、中国香港小包，甚至 EMS、商业快递等。

3. 是否考虑时效性第一

若是，则不选择中邮小包，选择适合的专线物流、EMS、商业快递。若不是，2kg 以下的货物，首选中邮小包，因为经济性好。

4. 是否考虑经济性第一

若是，选择邮政小包或专线物流，到美国选择 e邮宝。

小链接8-3

为什么跨境电商物流有些能发带电产品，有些却不能？

对于跨境电商卖家来说，好的物流产品不仅能够保证产品安全快速地送到客户手中，同时也避免许多不必要的问题。然而，物流渠道并不是什么产品都能发，例如，对于电池产品只有部分渠道可以清关派送。

实际上，对于出口货物，航空公司带电产品都会被强制要求做UN38.3检测认证。据悉，UN38.3是《联合国危险物品运输试验和标准手册》第3部分38.3款。该条款指出，为确保航空运输安全，并满足客户对含锂电池货物的运输需求，根据国际航协《危险物品规则》的相关规定，制定出可充电型锂电池操作规范，即UN38.3（UNDOT）的测试。

UN38.3要求锂电池运输前必须通过高度模拟、高低温循环、振动试验、冲击试验、55℃外短路、撞击试验、过充电试验、强制放电试验，才能保证锂电池运输安全。如果锂电池与设备没有安装在一起，并且每个包装件内装有超过24个电池芯或12个电池，则还须通过1.2m自由跌落试验。

根据民航规章要求，航空公司和机场货物收运部门应对锂电池进行运输文件审查，最重要的是每种型号的锂电池UN38.3安全检测报告。该报告可由民航指定的第三方检测机构，也可由具备检测能力的电池生产厂家提供。如不能提供此项检测报告，民航将禁止锂电池进行航空运输。

认证需要很高的认证费用，如果是单一型号，可以用同一个认证，但如果是混装的，那么不同型号的带电产品都须各自做认证。

🐰 触类旁通

国际物流单号查询

国际物流跟踪查询途径有两种。

1．从各物流的官方网站查询

每种物流都会有自己的官方网站，登录可查询其发运的挂号包裹物流信息，有些种类全程可跟踪，有些仅限国内段查询，国外段不可查。

2．从物流社会网站查询

比较强大的物流跟踪查询社会网站有一起跟踪网、赛兔网等。还有第三方软件，其中也包含了物流跟踪功能。

案例8-1

【工作情景】

某天一上班，王华发现速卖通平台和Wish平台的店铺各出了几单，包括：

1）美国客户买了一款包，该产品打包好的重量为0.8kg，体积为40cm×20cm×15cm，买家希望 30 天内能收到。

2）柬埔寨买家下订单时，默认选择了中邮挂号小包。

3）来自赞比亚客户的订单，产品的包裹信息为 0.55kg，体积为 25cm×20cm×1cm。订单中买家选择了中邮小包，并支付了部分多余的运费。

王华打算立即打包发货，可面对这么多物流公司，他不知道如何选择。

【工作任务】

为三个不同客户的订单货物选择合适的物流公司。

【操作参考】

若运费不打折，使用 ePacket 的运费 =76 元 /kg×0.8kg+10 元 =70.8 元，时效为 3 ～ 15 天；全程可跟踪。

若运费不打折，使用中邮挂号小包的运费 =90.5 元 /kg×0.8kg+8 元 =80.4 元，时效 30 天内，使用挂号，全程可跟踪。

结论：应选择 e 邮宝，到美国的 2kg 以内不带电小包裹，一般首选 e 邮宝。因为时效快，运价便宜，全程可跟踪。

针对柬埔寨买家的情况，虽然柬埔寨买家下订单时默认选择了中邮挂号小包，但是一般情况下，卖家发货都会选择中邮小包。由于是第一次发货到柬埔寨，发货前，王华用速卖通平台的"物流方案查询"进行了查询，查询结果给了他惊喜，操作过程如图 8-2 ～图 8-4 所示。

1. 设置物流信息

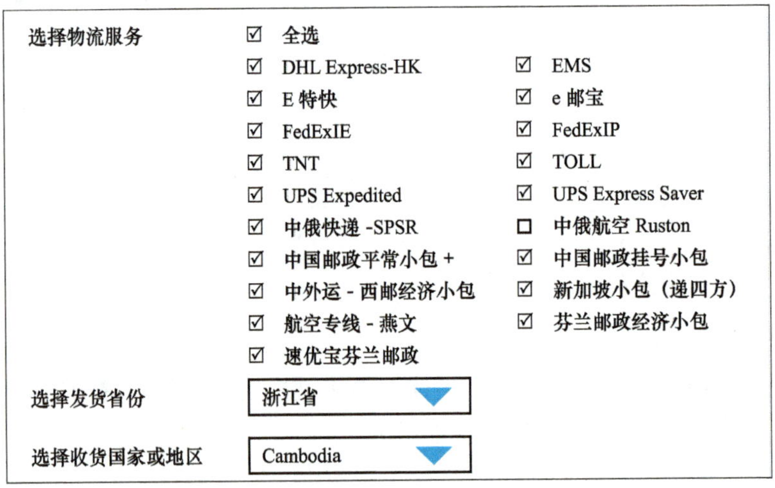

图 8-2　设置物流信息

2. 设置包裹信息

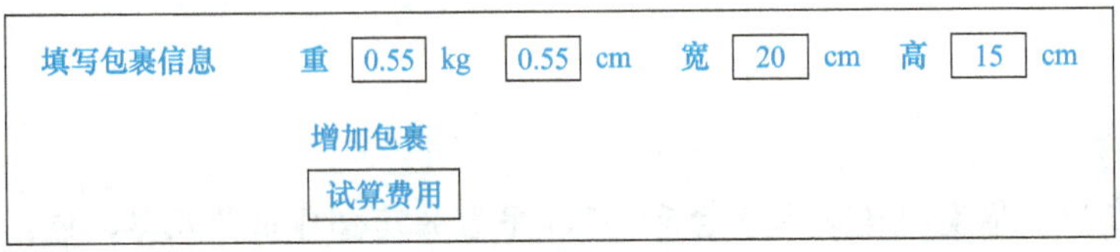

图 8-3　设置包裹信息

3．试算运费

方案查询结果				
服务名称	参考运输时效	交货地点	试算运费③	标准运费折扣
新加坡小包（递四方）	15～60 天	交货到广州仓	CN￥64.25（含挂号费）	合约价
中国邮政挂号小包	15～60 天	交货到中邮北京仓	CN￥70.70（含挂号）	约标准运价 9.5 折
EMS	4～10 天	交货到邮政速递仓库	CN￥93.00	约标准运价 4.0 折
DHL Express-HK	3～7 天	交货到深圳仓库	CN￥126.12	约标准运价 3.5 折
UPS Expedited	3～7 天	交货到上海仓库	CN￥207.57	约标准运价 2.4 折
FedEx IE	3～7 天	交货到上海仓库	CN￥277.58	约标准运价 4.6 折
TNT	3～7 天	交货到上海仓库	CN￥698.52	约标准运价 4.9 折

图 8-4　试算运费

4．得出方案

该单货物到柬埔寨，选择"新加坡小包"更好。

最后与买家沟通，选择了"新加坡小包"发货。卖家因此少付了 7 元的运费，而产品也很快到了买家手里，12 天送达，买家很满意，第二次买的时候，指明要"新加坡小包"发货。选择合适的物流，买卖双方共赢。

针对赞比亚客户的订单实际：产品的包裹信息为 0.55kg，体积 25cm×20cm×10cm，买家选择了中邮小包，并支付了部分多余的运费，但王华经过比较，发现也有比中邮小包更好的物流。

在速卖通平台的新手卖家也可借助速卖通平台的"物流方案查询"，帮助自己选择合适的物流方式。具体操作方法：在速卖通卖家后台管理，打开"交易"页面，选择"物流方案查询"后进入，输入相应的产品体积、重量信息和运往国家信息，平台可计算出所有线上物流方式的运费。

任务 2　冷链电子商务物流

任务要点

◆ **关 键 词：** 生鲜电商、生鲜电商物流模式、生鲜食品冷链配送
◆ **理论要点：** 生鲜物流、生鲜物流模式、生鲜食品冷链配送
◆ **实践要点：** 合理选择生鲜食品的物流配送模式

任务情境

冷链物流泛指冷藏冷冻类食品在生产、贮藏运输、销售，到消费前的各个环节中始终处于规定的低温环境下，以保证食品质量、减少食品损耗的一项系统工程。它是随着

科学技术的进步、制冷技术的发展而建立起来的，是以冷冻工艺学为基础、以制冷技术为手段的低温物流过程。冷链物流的适用范围包括：1）初级农产品：蔬菜、水果；肉、禽、蛋；水产品、花卉产品。2）加工食品：速冻食品、禽、肉、水产等包装熟食、冰淇淋和奶制品；快餐原料等。3）特殊商品：药品。

由于食品冷链是以保证易腐食品品质为目的，以保持低温环境为核心要求的供应链系统，所以它比一般常温物流系统的要求更高、更复杂，建设投资也要大很多，是一个庞大的系统工程。由于易腐食品的时效性要求冷链各环节具有更高的组织协调性，所以本任务以生鲜物流为例介绍冷链物流。

随着电子商务的发展，传统行业已经开始迅速向网络营销转型，其中被视为国内电商领域蓝海的生鲜电商在近几年发展迅猛。生鲜电商即生鲜产品电子商务，指的是采用电子商务的手段在互联网上直接销售生鲜类产品，如新鲜果蔬、生鲜肉类等。2012年被认为是生鲜电商元年，生鲜电商在2012年下半年开始出现转折，各大电商平台都想进入这个阵营。2019年，中国生鲜电商市场交易规模约为1620.0亿元，保持29.2%稳定增长。

任务分析

2020年，消费者线上购买生鲜的行为愈加常态化，生鲜电商行业迎来了用户量、交易量的爆发式增长。

随着生产力水平的提高，社会生产和人们生活也不断变化，生产、生活消费模式发生改变，这对交通货运提出了新的要求。这就要求我们理解生鲜食品、生鲜电子商务等基本概念，掌握我国生鲜电商的物流模式，能够合理选择生鲜食品的物流配送模式。

任务实施

步骤一　认知生鲜电商

1. 生鲜食品的界定

扫码看视频

生鲜食品的概念源于外资零售企业，经过几年的发展，虽然生鲜食品经营普遍为国内消费者所认同，但是业内人士对生鲜食品的理解不一，经营的项目和形式也有很大差异。

（1）生鲜食品的分类

目前生鲜食品较有代表性的是"生鲜三品"，即果蔬（蔬菜水果/PRODUCE）、肉类（MEAT）、水产品（SEAFOOD），对这类商品基本上只做必要的保鲜和简单整理就可上架出售，未经烹调、制作等深加工过程，因此可归于生鲜食品类的初级产品；再加上较常见的由西式生鲜制品衍生而来的面包（BAKERY）和熟食（COOKED FOOD）等现场加工品类，就由初级产品的"生鲜三品"和加工制品的面包、熟食共同组合为"生鲜五品"。

（2）生鲜食品的特点

在超市实际运作中，也常把其他一些食品项目，如日配乳制品（DAIRY）、冷冻和冷藏食品（FROZEN），散装杂粮、蜜饯糖果（BULKFOOD）等与生鲜食品作为同一部类经营。它们与生鲜食品具有一些共同的特点：保存条件基本相同，属于散装无条码商品，并需要用称重打条码方式售卖；保质期比较短；同时在消费习惯上也有很大的关联性。严格来说，这些经营项目不属于生鲜范畴，但由于以上特点和归类管理的需要，通常会与生鲜品并类陈列和统一管理。

小链接8-4

生鲜电商的两大难题

1．客单价

如购买若干不同类别的商品，生鲜电商会将较易损坏的食品用独特的气泡膜包裹，为了防止商品物流过程中碰撞还会夹带防隔层，类别不一样的商品还需另外独立配备不同的箱子，这些3～10元不等的包装成本，意味着至少需要保持100元的客单价才能收支平衡。并且生鲜食品大多需要冷链配送，成本是普通常温配送的1.3倍，物流每单价格皆不低于10元。因此要向着大客户方向发展，比如饭店。

2．订单频率

订单频率很大程度受推广运营影响，在此环节，"本来生活"这一电商品牌就做得十分出色，因为其公司核心员工的媒体资源丰富。

2．生鲜电商的模式分析

模式一：综合电商平台

如今，国内的天猫、京东、苏宁易购等综合电商平台都已经涉足生鲜电商。相比其他生鲜电商而言，综合电商平台具有以下明显的优势。

其一，综合电商平台最大的优势则是入口上的优势，尤其是天猫、淘宝，占据着最大的市场份额，这种强大的流量优势是其他生鲜电商平台短期内难以企及的。

其二，综合电商平台早就培养了用户良好的购物习惯，这更是一种天然的优势。很多用户到天猫、淘宝、苏宁易购等平台上购物的同时看到了生鲜电商类的产品，也就相应地会去选择购买。

模式二：物流电商

农业是电子商务唯一一个没有完全电商化的行业，顺丰CEO王卫选择从快递跨界到生鲜电商也是雄心不小。在他看来，顺丰快递选择做生鲜电商有着其他平台所不具备的优势。

优势一：顺丰拥有国内庞大的快递大军，而顺丰的快递服务在国内所有的快递公司当中也是最受用户认可的。生鲜电商是一个对快递要求非常高的领域，而这个恰恰是顺丰的优势所在。

优势二：生鲜电商对于仓储的要求也十分高，顺丰物流在全国各地拥有大量的仓储中心，而这个也是顺丰相较于其他平台不小的优势。

模式三：食品供应商

中粮我买网和光明菜管家是传统食品公司进军生鲜电商的两位典型代表，我买网是中粮一手打造的，而菜管家则是光明食品集团后来收购的。食品公司直接做生鲜电商，自然也是有着不小的优势。此外，相较于淘宝、京东等电商平台，我买网、菜管家在前期运营上需要更多的人力、财力。

模式四：垂直电商

优菜网、本来生活网等垂直生鲜电商可谓是生鲜电商的发起者。正是因为他们的崛起，才让其他电商平台开始觉醒。

由于垂直电商的专注，比别人更关注细分领域，所以也就比其他平台更懂用户。不过由于垂直电商的诸多劣势，垂直生鲜电商很难做大做强。

第一，对于垂直电商来说，他们在食品供应商方面并没有前期的积累，这就导致他们在供应链上很容易出现问题。尤其是一些刚创业的垂直电商，由于实力比较弱小，也就没有食品供应商愿意与其合作。

第二，生鲜电商对物流配送的要求非常高。如果采用物流外包，商品损耗的可能性会比较高。而如果采用自办物流配送，就需要大量的人力，并且在一定程度上限制了公司的扩张速度。

模式五：农场直销

农场直销模式的代表有多利农庄、沱沱公社，它们依托自己的农场打造生鲜电商，也有着过人之处。因为是自己的农场，所以在食品安全问题上它们有绝对的信心，而且生态果蔬也是消费者最喜欢也最愿意购买的。

但是农场直销平台由于是自产自销，在产品的广度上无法满足具有多样化需求的用户。此外，农场直销平台也需要承担一定的风险。自产的果蔬有可能会因为季节、雨水、技术等原因会导致收成不好，这就会在一定程度上影响自己的供货量。

模式六：线下超市

从华润万家、永辉超市到麦德龙等生鲜平台的相继关闭，可以看出线下超市涉足生鲜电商并非易事。

虽然在商品的近距离配送、冷仓储、供应链管理等方面都有着较为明显的优势，但是由于搭建生鲜电商平台之后入不敷出，这就导致了线下超市涉足生鲜电商纷纷退出市场。

一方面，他们多了一项配送人工成本（本来客户都是直接到超市购物，如今却需要给他们配送，如果是远距离同样也多了一份快递成本，且需要专人来打包发货）；另一方面，他们还需要为此付出更多的网上运营成本，这个本来就不是线下超市的强项，不懂互联网自然需要为此付出更多。

模式七：社区 O2O

其实说到社区生鲜 O2O，不管是淘宝、京东，还是顺丰优选、一些垂直电商等都有涉及，它们都在试图以此作为生鲜电商的突破口。不过，最具代表的还是微商，通过借助微信公众号，大量的创业者做起了社区生鲜配送。

其一，社区 O2O 送货上门十分方便，并且能够保证菜品的新鲜，减少损耗率。

其二，对于很多购买生鲜电商的用户来说，他们很关注速度，因为家里没菜了需要买菜，但是又不想去菜市场，而这个时候只需要通过微信公众号或者手机 APP 就可以直接购买。社区 O2O 模式能够保证送货时间很短。

小链接 8-5

生鲜电商的五大派别

据中国电子商务研究中心研究表明，生鲜电商可以分为以下几个派别：

1）超市电商派：永辉超市、华润万家、百联、物美、飞牛。

2）电商超市派：京东超市、天猫超市、国美超市、苏宁易购超市。

3）垂直电商派：易果生鲜、本来生活、中粮我买网、顺丰优选、沱沱工社、菜管家、光明都市菜园、优菜网、EMS 极速鲜、U 掌柜、两鲜网、农家兄弟、俺的农场、味道网。

4）O2O 派：爱鲜蜂、一米鲜、多点、我厨、鲜码头、万味林、快健康、一品一家。

5）B2B 派：有菜网、小农女、链菜、美菜网、宋小菜、链农、一亩田、海上鲜、花样菜场、鲜易网、农厂汇、菜库网、分分钟食材、比菜价、食务链、果酷网、丰收侠。

步骤二　了解生鲜电商物流模式

1．国外生鲜电商主要物流模式

（1）O2O 模式

O2O 模式是通过整合农户和消费者之间的资源，建立农户和消费者之间的交易平台。其典型代表是日本生鲜电商 Cybird，服务对象主要是东京地区的家庭妇女。他们通过网站展示 60 个农户提供的新鲜农产品，消费者选择中意的农产品在线购买。网站不仅展示生鲜农产品的图片，还提供来源、种植方式，让消费者放心购买。

美国生鲜电商 Local Harvest 是连接中小型农场和消费者的垂直电商平台，它为消费者提供本地新鲜丰富的农产品，消费者通过地图搜索选购。这种方式一方面降低了物流成本，另一方面增加了消费者购买本地农产品的意愿。

（2）C2B 模式

C2B 模式是消费者根据自身的产品需求，发布需求信息，由企业整合资源生产供应商品，典型代表是美国 Fresh Direct。消费者通过访问 Fresh Direct 网站，发布需求信息，在下达订单 2h 之内就可以收到产品。此外，Fresh Direct 通过电子邮件和网页订购，分析消费者的喜好和需求，不断调整产品种类和促销产品。

（3）B2C+O2O 模式

B2C+O2O 模式是综合两种模式，以满足消费者的不同需求，将移动端体验与线下体验相结合，其典型代表是英国 Qca do。B2C 模式是：消费者在网站上浏览商品，在线购买，移动端支付，供应商根据客户的订单将产品配送至消费者手中；同时也提供 O2O 模式：消费者在虚拟橱窗选择产品，二维码扫描下单，然后到线下合作超市取货。

日本生活协同组织（简称生协）主要是从批发市场和产地直接采购产品，销售方式是店铺销售和宅配销售相结合。消费者可以通过网络或者电话订购，方便了上班族和行动不便的消费者。

（4）纯平台模式

纯平台模式是只提供销售平台，不销售产品，因此没有物流和仓储系统，降低了电商成本。其典型代表是美国 Farmigo，它提出了"食物社区"概念，是连接农产品和消费者团购的在线平台。其具体流程是：以社区为单位，社区成员在特定的网页可进行订单的下达，订单汇总传递给农场，农场根据订单的大小，按时按需配送至社区，社区成员自提回家。在平台所购买的产品与超市相比，便宜 20% ～ 30%。

2. 国内生鲜电商的主要物流模式

（1）自建物流模式

自建物流模式是指网站自己筹措资金组建物流配送系统，经营管理整个物流运作流程。典型代表是沱沱工社，其采取的是一站式服务，没有第三方参与。消费者在网站上下达订单，然后由沱沱工社直接送到消费者手中。沱沱工社拥有自建有机农场，并配备专业的冷链物流配送系统以及专业人员，将生鲜食品及时、安全地配送至消费者手中，打造了"按需采购，按需配送，新鲜到达"的新模式。

2015 年发布的一份生鲜电商市场研究报告表明：京东、顺丰优选、沱沱工社等生鲜电商巨头，皆采用自建物流配送模式。我国稍有规模的电商物流企业近 90% 也采用自建物流模式，它们有充裕的资金，虽然前期投入比较大，但通过一站式服务提高了客户购买体验，提升了服务质量，从而获得较好的效益。

（2）第三方物流模式

第三方物流模式是指物流企业将除核心业务外的相关业务外包给第三方物流公司进行物流活动的形态模式。我国大部分生鲜电商采取的是第三方物流配送。随着经济全球化的不断深入，竞争也日趋激烈，企业想获得生存和发展的唯一出路就是提升自己的核心竞争力。对供应链进行优化和改造，将自身在行业中不占优势的物流环节进行外包，可以降低物流成本，实现共赢。沱沱工社为了拓展市场，将自营配送范围外的配送业务外包给第三方物流。它的优点是在企业发展初期，可以减少投入成本，同时也相应缩短了投入周期，并且可以快速复制至全国范围。但在配送过程中，无法做到对产品的实时监控，可能会影响产品的质量。

（3）自提配送模式

自提配送模式主要分为与配送点附近的便利店合作，或者自建门店、保温快递柜等。自提配送解决了"最后一公里"的配送难题，将生鲜农产品由冷藏车直接配送至末端网点，由消费者自行提取，可以缩短交付时间，同时减少了人力资本的投入，降低了总的物流成本。不同的自提配送模式都有各自的优缺点。

以自提柜为例，比较典型的代表是武汉家事易。武汉的市民只需要在家事易网站上选购自己需要的菜品，下达订单，在线支付，第二天就会在小区的电子菜篮中收到商品。电子菜篮具有制冷保鲜功能，能够在最大程度上降低损耗，保证农产品的质量，节约成本，实现了"电商 + 冷链快递物流 + 智能终端取货"的生鲜智能取货模式。但是前期自提柜的构架成本非常高，自提柜的空间利用也不均衡。

（4）众包物流

从 2015 年开始，一些生鲜电商平台探索出新的配送模式，尝试众包物流。类似于现在国内火热的滴滴、Uber 等打车模式。其核心理念是充分利用拥有空闲时间的人员，完成"最后一公里"的捎带配送。

众包物流的典型代表是达达和京东。以京东为例，企业在一个配送点发展多个兼职配送员，利用平台及时发布配送信息，按就近原则分配给配送员，及时配送至客户手中。同时也可以与便利店合作，客户线上下单，就近的配送员在便利店取货，尽早完成配送。

步骤三　冷链配送生鲜食品

1. 生鲜食品冷链配送特点

与一般的产品配送相比，生鲜食品冷链配送具有技术要求高、时效性强、配送范围限制性大等特点，具体表现有以下3点：

1）技术要求高。生鲜食品易腐易损，要保证其质量，在流通过程中必须采用相应的技术措施。一般来说，生鲜食品冷链配送企业的发展需要一定数量的冷藏库、冷藏车、加工车间等冷藏设备，在流通环节需要分类、整理和加工等作业。

2）时效性强。与常温食品配送相比，生鲜食品冷链配送对时间要求非常高。另外，生鲜食品种类繁多，需求又多，并且是小批量，这就决定了其物流配送工作多品种、小批量、多批次等特点。

3）配送范围限制性大。由于生鲜食品的冷链配送需要较高的标准，导致其配送的范围受到一定限制，配送的距离越远，时间越长，相对应的损耗就越多，所以生鲜食品的流通半径会比一般货物的要小。

2. 生鲜食品冷链配送的流程

（1）无存储和无加工作业流程

通常，禽类、畜类产品和水产品保质期较短并且保鲜要求高，集货作业完成后，一般不再进行存放，直接进行分拣装配等作业，然后快速送货，如图8-5所示。

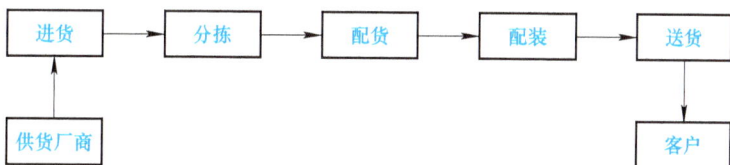

图8-5　无存储和无加工作业流程

（2）有存储和无加工作业流程

通常，保质期较长的生鲜食品可采取此流程，在分拣作业之前有一个存储工序，当有订单需求时，再进行分拣、配货、配装等后续工作，接着向顾客送货，如图8-6所示。

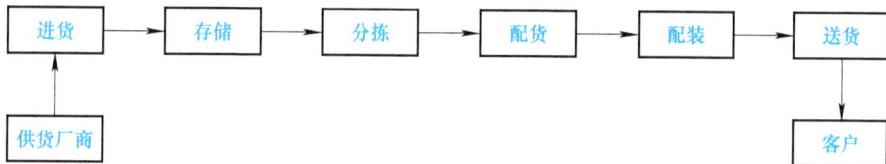

图8-6　有存储和无加工作业流程

（3）有存储和有加工作业流程

生鲜蔬菜水果、冷鲜肉、水产品、面包点心和热加工处理过的熟食等其他生鲜食品都可采取此种作业流程。当大量货物集中到仓库或指定场地以后，先进行初加工，然后依次进行后续作业，如图8-7所示。

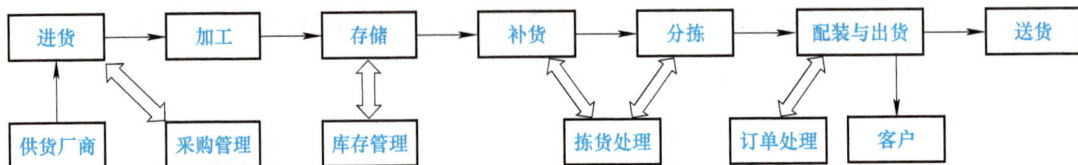

图8-7　有存储和有加工作业流程

生鲜冷链物流将呈现三大趋势

近几年，伴随着国内生鲜电商的迅猛发展，生鲜配送也快速崛起。生鲜配送首先要保证所配送食物新鲜，需要一定的冷藏保鲜技术，这也带动了冷链物流的快速发展。

第一，冷链物流的温区将会越来越精细化

要保证生鲜电商的产品配送质量，就必须保证生鲜产品供应链的上中下游每一个环节保持生鲜产品的"鲜"。从产地预冷、自动化冷库贮藏、全程冷链运输到末端配送的冷链配送全过程中，每一个过程都要通过不同的温区保存好生鲜产品，这就需要针对不同的温区进行区别对待，管理也就变得越来越精细化。

此外，温区的增加并非简单的设备增加，需要整个供应链的温层扩充，保证从采购到配送的每一个环节都在对应的温层下进行作业。

第二，从自营走向平台化

随着自建冷链物流的生鲜电商企业在冷链配送方面优势越来越明显，在满足企业自身的业务基础之上，为第三方平台提供服务。比如京东物流，已经不仅只是服务于京东商城，还服务于更多的企业物流配送需求；易果生鲜背后的冷链配送安鲜达，在为易果生鲜提供生鲜产品配送的同时，目前也已经承担了整个天猫超市的生鲜配送任务，未来借助其多年积累的冷链物流优势，势必会为更多第三方平台提供物流配送服务。

第三，冷链物流走向智能化

要更好地降低冷链物流配送成本，须借助于互联网新技术的应用。仓库管理、运输管理、温控监管、定位管理等每一个过程都需要借助更为先进的信息技术，以帮助生鲜电商实现安全可追溯、质量可监控、订单信息可跟踪等。尤其是要通过借助大数据、物联网等技术的运用实现冷链物流的智能化，将能够大幅提升冷链物流配送的效率，并对整个冷链物流配送进行更好的管理把控。

🐰 触类旁通

生鲜食品销售物流安全风险及品质控制

1. 生鲜食品销售物流安全风险

生鲜电商产品质量安全风险主要分布于生产环节、流通环节和市场环节，具体表现为供应风险、物流风险和平台风险。生产环节的供应风险源于种植户、养殖户、批发商采用的原料和辅料质量存在不确定性，或是生鲜产品在生产、采摘、分拣、储存和运输过程中形成的产品质量不确定性。流通环节的物流风险是指生鲜电商物流系统遇到的不确定性对其预期目标的影响，配送人员的素质、操作规范、服务态度等会导致产品质量安全风险出现。市场环节的平台风险是通过网络平台销售过程中的由于商品信息、交易信息、流通信息与售后信息不对称，以及监管不到位而带来的不确定性，产品和服务虚假介绍、虚假评价等增加了消费者感知风险。为此，生鲜电商产品质量安全风险控制必须实施供应链协同、物流创新和信息追溯。

2. 生鲜食品销售过程中的品质控制

1）供应链协同保障生产环节产品质量安全。生鲜电商对供应商、第三方物流等进行一体化管理，包括供应链纵向一体化和供应链质量安全标准化两方面。首先，生鲜电商对源头农产品进行严格的质量检验。一是实施全球直采、基地直供等长期的、稳定的纵向一体化模式，建立电子交易平台实现产品生产、采购和销售数据同步，缩减供应链环节，降低产品质量安全风险。二是基于云计算、机器学习和大数据分析系统，实现生鲜电商补货和分仓的自动化，增强供应链上下游协作能力，实现快速、精准配送，保证产品质量安全。其次，制定并实施产品质量安全标准、物流配送和冷链标准。建立电子化分级标准，运用人工智能实施农产品质量安全快检，实时监控产品质量安全数据，保证生鲜电商供应链生产环节产品质量安全。

2）物流创新保障流通环节产品质量安全。新零售要求生鲜电商对消费者提供精准服务、降低物流风险。为此，必须实施物流组织创新和物流技术创新。

就物流组织创新而言，要实现生鲜电商物流智慧识别，减少运营环节，降低物流成本。一是将物联网、传感网与现有互联网有机结合，促进物流仓库与订单系统网络化衔接，通过区块链物流技术提升上游处理订单效率，运用自动识别、自动传感、自动包装和自动送货技术完善智能配送环节，提升配送效率。二是优化物流仓库城市布局，实现物流配送本地化和社区化，尝试建立冷链仓储区、恒温仓储区、流通加工区、城市配送区、保税仓储区和车辆服务区，建设线下门店附加前置仓，增加社区内生鲜自提点数量。三是推进"最后一公里"配送，尝试无人智慧配送站，推广无人驾驶飞机等将生鲜农产品配送到消费者家中或提货点。

就物流技术创新而言，要加强人工智能、深度学习和图像智能识别等技术应用。一是构建区域内与跨区域生鲜农产品冷链物流模式，加强冷链包装、运输标准建设，增加冷链物流运输协调能力；二是构建智能化生鲜农产品存储仓库，加快促进无人仓的建立与推广，通过人工智能完善分拣流程，精准库存控制，降低损耗率；三是借助大数据、云计算技术、互联网技术和GPS技术等现代信息技术实现冷链温度控制，保证物流运输准确性和及时性，降低流通环节质量安全风险。

3）信息追溯保障市场环节产品质量安全。生鲜电商应用物联网、云计算、大数据、LBS地理信息等信息技术构建质量安全追溯系统，包含源头信息追溯、分销商信息追溯、物流信息追溯和销售环节信息追溯。一是源头信息追溯。构建涵盖产地环境、播种、育苗、施肥、灌溉、喂养等环节的一品一码质量安全信息追溯系统，同时采用条码、二维码、RFID技术、可视化技术和区块链记录技术等，实现源头质量安全信息追溯有效性。二是分销商信息追溯。进行分销商信用档案建设，通过语音识别、电子标签系统将分销商相关数据录入可追溯信息管理平台，完善追溯系统基础信息建设。三是物流信息追溯。搭建透明化物流系统，推进产品运输车辆GPS跟踪及温度信息监控、产品入库条码监测等建设。四是销售环节信息追溯。推广互联网产品追溯查询系统，消费者借助计算机、手机等进行溯源查询。例如，每个产品标注唯一追溯＋防伪二维码，消费者通过扫码了解产品信息并辨别质量安全。又如，尝试推广自动识别溯源秤，即时显示产品质量追溯信息。此外，利用溯源技术召回问题产品，提升生鲜电商产品质量安全危机处理能力。

案例 8-2

顺丰优选——"互联网＋生鲜电商"配送模式的 SWOT 分析

以全球范围内的优质安全美食为主要业务的网购商城顺丰优选，是顺丰速运旗下的电商网站，成立于 2012 年 5 月 31 日，面向中高端客户群提供高端商品的服务，食品涉及范围覆盖了酒水饮料、母婴食品、休闲零食、营养保健品、生鲜食品、粮油副食、冲调茶饮、饼干点心、生鲜食品、特色时令等。目前顺丰优选的 SKU 总数超过了 13 500 个，而其将近80% 左右的商品为进口食品。顺丰优选作为高端食品电商，也打算将自身的生鲜作为网站的第一大品类。并且顺丰集团在各地的业务网点会帮助顺丰优选在各地区进行直采，以确保产品质量，同时积极寻找特色产品，开阔产品的种类。

（1）优势（Strength）

1）强大的物流配送体系。顺丰的物流体系在整个电商行业处于领先地位，而物流是生鲜电商的关键。顺丰优选拥有强硬的"后台"，基本覆盖全国范围。

2）目标客户群很清晰。顺丰优选把目标客户群选定于社会中的中高端群体，这一类人追求高品质生活，有比较强的消费能力。并且中高端产品在国内较少，有一定的盈利空间。

3）推广成本相对低廉。顺丰从事快递行业多年，用户的数据储备多，可节约推广成本。

4）良好的商业口碑。顺丰在快递行业处于领先地位，拥有良好的企业形象，深受消费者信赖，其品质也得到消费者认可。

（2）劣势（Weakness）

1）生鲜供应链要求高。生鲜产品对供应链物流提出了更高的要求，包括产地、生鲜农产品本身和物流环节，这些都需要大量资金支持。

2）生鲜食品安全标准高。由于国内食品安全问题频发，引发社会对食品安全的关注。对生产环节、运输环节、质量环节层层把关，需要耗费大量时间，也需要专业的设备和人才。

3）本地化仓储建设种类多。需要建设多样化仓库，以满足"冷冻、冷藏、常温"及"恒温恒湿"商品的储存需求。另外一个城市需要几个仓，投入巨大。

4）快递与电商之间行业标准差别较大。这两者看着区别不大，实际上无论是在运营模式还是专业团队方面都存在很大的区别。

（3）机会（Opportunity）

1）进口食品。近几年，越来越多的人把目标瞄准海外市场。顺丰优选可以说是顺势而为。

2）蓝海。生鲜电商整个行业发展还不够成熟，没有比较成功的案例，有很多的机会。

3）制定行业壁垒。顺丰优选可以把生鲜电商这个行业不断做大，获得话语权，制定行业壁垒。

（4）威胁（Threat）

1）生鲜产品没有标准衡量。生鲜农产品存在个性，没有什么标准，在网站上仅仅依靠图片显示。

2）国内网购高端市场需求不大。多数消费者追求的是物美价廉的产品，甚至免费配送，在生鲜电商领域目前无成功的案例，极具挑战性。

3）以降低运费迎合消费者非长久之计。在投入初期，必须通过降低运费来迎合消费者，这无疑面临巨大的亏损，消费者习惯的养成需要时间。

4）资金回收周期长短是一个重要因素。在生鲜电商的发展过程中，前期需投入大量资金，且回收周期较长，并且不一定实现盈利。投资者更倾向于投资周期短、回收快的项目。

请思考：本案例可以让我们在生鲜食品的物流管理上有何借鉴？是否具有推广的意义和价值？

项目小结

跨境电子商务是指分属不同关境的交易主体，通过电子商务平台达成交易、进行支付结算，并通过跨境物流送达商品、完成交易的一种国际商业活动。目前跨境电商物流主要有四种形式：邮政物流、商业快递、专线物流和海外仓储模式。不少电商平台和出口企业正通过建设海外仓布局境外物流体系，海外仓不仅是在海外建仓库，它更是一种对现有跨境物流运输方案的优化与整合。

冷链物流一般指冷藏冷冻类食品在生产、贮藏运输、销售，到消费前的各个环节中始终处于规定的低温环境下，以保证食品质量，减少食品损耗的一项系统工程。本项目以生鲜物流为例介绍冷链物流，国内生鲜电商的主要物流模式主要有自建物流模式、第三方物流模式、自提配送模式、众包物流。

练习思考

一、单项选择题

1. （　　）是敦豪国际航空快递公司，是德国邮政全资子公司，总部设于布鲁塞尔，四大国际商业快递之一。

   A．DHL　　　　B．UPS　　　　C．FedEx　　　　D．TNT

2. UPS派送参考时间为（　　）个工作日。

   A．2～4　　　　B．3～7　　　　C．2～5　　　　D．3～6

3. 按制冷机组的布置方式分类，陈列柜的制冷机组可分为（　　）和分离式两种。

   A．内置式　　　　B．开口式　　　　C．陈列式　　　　D．封闭式

二、多项选择题

1. 跨境电商的国际物流主要有（　　　）。

   A. 邮政物流　　　　　B. 商业快递　　　　C. 专线物流　　　　D. 海外仓储模式

2. UPS 服务种类包括（　　　）。

   A. UPS Worldwide Express Plus　　　　B. UPS Worldwide Express

   C. UPS Worldwide Express Saver　　　　D. UPS Worldwide Express Expedited

3. 生鲜食品冷链配送特点有（　　　）。

   A. 配送范围限制性大　　　　　　　　B. 技术要求高

   C. 时效性强　　　　　　　　　　　　D. 运量大，费用较低

4. 生鲜食品的经营管理包括（　　　）部分。

   A. 管理标准　　　　B. 管理制度　　　　C. 管理培训　　　　D. 队伍建设

三、思考题

1. 简述海外仓的使用步骤。
2. 生鲜食品的物流配送的特点有哪些？
3. 简述生鲜食品的配送流程。

实战强化

实训一　跨境电商物流优势比较

一、实训目的

分析跨境电商物流的运作。

二、实训组织

上网搜索货代公司简介和联系人方式，并且联系货代，得到对方给予的各种物流报价，进行跨境电商物流优势对比分析。

三、实训要求

将参加实训的学生分组，运用所学知识及网络工具在教师指导下进行调研，撰写实训报告，写出实训过程、结果和体会。

实训提示：

参考货代物流上海 CNE，http://www.cnexps.com/。

实训二　生鲜食品售后服务模拟

一、实训目的

分析生鲜物流的售后运作。

二、实训组织

上网检索生鲜食品售后服务流程并模拟。

三、实训要求

将参加实训的学生分组，运用所学知识及网络工具在教师指导下进行调研，规划一份生鲜食品售后流程图并模拟。

生鲜食品售后服务流程

退换货时限：

如您发现商品有质量问题，请在收到商品之时起48h内及时提交退货申请或联系客服处理。

退换货原因：

商品质量问题。

售后流程：如图8-8所示。

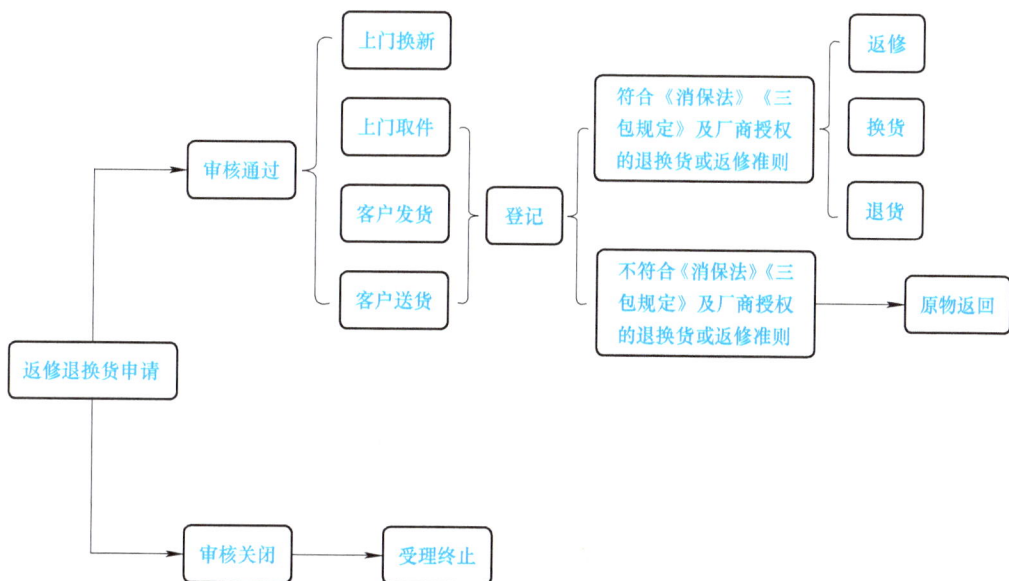

图8-8　生鲜食品售后服务流程

注：审核通过后，请您将商品、附件、包装、赠品，一并返回门店，核实属实后，办理退换货手续。

实训提示：

1. 生鲜类商品（蔬菜水果、水产海鲜、肉禽蛋奶等）由于受季节、气候、生长环境等因素影响，不同批次略有差异属正常现象。

2. 为保障您的权益，请您签收时与配送人员当面核对商品的种类、数量、规格、赠品、金额、保质期等是否正确，请在确认无误后再进行签收。如有问题请及时向配送人员反馈，一旦签收，将不受理此类退货、补货等要求。

3. 因客户使用或保管不当导致出现质量问题、变质的商品，无法办理退换货。

4. 商品签收后发现商品破损或腐坏，在签收后48h内反馈，审核通过后可进行优先赔，商品无须返回。

5. 退货时赠品须一并返回门店，如赠品缺失，则主商品无法全额退款（换货无须返回）。

参 考 文 献

[1] 宋文官. 电子商务师国家职业资格培训教程：基础知识 [M]. 北京：国家开放大学出版社，2014.

[2] 毕娅，原惠群，魏翡斐，等. 电子商务物流 [M]. 2 版. 北京：机械工业出版社，2020.

[3] 范珍. 电子商务物流 [M]. 2 版. 北京：高等教育出版社，2019.

[4] 许应楠，林美顺，叶贤，等. 电子商务物流 [M]. 北京：人民邮电出版社，2020.

[5] 朱美虹. 电子商务与现代物流 [M]. 3 版. 北京：中国人民大学出版社，2019.

[6] 夏甸清，宗林，胡达丰，等. 现代商品包装设计 [M]. 武汉：华中科技大学出版社，2013.

[7] 白世贞，陶晓明. 商品包装学 [M]. 2 版. 北京：中国财富出版社，2014.

[8] 闫靖，陈丽，夏阳，等. 快递管理实务 [M]. 北京：北京航空航天大学出版社，2018.

[9] 杨国荣，徐兰，邹建生，等. 快递实务 [M]. 北京：北京理工大学出版社，2013.

[10] 李永生，刘卫华. 仓储与配送管理 [M]. 4 版. 北京：机械工业出版社，2019.

[11] 张铎，张秋霞，刘娟. 电子商务物流管理 [M]. 4 版. 北京：高等教育出版社，2019.

[12] 陆端，王凤珍，李伟，等. 跨境电子商务物流 [M]. 北京：人民邮电出版社，2019.

[13] 龙桂先，周文胜，覃广林，等. 国际物流与货运代理实务 [M]. 3 版. 北京：机械工业出版社，2016.

[14] 刘小卉. 国际货运代理 [M]. 上海：上海财经大学出版社，2018.

[15] 孙韬，胡丕辉. 跨境物流及海外仓——市场、运营与科技 [M]. 北京：电子工业出版社，2020.

[16] 李学工，李靖，李金锋. 冷链物流管理 [M]. 2 版. 北京：清华大学出版社，2020.

[17] 宫迅伟，胡奇英，邱伏生，等. 采购2025：数字化时代的采购管理 [M]. 北京：机械工业出版社，2019.